Kos

Níssyros · Kálymnos
Léros · Lipsí · Pátmos

Klaus Bötig

DUMONT
Reise-Taschenbuch

Inhalt

Unterwegs auf den Inseln

Inhalt

Auf Entdeckungstour

Karten und Pläne

▶ Dieses Symbol im Buch verweist auf die
   Extra-Reisekarte Kos (Dodekanes – Mitte und Nord)

Schnellüberblick

Pátmos
Auf der heiligen Insel Griechenlands empfing Johannes einst die Vision der Apokalypse. Kunstreiche Klöster sind ebenso zahlreich wie völlig unterschiedliche Strände, überall auf Pátmos ist man dem Meer ganz nah. S. 252

Léros
Italienische Faschisten, deutsche Bomben, griechische Diktatur und verantwortungslose Psychiatrie haben für ein schlechtes Image der Insel gesorgt. Erst langsam wird ihre schöne Natur von überwiegend griechischen Urlaubern entdeckt. S. 218

Insel Kos
Traumhafte Strände, exzellente Hotels und viele Sportmöglichkeiten haben Kos zu einer der meistbesuchten Inseln Griechenlands gemacht. Doch noch immer sind stille Dörfer und fast menschenleere Buchten zu finden. S. 116

Lipsí

Das einzige Inseldorf mit seinem großen Hafen ist Ausgangspunkt für viele Wanderungen und Entdeckungstouren per Bus oder Moped zu den Inselstränden. Mit einem Ausflugsboot gelangt man zu Inselzwergen wie Arkí oder Agathonísi, die abseits der großen Schiffahrtsrouten liegen und zwanglose Idylle wie Abgeschiedenheit bieten. S. 240

Kálymnos

Insel der Fischer, Schwammhändler und Klöster. Raue Natur, an die 1000 Routen für Kletterer. Zu jeder Jahreszeit herrscht hier unverfälschtes griechisches Leben. Von Kálymnos gut zu erreichen ist die winzige Insel Psérimos, die mit zwei Traumstränden gesegnet ist. Tagsüber Ausflugsziel Tausender Kos-Urlauber gibt sie sich ansonsten als straßenlose Idylle. S. 182

Kos-Stadt

Ein idyllischer Hafen mit Kreuzritterburg sowie schmale Einkaufsgassen laden zum Flanieren ein, überall ins Stadtbild eingestreute Kirchen, Moscheen und Altertümer machen Zeitreisen möglich. Fürs Nightlife gibt es keine bessere Adresse. S. 86

Níssyros

Die ganze Insel ist ein Vulkan, im riesigen Krater zeigt er sich noch immer am Leben. Zwei der vier Dörfer liegen am Meer, die beiden anderen stehen direkt auf dem Kraterrand. S. 160

Der Autor

Mit Klaus Bötig unterwegs
Klaus Bötig kennt Griechenland seit 1972.
Jedes Jahr verbringt der Bremer Reisejournalist dort fünf bis sechs Monate, reist zu allen Jahreszeiten kreuz und quer durchs Land. Auf Kos und den Nachbarinseln ist er seit 1974 alljährlich unterwegs. Er hat dort viele gute Freunde gewonnen, die ihn stets auf dem Laufenden halten. Er saß schon in unzähligen Tavernen und Kaffeehäusern, hat Bauern, Lehrern, Mönchen und Fischern zugehört, mit vielen Urlaubern gesprochen und etliche Hotels und Pensionen hautnah als zahlender Gast erlebt. So kamen über 50 Griechenlandbücher zustande. Mehr Infos unter www.klaus-boetig.de.

Kleinasien ganz nah

Kos und die Nachbarinseln liegen nicht einsam und allein im weiten Meer. Wie fast all ihre griechischen Schwestern halten sie immer Blickkontakt zu anderen Eilanden – und im Fall von Kos & Co sogar zu einem anderen Kontinent. Kleinasiens Küste ist fester Bestandteil des Bühnenbilds für Inselreisende und von Kos aus sogar leicht und schnell bei einem Tagesausflug zu erreichen. Zudem sind griechische Inseln fast nie eintönig flach, sondern wie die von teilweise recht bizarren Bergen geprägten türkischen Ufer gebirgig und konturenreich. Das sorgt ebenso für abwechslungsreiche Landschaften wie der individuelle Charakter jeder einzelnen Insel. Kos wird von langen Sandstränden gesäumt, auf Níssyros steigen noch Fumarolendämpfe aus einem gewaltigen Vulkankrater. Kálymnos gibt sich felsig, rau und kahl, Pátmos mit seinem schlanken, von Buchten zergliederten Inselkörper amphibisch-lieblich. Den geschichtlich oder kunsthistorisch Interessierten ha-

ben alle größeren Inseln viel zu bieten. Antike und römische Zeit, Byzanz, Kreuzritter, Osmanen und italienische Faschisten hinterließen zahlreiche architektonische Spuren: Antike Stätten und Kreuzritterburgen, frühchristliche Basiliken, byzantinische Kirchen und Klöster, Moscheen und verspielt wirkende italienische Verwaltungsbauten laden auf Schritt und Tritt zu Zeitreisen ein.

Trubel und Einsamkeit

Kos ist ein Touristenmagnet. 31000 Einwohner teilen sich die Insel im Sommer mit bis zu 80000 Gästen aus aller Welt. In der Stadt Kos und in Kardámena machen junge Menschen in zahlreichen Musikclubs und Diskotheken die Nacht zum Tage, an manchen Stränden ist Hautkontakt zum Nachbarn programmiert. Aber selbst auf dieser Insel findet man noch menschenarme Strände und stille Dörfer. Auf Télendos hingegen sind nur 130 Bewohner gemeldet – und selbst die

8

verlassen ihre Insel zumeist im Winter. Dazwischen liegen Varianten für jeden Geschmack. Níssyros und Psérimos, die zwar tagsüber von Tagesausflüglern aus Kos in Scharen besucht, danach aber wieder ganz ruhig werden, oder Kálymnos und Léros, die im Sommer wie im Winter ein gleich starkes, von Urlaubern kaum beeinflusstes individuelles Inselleben führen. Lípsi und Arkí sind für einen reinen Badeurlaub ohne große Hotels ideal, auf Agathonísi verbringt man am besten den ganzen Tag in einer Taverne. Und schließlich ist da noch die per griechischem Gesetz als »heilig« erklärte Insel Pátmos, die vielen Besuchern eine ganz starke geistige Energie auszustrahlen scheint.

Wer auf Kos Urlaub macht, kann die meisten Schwestereilande auf Tagesausflügen besuchen oder sie als Inselspringer allesamt etappenweise kennenlernen.

Vielfältiges Kos

Kos ist ein ideales Ziel für den Griechenland-Neuling und alle, die möglichst stressfreie Erholung in einem Ambiente suchen, das ganz und gar auf Urlauberinteressen eingeht. Hier findet man First-Class-Hotels und Clubanlagen ebenso wie kleine, familiär geführte Hotels, Pensionen und Apartmenthäuser, in denen sich die griechischen Wirtsleute noch intensiv um ihre Gäste kümmern. In den schmucken Altstadtgassen sorgen Juweliere, Souvenirgeschäfte und Cafés für bunte Belebtheit. Urige, ganz authentisch wirkende Tavernen servieren ausgefallen griechische Spezialitäten; daneben aber gibt es eine ganze Reihe von Restaurants mit britischer, italienischer, australischer, asiatischer und mexikanischer Küche. Im Dorf Platáni mit seiner türkischstämmigen Bevölkerung sorgen moslemische Griechen für eigene kulinarische Akzente.

Kos geht auf fast alle Urlauberwünsche ein – und kann zudem sehr kostengünstig sein. Die überaus zahlreichen All-inclusive-Anlagen sorgen bei vielen Wirten für Preisdisziplin. Die meisten Ausflugsziele erreicht man preiswert per Linienbus und keine andere Insel Griechenlands ist fahrradfreundlicher.

Design am Meer: das Hotel Aktí Kos
bietet unverstellten Meerblick, S. 106

Der 400 Jahre alte Dorfbrunnen von Pylí
auf Kos, S. 138

Lieblingsorte!

Fjorde wie in Norwegen in Vathí auf
Kálymnos, S. 206

Ägäisches Urgefühl am Grafiótissa Beach
auf Psérimos, S. 216

Die frühchristlichen Ruinen von Ágios Stéfanos auf Kos, S. 152

Die stimmungsvolle Platía Ilikioméni in Mandráki auf Níssyros, S. 166

Die Reiseführer von DuMont werden von Autoren geschrieben, die ihr Buch ständig aktualisieren und daher immer wieder dieselben Orte besuchen. Irgendwann entdeckt dabei jede Autorin und jeder Autor ihre ganz persönlichen Lieblingsorte. Erleben Sie zum Beispiel kosmopolitisches Flair im Hotel Aktí Kos in der Stadt Kos, Strandidylle am Grafiótissa Beach auf Psérimos oder griechisches Tavernenleben auf Pátmos – nur einige von vielen Wohlfühlorten, an die man immer wieder zurückkehren möchte.

Speisen mit Aussicht: die Taverne Nerómylos auf Léros, S. 226

Inmitten einer Bootswerft liegt die Taverne Tarsanas auf Pátmos, S. 278

Reiseinfos, Adressen, Websites

Kleine Fischerboote treffen im Hafen auf die Kolosse moderner Kreuzfahrer

Informationsquellen

Die besten Websites

www.griechische-botschaft.de
Homepage der Griechischen Botschaft in Berlin, aktuelle Nachrichten aus Griechenland, viele Links (deutsch).

www.odysseus.culture.gr
Website des griechischen Kultusministeriums, viele Infos zu Museen und Ausgrabungen, größtenteils aktuelle Angaben zu deren Öffnungszeiten und Eintrittspreisen (Letztere allerdings meist nur auf Griechisch).

www.ekathimerini.com
E-Ausgabe einer großen griechischen Tageszeitung (englisch), täglich außer sonntags, auch praktische Infos z. B. zu Museen.

www.griechenland.net
Homepage der deutschsprachigen, wöchentlich erscheinenden Griechenland-Zeitung. Umfangreicher Adressteil.

www.ert.gr
Webauftritt des staatlichen griechischen Rundfunks und Fernsehens mit vielen Live-Stream-Programmen (englisch).

www.kos.gr
Neu gestaltete Website der Stadt Kos (Griechisch, englische Version folgt).

www.12net.gr
Infos zu Pátmos (u. a. Infos zu Hotels, Zimmern, Fähren, Sehenswürdigkeiten, Geschichte).

www.in-greece.de
Gutes Chat-Forum für Griechenland-Fans.

www.inseln-greece.de und www.kos-reiseangebote.de
Hier bloggt u. a. der Autor dieses Buches.

Fremdenverkehrsämter

Griechische Zentrale für Fremdenverkehr

... in Deutschland
Neue Mainzer Straße 22,
60311 Frankfurt/Main
Tel. 069 257 82 70, Fax 069 25 78 27 29
info@gzf-eot.de, www.eot.gr

... in Österreich
Opernring 8, A-1015 Wien
Tel. 01 512 53 17, Fax 01 513 91 89
grect@vienna.at, www.eot.gr

Infostellen vor Ort

Gut funktionierende Touristeninformationen sind in Griechenland, wenn überhaupt vorhanden, die große Ausnahme. Vorbildlich ist sie in der Stadt Kos, brauchbar – wenn geöffnet – auf Kálymnos und Pátmos. Auf den anderen Inseln fehlen sie gänzlich. Touristeninformationen in Griechenland vermitteln generell keine Unterkünfte, halten aber (wenig aussagekräftige) Unterkunftsverzeichnisse bereit.

Karten und Pläne

Exakte Messtischblätter für die griechischen Inseln gibt es nicht. Die meisten im Handel erhältlichen Karten sind das Geld kaum wert oder schon völlig veraltet.

Lesetipps

Annoula: Agápe trägt die Welt. Re Di Roma-Verlag, Remscheid 2011. Märchenroman, geschrieben von einer schon lange auf der Insel mit einem Einheimischen verheirateten Deutschen. Er spielt auf Pátmos im Jahr 2012, also in dem Jahr, für die die Maya eine dramatische Veränderung der Welt prophezeit haben.

Annulla: Pátmos. Die Insel mit dem Heiligenschein. Pro Business, Berlin 2007. Ein sehr persönlich gehaltener Reiseführer, geschrieben von einer schon lange auf der Insel mit einem Einheimischen verheirateten Deutschen. Sie beschreibt Künstler und Lebenskünstler der Insel ebenso wie beispielsweise einen Besuch beim Zahnarzt oder den typischen Verlauf einer Gerichtsverhandlung auf Pátmos.

Aswestopoulos, Wassilis: Griechenland – Eine europäische Tragödie. Die Hintergründe der Euro-Krise. Ambition Verlag, Berlin 2011. Scharfsinnige und sehr gut lesbare Analyse der Ursachen des Niedergangs Griechenlands, publiziert im September 2011. Der griechische Autor ist deutschsprachiger Journalist und lebt in Athen.

Baumann, Hellmut: Die griechische Pflanzenwelt in Mythos, Kunst und Literatur. Hirmer, München 1999. Ein Pflanzenbuch, das den botanischen Rahmen sprengt. Nur noch antiquarisch erhältlich.

Brödner, Erika: Die römischen Thermen und das antike Badewesen. WBG, Darmstadt 1998. Ein grundlegendes, leicht zu lesendes Buch für alle archäologisch Interessierten.

Diller-Sellschopp, Inez (Hg.): Die Hexe von Patmos. Düsseldorf, Eugen Diederichs 1982. Eine Sammlung griechischer Inselmärchen.

Ducellier, Alain: Byzanz. Das Reich und die Stadt. Campus, Frankfurt 1990. Darstellung der byzantinischen Gesellschaft und Geschichte.

Eckhardt, Klaus: So singt Griechenland. Ein Liederbuch mit Noten. Romiosini, Teil 1 und 2, Köln 1999 und 2002. Über 160 Liedtexte in griechischer Original- und Lautumschrift mit Übersetzungen, Plattenhinweisen, Noten und Gitar-

Blütenpracht an der Markthalle in Kos-Stadt

Mein Tipp

Mein (Film-)Tipp: Ein Film von Werner Herzog

Kaum jemand weiß, dass »Lebenszeichen«, der 1968 auf den Berliner Filmfestspielen preisgekrönte Debütspielfilm des berühmt gewordenen Filmemachers Werner Herzog, auf der Insel Kos entstand. Seit 2004 liegt er in einer Edition der »Kinowelt« als DVD vor. Im Film bewachen drei Wehrmachtssoldaten eine Festung, die niemand angreifen will. Aus Langeweile unternimmt einer von ihnen einen Ausflug und kommt in ein Tal mit zahllosen Windmühlen. Er verfällt dem Wahnsinn, greift selbst die Burg an und versucht schließlich gar, die Sonne in Brand zu setzen. Auch wer kein Herzog-Fan ist, wird die vielen interessanten Landschafts- und Stadtbilder vom Kos der 1960er-Jahre zu schätzen wissen.

renakkorden – damit man endlich versteht, was man dauernd hört. Teil 1 enthält die bekannteren Lieder.

Fernau, Joachim: Rosen für Apoll. Die Geschichte der Griechen. Herbig, München 2007. Vergnüglich und leicht zu lesende Geschichte der Griechen.

Fischer, Helmut: Die Welt der Ikonen, Frankfurt 1996. Leicht verständlich geschriebenes Buch eines protestantischen Theologen über Geschichte, theologische Hintergründe und Technik der orthodoxen Sakralmalerei.

Isichos, Manolis: Panorama of Léros, Léros 1992. Eine reich bebilderte und gut recherchierte Geschichte der Insel, insbesondere der Jahre 1829 und 1940. Das Buch kann man nur vor Ort kaufen.

Kästner, Erhart: Griechische Inseln. Insel-TB, Frankfurt/M. 2004. Reiseaufzeichnungen aus dem Jahre 1944, sehr literarisch, die Kriegspassagen wurden gestrichen.

Kominis, Athanasios D.: Pátmos. Die Schätze des Klosters. Ekdotike Athenon S. A., Athen 1988. Ein prächtiger Bildband mit guten Texten, im Kloster auf Pátmos erhältlich.

Matuz, Josef: Das Osmanische Reich. Grundlinien seiner Geschichte. Primus, Darmstadt 2006. Gut lesbare Geschichte des Reichs, dem Kos und seine Nachbarinseln fast 400 Jahre lang angehörten.

Markaris, Petros: Faule Kredite. Ein Fall für Kostas Charitos. Diogenes, Zürich 2011. Der 2010 veröffentlichte Kriminalroman des Athener Autors hat Griechenlands Wirtschafts- und Finanzkrise zum Thema.

Milona, Marianthi: Culinaria Griechenland, Ullmann/Tandem, Königswinter 2007. Das beste und schönste Kochbuch, reich bebildert und mit vielen, über bloße Rezepte hinausgehenden Informationen.

Warn, Faith: Bitter Sea – The Real Story of Greek Sponge Diving. Guardian Angel Press 2000. Ausführliche Geschichte der griechischen Schwammtaucherei. Auf Kálymnos in vielen Geschäften erhältlich.

Weithmann, Michael W.: Griechenland. Regensburg 1995 (Pustet). Kenntnisreiche, vorurteilsfreie Darstellung der Geschichte Griechenlands vom Frühmittelalter bis zur Gegenwart.

Wetter und Reisezeit

Der passende Urlaub zum Klima

Das Klima der Inseln ist typisch mediterran mit milden, frostfreien Wintern und warmen, weitgehend trockenen Sommern. Zwischen Mitte Mai und Oktober sind die Inseln sonnensicher und ausreichend badewarm. Exzellente Reisemonate sind der Mai und die erste Junihälfte: Die Natur blüht, die Landschaft ist noch nicht sonnenverbrannt, zugleich ist das Wasser aber schon warm genug zum Baden.

Der Hochsommer ist mit Tagestemperaturen von stets über 30 °C sehr heiß, auch nachts sinken dann die Temperaturen nur selten unter 20 °C. Da werden eine Klimaanlage oder zumindest ein Deckenventilator im Zimmer als angenehm empfunden. An vielen Tagen lindert jedoch der aus Norden kommende Méltemi die Hitze, der sich ganz plötzlich und rasant schnell zu einem ausgewachsenen Sturm entwickeln kann, der den gesamten Fährverkehr stunden- oder sogar tageweise zum Erliegen bringt. Sehr angenehme Reisemonate sind auch der September und der frühe Oktober. Die Temperaturen an Land fallen dann wieder, das Meer ist aber immer noch angenehm badearm. Nur auf die Blütenvielfalt des späten Frühjahrs muss man verzichten.

Zwischen November und Anfang April ist es meist auch schön, teilweise kommt es jedoch zu heftigen Regenfällen. Wenn in dieser Zeit die Sonne scheint, kann man tagsüber durchaus kurzärmelig gehen. Nachts und bei bewölktem Himmel sinken die Temperaturen jedoch manchmal bis auf 10 °C ab und Wolkenbrüche verwandeln bisweilen Straßen in Sturzbäche.

Was kommt in den Koffer?

Wer im Sommer nach Kos fährt, braucht eigentlich nur leichte Sommerkleidung und Badezeug. Auch auf den anderen Inseln ist zumeist ein recht legerer Dresscode üblich. Wenn man die Dörfer der Inseln besucht, sollte man allerdings nicht allzu viel Haut zeigen.

Lange Hosen und Socken im Koffer zu haben, ist auch aus anderen Gründen zu empfehlen: Sie schützen nicht nur bei Wanderungen vor dornigem Gebüsch, sondern abends auch vor Mückenstichen. Ansonsten sind ein Sonnenschutz für den Kopf, Badeschuhe und Sonnenschutzmittel mit hohem Schutzfaktor nützlich.

Außerdem gehören selbst im Juli und August ein leichter Pullover oder eine leichte Jacke ins Gepäck, da es am Meer abends durchaus kühl werden kann.

Klimatabelle Kos

	J	F	M	A	M	J	J	A	S	O	N	D
Mittlere Tagestemperaturen in °C	13	13	15	19	23	27	30	30	27	23	18	14
Mittlere Nachttemperaturen in °C	9	8	10	13	16	19	22	22	20	17	13	10
Mittlere Wassertemperaturen in °C	17	16	16	17	19	21	23	24	23	22	20	18
Sonnenstunden/Tag	4	5	7	8	10	12	12	12	10	8	6	4
Regentage/Monat	12	8	7	4	2	1	0	0	1	4	7	12

Welche Insel für wen?

Kos

Kos ist eine der am stärksten vom Tourismus geprägten Inseln Griechenlands: Hier gibt es ebenso viele Fremdenbetten wie Einwohner. Für die Reiseveranstalter sind die vielen Großhotels attraktiv, für ihre Kunden die langen Sandstrände. Manche sind so mit Liegestühlen vollgestellt, dass man mit den Nachbarn auch ohne Flirtabsichten in Kontakt kommt. An vielen anderen bleibt genug Platz, um unbekümmert Fußball zu spielen. Surfer finden ideale Reviere jeden Schwierigkeitsgrades. Gut organisierte Wassersportschulen bieten Gelegenheit zum Wasserskifahren, Paragliding und Katamaran-Segeln. Mehrere Clubanlagen runden das Angebot für Wassersportler ab (Robinson, Magic Life). Ein Plus für Kos sind auch die vielen Radwege, die man anderswo in Hellas kaum findet.

Wer die Atmosphäre eines stark vom Tourismus geprägten Städtchens mit vielen Cafés, Tavernen und Souvenirläden sucht, ist in der Inselhauptstadt Kos bestens aufgehoben. Dort und in Kardámena kann man in Discos und Music Clubs die Nacht ebenso zum Tage machen wie auf Ibiza oder Mykonos.

Griechische Ursprünglichkeit sucht man auf Kos hingegen vergeblich. Die wenigen Binnendörfer liegen zu nahe an den Küsten, um nicht vom Tourismus erfasst zu werden. Wandermöglichkeiten in schöner Natur gibt es hingegen genügend für eine Woche.

Wegen seiner bedeutenden Überreste aus der Antike lohnt Kos auch für Inselspringer einen mindestens dreitägigen Aufenthalt. Bester Standort für einen Kurzaufenthalt ist die Stadt Kos; ihre Altertümer und das nahe Asklipieíon sind von überregionaler Bedeutung. Für den, der auf Kos den ganzen Urlaub verbringt, gibt es genügend Sehenswürdigkeiten wie Kreuzritterburgen, Reste frühchristlicher Basiliken, Windmühlen und schön gelegene Kirchen und ehemalige Klöster.

Außerdem kann man viele Tagesausflüge zu anderen Inseln und sogar eine Tagestour hinüber in die Türkei unternehmen. Mit Ausflugsschiffen, schnellen Katamaranen und Tragflügelbooten *(hydrofoils)* kommt man täglich nach Níssyros, Kálymnos, Léros und Pátmos, ja selbst nach Rhodos.

Kálymnos

Die ideale Insel für alle, die die Realität griechischer Ursprünglichkeit nicht scheuen: Die Inselhauptstadt ist nicht romantisch, aber lebhaft und unverfälscht – und das heißt auch: laut. Abgesehen von Schwammhandlungen gibt es kaum Souvenirgeschäfte, Hotels und Pensionen sind in der Inselhauptstadt bislang eher Randerscheinungen. Die Strände sind nicht gerade berauschend, die Wassersportmöglichkeiten gering. Dafür ist Kálymnos das ideale Ganzjahresziel für Kletterer (s. S. 200).

Das Nachtleben wendet sich stärker an Griechen als an Ausländer: In mehreren großen Music Clubs direkt über der Westküste wird in den Sommermonaten vor allem griechische Musik gespielt.

Für Inselspringer ist Kálymnos ein idealer Standort, da hier der Dodekanes-Dampfer Nísos Kálymnos seinen Heimathafen hat (s. S. 22). Für einen Kurzaufenthalt bleibt man am besten

in der Stadt, schöne Badeorte sind Myrtiés und Massoúri, wer ein paar Tage
Ruhe sucht, steuert Vathí oder Emborió an.

Níssyros

Für die meisten Urlauber nur ein Aus-
flugziel. Man kommt, um in die gewaltige Caldera hineinzufahren und
durch den sehr ursprünglich wirkenden Haupt- und Hafenort Mandráki zu
schlendern – und reist nach fünf Stunden wieder ab.

Dabei hat die erstaunlich grüne Insel viel mehr zu bieten: zwei idyllische
Dörfer unmittelbar am Kraterrand,
eine der besterhaltenen antiken Stadtmauern Griechenlands, einsame Klöster und sogar gute Strände, die allerdings außer im August nur zu Fuß oder
per Mietfahrzeug zu erreichen sind. Es
gibt lediglich einige kleine Hotels und
Pensionen, dank des Tagestourismus
aber eine große Auswahl an Tavernen.
Auf Níssyros kann man durchaus fünf
Tage bleiben, wenn man auf gute
Strände vor der Hoteltür verzichten
kann.

Léros

Noch weniger vom Tourismus geprägt
als Kálymnos, es fehlt jedoch die leb-
hafte Hauptstadt. Alle touristisch bedeutsamen Orte gehen nahtlos ineinander über, den Rest der Insel kann
man gut per Fahrrad erkunden. Das
Wassersportangebot an den überwiegend schmalen Stränden ist beschei-
den, doch gibt es eine gute Tauchschule.

Zum Shopping hat Léros ebensowe-
nig zu bieten wie für Nachtschwärmer
und Discogänger. Allerdings finden
sich eine Reihe guter Tavernen sowie

moderne kleine Hotels von hohem Niveau.

Überregional bedeutende historische Sehenswürdigkeiten hat Léros
nicht zu bieten – mit Ausnahme der
Kreuzritterburg –, Ausflugsziele sind
vor allem schön gelegene kleine Kirchen und Kapellen. Der beste Standort
ist der Küstenstreifen zwischen Agía
Marína und Álinda. Wer Ruhe schätzt,
ist vor allem in Xirókambos gut aufgehoben.

Pátmos

Diese Insel hat viele Gesichter. Der Blick
übers Wasser auf den Küstenort Skála
und das hoch darüber thronende Johanneskloster, das von einem Kranz
weißer Häuser umgeben wird, ist einzigartig schön. Das Kloster und sein
Museum lohnen für Kunstliebhaber
die Anreise, in Skála gibt es eine ganze
Reihe guter Kunsthandwerksgeschäf-
te. Für gläubige Christen ist die Höhle
der Apokalypse ein bedeutender Ort.
Cafés und Bars haben ein hohes Niveau, da sich viele wohlhabende Ausländer und Künstler auf der Insel nie-
dergelassen haben; originelle Restaurants und Tavernen sind so auch über
die ganze Insel verteilt. Die Auswahl an
Unterkünften reicht von einfachen Pri-
vatzimmern bis zu exklusiven Apart-
mentanlagen und historischen Herren-
häusern.

Wanderfreunden bieten sich viele
schöne Wege und Touren, aber auch
gute Strände sind im Angebot, an
zweien kann auch gesurft und Wasserski gefahren werden. Von Skála aus
kann man zu vielen Stränden mit dem
Badeboot gelangen.

Gute Ausflugsmöglichkeiten bestehen nach Lipsí, Arkí und Agathonísi. Inselspringer sollten für Pátmos rund vier
Tage einplanen.

Lipsí

Außerhalb der Ferienmonate Juli und August eine sehr beschauliche Insel mit nur einem einzigen Ort. Die meisten Gäste kommen aus Holland und Großbritannien, wo Lipsí anders als in Deutschland auch als Pauschalreiseziel vermarktet wird.

Lipsí ist so klein, dass man die ganze Insel in drei bis vier Tagen zu Fuß erforschen kann. Wer sich danach nicht langweilen will, sollte gern stundenlang in Tavernen und Ouzeríen sitzen. Zum Baden stehen mehrere kleine Strände zur Auswahl, organisierte

Wassersportangebote gibt es hingegen genausowenig wie Sehenswürdigkeiten von Rang.

Arkí und Agathonísi

Beides sind ausgesprochene Inselzwerge, die wenig zu bieten haben außer ihrer relativen Weltabgeschiedenheit. Wer gern badet, ist auf Arkí besser aufgehoben, wer Kontakt zu Einheimischen sucht, wählt Agathonísi. Studienreisende und Kulturgüterinteressierte können die Inseln getrost auslassen.

Anreise und Verkehrsmittel

Einreisebestimmungen

Zur Einreise nach Griechenland genügt für EU-Bürger und Schweizer ein gültiger Personalausweis. Kinder benötigen einen eigenen Ausweis oder Pass. Reisende anderer Nationalitäten informieren die griechischen Botschaften über die Einreisebestimmungen.

Bei Einreise mit dem eigenen Fahrzeug müssen der nationale Führerschein und der Kraftfahrzeugschein mitgeführt werden. Die Internationale Grüne Versicherungskarte ist nicht vorgeschrieben, aber ebenso wie Zusatzversicherungen (Auslandsschutzbrief) empfehlenswert.

Haustiere benötigen den EU-Heimtierausweis, in dem ihre Kennzeichnung durch Mikrochip oder Tätowierung und eine Tollwutimpfung (mindestens 30 Tage, höchstens 12 Monate vor Einreise) eingetragen sein muss.

Zollbestimmungen

Im Verkehr zwischen den EU-Ländern bestehen keine Mengenbegrenzungen für Waren, die zum persönlichen Verbrauch bestimmt sind. Es gibt jedoch sogenannte ›Indikativmengen‹: Wer mehr als 800 Zigaretten, 10 l Spirituosen oder 90 l Wein mit sich führt, muss nachweisen, dass er damit nicht handeln will.

Für Schweizer gelten weiterhin die alten Mengenbegrenzungen: 200 Zigaretten, 1 l Spirituosen, 2 l Wein, 250 g Kaffee und 50 g Parfüm.

Anreise

… mit dem Flugzeug

Charter- und sogenannte Billigflüge (u. a. von TUIFly oder Germanwings) verbinden Kos zwischen Anfang Mai und Ende Oktober mit vielen Flughäfen in den deutschsprachigen Ländern. Im Winter muss man über Athen reisen. Von Athen fliegt Aegean Airlines 2 x tgl., Olympic Airlines 2–3 x tgl. mit Jets nach Kos. Olympic fliegt von Athen außerdem 1–2 x tgl. nach Kálymnos und Léros. Eine direkte Flugverbindung zwischen Kos, Iráklio/Kreta und Thessaloniki bietet Sky Express.

Aegean Airlines
Tel. 069 238 56 30
www.aegeanair.com
Olympic Air
Tel. +30 21 03 55 05 00
www.olympicair.com
Sky Express
Tel. +30 28 10 22 38 00
www.skyexpress.gr

Flughafenbusse gibt es nur auf Kos. Dessen Fahrplan ist auf Abflüge und Ankünfte der Linienmaschinen aus und nach Athen abgestellt (Tel. 22 42 02 22 92, 3,20 €). Er verbindet den Flughafen mit der Stadt Kos, Kardámena und Kéfalos. Für alle anderen Orte muss man sich entweder ein Taxi nehmen oder in der Stadt Kos umsteigen. Auf Léros und Kálymnos stehen ebenso wie auf Kos immer ausreichend viele Taxis am Airport bereit.

... mit dem Auto

Wer Zeit und Muße hat, kann mit dem Auto durch Italien bis zu einem Fährhafen fahren und von dort nach Pátras übersetzen. Von Frankfurt bis Ancona sind es 1210 km, bis Brindisi 1755 km über gut ausgebaute Autobahnen. Die Mautgebühren betragen 2012 für einen Mittelklassewagen für eine einfache Fahrt inklusive 10-Tages-Vignette für Österreich bis Ancona 54,30 €, bis Venedig 41 € und bis Brindisi 84,10 €.

... mit dem Bus

Europabusse verbinden viele Städte in den deutschsprachigen Ländern ganzjährig mit Thessaloníki. Von dort kann man nach Kos fliegen (z. B. mit Sky Express) oder mit Bahn oder (vielmals täglich) mit innergriechischem Fernbus nach Athen weiterreisen, um dann von Piräus aus eine Fähre zu nehmen.

Auskunft bei:
Deutsche Touring GmbH
Servicehotline: 069 790 35 01
www.touring.de
Die Verkaufsstellen in deutschen Städten sind auf der Homepage aufgelistet.

... mit der Bahn

Eine Bahnfahrt nach Griechenland ist strapaziös und daher kaum empfehlenswert. Von München nach Athen ist man mindestens 40 Std. unterwegs. Mit der Bahn sind auch die Fährhäfen Ancona und Brindisi zu erreichen. Auskunft im Internet: www.bahn.de.

... mit dem Schiff

Direkte Autofähren von Italien auf die in diesem Buch vorgestellten Inseln gibt es nicht. Man muss von Italien nach Pátras auf dem Peloponnes reisen, dann auf dem Landweg weiter nach Piräus. Von dort fahren täglich Fähren nach Pátmos, Léros, Kálymnos und Kos, mehrmals wöchentlich auch nach Níssyros und Lipsí.

Infos im Internet:
Fähren zwischen Italien und Griechenland:
www.anek.gr
www.minoan.gr
www.superfast.com
www.ventouris.de
www.bluestarferries.com

Internationale und innergriechische Fahrpläne:
www.greekferries.gr
www.gtp.gr (auf Englisch)
www.faehren.info

Verkehrsmittel im Land

Mietwagen

Mietwagen und -motorräder werden auf allen Inseln außer auf Agathonísi,

Reiseinfos

Arkí, Psérimos und Télendos angeboten. Die Auswahl auf Kos ist groß, auf den anderen Inseln gibt es nur wenige Anbieter. Vor Ort richten sich die Preise nach Angebot und Nachfrage. Vorsichtige buchen ihren Mietwagen für Kos schon in Deutschland im Reisebüro oder im Internet z. B. bei www.holidayautos.de., weil bei diesen Anbietern zusätzliche Versicherungen und andere Extras bereits im Pauschalpreis inbegriffen sind.

Taxis

Taxis stehen ebenfalls auf allen Inseln außer den Inselzwergen in ausreichender Zahl zur Verfügung. Man hält sie am Straßenrand an, besteigt sie an Standplätzen oder lässt sie sich (gegen Aufpreis) telefonisch rufen.

Taxis dürfen bis zu vier Fahrgäste transportieren. Die Fahrer, die zumindest Englisch sprechen und verstehen, halten sich streng an diese Vorschrift. Das Rauchen im Taxi ist verboten, auf dem Vordersitz besteht Anschnallpflicht. Taxi-Tarife (Stand: Februar 2012):
Grundgebühr: 1,19 €
Mindesttarif: 3,16 €
Innerstädtisch (5–24 Uhr): 0,68 €/km
Innerstädtisch (0–5 Uhr): 1,19 €/km
Außerorts (0–24 Uhr): 1,19 €/km
Ab und zu Flughäfen: plus 3,84 €
Ab Häfen: plus 1,07 €
Gepäck über 10 kg: 0,40 €/Stück
Wartestunde: 10,85 €
Telefonische Bestellung: plus 1,92 €

Fähren

In den Sommermonaten ist das Reisen von Insel zu Insel im nördlichen Dodekanes völlig problemlos. Von Mai bis September sind alle Inseln täglich erreichbar. Im April und Oktober wird die Frequenz reduziert, sodass Níssyros, Arkí und Agathonísi nicht mehr täglich angelaufen werden. Selbst im Winter verkehrt zwischen allen übrigen Inseln mindestens einmal täglich ein Schiff.

Zwei Reedereien bilden das Rückgrat des Fährverkehrs: Die auf Kálymnos beheimatete ANEK mit der kleinen konventionellen Autofähre Nísos Kálymnos und die Reederei Dodekanisos Seaways. Sie setzt die beiden schnellen Katamarane Dodekanisos Pride und Dodekanisos Express ein, die auch einige wenige Pkw sowie Motor- und Fahrräder transportieren können.

Nísos Kálymnos der ANEK: Die kleine, schon 1988 erbaute Autofähre fährt ganzjährig nach einem festen Fahrplan. Ihr Heimathafen ist Pothiá auf Kálymnos. Von dort aus startet sie Mo und Fr um 7 Uhr zu ihrer Rundfahrt, die sie über Léros, Lipsí, Pátmos Arkí und Agathonísi nach Pythagório auf Sámos führt. Dort kommt sie gegen 12.45 bzw. 13.55 Uhr an und beginnt um 13 bzw. 14.15 Uhr ihre Rückreise auf der gleichen Route nach Kálymnos, wo sie gegen 20 Uhr wieder einläuft (Zentrale Auskunft: A.N.E.Kalýmnou, GR-85200 Kálymnos, Tel. 22 43 02 93 84, Fax 22 43 02 41 44; Fahrplanauskünfte auf www.kalymnos.gr).

Katamarane der Dodekanisos Seaways: Die beiden Katamarane der Reederei verkehren zwischen allen Inseln des Archipels außer Kássos, Kárpathos und Kastllórizo. Der Fahrplan wechselt fast monatlich je nach Verkehrsaufkommen und ist von Tag zu Tag leicht verschieden. Auf der Hauptroute des nördlichen Dodekanes fährt der Katamaran z. B. gegen 11 Uhr in Kos ab. Seine Route führt über Kálymnos, Léros und Lipsí nach Pátmos und dann über Léros und Kálymnos zurück nach Kos, wo er gegen 16.30 Uhr eintrifft. Einmal wöchentlich wird auch Agathonísi mit einbezogen, Níssyros wird vom Katamaran bis zu 2 x wöchentlich ab Kos angelaufen. Fahrplan- und Preisauskünfte sowie die Möglichkeit zu Online-Reservierungen (nur für Pkw sowie 27. Juli– 20. Aug. empfehlenswert) bietet das Internet (Zentrale Auskunft: Dodekanisos Seaways, Odós Australías 3, GR-85100 Rhodos, Tel. 22 41 07 05 90, Fax 22 41 07 05 91, www.12ne.gr).

Fährverkehr zwischen Kos und Kálymnos: Zwischen Mastichári auf Kos und Pothiá auf Kálymnos verkehren ganzjährig zusätzlich mehrmals täglich schnelle Personen- und konventionelle Autofähren, die auch auf den Kos-Flugplan der Fluggesellschaften Olympic Air und Aegean Airlines abgestimmt sind. Sie werden von zwei verschiedenen Reedereien betrieben (Zentrale Auskunft: A.N.E.M., c/o Tiliákos Travel, Chrístos, GR-85200 Kálymnos, Tel. 22 43 05 16 30, Fax 22 43 02 42 40, www.anem ferries.gr. und Kalymna Yachting, GR-85200-Kálymnos, Tel. 22 43 02 93 84, www.kalymna-yachting.gr).

Fährverkehr zwischen Kos und Níssyros: Eine ganzjährige Verbindung mit einem kleinen Passagierschnellboot besteht 5 x tgl. zwischen Kardámena auf Kos und Níssyros, Abfahrt Kardámena um 14.15 Uhr, Abfahrt Níssyros um 7 Uhr (Tel. 22 42 03 11 80). Zusätzlich verbindet eventuell die kleine Autofähre Panagía Spilianí von Juni–Sept. Níssyros 2 x wöchentlich mit der Stadt Kos und 4 x wöchentlich mit Kardámena, Abfahrt ab Kos 14.15 Uhr, ab Níssyros 7 Uhr. Mitfahrmöglichkeiten bestehen auch mit Ausflugsdampfern nach Absprache mit dem Kapitän vor Ort (Zentrale Auskunft; Diakofíkelas Travel, GR-85303 Mandráki/Níssyros, Tel. 22 42 03 14 59).

Große Autofähren: Außer von regionalen Fähren werden alle Inseln außer Arkí und Agathonísi auch von großen Autofähren aus Piräus und Rhodos angelaufen, die die Inseln teilweise zusätzlich untereinander verbinden.

Eine Autofähre im interinsularen Verkehr der Dodekanes-Inseln

Reiseinfos

Ankunfts- und Abfahrtszeiten können dabei durchaus mitten in der Nacht liegen, sodass diese Schiffe für Inselhüpfer in der Regel uninteressant sind. Ihre Fahrpläne findet man auf den allgemeinen Websites für Fahrplanauskünfte wie www.gtp.gr.

Tragflügelboote: Im Hochsommer kommen eventuell auch schnelle, aber technisch veraltete Tragflügelboote (Flying Dolphins) auf der Strecke zwischen Pythagório/Sámos über die Inseln des nördlichen Dodekanes bis Kos zum Einsatz. Ihr Einsatz für 2012 und die Folgejahre ist jedoch fraglich; aktuelle Auskünfte vor Ort in den Reisebüros.

Fahrplanauskünfte: Wer seine Inselrundreise schon vorab ungefähr planen möchte, recherchiert am besten im Internet auf Seiten wie www.gtp.gr oder www.greekferries.gr. Vor Ort sind diese Auskünfte dann zu aktualisieren und um eventuell im Internet nicht dargestellte Verbindungen kleiner regionaler Anbieter zu ergänzen. Da nicht immer alle Reisebüros Auskunft über alle Angebote geben, sollte man am besten mindestens zwei Reisebüros aufsuchen. Oft sind dort die aktuellen Fahrpläne auf großen Kreidetafeln oder kopierten Blättern zu finden. Über die Fahrpläne für ihre jeweilige Insel ist auch die Hafenpolizei stets aktuell informiert, die allerdings häufig eher unwillig und barsch auftritt.

Ticketkauf: Generell ist ein Fahrkartenkauf direkt auf den Schiffen nicht möglich. Größere Reisebüros stellen Tickets für fast alle Linien aus, beim Kauf muss der Reisende aus Sicherheitsgründen seinen Namen angeben. Meist werden Tickets auch kurz vor Abfahrt des Schiffes im Fährterminal oder in Kiosken nahe der Mole verkauft, verlassen sollte man sich darauf aber nicht. Die Tickets erlauben keine Fahrtunterbrechungen.

Klassen an Bord: Alle Verbindungen im Regionalverkehr sind Einklassenschiffe. Nur an Bord der großen Piräus-Fähren hat man die Wahl zwischen Economy Class und First Class, kann auf Wunsch auch einen Schlafsessel oder ein Bett in einer Kabine hinzubuchen.

Fahrpreise: Je nach Schiffstyp und Reederei sind die Preise unterschiedlich. Je schneller ein Schiff ist, desto teurer ist in der Regel auch die Fahrkarte. Kinder bis zu 12 Jahren zahlen 50 % des Fahrpreises; Ermäßigung für gleichzeitige Buchung von Hin- und Rückfahrt gibt es nicht.

Essen und Trinken an Bord: Fast alle Schiffe verfügen über einen kleinen Verkaufstresen, wo Tee und Kaffee, Bier, Ouzo, Erfrischungen, Kekse, Chips und der mit Käse und Schinken belegte griechische Standard-Toast bestellt werden können. Restaurants gibt es nur an Bord der Piräus-Fähren.

Abfahrtszeiten und Verspätungen: Verspätungen kommen gelegentlich vor, manchmal kommen Schiffe aber auch schon zu früh an. Daher ist man verpflichtet, mindestens 30 Min. vor der auf dem Ticket angegebenen Abfahrtszeit am Hafen zu sein. Verspätungen werden nur selten angekündigt, selbst die Hafenpolizei kann nur ungefähr darüber eine Auskunft geben.

Werftliegezeiten: Im Winter werden manche regionale Schiffe Reparatur- und Wartungsarbeiten unterzogen und fallen dann für drei bis sechs Wochen aus. Einen Ersatzverkehr gibt es dann nur sporadisch.

Autofahren & Verkehrsregeln

Die Verkehrsvorschriften in Griechenland ähneln den unseren, das Verkehrsverhalten unterscheidet sich jedoch stark. Vor allem dürfen die Griechen als Weltmeister im Kurvenschneiden gelten. Deswegen sollte man auf den gebirgigen Straßen der

Inseln immer langsam und äußerst rechts fahren. Vor unübersichtlichen Kurven kräftig hupen! Auf sehr gut ausgebauten Straßen ist es üblich, auch den Standstreifen als Fahrspur zu benutzen, damit schnellere Fahrzeuge überholen können.

Die zulässige Höchstgeschwindigkeit beträgt innerorts 50 km/h, auf Landstraßen 90 km/h, auf Nationalstraßen 110 km/h und auf den Festlandsautobahnen 120 km/h. Für Motorräder bis 125 ccm gilt innerorts ein Speed-Limit von 40, auf Landstraßen und Autobahnen von 70 km/h. Motor-

räder über 125 ccm dürfen innerorts 40, auf Landstraßen 90, auf Schnellstraßen 110 und auf Autobahnen mit maximal 120 km/h fahren. Für Wohnmobile liegen die Grenzen innerorts bei 50, sonst bei 80 km/h.

Die Promillegrenze liegt bei 0,5, für Motorrad- und Wohnmobilfahrer bei 0,2. Autofahrer auf den Vordersitzen müssen angeschnallt sein, für Motorradfahrer und ihre Beifahrer gilt Helmpflicht.

Tankstellen sind auf allen Inseln vorhanden, bleifreies Benzin und Dieselkraftstoff überall erhältlich.

Übernachten

Zimmersuche

Schwierigkeiten, ein freies Zimmer zu finden, hat man nur zwischen Mitte Juli und Ende August, wenn Griechen, Italiener und Franzosen scharenweise auf den Inseln Urlaub machen. Ausgerechnet in dieser Zeit werden auch kurzfristige telefonische Vorausbuchungen nur ungern oder gar nicht angenommen, sodass die Zimmersuche vor Ort manchmal Stunden in Anspruch nehmen kann. Helfen können dabei bisweilen Taxifahrer oder abreisende Individualurlauber, die man fragt, wo sie gewohnt haben.

In der übrigen Zeit des Jahres sind Vorausbuchungen nur dann notwendig, wenn man ein ganz bestimmtes Quartier im Auge hat. Ansonsten warten meist schon einige Zimmervermieter am Hafen und bieten freie Zimmer, Studios und Apartments an. Manche haben Hausprospekte oder Alben mit Fotos ihrer Quartiere dabei, einige kommen sogar mit Kleinbussen an den Anleger und bringen Interessenten kostenlos in ihr Haus.

Vor allem größere Hotels kann man mittlerweile auch ohne Anreisearrangement über Reiseveranstalter buchen. Das muss nicht immer teurer sein als eine Direktbuchung.

Tipps zur Vorabrecherche

www.greeklodgings.gr: Auf dieser Website können Sie sich auf allen im Buch beschriebenen Inseln schon von zu Hause aus ein Bild über die Unterkunftslage machen.

www.gtp.gr: Bei »accomodation« am besten wegen abweichender Schreibweisen zuerst Kos eingeben, dann bei Bedarf für andere Inseln »select another destination« anklicken. Es erscheint eine anklickbare Liste aller Inseln und vieler Inselorte. Die Links führen direkt zu den Hotels mit eigener Website.

Hotels

Hotels sind auf allen Inseln – Arkí, Agathonísi, Psérimos und Télendos ausgenommen – zu finden. Alle griechischen

Mein Tipp

Hotels mit Flair

Zunehmend werden auf Kos und den Nachbarinseln kleine Hotels und Pensionen in alten Villen und historischen Gebäuden eingerichtet. Solche Hotels werden bei den Hotelempfehlungen zu den einzelnen Inselorten in diesem Buch fast immer vorgestellt. Man findet sie z. B. in der Stadt Kos, in Pothiá auf Kálymnos, in Mandráki auf Níssyros, in Alinda auf Léros und in der Chóra von Pátmos.

Hotels werden staatlicherseits klassifiziert: von der Luxus- über die A- bis zur E-Kategorie. Sauberkeit, Lage des Hauses, Qualität und Freundlichkeit von Inhaber und Personal spielen bei dieser Einstufung allerdings keine Rolle, sodass diese Kategorisierung nur begrenzte Aussagekraft hat. Sie informiert nur über die offizielle Preisklasse und die Ausstattung, sagt aber nichts über die tatsächlichen Preise oder das Alter und die Qualität von Mobiliar und Badezimmerinstallationen aus.

Für Hotels der Kategorien A bis C werden Mindestpreise festgesetzt. Die vom Hotelier nach dieser Richtlinie gestalteten Preise müssen einmal jährlich vom Staat genehmigt und dann eigentlich die ganze Saison über beibehalten werden. Doch kaum ein Hotelier richtet sich danach: Oft offerieren sie in der Vor- und Nachsaison von sich aus erhebliche Preisnachlässe auf die Tarife, die zu dieser Zeit ohnehin um bis zu 50 % unter den Hauptsaisontarifen liegen.

Hotels der Kategorien D und E sind meist nur geringfügig billiger als einfache Häuser der C-Kategorie. Die in die Kategorie ›Luxus‹ eingestuften Etablissements sind oft doppelt so teuer wie Hotels der A-Kategorie, entsprechen im internationalen Vergleich aber nur First-Class-Häusern.

Für ein Zusatzbett im Zimmer können 20 % Aufschlag verlangt werden. Bei einem Aufenthalt von weniger als drei Nächten darf der Zimmerpreis um 10 % erhöht werden.

Pensionen und Privatzimmer

Pensionen und Privatzimmer gibt es auf allen Inseln. Sie werden ebenfalls wie Hotelzimmer offiziell klassifiziert. Am besten sind Zimmer der A-Kategorie, außerdem gibt es noch eine B- und eine C-Kategorie.

Feste Preise gibt es nicht!

Auf den Homepages vieler einfacherer griechischer Hotels, Pensionen und Apartmenthäuser wird man vergeblich Preisangaben finden. Es wird erwartet, dass man den Preis telefonisch oder per Mail erfragt. Er richtet sich ganz flexibel nach Reisezeit, Aufenthaltsdauer und Auslastung des Hauses – und manchmal auch nach dem Eindruck, den der Anfragende bezüglich seiner Zahlungskraft hinterlässt. Auch vor Ort ist der Peis oft frei verhandelbar. Deswegen sollte man ohne Buchung nie gleich mit Gepäck in einer Unterkunft erscheinen, sondern dieses erst einmal in einem nahen Café stehen lassen. So bleibt man flexibler, falls man mit dem Preis nicht einverstanden ist.

Apartments und Studios liegen oft in idyllischer Kulisse

Apartments, Studios und Ferienhäuser

Apartments *(diamerísmata)* und Studios *(gasoniéres)* liegen voll im Trend. Studios verfügen meist nur über eine einfache Kochgelegenheit und einen Kühlschrank, Apartments über eine mehr oder minder vollständig eingerichtete Küche. Beide sind preiswerter als vergleichbar große Hotelzimmer. Man kann sie über zahlreiche Reiseveranstalter, aber auch individuell buchen.

Frei stehende private Ferienhäuser werden nur selten vermietet. Örtliche Reisebüros können darüber Auskunft geben. In Deutschland vermittelt z. B.

das Unternehmen domizile einige Ferienhäuser auf Pátmos:

domizile: Helga Schneider-Erber, Tel. 089 83 30 84, www.domizile.de

Camping

Campingplätze gibt es auf Léros und Pátmos, sie sind von Mai bis September geöffnet. Man zahlt im Durchschnitt etwa 5 € pro Person und noch einmal je den gleichen Betrag für das Zelt und das Auto.

Wild zu zelten ist offiziell verboten. An entlegenen Stränden ohne Zimmerangebot in der Umgebung wird es dennoch im Hochsommer vorwiegend von jungen Griechen gern praktiziert.

Essen und Trinken

Griechische Restaurantkultur

Griechen gehen ungern allein oder zu zweit zum Essen aus. Eine gute, fröhliche Tischgemeinschaft ist ihnen wichtig: die *paréa*. Man nimmt die Familie mit, lädt Freunde dazu und sitzt dann stundenlang bei Tisch.

Eine *paréa* bestellt meist gemeinsam. Man fragt den Wirt nach seinen Empfehlungen und bestellt dann von allem viel mehr, als man essen kann. Zahlreiche Vorspeisen, Fisch und gegrilltes Fleisch werden in die Mitte des Tisches gestellt, jeder nimmt sich, was er möchte. Abgeräumt wird erst, wenn die Gäste gehen: Jeder soll ja sehen können, dass sie gut und vor allem viel gegessen haben. Die Rechnung übernimmt einer für alle. Oft wird ein erbitterter Streit über die Frage ausgefochten, wer denn nun bezahlen *darf*, auch wenn das oft vorher klar ist: Man geht ja öfter zusammen essen, jeder ist mal an der Reihe. Zwar ist es unter Schülern und Studenten auch üblich, sich die Rechnung zu teilen, ein kleinliches Aufrechnen ist aber völlig unüblich – das tun höchstens Touristen.

Wo geht man hin?

Speiselokale tragen in Griechenland viele verschiedene Bezeichnungen. Neben der traditionellen *tavérna* gibt es das *estiatório* (Restaurant) mit eher internationalem Standard und die fast immer sehr einfache *psistariá*, eine Art Grillstube mit Take-away-Verkauf. Im *oinomageirío* trinkt man einfachen Landwein, die Küche bietet zumeist Schmorgerichte. Die *psarotavérna* ist auf Fischgerichte spezialisiert. In der *ouzerí* sind Ouzo und der Tresterschnaps *tsípouro* die traditionellen Getränke zu *mezedáki*, vielen kleinen Gerichten nach Art spanischer Tapas. Im *zacharoplastío* schließlich bekommt man Kuchen, Torten und allerlei Gebäck nach orientalischer Art.

Als *kafenío* wird das traditionelle griechische Kaffeehaus bezeichnet. Hier bekommt man Kaffee und Tee, Erfrischungsgetränke, Ouzo und meist auch Whisky. Essen kann man hier in der Regel nicht – höchstens morgens zum Frühstück ein Omelette oder ein paar Spiegeleier.

Essensrhythmus

Feste Essenszeiten gibt es auf den Inseln zwar in den großen Hotels und in ausgesprochenen Edel-Restaurants, aber nur selten in einfachen Tavernen. Wer mag, kann dort auch schon morgens um 10 Uhr sein Kotelett bestellen und wird bis Mitternacht durchgehend mit warmer Küche versorgt. Die Griechen selbst gehen meist zwischen 13 und 15 Uhr zum Mittagessen. Abends speisen sie im Sommer oft erst zwischen 21 und 23 Uhr, im Winter ab etwa 19 Uhr.

In den Topf schauen?

Der Gang in die Küche ist dem Gast nur noch in traditionellen Tavernen gestattet. Hier kann er am Warmhaltetresen und in den Töpfen nachschauen, was der Wirt zu bieten hat. Griechische Gäste lassen den Kellner das aktuelle Tagesangebot aufzählen. Für ausländische Gäste gibt es überall

Speisekarten: zumeist griechisch-englisch, manchmal auch in babylonischem Sprachengewirr. Moderne Wirte haben sich auf Analphabeten eingestellt und illustrieren ihre Karten mit Fotos.

Für Griechen zählt beim Essen vor allem die Frische der servierten Gerichte. Auch Fleisch wird lieber schlachtfrisch als abgehangen verzehrt. Bevor man Fisch bestellt, schaut man ihn sich an und wählt selbst.

Auf raffinierte Soßen oder kreative Würze legt man in der Regel keinen Wert. Die Temperatur der Speisen spielt keine Rolle; lauwarmes Essen ist für einen Griechen kein Grund zur Reklamation. Immer mehr Wirte lernen jedoch, dass ausländische Urlauber heiß serviertes Essen wünschen. Resultat: Sie schaffen Mikrowellen an und heizen den Teller so kräftig auf, dass sich mancher Gast erst am Teller die Finger und dann am Essen die Lippen verbrennt.

Die griechische Küche: einfach und bäuerlich

Ein Eldorado für Feinschmecker sind die griechischen Inseln nicht, obwohl die griechische Küche traditionell gesund und wohlschmeckend ist. Aufgrund der großen Abhängigkeit vom Tourismus passen sich jedoch viele Lokale dem internationalen Einheitsgeschmack an. Olivenöl wird immer seltener verwendet, stattdessen nimmt man Öle, die preiswerter und geschmacksneutraler sind. *Chips* (Pommes) und Gemüsebeilagen begleiten fast alle Gerichte, ebenfalls eine Neuerung für das ausländische Publikum. Heute weisen die Speisekarten der verschiedenen Restaurants kaum Unterschiede auf, Lokale, die die traditionelle Küche pflegen, sind eher selten.

Doch Standards wie *souvláki*, *moussaká* und *tsatsíki* kann man auch zu Hause essen – im Lande selbst lohnt es sich, eher ungewöhnliche Gerichte zu entdecken: Häufig isst man in den schlichtesten Lokalen hervorragend, auch ohne viel zu bezahlen.

Typische Gerichte

Aufläufe und gefülltes Gemüse werden traditionell hoch geschätzt, z. B. gefüllte Tomaten, Paprika, Zucchini oder Auberginen. In den letzten Jahren sind zudem aus verschiedenen Gemüsen, Fleischsorten und sogar Oktopus-Püree zubereitete Kroketten immer beliebter geworden.

Standardgerichte der griechischen Küche sind immer noch das *jouvétsi*, in der Tonform gebackenes Lamm- oder Rindfleisch mit reiskornförmigen *kritharakiá*-Nudeln, und *stifádo*, ein Rindfleischragout mit Zwiebelgemüse in einer Tomaten-Zimt-Soße. Deftigere Spezialitäten sind *kokorétsi*, in Darm gewickelte und gegrillte Innereien von Lamm oder Zicklein, sowie *patsá*, eine Kuttelsuppe, die man bevorzugt nach einer durchzechten Nacht genießt.

Fisch kommt fast immer gegrillt *à la nature* auf den Tisch, wobei in der Zubereitung zwischen den einfachsten Sardinen und der teuersten Languste kein Unterschied gemacht wird. Frischer Fisch ist recht teuer und wird fast immer nach Gewicht verkauft. Beim Abwiegen sollte man dabei sein, um später nicht bei der Rechnung eine große Überraschung zu erleben. Im Gegensatz zu frischem Fisch wird tiefgefrorene Ware in der Regel portionsweise angeboten. Aus der Tiefkühltruhe kommen meist Schwertfisch und immer Calamares.

Zum Frühstück nehmen die meisten Griechen nur einen Kaffee und eine Zi-

Traditionelles Kaffeegeschirr

Käse ein. Richtigen Filterkaffee gibt es aber selten, meist muss man sich mit Nescafé begnügen.

Wer auf eigene Faust unterwegs ist, geht zum Frühstück besser in ein Restaurant. Oder man holt sich eine gefüllte Blätterteigtasche aus der Bäckerei: z. B. *tirópittes* (mit Käse gefüllt), *spinakópittes* (mit Spinat gefüllt), *zambonópittes* (mit Schinken gefüllt), *loukanikópittes* (Würstchen im Schlafrock) oder *bougátsa* (mit Griespudding gefüllt). Dort, wo viele Engländer Urlaub machen, ist stets auch ein gutes englisches Frühstück mit gebratenen Eiern und Speck oder Bohnen zu bekommen.

Getränke

Für die meisten Griechen ist Wasser *(neró)* das wichtigste Getränk. Man trinkt es zum Essen, zu Kuchen und Süßspeisen ebenso wie zu Kaffee und Ouzo, manchmal sogar zu Bier, Brandy und Wein. Noch bis vor Kurzem trank man überall bedenkenlos eisgekühltes Leitungs- oder Zisternenwasser, heute setzt sich zunehmend in Plastikflaschen abgefülltes Tafel- oder Mineralwasser durch.

Frisch gepresste Säfte werden seltener und viel teurer angeboten, als es der Obstreichtum Griechenlands erwarten lässt. Nur in Touristenzentren findet man häufiger Orangensaft *(frésko chimó portokáliou)*. Bei den anderen Erfrischungsgetränken sind vor allem die internationalen Marken präsent. Milkshakes sind in den Touristenzentren weit verbreitet, aber relativ teuer.

Nationalgetränk ist der griechische Kaffee *(kafés ellinikós),* der in kleinen, weißen Mokkatassen serviert und zu jeder Tageszeit bei vielen Gelegenheiten getrunken wird (s. Kästchen links).

garette zu sich. Entsprechend dürftig fällt diese Mahlzeit in den einfachen Pensionen aus. In den pauschal zu buchenden Strandhotels mit ausländischen Gästen ist das Frühstück natürlich besser, dort wird es in der Regel in Form recht üppiger Büffets serviert und schließt neben Weißbrot mit Butter und Marmelade auch Müsli, Joghurt mit Honig, Sandkuchen, verschiedene Eiergerichte, Wurst und

Griechischer Kaffee

Griechischen Kaffee *(kafés ellinikós)* trinkt man immer ohne Milch. Das Kaffeepulver wird zusammen mit Wasser und Zucker in einem kleinen Stielkännchen aufgekocht, der Kaffee dann mit dem Satz serviert. Schon bei der Bestellung muss man – wie auch beim *frappé* – den gewünschten Süßegrad angeben: *skétto* (ohne Zucker), *métrio* (mittel) oder *glikó* (süß).

Auch Instantkaffee, hier stets ›Ness‹ genannt, ist inzwischen in fast jedem Kaffeehaus zu finden. Bei der Bestellung muss auf jeden Fall gesagt werden, ob man ihn heiß *(sestó)* wünscht – die meisten Griechen trinken ihn nämlich kalt aufgeschäumt als Frappé, was ein sehr angenehm erfrischendes Getränk ist. Außerdem sollte man den Wirt wissen lassen, ob man ihn mit oder ohne Milch wünscht *(mä gála/choris gála)*. Filterkaffee *(kafés fíltro)* war früher gar nicht zu bekommen, jetzt wird er in den Touristenzentren recht häufig angeboten. Problemlos dagegen ist die Bestellung von *freddi* – eisgekühlte Kaffees – die groß in Mode sind und in vielen Varianten angeboten werden: also *capuccino freddo, espresso freddo ...*

Zur Herstellung von Tee *(tsaï)* wird oft nur warmes Wasser über Teebeutel geschüttet; entsprechend schmeckt dann das Gebräu. Kräutertees gibt es nur selten, am ehesten noch Salbeitee *(tsaï faskómilo)* und Kamillentee *(tsaï kamomíli)*.

In Griechenland werden mehrere Biersorten in Lizenz gebraut: Amstel, Henninger, Löwenbräu. Als echt griechisches Bier gilt das in den 1990er-Jahren auf den Markt gekommene Mýthos. Ein griechisches Spitzenbier ist das nur in wenigen Lokalen servierte Craft aus einer Athener Mini-Brauerei, die auch Weizenbier produziert. Als importierte Flaschenbiere sind auch deutsche Weizenbiere, Budweiser, Beck's, Stella Artois, mexikanische und karibische Biere weit verbreitet. Fassbier *(bíra varelíssia)* wird fast nur im Sommer und fast nur in den Touristenzentren gezapft. Alkoholfreies Bier ist weitgehend unbekannt.

Wein *(krassi)* wächst auf allen Inseln, wird aber nur auf Kos auch in Flaschen abgefüllt. Auf den anderen Inseln sind die erzeugten Mengen so gering, dass diese fast nur von den Erzeugern selbst getrunken werden. In den Restaurants werden daher meist Flaschenweine aus anderen Regionen Griechenlands angeboten: aus Rhodos oder Sámos, aus Kreta oder vom Festland. Selten sind die hervorragenden Spitzenweine kleiner griechischer Winzer zu finden (s. Kasten). Überall erhältlich ist aber der berühmte geharzte Weißwein Retsína.

Unter den Spirituosen gilt der Anisschnaps Oúzo als urgriechisches Getränk. Auf Kos und den Nachbarinseln stammt er meist von Sámos; am berühmtesten für seinen Oúzo ist Lésvos. Traditionell trinkt man Oúzo nicht pur oder gar eiskalt, sondern lauwarm mit Wasser gemischt nach Art des türkischen Raki – doch ist das in den Touristenzentren fast in Vergessenheit geraten.

Riesig ist das Angebot an Cocktails in den meisten Bars. Oft stehen bis zu 60 verschiedene Varianten auf der Karte, die auch leidlich professionell zusammengeschüttelt werden.

Spitzenweine aus Hellas

Die Zahl der kleinen, guten griechischen Kellereien wird von Jahr zu Jahr größer. Eine Auswahl an Tropfen, auf deren Genuss Sie sich verlassen können:

Antonópoulos: Kellerei in Pátras auf dem Peloponnes, besonders hochwertige und teure Weine.

Averóf: Kellerei in Métsovo in Nordgriechenland, deren Weinberge auf Höhen um 1000 m liegen.

Callígas: Kellerei auf der Insel Kefalloniá. Besonders renommiert ist ihr weißer Robola-Wein.

Chatziemmanouil: Die erste Kellerei auf Kos, die sich um gute Weiß- und Rotweine bemüht.

Aktivurlaub und Sport

Besonders für alle Arten von Wassersport ist Kos die ideale Urlaubsinsel. In den Badeorten an der Nord- und Südküste gibt es viele Anbieter für Wasserski, Paragliding und Funrides. Auf den anderen Inseln ist das Angebot geringer und meist auf die Hauptsaison zwischen Mitte Juni und Mitte September beschränkt.

Klettern

Als eins der europaweit besten Reviere fürs Climbing (Felsklettern) gilt seit Kurzem die Insel Kálymnos. Es gibt schon über 1500 präparierte Routen, ständig kommen neue hinzu. Erste Auskünfte vor Ort gibt die Touristeninformation auf dem Hafenkai der Inselhauptstadt Pothiá. Sporadisch ist ein Official Climbing Info Desk an Werktagvormittagen an der Küstenstraße in Kastélli geöffnet. Ausführliche Hinweise zum Thema stehen auf Englisch auf der Website **www.climbkalymnos. com.** Weitere Infos s. S. 200.

Zur visuellen Einstimmung empfohlen: www.stadler-markus.de/files/sport klettern/klettern_kalymnos.htm. Hier werden viele Klettergebiete der Insel eingehend beschrieben.

Reiten

Die griechischen Inseln sind keine Reitferiendestination. Die zwei einzigen Reitställe, **Salt Lake Riding Centre** (s. S. 135) und **Alfa Horse** (s. S. 140) bieten auf Kos ihre Dienste an. Letzterer ist der professionellere von beiden, der auch anspruchsvolle Reiter zufriedenstellen kann. Die deutsche Inhaberin hat nicht nur Ausritte, sondern auch Unterricht

im Dressurreiten im Angebot. Für Kinder steht mindestens ein Pony im Stall.

Segeln

Segler sind zwischen den verschiedenen Dodekanes-Inseln in großer Zahl unterwegs. Spezialisierte Jachtvermieter gibt es auf Kos (z. B. Istíon, s. S. 114) und auf Kálymnos (z. B. Kalymna Yachting, s. S. 195). Eine vollständige Liste aller Charterunternehmen in ganz Griechenland ist kostenlos bei der Griechischen Zentrale für Fremdenverkehr erhältlich (s. S. 14).

Tauchen

Für Taucher sind die Inseln des nördlichen Dodekanes kein gutes Revier. Gerätetauchen ist hier nur in wenigen Gebieten und in Begleitung eines lizenzierten Tauchlehrers gestattet; Tauchbasen gibt es nur auf Kos (in der Stadt, s. S. 114, in Kantoúni auf Kálymnos (s. S. 198) sowie in Xirókambos auf Léros (s. S. 239). Die Ausrüstung wird von den Tauchschulen zur Verfügung gestellt.

Touren auf zwei, drei und vier Rädern

Für Radfahrer ist Kos die einzige griechische Insel mit einer Vielzahl von Radwegen und Fahrradvermietungen, v. a. in der Umgebung der Stadt Kos (s. S. 114). Auf den anderen Inseln werden nur vereinzelt Räder und Mountainbikes vermietet, die oft genug in schlechtem Zustand sind. Reifenflickzeug hat man am besten selbst dabei,

Wandern in der Gruppe

Angesichts fehlender Wanderführer, -karten und -wegweiser kann es empfehlenswert sein, sich für ausgiebige Inselwanderungen Spezialveranstaltern anzuschließen, deren Guides sich auskennen und viel zu Natur und Geschichte erzählen können. Besonders vielfältig ist das Angebot von Baumeler-Reisen (www.baumeler.ch) und Imbach (www.imbach.ch) mit jeweils einer Wanderwoche auf Kos, Níssyros und Kálymnos und sogar einer Wanderkreuzfahrt. Einwöchige Wanderreisen nach Kos, die auch ins Programm großer deutscher Veranstalter integriert sind, bieten Krauland (www.krauland.at) und die Alpinschule Innsbruck (www.asi.at) sowie Wikinger-Reisen (www.wikinger-reisen. de). Auf vulkanologische Wanderwochen auf der Insel Níssyros spezialisiert ist Volcano Tours (www.volcanodiscovery.com, s. S. 179).

denn es gehört selten zur Ausstattung. Begeisterte Biker bringen am besten ihr eigenes Gerät mit. Intensiver Sonnenschutz ist in jedem Fall dringend anzuraten.

Mopeds und leichte Motorräder kann man auf allen größeren Inseln mieten (s. S. 21), auf Kos sind auch Trikes und Quads verschiedener Fabrikate im Angebot (s. S. 114). Anfänger sollten jedoch einige Vorsichtsregeln beachten. Der Asphalt ist oft glatt oder wellig, Feldwege und Pisten sind steinig und rutschig. Stürze führen auf Schotter oft zu großflächigen Aufschürfungen, wenn man nur mit Hemd und Shorts unterwegs ist; auch auf einen Helm sollte man nicht verzichten.

Wandern

Zum Wandern sind die Inseln höchstens im Frühling bis Anfang Juni geeignet. Im Sommer werden Wanderungen wegen der überwiegenden Baumlosigkeit schnell zur Tortur. Auch fehlen gut markierte Wege, immer mehr alte Bauernpfade wuchern zu. Ausgesprochene Wanderführer oder -karten gibt es nicht, geführte Wanderungen werden vor Ort auf den Inseln nicht angeboten. Wer auf eigene Faust

oder mit einer Gruppe unterwegs ist, sollte beherzigen: Feste Schuhe sind unbedingt notwendig. Es empfiehlt sich, trotz der Wärme lange Hosen zu tragen: Der Untergrund ist manchmal rutschig, die Pfade führen teilweise durch dorniges Gestrüpp, und außerdem gibt es auf allen Inseln auch Giftschlangen.

Windsurfen und Wasserski

Auf Kos haben Wind- und Kitesurfer die Möglichkeit, je nach Wind und eigenem Können zwischen den drei Surfrevieren Nord-, Süd- und Westküste zu wählen, ohne dafür größere Wegstrecken auf sich nehmen zu müssen (besonders gute Spots sind um Mastichári, Mármari und Tigáki; bei Kéfalos und Ágios Theológos zu finden, s. auch S. 134). Sowohl an der Nord- als auch an der Südküste gibt es Surfstationen, von denen u. a. die deutschsprachige Surfschule **Fun2Fun** (s. S. 135) auch Katamarane vermietet und Unterricht im Kat-Segeln erteilt.

Windsurfen und Wasserski fahren kann man auf Léros am Strand von Álinda (s. S. 230), auf Pátmos in der Bucht von Gríkos (s. S. 274) sowie am Strand von Káto Kámbos (s. S. 273).

Feste und Unterhaltung

Kirchweihfeste

Fast jedes griechische Dorf feiert zumindest einmal im Jahr sein Kirchweihfest, das *panigíri*. Der Termin ist jeweils der Patronatstag des Heiligen, doch das eigentliche Fest, die *gléndi*, mit viel Musik und Tanz sowie ausgiebigem Essen und Trinken, wird immer am Vorabend begangen. Manchmal findet aber auch nur ein Vespergottesdienst am Vorabend und ein Frühgottesdienst am eigentlichen Festtag statt.

Kirchweihfeste werden nur selten durch Werbeplakate von Tavernen oder Kulturvereinen angekündigt – und wenn, dann auch meist nur auf Griechisch. Dass ein großes Kirchweihfest bevorsteht, erkennen Urlauber meist daran, dass reichlich Tische und Bänke auf dem Dorfplatz aufgebaut und jede Menge Bänder mit der weiß-blauen Papierflagge Griechenlands und der gelb-schwarzen Fahnen des heute nur noch in griechischen Köpfen existierenden Byzanz über den Kirchhof gespannt werden.

Festkalender

Januar
6. Januar: Am Vormittag Fest der Wasserweihe in allen Hafenorten.

Februar
1./2. Februar: Traditionelles Kirchweihfest an der Marienkirche in der Ruinenstadt unterhalb der Burg von Alt-Pýli auf Kos.

Februar/März
Rosenmontag: Man zieht mittags ans Meer oder in die Berge, lässt Drachen steigen, picknickt und grillt.

April
23. April (wenn der Termin vor Ostermontag liegt, dann erst am Ostermontag): Großes Kirchweihfest mit Pferderennen auf der Hauptstraße im unteren Ortsteil von Pylí auf Kos.

Juni
21. Juni: Kirchweihfest des hl. Nikías in Mandráki auf Níssyros.

Juli
26. Juli: Festgottesdienst mit Prozession in der Festung von Antimáchia auf Kos.

August
14./15. August: Besonders gut besuchte Kirchweihfeste zu Ehren Mariä Entschlafung in Kéfalos auf Kos, in Mandráki auf Níssyros, in Arginóntas auf Kálymnos, in Plátanos auf Léros und in Kámbos auf Pátmos.
15.–23. August: An einem Wochenende zwischen diesen beiden Tagen Weinfest auf Lipsí.
23. August: Großes Kirchweihfest unter Teilnahme zahlreicher Pilger auf Lipsí.
29. August: Große Kirchweihfeste in Kardámena und Mastichári auf Kos sowie am Kloster Ágios Ioánnis Pródromos auf der Kéfalos-Halbinsel von Kos.

September
14. September: Vormittags Festgottesdienst in der winzigen Kapelle über dem Grab des Harmylos in Pylí auf Kos.

Ostern

Im Jahreslauf ist Ostern der erste bedeutende Festtag. Nahezu alle Griechen fahren dann in ihre Heimatdörfer, selbst aus dem Ausland kehren viele heim. Am Karfreitag wird morgens in der Kirche das symbolische Grab Christi aufgebaut und mit Blumen geschmückt, im Laufe des Tages oder am Abend wird es dann in feierlicher Prozession durch den Pfarrbezirk getragen. Zum Ostergottesdienst, der am Ostersamstag gegen 23 Uhr beginnt, gehen dann alle in die Kirche (s. S. 72). Der Ostersonntag ist dem Feiern mit Familie und Freunden im eigenen Haus vorbehalten. Man genießt ein Lamm vom Spieß oder aus dem Backofen, isst, trinkt und feiert den ganzen Tag. Am Ostermontag erholt man sich davon.

Kímissis

Der einzige große Festtag, der in den Sommer fällt, ist der 15. August, der Tag, an dem Maria starb und Christus ihre Seele in den Himmel erhob: In Griechenland nennt man ihn Kímissis tis Theotokoú, »Entschlafung der Gottesgebärerin«. Da die meisten griechischen Kirchen Maria geweiht sind, findet fast überall ein großes Fest statt. Und da der Sommer ist, lässt es sich besonders gut im Freien bei Musik und Tanz die ganze Nacht hindurch fröhlich sein.

Nationalfeiertage

Am 25. März feiert man den Beginn des Freiheitskampfes gegen die Türken im Jahr 1821, der zur Staatsgründung führte. Am 28. Oktober gedenkt man dem »Großen historischen Nein« Griechenlands zu einem Ultimatum Musso-

Ein anderer Kalender

Ostern und die an den Ostertermin gebundenen Feiertage werden in Griechenland häufig später als bei uns gefeiert (Daten s. S. 37). Das liegt daran, dass in der Ostkirche noch der Julianische Kalender gilt. Wie bei uns liegt Ostern am ersten Sonntag nach dem ersten Frühlingsvollmond. Da er in 400 Jahren drei Schalttage mehr hat als unser Gregorianischer Kalender, verschiebt sich nach dem Julianischen Kalender der Frühlingsanfang immer weiter in den Sommer hinein. Zurzeit beträgt die Differenz 13 Tage; Frühlingsanfang ist also für die Ostkirche der 3. April.

linis im Jahr 1940, das zum Eintritt Griechenlands in den Zweiten Weltkrieg aufseiten der Alliierten führte. An beiden Tagen finden in allen großen Inselorten vormittags fotogene Paraden mit anschließender Kranzniederlegung an einem Heldendenkmal statt. In vorderster Reihe marschieren dabei der Klerus in vollem Ornat, Soldaten und Polizei in Uniformen – und Schulkinder in historischen Trachten. Besonders eindrucksvoll ist die Parade am Vormittag des 28. Oktober in der Inselhauptstadt von Kálymnos, bei der viele Schüler in historischen Trachten auf der Uferpromenade entlangmarschieren.

Kulturfestivals

Léros, Kálymnos und die Stadt Kos veranstalten im Juli und August Kultur-Festivals mit Theater- und Folkloreaufführungen, Konzerten und Kunstausstellungen. Programme werden nur sehr kurzfristig und nur vor Ort – meist nur auf Griechisch – veröffentlicht.

Reiseinfos von A bis Z

Ärztliche Versorgung und Apotheken

Staatliche Krankenhäuser gibt es auf Kos, Léros und Kálymnos; Ärzte auf allen Inseln außer auf Árki, Télendos und Psérimos. Kinder- und Zahnärzte findet man auf Kos, Kálymnos, Léros und Pátmos, Orthopäden auf Kos, Kálymnos und Léros.

Die Ärzte sind zumeist gut ausgebildet, man kann aber nicht in jedem Falle davon ausgehen, dass sie Englisch oder gar Deutsch sprechen. Oft verfügen sie nur über wenig modernes Gerät. Apotheken gibt es auf allen Inseln, auf denen es Ärzte gibt. Viele Medikamente sind hier auch rezeptfrei – und sehr viel preiswerter als die gleichen Produkte in Mitteleuropa – erhältlich. Apotheken sind meist durch ein grünes Kreuz gekennzeichnet. Zur Bezahlung der Ärzte s. Gesundheitsvorsorge.

Diplomatische Vertretungen

Botschaft der Bundesrepublik Deutschland
Odós Karaóli & Dimitríou 3
106 75 Kolonáki, Athen
Tel. +30 210 728 51 11
Fax 210 728 53 35
info@athen.diplo.de
www.athen.diplo.de

Drogen
Drogenbesitz (auch Haschisch) wird in Griechenland schwer bestraft. In griechischen Gefängnissen herrschen oft noch mittelalterliche Verhältnisse.

Botschaft von Österreich
Leofóros Vass. Sofías 4, 10674 Athen
Tel. +30 210 725 72 70
Fax 210 725 72 92
athen-ob@bmeia.gv.at
www.aussenministerium.at/athen

Botschaft der Schweiz
Odós Jassíou 2, 11521 Athen
Tel. +30 210 723 03 64/-65/-66
Fax +30 210 724 92 09
ath.vertretung@eda.admin.ch
www.eda.admin.ch/athens

Botschaften der Republik Griechenland
… in Deutschland
10117 Berlin, Jägerstraße 54/55
Tel. 030 20 62 60, Fax 20 62 64 44
info@griechische-botschaft.de
www.griechische-botschaft.de

… in Österreich
1040 Wien, Argentinierstraße 14
Tel. +43 (0)1 506 15, Fax 506 15 19
gremb@griechischebotschaft.at
www.griechische-botschaft.at

… in der Schweiz
3000 Bern 15, Weltpostr. 4, C.p. 246,
Tel. +44 (0)31 356 14 14,
Fax 031 368 12 72
gremb.bm@mfa.gr
www2.mfa.gr

Eintrittspreise

Der Eintritt zu Museen beträgt meist 2–4 €. Schüler und Studenten aus EU-Ländern (mit internationalem Studentenausweis) haben freien Eintritt. In staatlichen Museen wird EU-Senioren ab 65 Jahren Ermäßigung gewährt.

Der Besuch archäologischer Stätten ist mit Ausnahme des Asklipieíons, des Johanniterkastells und der Casa Romana auf Kos überall auf den Inseln frei. Von November bis März ist der Besuch aller staatlichen Museen und Ausgrabungsorte sonntags generell frei.

Elektrizität

Überall 220 Volt Wechselstrom. Deutsche Flachstecker passen fast immer.

Erdbeben

Erdstöße kommen vor, richten aber meist keine Schäden an. Im Falle eines Erdbebens sollte man Schutz unter einem Türsturz oder zumindest unter einem Tisch oder Bett suchen. Ist das Beben, das meist nur einige Sekunden dauert, vorbei, begibt man sich schnellstens ins Freie, benutzt dafür aber auf keinen Fall den Fahrstuhl. Am Verhalten der Einheimischen erkennt man, ob man besser für einige Zeit im Freien bleibt oder ins Haus zurückkehren kann.

Feiertage

An den Feiertagen sind Behörden und Geschäfte geschlossen, z. T. auch die Museen. Reisebüros, Auto- und Mopedvermietungen sowie Souvenirgeschäfte sind an sommerlichen Feiertagen dennoch geöffnet.

1. Januar – Neujahr
6. Januar – Epiphanias: Fest der Wasserweihe und Taufe Jesu (Hl. Drei Könige)
25. März – Nationalfeiertag: Beginn des Befreiungskampfes gegen die Türken im Jahr 1821
Rosenmontag – *Katharí Deftéra*: 2013 am 18. März, 2014 am 3. März

Karfreitag – *Megáli Paraskeví*: 2013 am 3. Mai, 2014 am 18. April
Ostern – *Páska*: 2013 am 5./6. Mai, 2014 am 20./21. April
1. Mai – Tag der Arbeit *(Protomajá)*
Pfingstmontag – *Deftéra tis Pendikósti*: 2012 am 4. Juni, 2013 am 14. Juni, 2014 am 10. Juni
15. August – Mariä Entschlafung *(Kímesis tis Theotókou)*: Der Feiertag wird nicht Mariä Himmelfahrt genannt, da die leibliche Himmelfahrt Mariens in der orthodoxen Kirche kein Dogma ist.
28. Oktober – Nationalfeiertag ›Ochi-Tag‹ *(I méra tou óchi)*: Erinnert wird an das ›Historische Nein‹, mit dem der griechische Diktator Jánnis Metaxás 1940 auf ein Ultimatum Mussolinis antwortete.
24. Dezember – Heiligabend *(Paramoní Christoújennon)*: halber Feiertag
25. Dezember – Weihnachten *(Christoújenna)*: Anders als bei uns gibt es Geschenke erst in der Silvesternacht.
31. Dezember – Silvester *(Vrádi tis Protochronjás)*: halber Feiertag

FKK

›Oben ohne‹ ist für die Griechen inzwischen ein gewohnter Anblick. Nur auf der heiligen Insel Pátmos ist ein unverhüllter Busen offiziell noch strikt verboten. FKK wird hingegen nur an solchen Stränden geduldet, an denen es weder Einheimische noch Tavernen gibt. Dort lässt sich dann auch nie die Polizei blicken, obwohl das Nacktbaden laut Gesetz außerhalb von Nacktbadezonen verboten ist – die auf Kos und den Nachbarinseln nicht vorhanden sind. Ohnehin gelten die ortsfernen Strände als exterritoriales Gebiet, auf dem die Fremden das Sagen haben. Viel beleidigender für ältere Griechen sind Urlauber, die in dürftiger Strandkleidung durch ihre Dörfer bummeln.

Fotografieren

Filme sind in Griechenland teuer; spezielle Filme und selbst einfache Diafilme sind gar nicht oder erst nach längerem Suchen zu bekommen. Außerdem werden sie oft unsachgerecht gelagert. Man sollte deswegen einen ausreichenden Vorrat mitnehmen. Ungeduldige finden in allen Städten und Urlaubszentren Geschäfte, die binnen 1 Stunde Farbfilme entwickeln. Digitale Fotos kann man in vielen Fotogeschäften oder auch Internetcafés vom Speicherchip auf CD brennen lassen. Das kostet meist 3–5 € pro CD.

Militärische Objekte dürfen nicht fotografiert werden. Entsprechende Hinweisschilder gelten aber meist nur im Umkreis von wenigen Metern. In den Museen ist das Fotografieren ohne Blitz und Stativ kostenlos; für Aufnahmen mit Stativ ist eine umständlich in Athen zu beantragende Genehmigung nötig.

Geld

In Griechenland gilt der Euro, der hier *evro* oder englisch *juro* ausgesprochen wird (Cent = *leptá*). Kreditkarten werden von Reisebüros und Autovermietungen akzeptiert, leider nur von wenigen Hotels, Restaurants, Tankstellen und Souvenirgeschäften. Reiseschecks werden von allen Banken eingelöst. Abhebungen mit der EC/Maestro-Karte oder einer Kreditkarte sind an Geldautomaten außer auf Agathonísi, Arkí, Psérimos und Télendos möglich.

Gesundheitsvorsorge

Besondere Impfungen sind nicht vorgeschrieben, man sollte jedoch die Schutzimpfungen (Tetanus, Polio, Diphterie) überprüfen.

Griechische Apotheken sind in der Regel gut bestückt, führen jedoch nicht alle bei uns bekannten Medikamente. Wer auf ein bestimmtes Mittel angewiesen ist, sollte es besser in ausreichender Menge mitnehmen.

Mit der European Health Card (EHIC) können sich nach dem EU-Sozialversicherungsabkommen deutsche und österreichische Urlauber in Griechenland kostenlos behandeln lassen (Info bei der heimischen Krankenkasse). Da man mit der European Health Card an Vertragsärzte der gesetzlichen Kassen gebunden ist, schließt man evtl. eine Auslandskrankenversicherung ab (z. B. im Reisebüro), die darüber hinausgehende Risiken, wie z. B. einen notwendigen Rücktransport nach Deutschland, abdeckt. Dann zahlt man Arzt- und Arzneikosten selbst und bekommt diese später erstattet (informieren Sie sich über die Höhe der Selbstbeteiligung!). Bei privaten Krankenversicherungen, die europaweit gelten, erübrigt sich eine zusätzliche Versicherung.

Internetcafés und WLAN

Internetcafés gibt es auf allen Inseln außer auf Agathonísi, Árki, Níssyros, Psérimos und Télendos. Meist zahlt man ca. 4 €/Stunde. Einige Computer arbeiten mit Münzeinwurf (Fünfminutentakt), andere mit Zeitkarten. In manchen kleinen Internetcafés wird nach der Wanduhr abgerechnet.

Immer mehr Hotels stellen ihren Gästen WLAN-Zugang mit dem eigenen Laptop zur Verfügung. Auch moderne Cafés und Beach Bars bieten zunehmend diesen Service an – meist sogar kostenlos.

Kinder

Kinder dürfen in Griechenland überall und jederzeit dabei sein, viele besondere Angebote macht man ihnen jedoch nicht. Auf Kos ist man am besten auf die Ansprüche mitteleuropäischer Eltern eingestellt, hält auch Hochstühle in Restaurants sowie Kindersitze bei Auto- und Fahrradvermietern bereit und bietet manchmal in Lokalen sogar Kinderteller an. Griechen hingegen lassen ihre Kleinen hingegen einfach an dem teilhaben, was auf der Tafel steht. Kinderermäßigungen werden in Bussen und auf Schiffen meist bis zum Alter von zwölf Jahren gewährt, den Ausweis lässt man sich selten zeigen.

Kiosk

Griechische Kioske sind vom Boden bis unter die Decke mit Waren vollgestopft. Hier findet man fast alles, was man an Kleinigkeiten so braucht. Zigaretten, Streichhölzer und Feuerzeuge gehören ebenso zum Sortiment wie Kämme, einzelne Aspirin-Tabletten, Zahnpasta, Kondome oder Kaffee in Portionsbeuteln. Die Kioske sind meist bis spät in die Nacht geöffnet.

Klosterbesuch

Beim Besuch von Kirchen und Klöstern sollten Knie, Schultern und Oberkörper bedeckt sein, den Sonnenhut hält man in der Hand. Man legt weder die Hände auf den Rücken noch kehrt man Ikonen den Rücken zu. Bei vielen Klosterbesuchen ist die Mittagsruhe von ca. 13–17 Uhr zu respektieren.

In allen Kirchen liegen Kerzen aus, die auch Nicht-Orthodoxe kaufen und anzünden dürfen. Man wundere sich aber nicht, wenn die Kerze von einer Kirchendienerin schon nach wenigen Minuten gelöscht wird: Das geschieht auch mit den Kerzen der Einheimischen, um das Wachs einer Wiederverwertung zuzuführen. Das Anzünden ist wichtig, nicht das vollständige Abbrennen.

Notrufnummern

Polizei, Notarzt, Feuerwehr: 112 (auch englischsprachig).
ADAC-Notrufnummer: 21 08 93 77 77 (Festnetz), +30 210 89 37 777 (mobil)
Notrufnummer zur **Sperrung von Bank- und Kreditkarten** sowie Handys: +49 116 116.

Polizei

Die griechische Polizei wirkt recht unauffällig und zurückhaltend. Verkehrskontrollen sind selten; Strafzettel für falsches Parken werden auf den Inseln kaum verteilt. Sucht man allerdings ein Polizeirevier auf, um etwa einen Diebstahl anzuzeigen, wird man mit einer Unmenge von Formularen überhäuft, die erst gültig sind und aus der Hand gegeben werden, wenn auch die richtige Gebührenmarke gefunden und bezahlt ist. Da die Kriminalitätsrate auf den Inseln jedoch äußerst niedrig ist, erlebt kaum ein Urlauber die bürokratischen Exzesse der griechischen Polizei.

Post

Postämter sind Mo–Fr von 7.30–15 Uhr geöffnet. Briefe und Postkarten nach Mitteleuropa werden grundsätzlich per Luftpost befördert, die Laufzeit nach Deutschland beträgt zwischen vier Tagen und zwei Wochen. Briefmarken gibt es außer auf der Post manchmal auch in Hotels und bei den Postkartenverkäufern.

Das Porto für Postkarten und Briefe unter 20 g Gewicht nach Mitteleuropa betrug im Frühjahr 2012 75 Cent.

Radio und Fernsehen

Viele größere Hotels haben Satellitenantennen, sodass man deutsche Fernsehsender empfangen kann. Die griechische Rundfunkgesellschaft strahlt die drei Fernsehprogramme ET1, ET2 und ET3 aus. Außerdem gibt es eine Vielzahl privater Fernsehsender. Radioprogramme werden vom griechischen Rundfunk, aber auch von zahlreichen lokalen und regionalen Privatsendern betrieben. Der Staatsrundfunk ERT sendet täglich 7.40–8 Uhr Nachrichten in deutscher Sprache. Auch das Programm der Deutschen Welle kommt problemlos über den Äther. Türkische Rundfunksender werden zwar empfangen, sie hört aber kein Grieche.

Rauchen

Obwohl viele Griechen Raucher sind, werden auch hier die in der EU üblichen Rauchverbote streng durchgesetzt. In öffentlichen Verkehrsmitteln und Gebäuden sowie auf Flughäfen ist es gänzlich tabu. Spezielle Raucherzonen in Restaurants, Bars und Diskotheken sind nicht zulässig. Die Zigarettenpreise liegen bei 3,50–4,50 €.

Reisen mit Handicap

Es gibt nur wenige behindertengerechte Hotels und Restaurants, auch Busse und Museen sind kaum auf Rollstuhlfahrer eingestellt. Ohne Begleiter kommen Rollstuhlfahrer in Griechenland nicht zurecht. Eine (unvollständige und wenig detaillierte) Liste behindertengerecht eingerichteter Hotels ist erhältlich bei den Büros der Griechischen Fremdenverkehrszentrale in Deutschland oder unter www.grhotels. gr (unter »search by criteria« eingeben: »suitable for disabled«).

Sicherheit

Die Kriminalitätsrate in Griechenland ist eine der niedrigsten in Europa. Trotzdem empfiehlt es sich, bei größeren Menschenansammlungen vor Taschendieben auf der Hut zu sein. Auch auf Fähren und Tragflügelbooten sollte man sein Gepäck nie unbeaufsichtigt lassen.

Souvenirs

Souvenirs werden überall dort angeboten, wo zumindest gelegentlich Urlauber vorbeikommen. Massenware und Kitsch überwiegen dabei jedoch in aller Regel.

Gute Juweliergeschäfte findet man auf Pátmos und Kos. Inseltypische Mitbringsel sind Kräuter und Honig von Kos, Schwämme von Kálymnos und Bimsstein von Níssyros.

Reisekasse

Die Lebenshaltungskosten und Übernachtungspreise sind in Griechenland etwa so hoch wie in Deutschland. Öffentliche Verkehrsmittel sind günstiger, Benzin und Lebensmittel teurer (s. auch Geld, S. 38).

Telefonieren

Für öffentliche Telefone benötigt man eine Telefonkarte *(tilekárta),* die an Kiosken und in den Büros der Telefongesellschaft OTE erhältlich sind. Ohne Karte kann man auch bei der OTE sowie von vielen Kiosken aus zum Originaltarif telefonieren. Geschäfte, Reisebüros und Hotels erheben für den Service hingegen zum Teil erhebliche Aufschläge. Ortsvorwahlen gibt es in Griechenland nicht, alle Festnetznummern sind zehnstellig.

Toiletten

In besseren Hotels entsprechen die Toiletten westeuropäischem Standard. Woanders sind sie zwar meist sauber, aber fast immer unvollständig: Die Sitzbrillen fehlen. Außerdem wirft man außerhalb der guten Hotels das benutzte Toilettenpapier grundsätzlich in einen neben der Toilette stehenden Eimer oder Papierkorb, da die Abflussrohre sehr leicht verstopfen. Toilettentüren sind entweder durch die Aufschrift »ΑΝΔΡΩΝ« (Männer) und »ΓΥΝΑΙΚΩΝ« (Frauen) oder durch Piktogramme gekennzeichnet.

Türkei-Ausflüge

Ausflüge in die Türkei werden in der Saison von Kos aus täglich, von Níssyros und Pátmos aus mehrmals wöchentlich angeboten. Von Kos und Níssyros aus wird Bodrum angesteuert, von Pátmos aus Kuşadası (mit Ausflug zum antiken Ephesos). Von Kos aus werden zudem samstags Ausflüge zum Wochenmarkt von Turgutreis angeboten. Die Tagesausflugsfahrten in die Türkei kosten meist 25–30 €.
Die Grenzformalitäten sind in letzter Zeit vereinfacht worden. Man trifft sich eine halbe Stunde vor Abfahrt an Bord; dann gehen alle Passagiere gemeinsam zur Passkontrolle und anschließend an Bord. In der Türkei wird der Pass bei der Grenzpolizei abgegeben und vor Betreten des Schiffes wieder abgeholt. Zurück in Griechenland, gibt man seinen Pass wieder ab, geht dann zur Passkontrolle und erhält ihn dort zurück.

Öffnungszeiten

Im Sommerhalbjahr sind alle Geschäfte von touristischem Interesse, also auch Supermärkte, täglich von etwa 9–22, teilweise sogar bis 24 Uhr geöffnet. Geschäfte, die sich überwiegend an den Bedarf der Einheimischen richten, legen zwischen etwa 14–18 Uhr eine Mittagspause ein und bleiben montags, mittwochs und samstags sowie an Sonntagen ganz geschlossen. Postämter sind Mo–Fr von 7.30–15, Banken Mo–Do von 8–14, freitags von 8–13.30 Uhr geöffnet.

Zeitungen und Zeitschriften

Deutschsprachige Presse ist in den Inselhauptorten und den Urlaubszentren im Sommerhalbjahr am Tag nach ihrem Erscheinen in Deutschland erhältlich. Zudem bekommt man häufig auch die in Athen wöchentlich publizierte, deutschsprachige »Griechenland Zeitung«.

Zeitunterschied

In Griechenland ist es ganzjährig 1 Std. später als bei uns, Sommerzeit gilt zu gleichen Terminen.

Panorama – Daten, Essays, Hintergründe

Wiederaufgerichtete Säulen im Asklipieíon bei der Stadt Kos

Steckbrief Kos und nördlicher Dodekanes

Daten und Fakten
Fläche: 546 km²
Größte Stadt: Kos-Stadt
Einwohner: 33 300
Bevölkerungsdichte: 115 Einw./km² (griechischer Durchschnitt: 82 Einw./km², Deutschland: 231 Einw./km²)
Amtssprache: Neugriechisch
Währung: Euro
Zeitzone: OEZ (man stellt die Uhr ganzjährig eine Stunde vor)
Vorwahl: 0030

Lage, Größe, Städte

Kos und seine Nachbarinseln liegen dicht vor der kleinasiatischen Küste. Die größte dieser Inseln ist mit 290 km² Kos, gefolgt von Kálymnos mit 111 km². Die größten Inselstädte sind Kos-Stadt (21 000 Einw.) und Pothiá auf Kálymnos (10 000 Einw.). Auf allen anderen Inseln liegt die Gesamteinwohnerzahl unter 10 000.

Bevölkerung

Griechenland hat ca. 10,8 Mio. Einwohner, weitere 3 Mio. wahlberechtigte Griechen leben im Ausland. Ethnische Minderheiten sind offiziell nicht erfasst. Die bevölkerungsreichste Insel ist Kos mit 33 300 Einwohnern, gefolgt von Kálymnos mit 16 140.

Geografie und Natur

Die in diesem Band vorgestellten Inseln sitzen alle einem Schelfband vor der kleinasiatischen Küste auf, das nur 100–200 m unter der Meeresoberfläche liegt. Eingesprenkelt in diese Inselkette sind ältere Vulkankerne: die Inseln Pátmos, Giali und Níssyros sowie der Westen von Kos und Teile von Kálymnos. Höchster Gipfel ist mit 846 m der Díkeos auf Kos, gefolgt vom Profí-

tis Ilías (Berg Diavátis) auf Níssyros mit 698 m und dem Profítis Ilías auf Kálymnos mit 678 m. Höchster Berg ganz Griechenlands ist der Olymp auf dem Festland mit 2918 m.

Staat und Verwaltung

Griechenland ist eine parlamentarische Demokratie, Staatsoberhaupt ist ein alle fünf Jahre vom Parlament gewählter Präsident. Das 300-sitzige Parlament wird alle vier Jahre vom Volk gewählt. Das Wahlgesetz sorgte bisher dafür, dass stets eine Partei allein regieren konnte, sodass Koalitionen nie nötig wurden. Im Herbst 2011 wurde im Angesicht der Wirtschafts- und Finanzkrise trotzdem eine Drei-Parteien-Regierung unter Lúkas Papadímos gebildet. Beteiligt waren die sozialdemokratische PASOK, die konservative Néa Dimokratía und die rechtspopulistische LAOS. Neuwahlen wurden für den Frühsommer 2012 angekündigt. Zur Wahl standen neben jenen drei Parteien die auch zuvor schon im Parlament vertretene kommunistische KKE und das Linksbündnis SYRIZA sowie mehrere Parteineugründungen.

Das Land ist in sieben Verwaltungsdirektionen *(apokendómeni diíkisi)* unterteilt. Kos und seine Nachbarinsel gehören zu der Ägäis mit Sitz in Piräus. Eine zweite, regionale Unterebene bilden 13 Regionen *(periféria)*. Kos ist Teil der Region Südliche Ägäis. Kleinste Verwaltungseinheit sind 325 Demen *(dími)*. Alle Inseln außer Árki, Mathráki und Télendos bilden jeweils solche eigenständigen Demen.

Geschichte
In der griechischen Antike waren die Inseln Heimat selbstständiger Stadtstaaten. Danach gehörten sie erst dem Weltreich Alexanders, dann dem ptolemäischen Diadochenreich, dem Römischen und schließlich dem Byzantinischen Reich an. Nach 300 Jahren Herrschaft der Johanniterritter fielen sie 1523 ans Osmanische Reich. 1912 wurden sie italienische Besitzung. Erst seit 1948 gehören sie dem neugriechischen Staat an.

Wirtschaft und Tourismus
Griechenland steht seit 2010 am Rande des Staatsbankrotts. Ohne Hilfe der Europäischen Union wäre das Land schon längst zahlungsunfähig. Eine der Hauptursachen ist eine ineffiziente Verwaltung mit viel zu starker Bürokratie. Die griechische Landwirtschaft exportiert weniger Lebensmittel, als das Land importiert. Die Produktion der einheimischen Industrie deckt noch nicht einmal den Inlandsbedarf. Wichtigste Posten im Außenhandel bleiben der Tourismus und die Einnahmen aus der Schifffahrt. Kos und seine Nachbarinseln besitzen keinerlei Industriebetriebe. Die Landwirtschaft spielt kaum eine Rolle. Überregional bedeutend sind nur der Bergbau auf der zu Níssyros gehörenden Insel Gialí sowie der Thun- und Schwertfischfang auf Kálymnos. Ein wichtiger wirtschaftlicher Faktor auf Léros sind des-

Kos und der nördliche Dodekanes

sen psychiatrische Einrichtungen. Kos, Pátmos und die kleinen Inseln leben fast ausschließlich vom Fremdenverkehr.

Religion
Etwa 97 % aller Griechen sind griechisch-orthodox getauft. Da es keine Kirchensteuer gibt, gibt es auch keine Kirchenaustritte und damit keinerlei verlässliche Angaben zur Zahl der wirklich Gläubigen. In West-Thrakien ganz im Osten des Landes lebt traditionell eine Minderheit von ca. 200 000 Muslimen mit griechischer Staatsangehörigkeit. 2300 türkischstämmige Moslems leben auch noch auf den Dodekanes-Inseln Rhodos und Kos, die zur Zeit des großen ›Bevölkerungsaustausches‹ zwischen Griechenland und der Türkei 1923 unter italienischer Herrschaft standen.

Prähistorische Zeit

2000–1450 v. Chr.
Vorherrschaft der minoischen Kreter in der Ägäis (auf Kos ist davon nichts überliefert).

1500–1150 v. Chr.
Mykenische Vorherrschaft auf dem Peloponnes und den griechischen Inseln; auch auf Kos sind mykenische Siedlungsspuren zu finden.

Um 1200 v. Chr.
Kos und seine Nachbarinseln nehmen aufseiten der Mykener mit 30 Schiffen am Trojanischen Krieg teil.

Um 1150–900 v. Chr.
Dunkle Jahrhunderte (*Dark Ages*): In Griechenland wandern neue griechische Stämme ein: Dorer, Ionier und Äoler. Die mykenische Kultur geht unter, ohne dass eine neue Kultur an ihre Stelle tritt. In dieser Zeit dringen dorische Griechen vom Peloponnes über Kreta und Rhodos auch nach Kos und auf seine Nachbarinseln vor.

900–700 v. Chr.
Geometrische Zeit: Eine neue zivilisatorische Entwicklung setzt ein, nachdem sich die neuen Siedler fest etabliert und Stadtstaaten gegründet haben – so auf Kos auf der Kéfalos-Halbinsel. Sichtbarsten Ausdruck findet diese Kultur in vielfältiger Keramik, für die ein geometrisches Dekor kennzeichnend ist.

Antike

700–500 v. Chr.
Archaische Zeit: Während die meisten Städte an der kleinasiatischen Küste von ionischen Griechen bewohnt sind, gründen die dorischen Städte Kos, Halikarnassós und Knídos sowie die drei Städte von Rhodos (Líndos, Ialysós und Kámiros) den Kultverband der dorischen Hexápolis, der aber nie politische Bedeutung erlangt. In dieser Epoche werden die Grundlagen für die Entwicklung der klassischen griechischen Kunst und Kultur gelegt.

494–479 v. Chr.
Perserkriege: Im Ionischen Aufstand erheben sich die griechischen Städte an der Küste Kleinasiens gegen ihre Abhängigkeit vom Großreich der Perser. 494 v. Chr. unterdrücken die Perser den Aufstand. Zwei Jahre später unternehmen sie erstmals unter ihrem Feldherrn Mardonios den Versuch, in den europäischen Teil der griechischen Welt einzudringen. Aber schon bei der Umsegelung des nordgriechischen Berges Áthos wird ihre Flotte vernichtet. 490 v. Chr. überqueren sie unter Datis und Artaphernes die Ägäis direkt, unterliegen den Athenern jedoch in der Schlacht von Marathon. Die Perser geben nicht auf und bereiten sich auf einen neuen Feldzug vor. Doch auch der 480 v. Chr. begonnene neue Angriff auf Griechenland scheitert. Die Perser werden von den Griechen in den Seeschlachten von Sálamis (480 v. Chr.), an der die griechischen Inseln auf persischer Seite teil-

nehmen müssen, und Mykale sowie in der Landschlacht von Platäa (beide 479) vernichtend geschlagen und lassen fortan ihre Finger von Europa.

478 v. Chr. Nach dem Sieg über die Perser erreicht die künstlerische und geistige Entwicklung Griechenlands im klassischen Zeitalter ihren Höhepunkt (bis 338 v. Chr.). Athen gründet den Attisch-Delischen Seebund und zwingt alle griechischen Inselstaaten zur Mitgliedschaft, die hohe Tributzahlungen erfordert. Vordergründig soll damit die Verteidigungsfähigkeit gestärkt werden, in Wahrheit aber nutzt Athen die Tributzahlungen zum Neubau der Athener Akropolis und zur Unterdrückung der Inseln.

460 v. Chr. Auf Kos wird Hippokrates, der berühmteste Arzt der Antike, geboren.

431–404 v. Chr. Der Peloponnesische Krieg bricht aus, der ganz Griechenland in Mitleidenschaft zieht. Athener und Spartaner mit ihren jeweiligen Verbündeten ziehen plündernd durch das Land, die Athener zerstören viele Inselstädte und versklaven ihre Bevölkerung. Kos bleibt von solcher Unbill verschont. Nach der Niederlage Athens und dem Kriegsende 404 v. Chr. steht Griechenland zwar kulturell weiterhin in voller Blüte, wird aber durch zahlreiche lokale Kriege geschwächt.

366 v. Chr. Die alten Städte auf der Insel Kos, das sich zu einem wohlhabenden Handelsplatz entwickelt hat, beschließen die Gründung einer neuen, gemeinsamen Inselhauptstadt an der Stelle der heutigen Stadt Kos. Kurz darauf beginnt der Bau des Asklipieíon-Heiligtums.

336–323 v. Chr. Der junge Alexander der Große, König der nordgriechischen Makedonen, die 338 v. Chr. ganz Griechenland unter ihrer Herrschaft geeint haben, erobert das Persische Reich. Die Inseln, die seit 355 v. Chr. unter der Herrschaft Mausolos' von Halikarnassos stehen, werden somit ins Makedonische Reich eingegliedert. Damit beginnt das Zeitalter des Hellenismus, das kulturell eine Verschmelzung griechischer und orientalischer Einflüsse bringt, ökonomisch eine Durchdringung von Ost und West durch zunehmenden Handel, während politisch nach dem frühen Tod Alexanders größere Königreiche im Gegensatz zu den bisherigen Stadtstaaten dominieren.

323–146 v. Chr. Hellenistische Zeit: Auf Kos wird 308 v. Chr. Ptolemaios II. Philadelphos geboren, der später König des Ptolemäischen Reichs in Ägypten wird, zu dem nach dem Zerfall von Alexanders Reich auch Kos und die Nachbarinseln gehören. Während seiner Regierungszeit entfaltet sich auf Kos eine besonders rege Bautätigkeit.

146 v. Chr.	Mit der Eingliederung Griechenlands in die römische Provinzialverwaltung beginnt die Römische Zeit (bis 395 n. Chr.). Bereits seit Beginn des 2. Jh. v. Chr. war der Einfluss der Römer auf Griechenland stetig angewachsen (Makedonische Kriege). Kos und die Nachbarinseln bleiben noch frei, 82 v. Chr. verlieren aber auch sie ihre relative Unabhängigkeit und werden Teil der römischen Provinz Asia.
49–54 n. Chr.	Der Apostel Paulus unternimmt Missionsreisen durch Griechenland und predigt der Legende nach auch auf Kos.
95/96	Ein gewisser Johannes, nach orthodoxer Überzeugung identisch mit dem Evangelisten, empfängt auf Pátmos die Vision der Apokalypse.
313	Toleranzedikt Kaiser Konstantins schützt die Christen vor Verfolgungen.
391	Verbot der heidnischen Kulte durch Kaiser Theodosius, das Christentum wird Staatsreligion.

Oströmisch-byzantinische Zeit

395	Das Römische Reich wird in zwei Teile gespalten; ganz Griechenland einschließlich all seiner Inseln fällt an Ostrom, das von Konstantinopel aus regiert wird und im Byzantinischen Reich seine Fortsetzung findet.
554	Ein schweres Erdbeben verwüstet die Insel Kos.
726–843	Ikonoklasmus: Im ›Bilderstreit‹, der zeitweise zum blutigen Bürgerkrieg ausartet, geht es um die Frage der Rechtmäßigkeit der Ikonenverehrung. Viele Ikonen werden vernichtet, andere versteckt und in späteren Jahrhunderten ›auf wundersame Weise‹ wieder aufgefunden. Während und nach dem Bilderstreit bildet sich der Kanon der orthodoxen Bildertheologie heraus.
1088	Der Mönch Christódoulos flüchtet vor dem Einfall der türkischen Seldschuken vom Latmos-Gebirge (in der heutigen Türkei) nach Pátmos und gründet das dortige Johanneskloster.

Kreuzritterzeit

1204	Aus ökonomischen Interessen lenken die Venezianer den 4. Kreuzzug nach Konstantinopel um, plündern die Stadt und teilen das byzantinische Reich in Kleinfürstentümer auf. Kálymnos, Léros und Pátmos verbleiben im Byzantinischen Restreich, das von Nikaia aus regiert wird, Kos und die übrigen Inseln werden venezianisch.

Zeugen der Geschichte: Das Amphitheater aus dem 2. Jh. in Kos-Stadt empfängt auch heute noch Zuschauer

1262 Der byzantinische Kaiser Michail VIII. Palaiologos (1259–82) erobert die Inseln zurück. Da er die Genueser um Unterstützung in seinem Kampf gegen Venedig und die fränkischen Ritter gebeten hatte, muss sein Nachfolger Andronikos II. (1282–1328) zahlreiche Inseln abtreten, darunter auch Kos.

1309 Die aus dem Heiligen Land vertriebenen Johanniterritter (s. S. 65) erobern Rhodos und kaufen Kos seinem genuesischen Besitzer ab. In den folgenden Jahren nehmen die Ritter auch alle übrigen Inseln des Dodekanes mit Ausnahme von Pátmos in Besitz.

1457 Die Türken plündern Kos und versklaven Teile der Bevölkerung.

Osmanische Zeit
1523 Nach sechsmonatiger Belagerung durch die Truppen Sultan Süleymans verlassen die Johanniterritter am 1. Januar 1523 die Insel Rhodos und den Dodekanes. Auf Rhodos und Kos werden zahlreiche Türken angesiedelt; die übrigen Inseln können innere Autonomie bewahren.

1603 Die Johanniterritter unternehmen einen vergeblichen Versuch, Kos zurückzuerobern. Sie plündern die Insel und verschleppen zahlreiche Griechen in die Sklaverei.

1669	Die Türken erobern als letzte ägäische Insel das bis dahin venezianische Kreta.
1821–1829	Griechenland erhebt sich gegen die türkischen Unterdrücker und erkämpft für den Peloponnes, Attika und Mittelgriechenland sowie für die Kykladen die Unabhängigkeit. König Otto I. aus dem Hause Wittelsbach wird 1832 erster neugriechischer König. Die Inseln des Dodekanes verbleiben im Osmanischen Reich.

Italienische Fremdherrschaft

1912	Seit 1911 führt Italien einen Krieg mit der Türkei um Tripolis und die Kyrenaika (heutiges Libyen). Im Verlauf der Kämpfe landen die Italiener am 4. Mai 1912 auf Rhodos und erobern bis zum 13. Mai den gesamten Dodekanes. Daher werden diese Inseln auch weitgehend von den Folgen der ›kleinasiatischen Katastrophe‹ verschont, die den 1922 gescheiterten Versuch Griechenlands, Kleinasien zu erobern, besiegelt. Der Dodekanes muss weder griechische Flüchtlinge aus der Türkei aufnehmen, noch werden die Muslime, die auf Rhodos oder Kos leben, aus ihren Dörfern vertrieben.
1923	Mit dem Vertrag von Lausanne werden die Inseln Teil Italiens, das seit Ende Oktober 1922 von Benito Mussolini regiert wird. Sie gelten anders als die Eroberungen in Afrika nicht als Kolonie, sondern als »italienische Besitzungen in der Ägäis« (Possedimenti Italiani dell'Egeo). Ihre Bewohner werden Italiener, doch ohne volle Bürgerrechte: Sie unterliegen nicht der Wehrpflicht, entsenden keine Vertreter ins römische Parlament. Rhodos wird zur Touristeninsel entwickelt; Léros bauen die Italiener zu ihrem bedeutendsten Flottenstützpunkt im östlichen Mittelmeer aus.
1933	Am 23. April 1933, morgens um 8 Uhr, zerstört ein schweres Erdbeben mit der Stärke 8,5 auf der Richterskala den größten Teil der Stadt Kos; 170 Koer verlieren dabei ihr Leben. Danach beginnt die umfassende Ausgrabung der zerstörten Altstadt von Kos.
1940	Am 28. Oktober 1940 erklärt Italien Griechenland den Krieg. Auf den Inseln des Dodekanes kommt es zu keinerlei Kampfhandlungen, bis Italien unter Marschall Pietro Badoglio am 3. September 1943 den Waffenstillstand mit den Alliierten unterzeichnet und Deutschland am 13. Oktober 1943 den Krieg erklärt.

Deutsche Besatzung

1943	Léros wird aufgrund seiner strategischen Bedeutung umgehend von britischen Soldaten besetzt, daraufhin beginnt die deutsche Wehr-

macht, die Griechenland besetzt hält, am 26. September 1943, die Insel zu bombardieren. Am 12. November landen deutsche Fallschirmjäger und Landungstruppen von See her auf Léros und erobern die Insel als letzte des Dodekanes innerhalb von vier Tagen.

1944/45 Vermeintliche griechische Widerstandskämpfer werden von den Deutschen auf den Inseln ebenso hingerichtet wie italienische Soldaten, die sich weigern, mit den Deutschen zusammenzuarbeiten. Die Juden von Kos und Rhodos werden in Konzentrationslager abtransportiert. Die Versorgungslage verschlechtert sich dramatisch, die Insulaner leiden bis Kriegsende Hunger. Die Wehrmachtstruppen im Dodekanes gehören im Mai '45 zu den letzten deutschen Verbänden, die kapitulieren.

Zurück ins griechische Mutterland

1947 Nach Kriegsende besetzen britische Truppen den Dodekanes bis zum 31. Dezember 1947, dann werden die Inseln ins griechische Mutterland entlassen. Dieses wird aber bis 1949 von einem Bürgerkrieg erschüttert, der Hellas mehr Tote kostet als der Zweite Weltkrieg. Danach erst kann mit dem Wiederaufbau begonnen werden.

1967–74 Während des Obristenregimes (1967–74) dient Léros als Gefangeneninsel, auf der mehr als 3000 politische Gegner der Junta unter erbärmlichen Umständen eingesperrt sind.

nach 1974 Nach dem Rücktritt der Junta nimmt Griechenland eine demokratische Entwicklung, die durch die Vollmitgliedschaft in der EU im Jahre 1981 stabilisiert wird. Aus Brüssel fließen zahlreiche Gelder auf die Inseln, mit deren Hilfe die Infrastruktur verbessert werden kann. Kos entwickelt sich zu einem bedeutenden Charterflugziel.

2002 Der Euro wird Landeswährung.

seit 2010 Im Oktober 2010 löst nach Neuwahlen der Sozialdemokrat Geórgios Papandréou den konservativen Premier Kóstas Karamanlís als Regierungschef ab. Das Land steht vor dem Staatsbankrott, der nur durch Kreditgarantien und Finanzspritzen der anderen Euro-Staaten und des Internationalen Währungsfonds IWF abgewendet werden kann. Beide Institutionen verlangen harte Sparmaßnahmen. Viele Steuern werden erhöht, manche neu eingeführt, Steuersünder gejagt. Löhne, Renten und Pensionen werden gekürzt, Sozialleistungen eingeschränkt, Stellen im öffentlichen Dienst gestrichen. Zahlreiche Protestdemonstrationen sind die Folge, die Arbeitslosigkeit steigt. Griechenlands Wirtschaft bleibt marode, die Bürokratie übermächtig. Eine Erholung Griechenlands wird vielleicht Jahrzehnte brauchen.

Die Inseln im Winter –
Warten aufs Blütenmeer

Griechenland ist kein Winterreiseziel. Kaum ein Urlauber weiß, dass zwischen Dezember und März auf dem Festland über 20 Skigebiete in Betrieb sind, dass man im Winter viele Gebirgspässe an manchen Tagen nur mit Schneeketten passieren kann. Viele können sich den Winter auf den Inseln, die im Sommer so heiß und voller Leben sind, kaum vorstellen. Anoula wohnt schon lange auf Pátmos, betreibt dort mit ihrem griechischen Mann ein Hotel. Für uns hat sie festgehalten, wie ein normaler Winter auf Pátmos aussieht.

Regen prasselt gleichmäßig auf die von Sonne und Wind ausgedörrte, verkrustete Erde. Die kargen Felsen glänzen in schiefergrauen Farben, und die sonst stachelig-staubige Macchia leuchtet in frischem Grün. Es ist Mitte Oktober und auf den Inseln des Dodekanes ist der ›Winter‹ mit seinen kräftigen Regenfällen eingebrochen. Die letzten Touristen haben die Insel verlassen. Die meisten Läden und Tavernen sind geschlossen. Nachmittags gegen 17 Uhr beginnt es zu dunkeln und die Abende werden lang. Die Einheimischen gehen nur noch selten aus. Lieber bleiben sie zu Hause und sehen fern.

Nach fast fünf Sommermonaten ohne einen einzigen Regentropfen fallen die ersten Niederschläge meist sintflutartig. Die Straßen verwandeln sich in reißende kleine Fluten. Vom Regen mitgerissener Unrat verstopft die Gullys. Doch nach wenigen Stunden strahlt bereits wieder die Sonne, und eine Art Wunder geschieht: Aus der ausgezehrten Erde sprießen nach wenigen Tagen erste zarte Gräser, winzige Blumen zeigen ihre farbigen Blütenköpfchen. Das staubig-erdige Braun der Landschaft verwandelt sich mit jedem Regenguss mehr und mehr in liebliches Grün. Nach den langen Monaten der matten, müden Farbtöne wirkt die Landschaft, als habe sie einen neuen Farbanstrich erhalten. Auch die Lebensgeister der Inselbewohner erwachen von Neuem in der von Hitze und Staub befreiten, würzig riechenden klaren Luft.

Ab Mitte Dezember schwärmen die Einheimischen auf die inzwischen üppig grünen Wiesen aus, um kleine Anemo-

nen, Narzissen oder Siegwurz zu pflücken und um *chórta* zu sammeln, Wildgemüse, das köstlich schmeckt und sehr gesund ist. Senfgräser, Sauerampfer und Löwenzahn zählen neben in Deutschland unbekanntem Grün dazu. Die Sonne beschert, vor allem über Mittag, meist noch sehr angenehme Temperaturen von etwa 15–20 °C. Bis Ende Dezember kann man in leichter Kleidung durch die Wiesen gehen und sich an der Schönheit und dem Reichtum der Natur erfreuen. Sogar das Meer ist um diese Zeit noch badefreundlich.

Ungemütliche Monate

Recht ungemütliche Monate sind hingegen Januar und Februar. Die Temperaturen sinken auf 6–12 °C. Kalte Stürme umbrausen die nur für den Sommer gebauten Häuser. Jetzt müssen Elektro- oder Gasöfen die Stuben erwärmen. Doch das ist ein Kapitel für sich: Die extreme Hitze im Sommer und die sehr feuchte und salzhaltige Luft im Winter haben im Lauf der Jahre das Holz der

Fenster- und Türrahmen austrocknen lassen. Das Holz hat sich verzogen, und große Fugen sind überall entstanden, durch die der Wind pfeift und der Regen eindringt. Die Häuser beginnen feucht zu werden. Die Kleider in den Schränken und Truhen miefen.

Ernsthaft krank darf man zur Winterzeit nicht werden. Schon mancher Insulaner musste das Zeitliche segnen, weil es im Winter keine ausreichende ärztliche Versorgung gab und die Fähren wegen tagelanger Stürme die Insel nicht anlaufen konnten.

Blütenmeer im März

Ab Ende Februar blüht es dann wieder überall. Zu den ersten sprießenden Schönheiten gehören winzige, tintenblaue Krokusse und kleine Narzissen, dann brechen sich wilde, violette Gladiolen und Geißbart ihre Bahn. Zwischen Wildgräsern wachsen seltene kleine Orchideen; wohin man schaut, erblickt man blaue Lupinen, weiße und gelbe Margariten sowie Sauerklee.

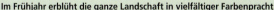

Im Frühjahr erblüht die ganze Landschaft in vielfältiger Farbenpracht

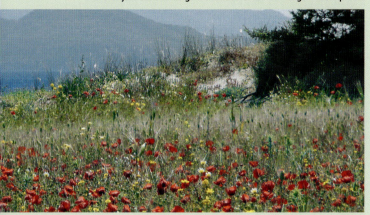

Husch, husch –
die Schlangen des Dodekanes

Als heilige Tiere des Heilgottes Äskulap genossen Schlangen in der Antike ehrfürchtige Verehrung. Heute haben die Insulaner zumeist unbegründet Angst vor ihnen und schlagen sie tot, wo immer sie sie entdecken.

Die Tierwelt auf den Inseln

Die Tierwelt des nördlichen Dodekanes ist wenig spektakulär. Vor 10 000 Jahren lebten auf den Inseln noch Zwergelefanten und Hirsche, wie Knochenfunde auf dem nördlich an Níssyros anschließenden Tílos nahelegen. Heute sind Hasen und Kaninchen die größten auf den Inseln wild vorkommenden Säugetiere. Die augenfälligsten Gäste aus der Vogelwelt sind die Flamingos, die im Feuchtgebiet von Psalídi nahe

der Inselhauptstadt von Kos überwintern. Im Umfeld von Dörfern und Kapellen entdeckt man mit etwas Glück sogar große, bis zu 30 cm lange Landschildkröten.

Die Reptilienwelt der Inseln wurde bisher wissenschaftlich noch nicht gründlich untersucht. Benny Trapp, Herpetologe aus Leidenschaft, widmet sich im gesamten Mittelmeerraum, vor allem aber in Griechenland, der Erforschung der Reptilien- und Amphibienvorkommen. Er erkundet zu Fuß die entlegensten Landschaften und besucht sogar völlig unbewohnte Inseln, begibt sich überall mit seiner Kamera auf die Suche nach Schlangen, Eidechsen, Schildkröten, Kröten und Fröschen.

Er kann zumindest die Schlangenarten benennen, deren Vorkommen hier nachgewiesen sind. Die größte Artenvielfalt weisen dabei Kálymnos und Léros auf. Zu Gesicht bekommt man die Tiere als normaler Reisender aber kaum, wenn man nicht speziell nach ihnen sucht oder beim Wandern in einsamer Bergwelt zufällig eins von ihnen aufscheucht. Unter den Einheimischen findet man selten jemanden, der sich für Schlangen interessiert. Sie unterscheiden fast nie zwischen giftigen und ungiftigen Arten und töten leider jede Schlange, auf die sie zufällig treffen.

Für Menschen sind sie ungefährlich, zumal sie sich nicht durch Beißen wehren, wenn man nach ihnen greift, sondern sich stattdessen durch windende Bewegungen zu befreien versuchen.

Wurmschlangen

Kaum als Schlange zu erkennen, ist die auch Blödauge genannte Wurmschlange, die in Farbe und Form stark einem Regenwurm ähnelt. Sie wird maximal 25 cm lang, und kommt auf Kálymnos, Léros, Níssyros und Pátmos vor. Sie bevorzugt Schutthänge und Trockenrasen, ernährt sich von kleinen Insekten, Ameisen und deren Eiern. Sie lebt überwiegend unterirdisch in meist selbst gegrabenen Gangsystemen und versteckt sich gern unter flachen Steinen, unter denen sie der Reptilienfreund noch am ehesten entdecken kann. In den Gängen und unter Steinen legt sie auch im Mai ihre etwa vier bis sechs Eier ab. Angst braucht man vor ihr nicht zu haben: Für Menschen ist sie völlig ungefährlich.

Westliche Sandboa

Boas sind bei uns der Inbegriff der Riesenschlange. Die Westliche Sandboa, die für Kálymnos und Léros nachgewiesen ist, wird diesem Anspruch mit maximal 80 cm Länge zwar nicht gerecht, ist aber wie ihre größeren Schwestern ebenfalls eine Würgeschlange. Echsen, Jungvögel von Bodenbrütern und Mäuse tötet sie durch Umschlingen und Erwürgen ihrer Beute. Insekten, Schnecken und Skorpione hingegen verschlingt sie sofort. Als Lebensraum bevorzugen Sandboas lockere, auch sandige Böden mit geringer Vegetation. Hier liegen sie meist auf Beute lauernd im Sand verborgen, nur der Kopf ragt heraus. Sandboas legen keine Eier, sondern bringen drei bis vier Monate nach der Paarung im Frühjahr ein bis zwölf lebende Junge zur Welt.

Bergotter

Als einzige der auf den Inseln vorkommenden Schlangenarten kann die selbst noch auf Kos lebende, hochgiftige Bergotter auch dem Menschen ge-

Benny Trapp auf der Suche nach fotogenen Schlangen

fährlich werden. Vor dieser Vipernart zeigt sogar Schlangenexperte Benny Trapp gewaltigen Respekt und rät, auf der Suche nach Bergottern hohe Lederstiefel und lange Lederhosen zu tragen. Auf keinen Fall sollte man zu dieser Schlangenexpedition ohne Be-

gleitung aufbrechen. Die Bergotter bevorzugt trockene Lebensräume und steinigen Untergrund mit niedrigem Buschwerk im Bergland nahe den Küsten, ist jedoch nie an Stränden zu finden. Ihre Beute sind neben Eidechsen und Vögeln vor allem kleinere Säugetiere wie Mäuse und Ratten.

Die durch ihre Zeichnung gut getarnten Bergottern sind auf den Inseln ausnahmslos nachtaktiv. Sie lauern bevorzugt unter warmen Steinen oder im Halbschatten zwischen niedrigem Buschwerk auf ihre Opfer. Die Tiere werden bis zu 100, in seltenen Fällen auch 150 cm lang. Sie paaren sich zumeist zwischen April und Juni und bringen bis zu 23 lebende Junge zur Welt, die sich schon kurz nach ihrer Geburt zum ersten Mal häuten. Wer solche Jungtiere zu Gesicht bekommt, kann sich glücklich schätzen – meint zumindest Benny Trapp.

Mein Tipp

Weiterlesen
Benny Trapps 2007 im Münsteraner Natur- und Tierverlag erschienenes Buch »Amphibien und Reptilien des griechischen Festlands« ist das Standardwerk auch für alle auf den Dodekanes reisenden Reptilienfreunde.

Fisch- und Touristenschwärme – die Inseln heute

Viele griechische Inseln haben zwei völlig gegensätzliche Gesichter. Janusköpfig zeigen sie ein Sommer- und ein Winterantlitz. Sie leben nahezu ausschließlich vom Tourismus, gleichen einem Luftballon: im Sommer aufgebläht, im Winter erschlafft.

Touristische Inseltypen

Auch Kos und die meisten anderen Eilande des nördlichen Dodekanes gehören zu diesem Inseltypus. Der Sommer beginnt mit der Landung der ersten Charterflugzeuge aus Mittel- und Nordeuropa in der ersten Maihälfte und endet mit deren letzten Starts im Oktober. Ein paar Urlauber, die auf Kos landen, fallen auch für die umliegenden Inseln ab, die meisten jedoch bleiben aus Bequemlichkeit oder aus welchen Gründen auch immer dort, wo die Flieger sie abgesetzt haben.

Die kleineren Nachbarinseln profitieren von den Kos-Urlaubern vor allem in Form von Tagesausflüglern. Sie kommen nach Níssyros, um die Caldera zu sehen, fahren nach Psérimos des schönen Strandes wegen, besuchen Kálymnos, um Schwämme zu kaufen. Manche streben auch noch Pátmos seines Klosters und seiner biblischen Erwähnung wegen an. Auf kleinen Inseln wie Psérimos und Níssyros haben die Tagesausflügler großen Einfluss auf die Gewerbestruktur: Hotels gibt es dort nur wenige, dafür umso mehr

Tavernen, die nur mittags gut gefüllt sind, wenn die Kos-Urlauber da sind. Zwischen etwa 10 und 16 Uhr wimmelt es auf ihnen von Menschen, danach verfallen die Eilande wieder in ihren Beinahe-Dornröschenschlaf.

Fischerinsel Kálymnos

Kálymnos und Léros sind anders. Hier ist der Tourismus nicht die bedeutendste Erwerbsquelle, sondern für viele Menschen nur Nebenerwerb. Kálymnos ist eine Fischerinsel ohne die Romantik der Kleinfischerei. Fast 1000 kalymnische Familien leben hier noch immer vom Fischfang. Mit ihren großen Booten, auf denen oft auch Saisonarbeiter aus Ägypten und anderen außereuropäischen Ländern mitarbeiten, bleiben sie oft wochenlang auf See, tuckern bis an die Küsten Nordafrikas hinunter und jagen Thun- und Schwertfisch. Der Thunfisch wird zum größten Teil per Luftfracht nach Japan geliefert, der Schwertfisch findet seine Abnehmer außer auf griechischen Märkten auch in den Markthallen von Paris und anderen europäischen Metropolen. Von der Schwammtaucherei, für die Kálymnos einst berühmt war (s. S. 188), leben nur noch wenige Kalymnioten, nur noch etwa 20 Boote sind auf der Suche nach Schwämmen unterwegs.

Weil die Fischerei zwar ganzjährig betrieben werden kann, im Sommer aber mehr Boote draußen sind als im

Winter, geht das Leben auf Kálymnos das ganze Jahr über einen fast gleichmäßigen Gang. Im Sommer füllen ein paar Urlauber die Lücken, die die ausgefahrenen Fischer hinterlassen, im Winter sind die Urlauber (bis auf die Kletterer) weg und dafür viel mehr Fischer da. Bemerkbar macht sich das auch an der Tavernenkultur. Während im Sommer die Tavernen nahe dem Meer gut gefüllt sind, öffnen im Oktober Tavernen auch an den Gassen abseits des Ufers, um dann im April wieder zu schließen.

Léros und die Psychiatrie

Auch auf Léros ist der Tourismus fast nur Nebenerwerbsquelle. Aber hier sind die Menschen anders als auf Kálymnos keine Fischer, sondern Staatsangestellte. Die meisten von ihnen finden durch die psychiatrischen Einrichtungen auf der Insel ihr Auskommen (s. S. 220). Ihr Einkommen ist das ganze Jahr über gleich, sie sind jeden Abend zu Hause. Während die Fischer von Kálymnos auf See keine Gelegenheit haben, auszugehen und Geld auszugeben, ist der Jahreslauf für die Lerier stets gleich. Deswegen schließen hier im Winter viele Tavernen, die im Sommer vom bescheidenen Tourismus leben.

Strukturell verarmtes Kos

Während Kálymnos und Léros sich treu geblieben und wenig vom Tourismus abhängig sind, hat sich der Fremdenverkehr auf Kos fast zur Monokultur entwickelt. Viele Weingärten, Obstplantagen, Getreidefelder und Weideland sind touristischer Bebauung zum Opfer gefallen. Zitronen, Orangen, Mandarinen und Tabak, während der italienischen Besatzungszeit noch wichtige Inselprodukte, werden überhaupt nicht mehr kommerziell angebaut; nur die Viehzucht hat wenig von ihrer einstigen Bedeutung verloren. Besonders auffällig sind die vielen, sonst auf griechischen Inseln recht raren Kühe; in den Bergen und auf der Kéfalos-Halbinsel weiden noch zahlreiche Schafe und Ziegen. Der Rückgang der Landwirtschaft hat auch die früher vorhandene, ganz zarte agrarische Industriekultur zerstört. Eine Zigarettenfabrik hat schon im Zweiten Weltkrieg geschlossen, die letzte Tomatenmarkfabrik in den 1990er-Jahren. Die Olivenölpressen haben weniger Arbeit und auch der Weinkellerei gehen langsam die Trauben aus.

Segensreicher Tourismus

Der Tourismus hat den Inseln seit den späten 1970er-Jahren aber auch viel Gutes gebracht. Kos ist dank Fremdenverkehr hervorragend an Athen angebunden, kleine Maschinen fliegen auch von Léros und Kálymnos nach Athen sowie von Kos nach Iráklio auf Kreta. Während außerhalb der Touristensaison die Inseln nur wenige Male pro Woche untereinander durch Fähren verbunden sind, flitzen im Sommer sogar schnelle Katamarane selbst zu den kleinsten Inseln und erleichtern damit auch den Einheimischen die Versorgung sowie den Besuch von Ämtern und Ärzten. Die Hotels sorgen im Sommer für viele Arbeitsplätze, geben sogar im Winter einigen Insulanern Arbeit, wenn sie renoviert und frisch gestrichen werden müssen. Wegen des Tourismus können es sich jetzt viele Familien leisten, das ganze Jahr über auf den Inseln zu bleiben, sodass auch die Schulen wieder Schüler haben. Die gesteigerte Attrak-

Die Surfer unter den Touristen finden gute Spots auf Kos, Léros und Pátmos

tivität der Eilande lockt zudem Ausgewanderte zurück, die inzwischen zumindest wieder Sommerhäuser in ihrer alten Heimat bauen oder sogar alte Immobilien stilvoll restaurieren.

Fatale Schnäppchenjagd

Der in Europa schon länger grassierende Billigwahn und die relativ junge Weltwirtschaftskrise haben jedoch inzwischen für Massenurlaubsziele wie Kos fatale Auswirkungen. Immer mehr Hotels werden von Reiseveranstaltern gezwungen, ihre Leistungen all-inclusive anzubieten, immer mehr kleine

Hotels, Pensionen und Apartmenthäuser finden kaum noch Gäste, weil der All-inclusive-Urlaub in der Komfortanlage ja billiger ist als der Individualurlaub im Einfachhaus. Auch die Wirte von Cafés und Tavernen haben darunter zu leiden. Niemand zahlt gern für etwas, was er auch umsonst bekommen könnte – selbst Eis und Cola konsumiert man darum in seiner vorausbezahlten Anlage. Immer mehr kleine Betriebe schließen, die Vielfalt lässt nach. Die kleineren Inseln versuchen, in Marktlücken zu schlüpfen. Kálymnos setzt auf Felskletterer, Níssyros auf Hobby-Vulkanologen, Pátmos auf Pilger. Ob das hilft, bleibt abzuwarten.

Hephaistos heizt – Erdwärme und alternative Technologien

Um den Umweltschutz ist es in Griechenland und auch auf den Inseln des nördlichen Dodekanes recht schlecht bestellt. Alternative Energiequellen werden viel zu wenig genutzt. Dabei stünde mit der Insel Níssyros und ihrem Vulkan ein einzigartiger Energielieferant zur Verfügung.

Die antiken Griechen verehrten Hephaistos als Gott des Feuers und der Schmiedekunst, bei den Römern hieß er später Vulcanus. Im Griechischen wird ein Vulkan noch immer – der neugriechischen Aussprache des Götternamens »Iféstos« gemäß – »iféstio« genannt. Im Altertum schrieb man Phänomene wie Erdwärme, Erdbeben und Fumarolen in vulkanischen Gebieten, Vulkanausbrüche und heiße Quellen Hephaistos zu. Solche Thermalquellen sind überall in Hellas zu finden, als vulkanische Gebiete gelten außer Níssyros noch die Kykladeninseln Santorin und Mílos sowie die in den Saronischen Golf gegenüber Athen vorspringende Halbinsel Méthana.

Geothermik auf Níssyros

Hephaistos heizt noch immer. Auf Níssyros wurden in den 1980er-Jahren Probebohrungen unternommen, um festzustellen, ob seine Arbeit nicht auch für die Energiegewinnung nützlich sein könnte. In bis zu 1800 m Tiefe maß man die Temperatur der entweichenden Gase mit 350–370 °C; das Energiepotenzial wurde auf bis zu 100 Megawatt veranschlagt. Würde man ein Dampfkraftwerk bauen, könnten damit fast der gesamte Dodekanes und seine etwa 200 000 Bewohner umweltfreundlich mit Strom versorgt werden. Geldmangel und der Protest der Bevölkerung, die die Unberechenbarkeit der Natur, stinkende Gase und ihre Folgen für die eigene Lebensqualität und den Tourismus fürchtete, verhinderten jedoch das Projekt. In den nächsten 20 Jahren wird es mit an Sicherheit grenzender Wahrscheinlichkeit nicht realisiert werden können.

Äolos' Winde

Die alten Griechen hatten ja bekanntlich für alles einen Gott. So war für den Wind, der in Hellas meist kräftig bläst, Äolos zuständig. Von allen alternativen Energiequellen wird die Windenergie – auch auf den Inseln des nördlichen Dodekanes – am intensivsten genutzt. 2008 lag die Leistung aller Windkraftanlagen in Griechenland bei gut 1000 Megawatt, bis Ende 2010 sollen es bereits über 3600 Megawatt sein. Ziel ist es, 20 % des nationalen Stromverbrauchs aus der Windenergie zu gewinnen. Hauptanreiz ist ähnlich wie in Deutschland die Verpflichtung der Stromanbieter, Windenergie zu einem festgeschriebenen Preis, der auf den Inseln höher liegt als auf dem Festland, ins Netz einzuspeisen. Da Windenergie in Griechenland schon seit über 25 Jahren genutzt wird, wurden inzwischen auch Genehmigungsprozesse in feste, wenn auch nicht ganz hindernisfreie Bahnen gelenkt.

Hemmschuh Bürokratie

Minister für Sonne im Kabinett des Zeus war Helios, der nahe Kos auf der Insel Rhodos zu Hause war. Anders als beispielsweise auf Zypern wird die Sonnenenergie in Griechenland bisher kaum zur Stromerzeugung genutzt. Der Staat subventioniert zwar inzwischen die Errichtung kommerzieller Photovoltaik-Farmen mit bis zu 40 %, Privatleute können jedoch mit keinerlei Förderung außer einer ganz geringen Steuerbegünstigung rechnen. Wer für seine Anlage nicht mindestens 10 000 € ausgibt, braucht erst gar keinen Vergünstigungsantrag zu stellen. Zudem gibt es für diese noch relativ wenig genutzte Energieform große bürokratische Hemmnisse, die ihre Verbreitung behindert. Allerdings gibt es Bestrebungen, bis Ende 2015 Photovoltaik-Anlagen mit insgesamt 900 Megawatt Leistung zu realisieren – zum Wohle auch der deutschen Industrie, die einen Großteil der Technik liefert.

Meerwasserentsalzung und Müll

Meerwasserentsalzungsanlagen könnten die sommerlichen Trinkwasserprobleme vieler Inseln lösen. Bisher lohnen sie allerdings kaum, da der Energieverbrauch immens hoch ist und die nicht an irgendeinen Verbund angeschlossenen, immer mit Öl betriebenen Inselkraftwerke nicht genug Leistung erbringen. Auch hier wäre die Windenergie eine Lösung: Man könnte Windräder unmittelbar neben den Anlagen installieren. Doch bis dahin dürfte der Weg noch weit sein – ebenso wie bis zur Schaffung von Müllverbrennungsanlagen. Noch wird der Müll überall auf den Inseln unter freiem Himmel verbrannt.

Nicht nur schön anzuschauen: Die Vulkanlandschaft auf Níssyros böte Möglichkeiten zur alternativen Energiegewinnung

62

Schon im Altertum war der Tourismus für Kos eine wichtige Einnahmequelle: Hier hatte Hippokrates gelehrt und eine Medizinerschule begründet; hier versprach ein Aufenthalt im Heiligtum des Heilgottes Äskulap Linderung von Schmerzen und Erlösung von Krankheiten. So galt Kos über 600 Jahre lang als einer der bedeutendsten Kurorte der antiken Welt.

Vater der Medizin

Es scheint sicher, dass Hippokrates, der später als ›Vater der Medizin‹ bezeich-

Aristoteles selbst nennt Hippokrates in seiner »Politik« einen »großen Arzt von kleiner Statur«.

Die Lehre des Hippokrates

Erst 500 Jahre nach dem Tod des Heilkundigen veröffentlichte der griechische Arzt Soranos von Ephesos eine Lebensgeschichte des Hippokrates, die im Wesentlichen auf mündlicher Überlieferung beruhte. Sicher ist außer Abstammung, Geburtsort und Lebensdaten des Hippokrates nur, dass er als

Kuren auf Kos – antike Heilkunst und römisches Badeleben

net wurde, als Sohn eines Arztes um 460 v. Chr. auf Kos geboren wurde und um 377 v. Chr. in der mittelgriechischen Stadt Lárissa starb. Zeitgenössische Zeugnisse über ihn sind dünn gesät. Platon (427–347 v. Chr.) erwähnt ihn im »Protagoras« als »den Asklipiaden von Kos«, der Schüler gegen Bezahlung unterrichtete und der als Arzt so berühmt sei wie Polyklet und Phidias als Bildhauer. Und im »Phaidros« bezeichnet er ihn erneut als berühmten Asklipiaden, der die Medizin philosophisch betrachte. Menon, ein Schüler des Aristoteles (384–322 v. Chr.) und Verfasser einer Geschichte der Medizin, trägt die Ansichten des Hippokrates über diverse Krankheitsursachen zusammen;

Kurort der Antike: das Asklipieíon auf Kos

Arzt viel in Griechenland und Kleinasien unterwegs war, an mehreren Orten praktizierte und auf der Insel Kos viele Schüler unterrichtete. Der ihm zugeschriebene Eid, den Ärzte in aller Welt noch heute ablegen, stammt vielleicht gar nicht von ihm. Genauso soll es sich mit den meisten der 60 Texte, die im Corpus Hippocraticum enthalten sind, verhalten. Das Corpus war offenbar eine Art Studienbibliothek der Ärzteschule von Kos. Um 200 v. Chr. gelangte es an die berühmte Bibliothek von Alexandria, wo es einer breiteren Öffentlichkeit zugänglich wurde. Die älteste uns überlieferte Abschrift stammt aus dem 10. Jh.

Aus dem Werk geht hervor, dass die hippokratische Schule Krankheiten nicht mehr allein als gottgewollt ansah, sondern nach ihren Ursachen forschte, die auch durch die Umwelt bedingt sein konnten. Sie wandte sich von religiös-magischen Vorstellungen ab und suchte im Sinne der ionischen Naturphilosophie nach rationalen Erklärungen. Die Ärzte beobachteten und untersuchten ihre Patienten genau und gingen auch auf individuelle Voraussetzungen ein. Ihre Hauptaufgabe sahen sie darin, die Selbstheilungskräfte des Körpers zu unterstützen. Therapeutischen Maßnahmen bestanden vor allem in Ernährungsvorschriften für Kranke und in naturheilkundlichen Verordnungen. Darüber hinaus nahmen sie aber auch kleinere knochenchirurgische Behandlungen vor.

Buntes Badeleben

Ein Teil der Therapie auf Kos war spätestens seit römischer Zeit das Thermalbad. Römische Städte und Landgüter, selbst Militärlager waren ohne Thermen nicht denkbar. Ein Historiker hat sie einmal als ›Kathedralen des Fleisches‹ bezeichnet. Diese öffentlichen oder auch privaten Badeanstalten waren in römischer Zeit Zentren des gesellschaftlichen Lebens, die anders als Theater, Arenen und öffentliche Plätze völlig witterungsunabhängig genutzt werden konnten. Sie dienten nicht nur der Körperreinigung und -pflege, sondern vor allem dem sozialen Kontakt, der Geselligkeit bei Speis und Trank, dem Kulturgenuss und der sportlichen Ertüchtigung. Oft waren ihnen Bibliotheken und Vortragssäle angeschlossen. Die öffentlichen Thermen waren meist von Sonnenauf- bis Sonnenuntergang geöffnet. Häufig waren sie allein Männern vorbehalten, manchmal gab es vormittags gesonderte Badezeiten für Frauen. Die Thermen im Asklipieíon standen auch Frauen offen, dienten sie doch vorrangig der Gesundheit.

Aufbau der Thermen

Im *apodyterium,* dem Umkleideraum, legten die Besucher ihre Kleidung ab und gaben sie in die Obhut eines Wärters. Sie zogen Holzsandalen an und nahmen Leinen- oder Wolltücher mit ins Bad, um sich damit abzutrocknen und zu bedecken. Fliegende Händler, Garküchen und Schenken sorgten für das leibliche Wohl der Gäste.

Die zentralen Räume der Thermen waren das *frigidarium* (Kaltbad), das *tepidarium* (Warmbad) und das *caldarium* (Heißbad). Man badete in Wannen oder in kleinen Schwimmbecken *(natatio)* und duschte sich auch ab, indem man mithilfe von Schüsseln Wasser über den Körper goss. Im Kaltbad, das bei Bedarf durch Holzkohlebecken etwas erwärmt werden konnte, dürften Temperaturen von 17–18 °C geherrscht haben, im Heißbad 32–37 °C.

Für die Körperreinigung gab es spezielle Räume. Seife war in römischer Zeit noch unbekannt, man säuberte sich mit einem metallenen Schabegerät unter Zuhilfenahme von Tonerde, aufgerauten Textilien, Bimsstein oder Sapo, einer Mischung aus Fett und Pflanzenasche. Im *destrictarium* konnte man sich unerwünschte Körperhaare entfernen lassen. Besonders wichtig war das Einölen und Parfümieren des Körpers nach dem Baden durch Sklaven, die man entweder selbst mitbrachte oder in den Thermen mieten konnte.

Kreuz contra Halbmond – Johanniter und Osmanen

Das heutige Erscheinungsbild der Inseln wird weit mehr vom Mittelalter als von der Antike geprägt. Über 700 Jahre lang war der Dodekanes seinem Mutterland Byzanz entrissen. Erst schwangen sich 1315 die römisch-katholischen Kreuzritter des Johanniterordens zu fremden Herrschern auf, 1523 dann die Osmanen. Die Ritter hinterließen vor allem Festungsbauten, die von den Türken nur wenig verändert und weiterhin genutzt wurden. Auf Kos errichteten die Türken auch Moscheen – die anders als in weiten Teilen Griechenlands dem Zerstörungsrausch der befreiten Christen entgingen.

Der Johanniterorden

Dem Johanniterorden gehörten zumeist Adlige aus Frankreich und Italien an. Ihr Orden war 1113 aus einer Krankenpflegebruderschaft hervorgegangen, die sich in Jerusalem um christliche Pilger kümmerte. In zunehmendem Maße wandte sich der Orden bald auch dem Geleitschutz von Pilgerschiffen und dem Kampf gegen die Muslime zu. Als die Johanniter 1291 mit Akko ihren letzten Stützpunkt im Heiligen Land verloren, fanden sie zunächst Aufnahme auf Zypern und setzten von dort aus 1306 gemeinsam mit genuesischen Abenteurern zur Eroberung des byzantinischen Rhodos an, das 1309 ganz in ihre Hände fiel. Von

hier aus machte sich der Johanniterorden auch die übrigen Inseln des Dodekanes mit Ausnahme von Astypálea und Pátmos zu eigen.

Piraten im Dienste Jesu

Auf Rhodos unterhielten die Johanniter das größte und modernste Hospital seiner Zeit im östlichen Mittelmeerraum. Neben der Krankenpflege und dem Handel widmeten sich die Ritter vor allem der Piraterie im Namen Jesu. Mit ihren Galeeren machten sie Jagd auf die Schiffe der Muslime. Auf den Ruderbänken angekettet saßen muslimische Kriegsgefangene, verurteilte Kriminelle und christliche Schuldner, die den Dienst auf der Galeere einem Aufenthalt im Kerker vorzogen. Schuldner bekamen als Einzige einen Sold und waren durch eine besondere Haartracht auch äußerlich von ihren Leidensgenossen zu unterscheiden. Während der Kaperfahrten mussten die Ruderer sich oft den ganzen Tag über in die Riemen legen; um sie bei Kräften zu halten, wurde ihnen mit Wein getränktes Brot in den Mund geschoben. Wer zusammenbrach, wurde über Bord geworfen. Hoffnung auf vorzeitige Befreiung hatten nur die muslimischen Galeerensklaven: Wenn ausnahmsweise einmal ein überfallenes muslimisches Schiff siegreich blieb, wurden sie von ihrem Joch erlöst, während alle Christen an Bord der Galeere nun auf den Schiffen des Feindes Frondienst leisten mussten. Gefangene Ritter wurden nach Möglichkeit vom Orden freigekauft, alle Übrigen aber blieben ihrem Schicksal überlassen.

Wie es der Bevölkerung der Insel in jenen Jahren erging, ist nicht überliefert. Sicher ist nur, dass sie häufig muslimischen Piratenüberfällen von See her ausgesetzt war und seit dem 15. Jh. Militärdienst für den Ritterorden leisten musste. Mit Sicherheit wurde sie auch zu Fronarbeiten beim Festungsbau eingesetzt und hatte Abgaben von ihren Ernten zu entrichten. Ihrem orthodoxen Glauben durften die Griechen jedoch treu bleiben, dieser wurde während der Johanniterherrschaft nicht unterdrückt.

Wasserpfeife und Muezzin

Der Abzug der Ritter aus der Ägäis Anfang des 16. Jh. brachte der Insel Kos jedoch keine selbstbestimmte Freiheit, sondern jahrundertelange Knechtschaft unter den einfallenden Türken (1523). In der fruchtbaren Küstenebene von Kos siedelten sich zahlreiche Türken an – das beste Land lag in den Händen türkischer Großgrundbesitzer. Besonders das Leben der Christen auf

Heute herrscht friedliches Nebeneinander: Blick auf Turm und Kuppel der Kirche Paraskevi und das Minarett der Defterdar-Moschee in Kos-Stadt

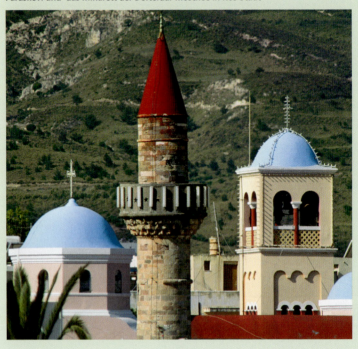

Kos, das keinerlei türkische Privilegien besaß, war hart. Griechischer Schulunterricht war hier verboten und konnte nur heimlich bei Nacht in Höhlen und versteckten Räumen abgehalten werden. Die Steuerlast war drückend, türkische Piraten fielen immer wieder über entlegene Dörfer her und verkauften deren Bewohner auf den Sklavenmärkten von Smyrna und Algier. Müttern raubte man ihre kleinen Knaben, um sie zu fanatischen Kriegern im Janitscharenheer zu erziehen, steuerliche Willkür führte zur Verelendung weiter Teile der Bevölkerung. Immer wieder kam es zu Repressalien, wenn sich Hellenen gegen die Fremdherrschaft erhoben: So wurden 1821 zur Abschreckung 92 einflussreiche christliche Koer an der Platane des Hippokrates aufgehängt, um die Bevölkerung davon abzuhalten, sich am griechischen Freiheitskampf zu beteiligen.

Auf den Nachbarinseln von Kos hingegen waren nur kleine türkische Garnisonen stationiert; der Boden blieb in griechischen Händen. Auf diesen Inseln regierten sich die Insulaner zum ersten Mal seit der Zeit der Johanniterherrschaft wieder selbst. Sie mussten nur geringe Steuern entrichten und durften für Waren, die aus anderen Ländern als der Türkei und Ägypten einführen wurden, sogar Zölle erheben. Orthodoxe Gottesdienste und griechische Schulen waren zugelassen. Der Handel florierte, denn nach über 350 Jahren war die Ägäis endlich wieder zum Binnenmeer eines einheitlichen Reiches geworden.

Kleinasien bildete für die kleinen Inseln ein großes, nahes Hinterland; die Insulaner waren als Schiffbauer, Seeleute, Lotsen und Händler gefragt. Viele zog es auch in die Zentren des Osmanischen Reichs, wo sie in Smyrna, Istanbul, Alexandria und Kairo zu Wohl-

Die schönsten Burgen
Kos-Stadt: Direkt am Hafen liegt das beeindruckende Johanniterkastell Neratzia (S. 92)
Antimáchia auf Kos, Blick übers Meer gen Süden (S. 145)
Péra Kástro auf Kálymnos, hoch am Hang (S. 196)
Plátanos auf Léros, das Adlernest der Ägäis (S. 222)

Mein Tipp

stand gelangten. Am besten erging es der heiligen Insel Pátmos, die nicht nur türkische Privilegien besaß, sondern zudem noch unter dem Schutz der Johanniter und Venezianer stand. Für Pátmos sind sogar einige Daten zur Sozialstruktur überliefert: Außer 150 Mönchen lebten 1827 auf der Insel 52 Händler, 35 Kapitäne, 252 Matrosen, 25 Werkstattbesitzer, 21 Töpfer, 68 Bauern, 20 Hirten, 4 Kupferschmiede, 3 Maler, 2 Ärzte, 2 Lehrer und 5 Sänger und Musikanten. Frauen und Kinder wurden nicht erfasst.

Moslems heute

Heute sind auf Kos noch etwa 300 türkischstämmige Muslime ansässig, die meisten in Platani. Offizielle Zahlen über diese Bevölkerungsgruppe gibt es nicht. Sie sind griechische Staatsbürger ohne besondere Rechte; einen Minderheitenschutz kennt die griechische Verfassung nicht. Sie genießen allerdings Religionsfreiheit. Sie sprechen perfekt griechisch, nur an den Namen kann man sie erkennen.

Streitbare Nachbarn – das griechisch-türkische Verhältnis

Den türkischen Nachbarn im Blick von der Stadt Kos aus

Türkische Gäste sind auf den Inseln vor der kleinasiatischen Küste zwar noch seltene, aber gern gesehene Gäste. Die Völker legen die vermeintliche Erbfeindschaft allmählich ab, die Politiker suchen nach Wegen zur Verständigung. Nur die Militärs funken manchmal dazwischen.

Das türkische Trauma

Vielen Griechen ist ein kollektives Trauma anerzogen worden: der Verlust Konstantinopels an die Osmanen im Jahr 1453 und die nachfolgende jahrhundertlange Herrschaft des Sultans über die Hellenen. Doch auch die Türken pflegen ihr Trauma: den Vertrag von Sèvres im Jahr 1920. Damit wurde das Osmanische Reich, im Ersten Weltkrieg aufseiten der Deutschen Gegner der Alliierten, nahezu zerschlagen. Armenien wurde für unabhängig erklärt, Kurdistan erlangte Autonomie, Kilikien kam unter französische Verwaltung. Großbritannien und Frankreich übernahmen die osmanischen Besitzungen in Mesopotamien und Palästina, Syrien und dem Libanon. Ost-Thrakien wurde vorübergehend griechisch, Smýrna (heute Izmir) griechischer Verwaltung unterstellt. Dadurch ermutigt, sahen sich die Griechen ihrer großen Hoffnung auf die Wiederherstellung des 1453 untergegangenen Byzantinischen Reichs ein Stück näher. So setzten sich kurz darauf griechische Truppen in

Richtung Ankara in Bewegung mit dem Ziel, die Stadt und damit ganz West-Anatolien zu erobern.

Die militärischen Erfolge Kemal Atatürks gegen Armenier und Griechen sowie die veränderte Interessenlage der westlichen Großmächte, die nach der Entstehung der Sowjetunion eine neu erstarkende Türkei als Schutz gegen die Bolschewiken ansahen, waren maßgeblich dafür, dass die Kemalisten die Türkei innerhalb der heutigen Grenzen errichten konnten. Ihre Gräueltaten gegen die kleinasiatischen Griechen kosteten zwar besonders viele Opfer, waren aber keineswegs grausamer als die von den Griechen auf ihrem Weg nach Ankara begangenen Massaker. Geblieben ist aber die von Nationalisten geschürte Angst der Türken, Land wieder abgeben zu müssen. Das mag ein Grund dafür sein, dass die türkische Armee sich nicht aus Zypern zurückzieht und eine eventuelle einseitige Ausdehnung der griechischen Hoheitsgewässer in der Ägäis – zu der Griechenland sich berechtigt fühlt – weiterhin als Kriegsgrund ansieht. Zudem betonen viele Türken, dass die Türkei Griechenland im 20. Jh. nie angegriffen hat, während die Griechen 1920–22 versuchten, West-Anatolien zu erobern und 1974 für den Putsch auf Zypern verantwortlich waren, der zum Anschluss der ganzen Insel an Hellas führen sollte.

Stimmungsumschwung

Seit 1999 herrscht jedoch ein versöhnlicherer Ton zwischen den Politikern beider Länder, zudem setzt auch in der Bevölkerung ein Umdenken ein. Die rasche Hilfe Griechenlands nach einem schweren Erdbeben in der Türkei sorgte für eine erste Annäherung. Die Tatsache, dass Griechen sogar Blut für Türken spendeten, wurde emotional hochgespielt und beschwor verwandschaftliche Gefühle herauf. Die notwendige Zustimmung Griechenlands auf dem EU-Gipfel in Helsinki 1999, der Türkei den Status eines EU-Beitrittskandidaten zu gewähren, brachte dann den entscheidenden Stimmungsumschwung. Plötzlich kam es zu freundschaftlichen Begegnungen auf Ministerebene und sogar zu bilateralen Treffen der Ministerpräsidenten. Die Türkei sagte zu, strittige Territorialfragen in Zukunft durch den Europäischen Gerichtshof klären zu lassen.

Störmanöver

Trotz der ungelösten Zypern-Frage unterstützt Hellas jetzt einen EU-Beitritt der Türkei. Aber die Militärs können sich nur schwer an veränderte Verhältnisse gewöhnen. Bei den gemeinsamen NATO-Flottenmanövern und -einsätzen verstehen sich die Mannschaften der Schiffe beider Nationen bestens. Läuft die NATO-Flotte jedoch einen griechischen Hafen an, müssen die türkischen Schiffe auf See bleiben – man fürchtet Spionage. Andererseits nutzen die türkischen Luftwaffengeneräle die Tatsache, dass bei der Festlegung der territorialen Grenzen Griechenlands nach dem Ersten Weltkrieg einige kleinere, bis dahin osmanische Inseln nicht namentlich aufgeführt wurden. So schicken sie Kampfjets sogar bis zum damals übersehenen Gávdos, einem Inselzwerg südlich von Kreta, um die Griechen zu ärgern. Die Gelegenheit zu Schein-Luftkämpfen nehmen beide Seiten gern wahr. Als es dabei vor einigen Jahren sogar zum Absturz eines griechischen Kampfjets kam, glätteten die Politiker beider Seiten jedoch sogleich die Wogen.

Eine andere Welt – griechische Orthodoxie und die Ikonen

Über all die Jahrhunderte der Fremdherrschaft hinweg haben die griechische Sprache und die orthodoxe Religion Hellas als Nation zusammengehalten. Der Alltag wurde von den fremden Herren mitgeprägt, doch das geistige Leben blieb ganz in Byzanz und im mittelalterlichen Denken verhaftet. Vor allem dadurch unterscheidet sich die griechische Mentalität auch heute noch stark von der anderer Europäer selbst aus dem Mittelmeerraum.

97 % aller Griechen sind orthodox getauft. Orthodoxe Sakralbilder, die Ikonen, hängen in fast jedem Haushalt, jedem Café und jeder Taverne, selbst in Diskotheken, auf den Kommandobrücken der Schiffe und in Linienbussen.

Immer wieder sieht man Menschen, die sich beim Passieren einer Kirche bekreuzigen, in der Kirche alle Ikonen küssen und Kerzen entzünden.

Kabinett der Heiligen

Viel stärker als in anderen christlichen Konfessionen glauben die Hellenen an Wunder und das stete Eingreifen von Heiligen ins Leben der Menschen. So wie es am Hof erst des byzantinischen Kaisers und dann des islamischen Sultans viele Würdenträger gab, denen bestimmte Ressorts zugeteilt waren, sind für den orthodoxen Gläubigen auch die Aufgaben unter den Heiligen verteilt. Die hl. Paraskeví hilft bei Augenleiden, der hl. Nikólaos schützt Kinder, Fischer

Bestandteil orthodoxer Praxis: Kerzen anzünden im Johanneskloster auf Pátmos

und Seeleute, der hl. Christóphoros die Reisenden. Im 20. Jh. neu gekürte Heilige nehmen Aufgaben wahr, die man in frühchristlichen Zeiten nicht kannte: So wird inzwischen jeder zweite Kirchenneubau auf den Inseln dem hl. Raffaíl geweiht, der sich seit der wundersamen Auffindung seiner Gebeine 1959 um die Krebskranken kümmert.

Der Himmel auf Erden

Ikonen und Wandmalereien erfüllen in orthodoxen Kirchen eine ganz andere Funktion als Kunstwerke in anderen Gotteshäusern. Sie sind der Versuch, den Himmel auf die Erde zu holen und die Grenzen zwischen Raum und Zeit aufzuheben. In den Ikonen ist der Heilige nicht profan-körperlich präsent, sondern auf mystische Weise spirituell. Deswegen können Ikonen Wunder bewirken, deswegen werden sie so verehrt. Sie verbinden den Erdenbewohner mit jener anderen Welt.

Ewige Wahrheiten

Nun gibt es nicht nur Heiligenikonen, sondern auch solche, die biblische Ereignisse darstellen. Im Westen werden szenische Illustrationen zumindest heute als eine Art ›Armenbibel‹ interpretiert, die dem einfachen, analphabetischen Volk fromme Geschichten erzählen sollte. In der Ostkirche haben diese Darstellungen eine ganz andere Funktion. Sie vergegenwärtigen ewige Wahrheiten, keine singulären historischen Ereignisse. Bei der Darstellung der Genesis ist nicht wichtig, dass Gott einmal die Welt erschaffen hat – Ikone oder Wandmalerei zeigen, dass ER der Schöpfer ist. Bei der Darstellung Jesu Geburt ist nicht wichtig, dass der Got-

Mein Tipp

Weiterlesen
Die beste kurzgefasste Darstellung über das Verständnis der Ikonen in der Ostkirche hat der evangelische Theologe Helmut Fischer geschrieben. Sie ist als preiswertes Insel-Taschenbuch unter dem Titel »Die Welt der Ikonen« erschienen.

tessohn einmal geboren wurde, sondern dass durch seine Geburt der Tod überwunden ist (weswegen die Geburt auf Ikonen und Fresken auch nicht in einem Stall als sozialromantische Kulisse, sondern in einer dunklen Höhle als Symbol des Todes stattfindet). Die Auferstehung Jesu wird in der Ostkirche in Form der Höllenfahrt Jesu gezeigt, bei der er Adam und Eva stellvertretend für die ganze Menschheit vom Tode erlöst: Wichtig ist nicht, dass Jesus einmal auferstanden ist, sondern dass er damit uns Menschen ein immerwährendes Versprechen gibt.

Durch Ikonen und Wandmalereien können also Heilige gleichzeitig an allen Orten der Erde und bei Gott sein. Zugleich erheben sie scheinbar singuläre Ereignisse in den Stand überall und immer geltender Wahrheiten. Zeit und Raum gelten nichts, Materielles ist unwesentlich: Es ist unwichtig, ob eine Ikone 1000 Jahre alt oder neu ist, ob sie mit Ei-Tempera und Blattgold oder mit Wasserfarben gemalt wurde. Fehlt das Geld für gemalte Ikonen, sind billige Drucke Ersatz genug. Manchmal küssen Gläubige sogar 3-D-Postkarten mit Marienbildnis so inständig wie 1000 Jahre alte Marienikonen.

Klopfen an die Höllentür – orthodoxe Osterliturgie

Wenn der Priester am Ostersonntag in fast allen griechischen Kirchen kurz nach Mitternacht an die Höllenpforte klopft, zählen Raum und Zeit nicht mehr. In diesem Augenblick steht der auferstandene Christus vor der Tür zum Totenreich, um »denen in den Gräbern das Leben« zu schenken (Ostertroparion).

Die Stunde zuvor

Der Ungläubige mag in diesem zentralen Akt der Osterliturgie eine Art mittelalterliches Mysterienspiel sehen – für den Gläubigen vollzieht sich jedoch vor Augen und Ohren, vor allem aber im Herzen das Unfassbare der Auferstehung und Erlösung als tatsächliches Geschehen. So wie der Frühling jedes Jahr wieder kommt und der Natur neues Leben bringt, wiederholt sich im Ostergeschehen alljährlich das Versprechen des ewigen Lebens für den gläubigen orthodoxen Christen.

Am späten Abend des Ostersamstags geht nahezu jeder Grieche zur Kirche, ob Konservativer, Sozialist oder gar Kommunist. Man hat sich gut angezogen, zumindest die Kinder tragen häufig neue Kleidung. Jeder bringt eine zumeist weiße Kerze mit (die der Kinder sind heutzutage oft mit Pokémons oder Micky-Mäusen verziert). Gegen 23 Uhr beginnt der Ostergottesdienst. Er wird über Lautsprecher auf den Kirchplatz übertragen, denn zum einen fassen die meisten Kirchen gar nicht alle Besucher, zum anderen gibt es immer einige (vor allem Männer), die lieber draußen stehen (wo sie noch rauchen dürfen). Vereinzelt explodieren schon Feuerwerkskörper, denn wie bei uns zu Silvester mögen in Hellas zu Ostern die Kinder und die Kind Gebliebenen mit dem Lärmen nicht bis nach Mitternacht warten.

In der seit dem Morgen von Lorbeer- und Myrteduft erfüllten Kirche wird unterdessen von Priester und Psáltes der Osterhymnus der orthodoxen Kirche, der Goldene Kanon des 750 gestorbenen Johannes von Damaskus, angestimmt. Das Licht ist gedämpft, die mittlere Tür der Ikonostase, die sogenannte ›Schöne Pforte‹, ist noch verschlossen. Kurz vor Mitternacht erlischt das Licht dann völlig und für einen Augenblick kehrt absolute Stille ein.

Zur Mitternacht

Nun tritt der Priester mit einer brennenden Kerze in der Hand aus dem Altarraum durch die Schöne Pforte vor die Gemeinde und ruft: »Eilt herbei, nehmt das Licht vom Licht, für das es keinen Abend gibt, und ehrt Christus, der von den Toten auferstanden ist.« Der erste Gläubige entzündet seine mitgebrachte Kerze an der des Priesters, schnell breitet sich so das Kerzenlicht in der ganzen Kirche und auf den Kirchhof aus. Der Priester verkündet: »Christus ist auferstanden von den Toten *(Christós anésti),* den Tod mit dem Tode zertretend, und denen in den Gräbern das Leben schenkend«. Die Gläubigen antworten: »Wahrhaftig, er ist auferstanden *(Alithós anésti)*«. Mittlerweile haben Priester und Gläubige die Kirche verlassen. Die Kirchenpforte wird verschlossen. Dann tritt der Priester an die Tür, klopft dreimal dagegen und begehrt mit den Worten »Hebt hoch eure Tore« Einlass, wie Christus einst Einlass in die Unterwelt, den Hades, begehrte. Eine Stimme aus dem Innern fragt daraufhin dreimal,

wer da sei, bevor die Höllenpforte schließlich (symbolisch) aufgebrochen wird. An diese Handlung schließen sich noch einige liturgische Texte an, für die die meisten Kirchenbesucher aber schon kein Ohr mehr haben.

Rote Ostereier

Für sie zählt, dass das Versprechen des ewigen Lebens wieder einmal gegeben wurde – jetzt zieht es sie nach Hause. Dort werden rote Ostereier aneinander geschlagen: Das Rot symbolisiert das Blutopfer Christi, das Ei das ewige Leben, das durch Christi Tod am Kreuz und seine Auferstehung dem Menschen verheißen ist. Man isst die *Margirítsa,* eine leicht säuerliche Suppe mit den Innereien des Lammes, das sich am nächsten Morgen am Spieß drehen oder bereits zerteilt und gefüllt die ganze Nacht über im Backofen gart, und *Flaoúna,* ein spezielles Ostergebäck mit einem in den Teig eingepassten roten Ei.

Christi Hadesfahrt

Die Geschichte von der Hadesfahrt Christi steht nicht im Neuen Testament. Dort wird nur kurz auf einen Abstieg Christi in die Unterwelt Bezug genommen. Ganz ausführlich von Augenzeugen geschildert wird sie jedoch im apokryphen Nikodemus-Evangelium aus dem 4. Jh., das in frühchristlicher Zeit weit verbreitet war und gern gelesen wurde. Seine Schilderungen haben Eingang in die Osterliturgie und damit auch in den orthodoxen Glauben gefunden. Das Nikodemus-Evangelium selbst ist hingegen kaum noch bekannt, während Albrecht Dürer die Hadesfahrt noch in seinen Werken malte.

Ein griechisches Leben

Das griechische Leben hat sich in den letzten 25 Jahren in vielen Beziehungen stark verändert, ist aber dennoch noch immer weitaus traditionsgebundener als das in vielen Regionen Mitteleuropas. Die gewaltigen Umwälzungen, die bei uns der Zweite Weltkrieg mit sich brachte, haben sich auf den griechischen Inseln erst 30 Jahre später vollzogen.

Großfamilien, die früher die gesellschaftliche Struktur prägten und soziale Sicherheit boten, gibt es kaum noch. Jede griechische Frau bringt im Durchschnitt nur noch 1,3 Kinder zur Welt. Die Zahl der Single-Haushalte ist im letzten Vierteljahrhundert um etwa 25 % auf über 1,2 Mio. gestiegen. Der Familienzusammenhalt ist in der Regel trotzdem noch groß. Den Namen der Familie ›achtbar‹ zu halten, ist auch

jungen Griechen ein Anliegen und mit ein Grund für die niedrige Kriminalitätsrate im Lande. Ob es in Griechenland mehr oder weniger wirkliche Freundschaften gibt als anderswo, sei dahingestellt. Einen großen Bekanntenkreis zu haben und oft mit diesem zusammen zu sein, ist in Hellas aber nicht erst ein moderner Trend.

Am Anfang steht die Taufe

Wie in vielen anderen europäischen Ländern ist eine Abtreibung in Griechenland bis zum Ende der zwölften Schwangerschaftswoche legal, danach aber nur noch aus medizinischen Gründen zulässig. Die Rate der legalen Abtreibungen ist etwa so hoch wie in Deutschland, die Kirche nimmt dazu kaum Stellung. Die Quote der illegalen Abtreibungen soll eine der höchsten in ganz Europa sein.

Die Geburt eines Kindes ist auch in Hellas ein freudiges Ereignis, wird aber nicht besonders gefeiert. Das erste bedeutende Ereignis im Leben eines jungen Griechen ist vielmehr die Taufe. Die ersten beiden Söhne werden dabei fast immer nach den beiden Großvätern benannt, die ersten beiden Töchter nach den Großmüttern. Will sich durchaus kein Sohn einstellen, wird der Name des Großvaters in eine weibliche Form gebracht – aus Thomás wird z. B. Thomái.

Zur Taufe verschicken die Eltern meist Hunderte von Einladungen. Bei der Auswahl der Paten lassen sie besondere Sorgfalt walten, denn er wird für das Wohlergehen des Kindes ebenso zuständig sein wie die Eltern. Zugleich übernimmt auch das Kind Verpflichtungen gegenüber dem Paten – insbesondere dann, wenn er ein Politiker ist und Wählerstimmen benötigt. Werden mehrere Kinder im selben Wasser getauft, was vor allem in berühmten Klöstern üblich ist, gelten sie fortan als verwandt und dürfen einander nicht kirchlich heiraten.

Fürs Leben lernen

Nach dem fakultativen Besuch eines staatlichen Kindergartens (nipiagogío) begint im Alter von sechs Jahren die neunjährige Schulpflicht. Auf sechs Jahre Grundschule (dimotikó skolío) folgt der dreijährige Besuch der Sekundarstufe I, gimnásio genannt. Eine bestandene Aufnahmeprüfung ist Voraussetzung für den Besuch der dreijährigen Sekundarstufe II (líkio) oder der Technischen Berufsfachschule (TEE). Auf den Inseln des nördlichen Dodekanes ist der Schulbesuch für Kinder und Jugendliche mit viel Fahrerei verbunden: Grundschulen gibt es zwar auf allen Inseln außer auf Télendos und Arkí, aber durchaus nicht in jedem Dorf. Schon für den Besuch der Sekundarstufe I müssen die Kinder von Psérimos nach Kálymnos und die von Agathonísi nach Pátmos übersetzen, die Sekundarstufe II gibt es außer auf Kos nur in den Hauptstädten der größeren Inseln. Für den Schulbus- und Taxitransport der Schüler kommt in Hellas der Staat auf.

Während der sechs Sekundarstufenjahre nehmen nahezu alle griechischen Schüler intensiv Nachhilfe- und Ergänzungsunterricht an einem privaten Lehrinstitut, einem sogenannten frondistírio. Die Kosten dafür müssen die Eltern selbst tragen. Nach bestandenem, landesweitem Abitur können sich die Interessenten für einen Studienplatz bewerben. Die nächsten Universitätsstandorte für den nördlichen Dodekanes sind Rhodos und Sámos.

Junge Männer müssen in der Regel vorher noch ihren zwölfmonatigen Wehrdienst ableisten. Ein Grundrecht auf Wehrdienstverweigerung gibt es in Griechenland nicht.

Partnerwahl und Ehe

Erst seit 1975 sind Mann und Frau in Griechenland auch vor dem Gesetz gleichberechtigt. Ein Gesetz, das Bräute zwang, eine Mitgift in die Ehe einzubringen, wurde gar erst 1983 aufgehoben, erst in jenem Jahr setzte man auch das Mindestheiratsalter für Mädchen von 14 auf 18 Jahre herauf. Inzwischen gilt in vielen Familien eine gute Ausbildung für die beste Aussteuer; dennoch ist man bemüht, der Braut auch eine Wohnung oder gar ein Haus mit in die Ehe zu geben. Eine ›Subventionierung‹ des Brautpaars stellen auch die oft mit vielen hundert Gästen gefeierten Hochzeiten dar: Die Eltern zahlen die Feier, die Kinder erhalten von allen Gästen Geldgeschenke. Ehescheidungen werden in Griechenland außer für Priester auch von der Kirche gebilligt. Rein bürgerliche Hochzeiten und Ehescheidun-

Ein Küsschen für den Brautvater

gen sind möglich, jedoch weitgehend unüblich.

Griechenland wird multikulturell

Auch dem Urlauber wird auffallen, wie viele Ausländer vor allem aus Osteuropa auf den Inseln des nördlichen Dodekanes arbeiten und leben. Da bleibt es nicht aus, dass vor allem griechische Männer immer mehr osteuropäische Frauen heiraten. Schon heute sind 15 % aller in Griechenland geschlossenen Ehen Mischehen. Die UN sagt schon für 2015 einen Ausländeranteil in Hellas von 25 % an der gesamtgriechischen Bevölkerung voraus. Immer mehr Ausländer werden hier auch legal arbeiten: Ein 2007 beschlossenes Gesetz sieht vor, dass alle, die schon fünf Jahre mit kurzfristigen Aufenthaltsgenehmigungen in Griechenland gelebt haben und ein Jahreseinkommen von 8500 € vorweisen können, eine ständige Aufenthaltsgenehmigung erhalten. Dafür müssen sie allerdings gute griechische Sprachkenntnisse und Wissen in griechischer Kultur und Geschichte nachweisen. 100 Stunden Sprach- und 24 Stunden Kulturunterricht bietet der Staat dafür vorbereitend kostenlos an – freilich nur in den großen städtischen Zentren.

Alter und Tod

Die Lebenserwartung liegt in Hellas bei 78 Jahren. Für die Altersversorgung waren bis vor Kurzem 173 verschiedene Rentenkassen zuständig, Rentenhöhe und -eintrittsalter waren je nach Berufsgruppe sehr unterschiedlich. Seit 2008 ist deshalb eine große Rentenreform geplant. Das Renteneintrittsalter soll auf mindestens 65 Jahre angehoben werden, besser Verdienende sollen stärker zur Eigenfinanzierung ihrer Renten herangezogen werden. Und schließlich will man auch die Beitrags-Ehrlichkeit verbessern: Fast jeder zweite griechische Arbeitnehmer arbeitete bisher zumindest teilweise schwarz.

Ist das Leben vorbei, ist für griechische Tote die Erdbestattung gesetzlich vorgeschrieben. Feuerbestattungen sind auf Druck der Kirche nur für Ausländer zulässig, im ganzen Land gibt es bisher nur ein einziges Krematorium. Ein Toter wird in der Regel zunächst zu Hause aufgebahrt, damit man Abschied von ihm nehmen kann. Dann wird er im offenen Sarg in einem weißen Leichenwagen zum Friedhof gefahren. Normalerweise ruht er nur vier bis fünf Jahre in der Erde: dann müssen die Angehörigen seine Gebeine ausgraben, in Rotwein waschen und in einem Ossuarium deponieren.

Mein Tipp

Lesetipp: Krimis von Pétros Makáris
Eine spannende und leichte Urlaubslektüre sind die im Diogenes-Verlag auf Deutsch erschienenen Kriminalromane von Pétros Makáris. Sie spielen zwar überwiegend in der Großstadt Athen, vermitteln aber unterhaltsam und humorvoll einen Einblick ins typisch griechische Berufs- und Familienleben des Kommissars Charítos und damit eines älteren griechischen Ehepaares mit einer erwachsenen Tochter.

Mokka und Nargili – vom Kaffeehaus zur Kafetéria

Traditionell war das Kaffeehaus – auf Griechisch ›Kafenío‹ genannt – der soziale Mittelpunkt in allen Dörfern und Städten. Heute werden viele Kafenía modernisiert und neu möbliert, wandeln sich so hin zu dem, was der Grieche als Kafetéria oder auch Bar bezeichnet. Dennoch sind noch immer viele traditionelle Kafenía auf den Inseln abseits der touristischen Meilen zu finden.

Typisch

Das typische ländliche Kafenío, von denen es in Hellas noch immer Tausende gibt, ist ein schlichter Raum mit hoher Decke. An den weitgehend kahlen Wänden hängen in der Regel eine Uhr, ein paar Wahlplakate der vom Wirt bevorzugten Partei, Fotos großer griechischer Staatsmänner und vielleicht auch der Vorfahren des Wirts, Kalender egal welchen Jahres und häufig auch offizielle Bekanntmachungen – gelegentlich einfach nach Datum des Eingangs auf einem Nagel aufgespießt. Früher konnte der Passant die politische Couleur des Wirts und der Mehrheit seiner Gäste schon an der Farben von Fensterrahmen und Türen erkennen: Blau stand für die Konservativen, Grün für die Sozialdemokraten, Rot für die Kommunisten. Heute ist man da zurückhaltender geworden und gibt seine Gesinnung nicht mehr so offensichtlich zu erkennen.

Schlicht und gut

Die traditionelle Kaffeehausmöblierung besteht aus hölzernen Tischen, oft mit einer Tischplatte aus Stein oder Kunststoff, und hölzernen Stühlen mit Sitzflächen aus Korbgeflecht. Einige größere, fast immer runde Tische sind mit zumeist grünem Filz bezogen: An ihnen nehmen nur Männer Platz, die Karten zu spielen gedenken. Es wäre ein Sakrileg, sich unaufgefordert als Tourist an solch einen Tisch zu setzen. Hintern zum Gastraum offenen Tresen befindet sich eine schlichte Küche mit Kühlschrank, Herd und Wasserhahn. Hier wird der Kaffee über der Gasflamme zum Aufwallen gebracht – oder ganz traditionell im *chóvoli*, einem mit Sand gefüllten Messingbehältnis über offener Flamme, in dem das Stielkännchen mit dem vorher mit schon sehr warmen Wasser aufgegossenen Kaffee durch ständiges Drehen zum Aufwallen gebracht wird.

Schon seit den 1970er-Jahren darf in einem Kafenío eines nicht fehlen: der Fernsehapparat, der heute selbst in den einfachsten Kafenía zumeist ein großer Flachbildschirm ist. Er läuft von früh bis spät, der Ton ist allerdings meist abgestellt. Etwas verändert haben sich in den letzten 20 Jahren die Standardöffnungszeiten der Kaffeehäuser. Während früher fast jedes Kafenío schon um 6 Uhr morgens seiner Türen öffnete, ist das heute meist erst ab etwa 8 oder 9 Uhr der

Fall. Bedient man Gäste schon in den frühen Morgenstunden, sind dafür meist die Eltern und Großeltern des Wirts zuständig, der heute auch abends länger offen hat als noch vor wenigen Jahren. Damals schlossen die meisten Kafenía gegen 22 Uhr, heute stehen viele noch bis nach Mitternacht für Gäste offen.

Traditionelle Variationen

Auf dem Lande waren und sind viele Kafenía zugleich kleine Gemischtwarenhandlungen, die dann *kafepandopolío* genannt werden. Zu ihrem Angebot gehören neben ein paar Konserven, darunter eigenartigerweise auch immer Dänisches Frühstücksfleisch, auch Servietten und Toilettenpapier, Zahnpasta und Hygieneartikel, Hülsenfrüchte und Grundnahrungsmittel. In den Städten sehen viele Kafenía nicht anders aus als auf dem Dorf, nur selten gibt es – wie heute noch in Pothiá auf Kálymnos oder Plátanos auf Léros – vornehmere Kaffeehäuser mit stuck-

Was ist eine Bar?
In diesem Buch werden Ihnen Dutzende Bars empfohlen. In jede von ihnen können Sie auch mit Ihren Kindern oder mit Ihren Großeltern gehen. Als Bar (ΜΠΑΡ) wird in Hellas nämlich jedes Lokal bezeichnet, in dem ausländische Spirituosen ausgeschenkt werden. Ein entsprechendes Café ist also eine Café-Bar, ein solches Restaurant eine Estiatório-Bar. Nur in Hotels sind Bars auch Bars in unserem Sinne – aber eben Hotelbars. Wer unter einer Bar ein eher anrüchiges Etablissement versteht, wird auf den Inseln nicht fündig.

verzierter Decke, Tischplatten aus Marmor, Standuhren und Spiegeln an den Wänden. Nur in größeren Städten besaßen manche solcher Kaffeehäuser auch Emporen oder Innenbalkone, auf denen zu besonderen Anlässen Musiker Platz nahmen, um für die Gäste zu konzertieren. Auf den Inseln des nörd-

Das Kafenío bringt alle zusammen – auch der Priester lässt sich hier gern seinen Mokka schmecken

lichen Dodekanes sind solche Edel-Kafenía aber nicht zu finden.

Zu Essen gab es im traditionellen Kafenío höchstens ein paar Nüsse, Gurkenscheiben, Tomatenstückchen und etwas Schafskäse zum Anisschnaps Ouzo. Ouzo, Brandy und vielleicht noch eine Whiskysorte waren das Standardangebot an Hochprozentigem, die meisten Gäste tranken jedoch ohnehin nur griechischen Mokka.

Eine neue Generation

Die erste Kaffeehausrevolution kulinarischer Art fand schon in den späten 1970er-Jahren mit der Einführung des standardisierten *tost tirí-sambón* statt,

der heute in fast jedem Kafenío erhältlich ist und noch fast überall gleich (trocken) schmeckt: Zwei Scheiben Toast, zwischen denen eine Scheibe gekochter Pressschinken und eine Scheibe fast geschmacksneutralen Kuhkäses liegt. Träger der nächsten Revolution waren Ende der 1980er-Jahre durchs ganze Land und über alle Inseln ziehende Roma, die von ihrem Kleinlastwagen aus die Kaffeehauswelt mit Plastikstühlen und -tischen beglückten. Man stellte sie nicht nur im Freien auf, wo sie durchaus ihren Zweck erfüllen, sondern auch in den Innenräumen, wo sie einfach nur hässlich sind.

Seit den 1990er-Jahren hat in vielen Kaffeehäusern eine neue Generation das Regiment übernommen. Die jüngeren Wirte versuchen, durch Modernisierungen und Verschönerungen auch jüngeres Publikum anzuziehen, erweitern die Getränkepalette vor allem um zahlreiche Kalt- und Eiskaffeevariationen, Teesorten, leckere Kakaos und Schokoladen und bieten zumindest im Sommer auch Bier vom Fass an. Die Zahl der Fernsehbildschirme hat oft zugenommen, um verschiedene Sportübertragungen gleichzeitig zeigen zu können, die billigen Plastikstühle sind durch viel schönere, ebenfalls wetterbeständige Möbel ersetzt worden – und manchmal wird sogar die in der Nachkriegszeit völlig außer Gebrauch geratene Wasserpfeife, die Nárgili, wieder als Rauchgenuss zelebriert. Andere Wirte sind einen weniger erfreulichen Weg gegangen: Sie haben ihre Kafenía in lärmende Spielhöllen verwandelt, in dem zwar keine Geldspielautomaten stehen, dafür aber umso mehr Videospielgeräte. Beide neue Formen nennt der Grieche heute kaum noch Kafenío – er benutzt dafür das Wort *kafetéria*. Mit unserer Cafeteria hat sie kaum etwas gemein.

Mehr als Syrtáki –
griechische Musik

Musik und Tanz gehören zu jedem griechischen Fest, ganz gleich ob Hochzeit, Taufe, Namenstag oder Kirchweih. Die Jugend schätzt zwar auch die internationale Popmusik, doch vermochte diese ebenso wenig wie früher Tango oder Walzer die Volksmusik und die Volkstänze zu verdrängen. Sie liegen auch jungen Griechen noch immer im Blut, zumal sie an den Schulen unterrichtet werden. Die zahllosen Radiosender in Hellas senden überwiegend griechische Klänge, und wo griechisch getanzt wird, mischt sich Jung und Alt.

Volksweisen

Kenner der Materie haben über 150 verschiedene Volkstänze in Griechen-land gezählt, von denen einige überall, andere nur in einigen Regionen bekannt sind. Ihre Ursprünge liegen ebenso wie die der griechischen Volksmusik in der Antike und in Byzanz, daneben machen sich aber auch andere Einflüsse bemerkbar. Dazu gehören die Jahre der Türkenherrschaft ebenso wie die Traditionen der kleinasiatischen Flüchtlinge, die 1923 zu Hunderttausenden ins Land strömten. So erlebte z. B. seit den 1980er-Jahren die Rembétiko-Musik ein wahres Revival: Die melancholisch anmutende Musik einer städtischen Subkultur wurde in den 1920er- und 1930er-Jahren vor allem durch aus Kleinasien vertriebene Griechen geprägt.

Die Rhythmen der griechischen Volksmusik sind äußerst vielfältig, man unterscheidet zwischen 2/4-, 3/4-, 4/4-,

Mein Tipp

CDs kaufen

Aktuell sehr geschätzt und dementsprechend gefragt sind z. B. Háris Alexíou, Déspina Vándi, Héléna Paparízou, Roúvas Sákis und Ánna Víssi. Der bekannteste griechische Komponist klassischer Musik ist Manólis Kalomíris (erhältlich auf www.amazon.de).

5/4-, 7/4-, 9/4-, 3/8-, 5/8-, 7/8- und 9/8-Takt. Oft sind Tanz und Musik asymmetrisch: So kann das Schlaginstrument den Tanzrhythmus spielen, während die übrigen Instrumente den Rhythmus des Gesangs oder des Soloinstruments begleiten. Für jeden Tanz gelten andere Schrittfolgen; es gibt sowohl Einzel- als auch Reihentänze. Die wichtigsten Instrumente der griechischen Volksmusik sind die Laute mit vier Doppelsaiten und die *bouzoúki,* eine Langhalslaute mit drei Doppelsaiten, sowie auf einigen Inseln auch die dreisaitige Lýra. Weite Verbreitung haben inzwischen zudem Gitarre und Keyboard gefunden.

Überraschender Theodorákis

Zu den großen Komponisten des Landes zählen Mános Loízos, Mános Chatzidákis und der weltweit berühmte, 1925 geborene Míkis Theodorákis. Außerhalb von Griechenland kennt man ihn meist nur als Schöpfer allseits beliebter griechischer Evergreens à la »Aléxis Sorbás«. Mindestens ebenso

bedeutend wie seine Tätigkeit als Komponist klassischer Sinfonien und Opern ist für die Griechen allerdings auch seine Rolle als Widerstandskämpfer während der deutschen Besatzung, und später als Politiker und Kulturkritiker.

Theodorákis veröffentlichte bereits 1952 eine erste klassische Sinfonie, komponierte Ballett- und Hörspielmusik. 1959 gelang ihm dann der Durchbruch auf internationaler Ebene: Sein Antigone-Ballett wurde, choreografiert von John Cranko, am Londoner Covent Garden aufgeführt. Zwischen 1960 und 1967 entstanden dann seine populärsten Werke. Er beschäftigte sich intensiv mit der griechischen Volksmusik und vertonte viel zeitge-

nössische griechische Lyrik, die ein breites Publikum begeisterte. Höhepunkte dieser Zeit waren u. a. die Filmmusik zu »Aléxis Sorbás« und das Oratorium »Áxion Estí«.

Als Widerstandskämpfer unter den Obristen verfolgt, konnte er nach mehrjähriger Haft ins Exil nach Paris ausreisen, kehrte aber sofort nach dem Sturz der Militär-Junta 1974 nach Griechenland zurück und widmete sich fortan wieder bevorzugt der klassischen Musik, insbesondere der Sinfonik. Doch auch die Politik ließ ihn nicht los: 1978 errang er als unabhängiger Kandidat auf der Liste der Kommunistischen Partei bei der Athener Bürgermeisterwahl 16 % der Stimmen und zog ins Parlament ein.

Danach komponierte er zwei Sinfonien und den erfolgreicheren »Canto Generale«. Seine erste Oper war 1965 fertig: »Die Metamorphosen des Dionysos«. Ein Jahr später distanzierte sich Mikis Theodorákais von den Kommunisten und engagierte sich nun vor allem für die Aussöhnung mit den Türken. Zugleich vollzog er politisch eine 180-Grad-Wendung: Er schloss sich der konservativen Partei Néa Dimokratía an und war von 1990–92 sogar Minister in einer konservativen Regierung. 2012 gründete er seine eigene politische Partei, El.la.da. Der volle Name wäre mit ›Griechischer demokratischer Volkswiderstand‹ zu übersetzen.

2005 verlieh ihm die UNESCO den Musikpreis für sein Gesamtwerk.

Auf einem Ausflugsboot vor Kos versuchen sich Touristen im Syrtáki

Unterwegs auf Kos und den Dodekanes-Inseln

Blick auf den Mandráki-Hafen von Kos-Stadt

Die Stadt Kos

Highlights !

Hafen von Kos: Mediterraner als am kleinen Mandráki-Hafen der Inselhauptstadt kann die Atmosphäre kaum sein. Man fühlt, wie sich die Kaimauern schützend um die kleinen Boote und Jachten legen, flaniert besonders stimmungsvoll am Abend an den bunt beflaggten, effektvoll beleuchteten Ausflugsschiffen vorbei.
1 S. 89

Westliches Grabungsgelände: Zu jeder Tages- und Nachtzeit kann man vom Heute ins Vorgestern wechseln, von der Asphaltstraße auf die marmorgepflasterten Hauptgassen der römisch-hellenistischen Stadt überwechseln. S. 100

Auf Entdeckungstour

So nah – Ein Ausflug ins türkische Bodrum: Nur eine Stunde schnelle Fahrt übers Meer trennen Kos vom türkischen Bodrum und damit Europa von Asien. Historische Monumente erzählen von der engen Verbindung beider Küsten, Antike und Osmanischem Reich; bunte Märkte erweitern das Souvenirspektrum für Urlauber ganz erheblich. S. 94

Mythen und antiker Alltag – Archäologisches Museum Kos: Die Welt der Antike war voller Götter, Mythen und Legenden. Im kleinen Museum sind einige von ihnen in Marmor gehauen oder als farbenfrohes Mosaik in den Boden gelegt. S. 98

Kultur & Sehenswert

Johanniterkastell: Die Kreuzritterburg säumt den idyllischen Hafen der Stadt. Ihr Inneres gleicht einem leicht verwilderten Freilichtmuseum, in dem antike Spolien zwischen blühenden Blumen und Sträuchern wie von Geisterhand verstreut liegen. **2** S. 92

Casa Romana: Im rekonstruierten Römischen Haus läßt sich römische Wohnkultur mit Wandmalereien und Bodenmosaiken bewundern. **19** S. 102

Aktiv & Kreativ

Rauf aufs Rad: Alle Ziele in der Stadt und ihrer näheren Umgebung erreicht man bestens per Rad. So kann man auch zunächst einmal alle Stadtstrände in Augenschein nehmen, bevor man sich für einen entscheidet. Ein griechisch-niederländischer Vermieter sorgt für sichere Räder für Groß und Klein. **3** S. 114

Genießen & Atmosphäre

Eléa: Mitten im Touristentrubel der Odós Ifestou bildet das moderne Restaurant einen Hort klassischer griechischer Küche. Auch verschiedene, zum Teil hausgemachte Liköre kann man hier probieren. **14** S. 110

Poté tin kyriakí: Ein lauschiger Garten entrückt den Gast vom städtischen Treiben, viele leckere Kleinigkeiten lassen das Essen zur abendfüllenden Beschäftigung werden. **3** S. 105

Abends & Nachts

Cine Orféas: Unterm Sternenhimmel wird die Größe der Hollywoodstars relativ. Zur Filmmusik ertönt das Zirpen der Zikaden. **1** S. 114

Hamam Club: In der kleinsten Disco der Stadt tanzt man kleinräumig in den verschiedenen Abteilungen eines alten türkischen Bades. Auch dabei kann man ins Schwitzen kommen. **5** S. 115

Die Inselhauptstadt von Kos

Kos präsentiert sich als ein Städtchen im Grünen, umrahmt vom Meer und von teilweise bewaldeten Hängen, die sanft zum steil aufragenden, alpin gezackten Massiv des Díkeos hin ansteigen. Aus der Altstadt ragen Minarette und die blau überkuppelten Türme der Kirche Agía Paraskeví auf, die Uferpromenade am historischen Mandráki-Hafen wird von schattigen Bäumen gesäumt. Zur Kulisse gehört auch die kleinasiatische Küste mit ihren bizarren Felsgebilden.

Wer hier nicht Quartier bezieht, sollte die Stadt mindestens zweimal besuchen: einmal am Tage und einmal am Abend. Wer viel besichtigen oder die Nacht regelmäßig zum Tage machen will, der wohnt am besten direkt hier in Kos: Die Verkehrsverbindungen in die anderen Inselteile sind exzellent – und mehr Clubs und Discos als hier sind in der Ägäis sonst kaum zu finden.

Kos ist eine reizvolle Stadt. Nur in der Athener Pláka, in der Altstadt von

Infobox

Reisekarte: ▶ M 10

Internet
www.kos.gr: Offizielle Homepage der Stadt Kos (nur auf Griechisch).

Infos
Städtische Touristeninformation (Rathaus am Mandráki-Hafen): Aktí Koundouriótou 7, Tel. 22 42 02 84 20, Mai, Juni, Sept., Okt. tgl. 8–20 Uhr, Juli, Aug. 7.30–21 Uhr, sonst Mo–Fr 7.30–14.30 Uhr. Hilfreich, vielsprachig und informativ.
Hafenpolizei Stadt Kos: Im Zentrum der Uferstraße am Mandráki-Hafen, Tel. 22 42 22 65 94 und 22 42 02 65 95. Für Schiffsauskünfte.

Ankommen und Weiterkommen
Schiff: Katamarane und Tragflügelboote im interinsularen Verkehr machen am kurzen Anleger (Marina) gleich neben der Touristeninformation fest. Schon nach wenigen Metern Fußweg steht man auf der Uferstraße und kann bei Bedarf ein Taxi anhalten. Hier befinden sich auch die Kioske der Fahrkartenverkäufer. Zur Platane des Hippokrates oder zum Mandráki-Hafen geht man etwa 2–3 Min. Alle Autofähren sowie Boote im Türkei-Verkehr legen vor der meerseitigen Spitze des Johanniterkastells an. Hier gibt es ein kleines Terminalgebäude mit Toiletten und Café sowie Ticketschaltern.
Taxi: Taxistandplätze am Mandráki-Hafen am Aufgang zur Platane des Hippokrates und am Delfin-Brunnen, Tel. 22 42 02 33 33 und 22 42 02 27 77.
Stadtbuslinien: s. S. 115
Mietwagen: mit dem Mietwagen in die Stadt zu fahren, ist keine gute Idee. Der Linienbus (s. S. 115) ist billiger und erspart die Suche nach einem Parkplatz. Wer es trotzdem wagen will, parkt am besten gebührenfrei an der Odós Grigoríou E' östlich der Casa Romana oder sucht sich einen Parkplatz an der Odós Artemisías.

Rhodos und in Liménas auf der Insel Thássos sind Geschichte und Gegenwart ähnlich eng miteinander verwoben wie hier. Was Archäologen aus der Antike freilegten, wurde nicht zum abgezäunten Sperrbezirk, sondern blieb als archäologischer Park frei zugänglich. Minarette harmonieren mit christlichen Kirchen, die Jugend genießt Discobeats im Angesicht antiker Tempelruinen. Auch ein türkischer Hamam wurde zur Disko umgewandelt, in Moscheen werden Schuhe und Schmuck, T-Shirts und Souvenirs verkauft. Im durchgestylten Straßencafé sitzt man vor einem türkischen Brunnen, im antiken Odeon führen Schulklassen gelegentlich Folkloretänze auf. So bleibt Stein gewordene Geschichte allgegenwärtig und ist Teil des heutigen Lebens.

Zugleich ist Kos die fortschrittlichste griechische Insel in Sachen Umweltschutz. Große Teile der Altstadt wurden verkehrsberuhigt. Entlang des gesamten Ufers und um den Mandráki-Hafen sind farblich rot abgesetzte Radwege entstanden, die eines Tages bis Ágios Fókas reichen sollen. Eine Hauptverkehrsstraße wurde zur Fußgängerzone umgewandelt, Busse verbinden die Altstadt mit Parkplätzen am Stadtrand.

Jenseits der Altstadtgrenzen säumen die Hotelvorstädte Lambí im Westen und Psalídi im Osten das Ufer. Auch auf dem Weg dorthin trifft man auf Zeugen vergangener Zeiten: Im Osten steht das orientalisch verspielt wirkende Rathaus aus der italienischen Besatzungszeit an der Uferpromenade. Im Westen blicken die Sonnenanbeter nicht nur in den strahlend blauen Himmel, sondern auch auf den Schornstein einer jahrzehntealten Tomatenmarktfabrik unmittelbar am Strand, aus dem längst kein Rauch mehr aufsteigt.

Stadtrundgang

Wer die Stadt gründlich kennenlernen will, benötigt dafür mit gemütlichen Pausen durchaus einen ganzen Tag. Große Entfernungen sind dabei nicht zurückzulegen, die Gesamtstrecke beträgt nur etwa vier Kilometer.

Mandráki-Hafen ❗ 1

Ein Spaziergang entlang des tropfenförmigen Mandráki-Hafens vom Fähranleger vor der Nordspitze des Johanniterkastells bis zur gegenüberliegenden Seite der Hafeneinfahrt ist am frühen Abend am schönsten, wenn die Lichter angehen. Dann sind all die vielen Ausflugsboote zurückgekehrt, haben die Jachten der Segler an ihren Liegeplätzen festgemacht. Vor den Ausflugsbooten stehen Männer und Frauen mit Fotoalben auf kleinen Tischen, die Passagiere für den nächsten Tag anwerben wollen, Schwamm- und Nussverkäufer warten auf Kundschaft. Halb Kos flaniert auf und ab und lässt sich dann in einem der vielen Cafés auf der Landseite der Uferstraße nieder. Dort sitzt man mit reizvollem Blick über die Boote auf die zackigen Felsen an der kleinasiatischen Küste und genießt die laue Abendluft.

So angenehm wie heute war das Leben am Hafen in früheren Zeiten bestimmt nicht. Er war zwar über zwei Jahrtausende lang der Lebensnerv der Insel und Handelszentrum der Stadt, aber auch ein Schauplatz harter Sklavenarbeit. Hier gingen die Pilger an Land, die Heilung bei koischen Ärzten und im nahen Asklipieíon suchten, von hier brachen die schnellen Schiffe des Johanniterordens zu ihren Kaperfahrten auf, angetrieben von der Muskelkraft Andersgläubiger und zu Recht oder Unrecht verurteilter Gefangener.

Kos-Stadt

Sehenswert

1 Mandráki-Hafen
2 Johanniterkastell
3 Platane des Hippokrates
4 Hadji Hassan-Moschee
5 Antike Agorá
6 Defterdar-Moschee
7 Markthalle
8 Archäologisches Museum
9 Kirche Agía Paraskeví
10 Alexander-Altar
11 Nymphaeum
12 Palästra
13 Mosaik »Urteil des Paris«
14 Via Cardo
15 Via Decumana
16 Bodenmosaike
17 Odeon
18 Friedhofskirche Ágios
   Ioánnis
19 Casa Romana
20 Römische Zentralthermen
21 Dionysos-Tempel
22 Palazzo di Giustizia
23 Albergho Gelsomino
24 Marina

Übernachten

1 Kos Aktí
2 Astron
3 Eleónas in ambávris
4 Hotel Afendoúlis
5 Koala
6 María Karagiánni

Essen & Trinken

1 Nick the Fisherman
2 Ampávris
3 Poté tin kyriakí
4 Stadium
5 Pétrino
6 H2O
7 Otto e Mezzo
8 Psaropoúla
9 Mary's House
10 Aléxandros

Fortsetzung S. 92

Fähren &
Türkeiverkehr

Innergriechische Tragflügelboote und Katamarane

Aktí Vas. Georgíou

Chalkonos

Stadtstrand

2

3

1

6

17

4

4

Évriplou

Fenaretís

1

Harmílou

5

Harmílou

Marina

24

4

2

Kos-Stadt

Johanniterkastell **2**

*Zugang über Platía Platanoú,
April–Okt. Di–So 8–19.30 Uhr, Nov.–
März Di–So 8.30–15 Uhr, Eintritt 3 €*
Anfang des 14. Jh. kamen die Johanniterritter auf die Insel. Um den Hafen zu beschützen, ließen die Kreuzritter auf der Halbinsel, die den Mandráki im Osten begrenzte, Mitte des 15. Jh. ein Kastell errichten, dessen Vorgängerin wahrscheinlich eine byzantinische Festung war. Zu jener Zeit stellten die Osmanen in der Ägäis bereits eine ständige Bedrohung dar, sodass Großmeister Pierre d'Aubusson 1494 den Befehl gab, diese Burg mit einem weiteren Mauerring zu umgeben, der modernen Geschützen standhalten könne. 1514 waren die Arbeiten abgeschlossen, doch schon 1523 erwies sich das Kastell als zu schwach, um der Übermacht der Türken zu widerstehen.

Heute betritt man das Kastell, das auch den Beinamen Nerátzia trägt, über eine steinerne Brücke gegenüber der Platane des Hippokrates (s. **3**). Sie überspannt eine wunderschöne Palmenallee, die die Italiener pflanzten. An ihrer Stelle sicherte einst ein mit Meerwasser gefüllter Graben die Festung zur Landseite hin.

Hat man das Kassenhäuschen passiert, überrascht zunächst die Weitläufigkeit des ummauerten Bezirks, der wie ein verwilderter Garten wirkt. Im Mai ist er mit rotem Klatschmohn übersät, bis in den Spätsommer hinein setzen blühende Bougainvilleen und Geranien Farbtupfer. Masten großer Jachten, Aufbauten und Schornsteine von Frachtern und Fähren sind durch die Zinnen der Mauern zu sehen, ragen über sie hinweg. Im Hintergrund geben die unendlich monotonen Feriensiedlungen an der kleinasiatischen Küste ein abschreckendes Beispiel für touristische Fehlentwicklungen durch Großinvestoren.

Insgesamt gleicht das Kastell einem großen Freilichtmuseum. Votiv- und Grabaltäre aus hellenistischer und römischer Zeit, mit Girlanden und Stierköpfen verziert, stehen ebenso wie Säulenschäfte in Reih und Glied, Säulenbasen und -kapitelle liegen verstreut zwischen den mittelalterlichen Gemäuern. An mehreren Stellen sind Wappen der Großmeister des Johanniterordens eingelassen, in deren Amtszeit die Bauarbeiten am Kastell fielen.

Der Besucher kann sich überall innerhalb der Burg frei bewegen, kein Wärter pfeift ihn von Mauervorsprüngen oder aus Kellergewölben zurück. Im Sommer kann man die Burg gelegentlich sogar abends erleben, wenn im improvisierten Freilichttheater antike Dramen aufgeführt oder Konzerte gegeben werden. Da die Platzanzahl begrenzt ist, werben aber fast nur Plakate in griechischer Sprache dafür.

Platane des Hippokrates 3

Vor dem Eingang zur Burg grünt im Zentrum eines kleinen Platzes einer der ältesten Bäume Europas: **die Platane des Hippokrates.** Der große Arzt soll sie der Legende nach selbst gepflanzt und im Schatten des jungen Baumes seine Schüler unterrichtet haben; manchmal ist gar zu lesen, auch der Apostel Paulus habe hier zu den Koern gepredigt.

Der Baum ist stark stützungsbedürftig, an einer Stelle nimmt sogar ein hellenistischer Votivaltar diese Aufgabe wahr. Sein wahres Alter lässt sich nicht genau bestimmen, da er innen hohl ist und somit keine Jahresringe gezählt werden können. Biologen billigen ihm höchstens 1200 Jahre zu.

Hadji Hassan-Moschee 4

Die Äste der Platane beschatten auch einen türkischen **Reinigungsbrunnen,** dessen Kuppel auf antiken korinthischen Säulen ruht. Er gehört zur 1786 erbauten **Hadji Hassan-Moschee,** die ihrer Form wegen auch ›Loggien-Moschee‹ genannt wird. Unter ihren Laubengängen und rund um den Platz wird mit Allerweltssouvenirs gehandelt, während sich Maler ihren Unterhalt mit Porträts von Touristen verdienen.

Antike Agorá 5

zwischen Odós Nafklírou, Odós Ippókratous, Platá Eleftherías und Defterdar-Moschee; tagsüber frei zugänglich, Eingänge auf allen vier Seiten ▷ S. 97

Das Johanniterkastell in Kos-Stadt mit Blick auf die Ägäis

Auf Entdeckungstour

So nah – das türkische Bodrum

Bodrum, das die Griechen Halikarnássos nennen, gilt als einer der schönsten Urlaubsorte der Türkei. Von Kos-Stadt aus lässt sich bequem ein Tagesausflug dorthin unternehmen: Man kann ganz einfach nur die mediterrane Atmosphäre am Hafen oder das orientalische Flair in den Basaren genießen, aber auch auf den Spuren der Geschichte wandeln.

Ausgangspunkt: Verbindungen und Einreise: Tagesausflüge nach Bodrum werden täglich von zahllosen Reisebüros angeboten (Start: Mandráki-Hafen; ca. 25 €). Für die Einreise genügt für EU-Bürger der Personalausweis, der Euro wird als Zahlungsmittel überall akzeptiert. Weitere Infos: www.reiseland-tuerkei-info.de, www.bodrum-info.org.

Man sagt Bodrum mediterranes Flair nach, vergleicht es mit St. Tropez, lobt sein Nachtleben und die Freundlichkeit seiner Bewohner. Eins steht fest: In Griechenland wird man einen vergleichbaren Ort vergeblich suchen. In der Marina liegen Dutzende großer, ganz aus Holz gebauter Segelboote – die für die Türkei typischen traditionellen *gulets* –, die man ad hoc für Tagestouren und Wochentörns mieten kann. In den mit Segeltuch oder Bambus überspannten Gassen des ausgedehnten Basarviertels findet man Souvenirs in einer Auswahl, wie sie nicht einmal Athen zu bieten hat. Restaurants und Imbissstände locken mit einer Vielfalt an Gerichten, von denen man in Hellas nur träumen kann; in der Küche werden Kräuter und Gewürze verwendet, die nahezu jeden griechischen Koch als völlig fantasielos erscheinen lassen. Deutsch ist in Läden, Lokalen und Reisebüros Umgangssprache; die Preise für Speis und Trank sind erheblich günstiger als auf Kos und den Nachbarinseln.

In die Geschichte eintauchen

Halikarnassós war und ist auch heute noch der griechische Name der Stadt, die im 11. Jh. v. Chr. von dorischen Griechen gegründet wurde. 546 v. Chr. geriet sie unter persischen Einfluss, am Feldzug des Xerxes gegen das griechische Mutterland musste sie 480/479 v. Chr. auf persischer Seite teilnehmen. Herodot, der ›Vater der Geschichtsschreibung‹, dem wir unser Wissen über die Perserkriege zu verdanken haben, wurde um 484 v. Chr. in Halikarnassós geboren. Nach Jahrzehnten der Freiheit, in denen die Stadt Mitglied im von Athen geführten Attisch-Delischen Seebund war, geriet Halikarnassós im 4. Jh. v. Chr. wieder unter persischen Einfluss.

Eines der sieben Weltwunder

Ein persischer Statthalter war auch Mausollos, der als Satrap von Karien 377–353 v. Chr. in Halikarnássos wie ein König residierte. Noch zu seinen Lebzeiten gab er den Bau seines Grabmals in Auftrag, das als **Mausoleum** nach seinem Tod zu den sieben Weltwundern der Antike gezählt wurde. Die Reste, gelegen auf halber Hanghöhe in der Mitte des Hafenbeckens, legten dänische Archäologen seit 1966 frei (Di–So 8–17 Uhr).

Im **Grabungsmuseum** gleich links vom Eingang stehen anschauliche Modelle der antiken Stadt und des Mausoleums. Es stand auf einer in den Fels gehauenen Terrasse von 105 x 242 m Grundfläche, die rechts vom Eingang als Bodenvertiefung noch deutlich zu erkennen ist. Es war ca. 50 m hoch und reich mit Friesen und Skulpturen verziert, an denen die berühmtesten griechischen Bildhauer der damaligen Zeit mitarbeiteten. Die Originale sind heute größtenteils im Britischen Museum in London zu sehen, im Museum von Bodrum werden überwiegend Gipsabgüsse gezeigt.

Durch das parkähnliche **Ausgrabungsgelände** führt ein gepflasterter Weg, der auch einen Einblick in die eigentliche Grabkammer gestattet. Dass vom Mausoleum so wenig erhalten blieb, ist den Johanniterrittern zuzuschreiben, die sich im 15. Jh. des antiken Weltwunders als Steinbruch für die Erweiterung ihres Kastells bedienten. Das Mausoleum war allerdings schon damals, nach zahlreichen Erdbeben, nur noch Ruine.

Ritterliches Erbe

1402 eroberten die Ritter des Johanniterordens die Stadt und erbauten das mächtige **Kastell St. Peter** (Di–So 9–12, 14–19 Uhr, s. S. 94). Später diente die

Burg den Osmanen, die 1523 die Herrschaft übernahmen und die Stadt dem Osmanischen Reich einverleibten, als Gefängnis. Allein schon die Burg ist eindrucksvoll: der mehrfach abknickende, auch für Reiter geeignete Aufgang zum Mittelhof und die Türme, deren Namen auf die Herkunft ihrer ritterlichen Erbauer schließen lassen (z. B. der Englische Turm oder der **Deutsche Turm**, wo jetzt ein kleines Café untergebracht ist). Auch die Plattformen einiger Türme wie der ›Schlangenturm‹, von dem aus man das Vorwerk aus den grünlichen Steinen des Mausoleums überschaut, sind beachtlich.

Das einstige Bollwerk beherbergt heute eines der besten **Museen zur Stadtgeschichte** der ganzen Türkei (Di–So 9–12, 14–19 Uhr, www.bodrummuseum.com). Es gliedert sich in verschiedene Sektionen, die teils zusätzlichen Eintritt kosten. Dazu gehört das sehenswerte **Archäologische Unterwassermuseum,** das Funde aus prähistorischer bis byzantinischer Zeit zeigt. Spektakulär ist vor allem die Ausstellung des **Uluburun-Wrack** aus dem 14. Jh., das begehbare Modell einer **römischen Galeere** (in der Burgkapelle) und das Modell einer Unterwassergrabung in der **Glass Hall.**

Ebenfalls zu den Höhepunkten zählt das **Grab der karischen Prinzessin:** Die Gestalt und das Antlitz der Fürstin aus dem Volk der Karer, die wohl im 4. Jh. v. Chr. starb und deren Sarkophag Anfang der 1990er-Jahre unversehrt entdeckt wurde, haben britische Gerichtsmediziner nach modernen forensischen Methoden nachgebildet.

Orientalisches Flair

Zahlreiche kleine Restaurants, die eine Vielzahl von echt türkischen, leckeren Gerichten servieren, sind im **Basarviertel** und entlang der Hauptstraße zur Busstation zu finden. Die Restaurants entlang der Uferpromenade sind ebenfalls gut, aber zumeist teurer. Das Basarviertel beginnt, vom Zollanleger aus gesehen, unmittelbar hinter der Burg und erstreckt sich zwischen den Straßen Kale Caddesi und Cumhuriyet Caddesi. Hier findet man vor allem Kleidung und Schmuck, dazu Teppiche oder Kelims und zahlreiche Souvenirs. Von den Händlern wird man oft zu einem Glas türkischen Tees eingeladen, aber die Sitten sind rauer als auf Kos: Wer nichts kauft, wird oft auch nicht mehr als Gast oder Freund angesehen und behandelt. Manchmal stört die Beharrlichkeit einiger Händler in den Basaren.

Unmittelbar unterhalb des Platanenplatzes erstreckt sich im Süden, nur 100 m vom Mandráki-Hafen entfernt, das weitläufige Ruinengelände der antiken Agorá – des Marktplatzes sowie Kult- und Verwaltungszentrums der Inselhauptstadt. Bis zum großen Erdbeben von 1933 war es vom mittelalterlichen Wohnviertel der Johanniter überbaut, das der Altstadt von Rhodos ähnelte. Die Naturkatastrophe zerstörte es völlig, was den aufs Altertum spezialisierten Archäologen zur Freude geriet: Nur dadurch konnten sie auch im unmittelbaren Stadtzentrum graben. Was sie freilegten, ist allerdings wenig spektakulär. Einzelbauten sind nur mithilfe moderner Inschriftensteine auszumachen, die den **Herakles-Tempel**, den **Aphrodite-Tempel**, zwei **Säulenhallen** (alles 3./4. Jh. v. Chr.) und eine große frühchristliche **Basilika** (5. Jh.) benennen.

Trotzdem ist die jederzeit frei zugängliche Agorá ein Platz, an dem man bei Tag und Nacht gern verweilt. Über die Trümmer der Antike und blühende Sträucher hinweg erblickt man Kirchtürme und Minarette, Kapellen und Moscheen. Man fühlt, was den Reiz der Stadt ausmacht: das unmittelbare Nebeneinander von Gegenwart und Vergangenheit.

Defterdar-Moschee [6]

Platía Eleftheriás, Zutritt nur beschränkt möglich
Im Osten und Westen der Agorá sind noch zwei bescheidene Tore der mittelalterlichen Stadtmauer erhalten, an deren Mauern sich die schönsten Bougainvilleen der Stadt emporranken. Verlässt man die Agorá durch das westliche Tor, das im Volksmund auch ›Tor der Steuern‹ genannt wurde, weil Kaufleute hier in osmanischer Zeit für die Einfuhr von Waren in die Stadt Abgaben entrichten mussten, steht man

unmittelbar vor der **Defterdar-Moschee** aus dem Jahr 1725. Auf der anderen Seite grenzt sie an die Platía Eleftheriás, den Freiheitsplatz.

Die Räumlichkeiten der Moschee sind heute durch die islamische Gemeinde an Cafés vermietet.

Markthalle [7]

Südseite der Platía Eleftheriás, Mo–Sa 7–21, So 10–21 Uhr
Am Freiheitsplatz steht die kleine Städtische Markthalle, ein Bau aus italienischer Besatzungszeit, der mit viel Glas Anfang der 1990er-Jahre modernisiert wurde. In ihrem Innern werden neben etwas frischem Obst und Gemüse vor allem kulinarische Souvenirs verkauft. Geordneter, sauberer und steriler geht es in keiner anderen Markthalle Griechenlands zu. Dafür ist die Ware erstklassig, die Preisauszeichnung vorbildlich. Auf der Rückseite der Markthalle bieten mehrere Cafés und Grillstuben Platz unter hohen Bäumen und schattigen Arkaden.

Archäologisches Museum [8]

Platía Eleftheriás, Öffnungszeiten und Eintritt s. S. 98
Auf der der Front der Markthalle gegenüberliegenden Seite des Platzes steht das zweigeschossige Archäologische Museum von Kos, bei dessen Planung sich der italienische Architekt Rodolfo Petracco am Vorbild antiker römischer Villen orientierte. Die Räume gruppieren sich um einen Innenhof. Für Besucher zugänglich ist nur das Erdgeschoss. Die hier gezeigten Objekte stammen ausnahmslos erst aus hellenistischer und römischer, nicht aus klassischer Zeit. Sie sind überregional ohne Bedeutung. Nur die Hippokrates-Statue im runden Anbau des ersten Saals gilt als gute späthellenistische Kopie eines klassischen Vorbilds, das durch seine strenge Würde überzeugt. ▷ S. 100

Auf Entdeckungstour

Mythen und antiker Alltag – das Archäologische Museum

Das größte archäologische Museum **8** des nördlichen Dodekanes entstand 1934–36 während der italienischen Herrschaft über die Inseln. Es birgt nahezu alle Funde, die die Archäologen bisher auf der Insel machten. Ein geruhsamer Rundgang nimmt etwa 20–30 Minuten in Anspruch.

Öffnungszeiten: Nov.–März Di–So 8.30–15, April–Okt. Di–So 8–19.30 Uhr, geschl. am 25./26.12., 1.1., 25.3 und Ostersonntag., 1.5., Pfingstmontag, 15.8. und 28.10.

Eintritt: 3 €, ermäßigt 2 € (Tage mit freiem Eintritt s. S. 37)
Tel. 22 42 02 83 26

Die archäologischen Museen Griechenlands sind nicht nur für Kunstfreunde interessant. Wer sich ein wenig vorbereitet, kann sich und seinen Kindern vor Statuen und Mosaiken antike Mythen erzählen oder anhand kunsthistorisch vielleicht belangloser Objekte etwas über den antiken Alltag erfahren. Auch im Museum von Kos ist das möglich.

Willkommen bei Hippokrates

Auf dem Boden des Innenhofs ist das schönste Objekt des Museums zu sehen: ein 1935 entdecktes, farbiges Mosaik aus dem 2. oder 3. Jh. Es zeigt die Ankunft des Asklepios auf Kos. Der eingedeutscht Äskulap genannte Gott der Heilkunst entsteigt gerade einem einfachen Kahn. Ein vorbeikommender Koer erhebt die Hand zum Gruß, der berühmte Arzt Hippokrates erwartet seinen Gast vor einer Felshöhle.

Trunkener Diónysos

Im Innenhof des Museums steht auch eine bacchantische Figurengruppe, die als Musterbeispiel für den Spätstil römischer Plastik gelten kann: Der trunkene Dionysos, Gott des Theaters und des Weins, stützt sich auf einen nackten Satyr und auf einen Weinstock, auf dem der ziegenfüßige, gehörnte Hirtengott Pan sitzt und Flöte spielt (s. S. 98). Zu Füßen des Dionysos liebkost Eros in wildes Tier. Man fand dieses Werk des späten 2. Jh., das zeigt, wie menschlich doch griechische Götter waren, im Haus mit dem Mosaik der Europe.

Kopfgeburt und sexy Girls

Nur wenige griechische Götter könnten heute als moralische Vorbilder gelten. Eine der Ausnahmen war Athena, die als kleine Statue an der Südwand des nördlichen Museumssaals steht. Sie war nicht nur ewige Jungfrau, die das Christentum in seinem Heiligen-Pantheon durch Maria ersetzte, sondern auch weise – schließlich war sie ja auch eine reine Kopfgeburt des Zeus, die der Göttervater ganz allein aus sich selbst heraus gebar.

Das Athena im wirklichen Leben kein großes Vorbild war, zeigen fünf hellenistische Frauenstatuen im folgenden großen Saal. Die Damen tragen die in der Antike berühmten, aber sündhaft teuren koischen Gewänder, die kaum eine Körperrundung verbargen.

Spieler und Stierhoden

Ein weiteres Grundelement antiken Alltags verkörpert eine Figurengruppe im nächsten Raum. Ein junger Mann trägt einen anderen auf dem Rücken. Offenbar haben die beiden ein aus der antiken Literatur bekanntes Spiel gespielt, an dessen Ende der Verlierer den Sieger herumtragen musste.

Im letzten Saal geht es um die Grundessenz allen Seins. Die beiden dort aufgestellten Statuen der ›vielbrüstigen‹ Artemis von Ephesos haben früher männliche Fantasien ziemlich erhitzt; tatsächlich handelt es sich aber nicht um Brüste, sondern um Stierhoden, die der Artemis-Statue im kleinasiatischen Ephesos nach dem Opfer als Fruchtbarkeitssymbole umgehängt wurden.

Zorniger Gott

Götter nicht herauszufordern, war schon immer überlebenswichtig. Man hatte das warnende Beispiel des Marsyas, eines Satyrs aus dem Gefolge des Dionysos, vor Augen, das eine letzte Plastik zeigt: Er hängt nackt und gefesselt an einem Baum. Er hatte den Gott Apollon zu einem Duell im Flötenspiel herausgefordert. Der erzürnte Apoll gewann natürlich und forderte als Siegespreis das Leben des Frevlers. Am Baum hängend, wurde ihm bei lebendigem Leib die Haut abgezogen.

Interessant wird ein Museumsrundgang erst dann, wenn man ihn aus dem Blickwinkel der griechischen Mythologie und der Zeugnisse antiken Alltagslebens unternimmt, wie im Rahmen unserer Entdeckungstour (s. S. 98).

Kirche Agía Paraskeví 9
Platía Agías Paraskevís, tgl. ca. 7–12 und 17–20 Uhr

In der Südwestecke des Freiheitsplatzes beginnt die Fußgängern vorbehaltene Gasse Odós Iféstou mit ihren vielen Souvenirgeschäften, Cafés und Restaurants. Über einige Stufen erreicht man von dieser Ecke der Platía Eleftherías aus auch die 1932/33 erbaute Kirche **Agía Paraskeví**, die innen vollständig mit Fresken im traditionellen byzantinischen Stil ausgemalt ist. In der Apsis über dem Altar ist Christi Himmelfahrt zu erkennen, an der rechten Längswand Jesu Geburt, Jesu Darstellung im Tempel und Jesu Taufe, an der linken Längswand die Handwaschung des Pilatus, die Kreuzigung Jesu und sein Abstieg in die Unterwelt. Das bescheidene Gebäude direkt gegenüber der Kirche ist Sitz des orthodoxen Bischofs von Kos.

Odós Iféstou und Altstadt

Die Odós Iféstou ist Hauptachse der Altstadt und koische Souvenirmeile zugleich. Wer darauf achtet, sieht nicht nur die Boutiquen, Bars und Restaurants, sondern auch arabische Inschriften aus türkischer Zeit an Mauerresten und türkische Brunnen. Jenseits der Autostraße Odós Eleftheríou Venizélou heißt die Iféstou dann Odós Apellóu, ändert aber ihren Charakter nicht. Die Odós Apellóu mündet auf den kleinen Diagóras-Platz, an dessen Rand das gedrungene Minarett einer abgerissenen Moschee steht. Geht man geradeaus weiter, passiert man ein ehemaliges türkisches Bad, in dem sich jetzt das stilvolle Restaurant Hamám Oriental etabliert hat. Die Gasse mündet auf das tiefer gelegene Westliche Ausgrabungsgelände, das ständig frei zugänglich ist.

Ein nur etwa 100 m langer Abstecher führt aus der Odós Iféstou zu einem unscheinbaren modernen Denkmal, das zeigt, wie die Hellenen heute Alexander den Großen gern sehen.

Alexander-Altar 10
Odós Tsaldári/Ecke 31is Martíou

Alexander der Große wird in griechischen Schulbüchern als großer Held beschrieben, der ein griechisches Weltreich schuf und die griechische Kultur bis an den Rand des Hindukusch trug. Die Zahl der Toten, Verwundeten, Vergewaltigten, die seine Grandeur kostete, spielt beim Gedenken keine Rolle. An vielen Orten in Hellas hat man ihm neuerdings Denkmäler errichtet, die ihn in Heldenpose zeigen. Auf Kos hat man darauf verzichtet und ihm nur einen kleinen Altar gewidmet, der in vier Sprachen – Griechisch, Englisch, Französisch und Deutsch – einen Auszug aus einer seiner Reden wiedergibt, in dem er die Völker zur Einhaltung eines ewigen Friedens aufruft, den er erst mit Gewalt geschaffen hat. Die Quelle ist leider nicht angegeben.

Westliches Ausgrabungsgelände !
ständig frei zugänglich

Zurück zum Diágoras-Platz. Geht man die kleine Gasse Odós Nissírou am Restaurant Hamam Oriental vorbei weiter, führen Stufen an den rekonstruierten Außenmauern eines **Nymphaeums** 11 entlang hinunter in das Ausgrabungsgelände. Durch eine Maueröffnung kann man ins Nymphaeum hineinschauen und erblickt einen fast maurisch wirkenden, auf drei Seiten von Säulen umstandenen Innenhof. Die vierte Seite wird von einer Mauer mit drei Nischen gebildet, vor denen früher drei Wasserbecken lagen. Die Anlage wird ins 3. Jh. v. Chr. datiert, war Kultstätte für die Nymphen und diente zugleich der Wasserversorgung des angrenzenden Stadtviertels.

Das Grabungsgelände unterhalb des Nymphaeums wird von vier rekonstruierten Säulengruppen beherrscht. Diese 17 dorischen Säulen waren Teil einer von 81 Säulen gebildeten **Wandelhalle (Palästra)** 12 des Gymnasiums aus hellenistischer Zeit, die an eine über 150 m lange überdachte Laufbahn grenzte, auf der Athleten auch bei kräftigem Sonnenschein oder Regen trainieren konnten. Die Römer bauten einen Teil des Gymnasiums zu Thermen um, von denen ebenso wie von der später hier errichteten frühchristlichen Basilika kaum etwas erhalten blieb.

Am nördlichen Ende des Grabungsbezirks sind Reste eines römischen **Bodenmosaiks** 13 mit dem Motiv des Paris-Urteils erkennbar: Während eines Hochzeitsmahls, an dem alle olympischen Götter teilnahmen, warf Eris, Göttin der Zwietracht, einen goldenen Apfel mit der Aufschrift »Der Schönsten« auf die Festtafel. Hera, Athene und Aphrodite stritten sich darum, wem er gebührte. Paris sollte das Urteil fällen. Um ihn zu bestechen, versprach ihm Hera Macht, Athene soldatischen Ruhm, Aphrodite aber die schönste Frau auf Erden. Paris entschied sich für Aphrodite, die ihm daraufhin half, die schöne Helena nach Troja zu entführen. Dies sollte der Anlass für den Ausbruch des Trojanischen Krieges sein.

Von Nord nach Süd verläuft am Rande des Nymphaeums eine antike römische Straße, die **Via Cardo** 14. Sie besaß, was vielen griechischen Straßen heute fehlt: Bürgersteige zu beiden Seiten der Fahrbahn, in die die Wagenräder tiefe Rinnen eingekerbt haben. Die Via Cardo mündet im Süden auf die antike Hauptstraße, die **Via Decumana** 15. Auch sie war ursprünglich von Säulenhallen gesäumt. An ihrem östlichen Ende sind unter Schutzdächern noch Spuren von Wandmalereien römischer Wohnhäuser sowie **drei Bodenmosaike** 16 erhalten. Ein Mosaik zeigt den Raub der phönikischen Königstochter Europa durch den Göttervater Zeus in Stiergestalt. Ein Knabe mit Fackel führt den Stier, ein Delfin begleitet das Paar. Das zweite Mosaik stellt einen Gladiatorenkampf dar, das dritte zeigt einen Mann, der mit seinem Speer einen Eber erlegt.

Odeon 17

Odós Grigóriou, Mai–Okt. Di–So 8.30–20, sonst 8.30–15 Uhr
An der viel befahrenen Odós Grigóriou E', die das Ausgrabungsgelände begrenzt, liegt eine weitere bedeutende

Mein Tipp

Süßes zwischendurch

Sie sind jetzt lange genug unterwegs und haben sich eine süße, griechische Leckerei verdient. Griechen sind für den Hunger zwischendurch verrückt nach *bougátsa*. Seine Heimat ist Ost-Makedonien, wo *bougátsa*-Bäckereien oft sogar rund um die Uhr geöffnet sind. So weit reicht die *bougátsa*-Liebe auf Kos nicht, aber auf der Rückseite des Archäologischen Museums serviert die **Konditorei Áriston** 18 an der Platía Eleftherías täglich zwischen 8 und 13 Uhr die warme Blätterteigtasche, die mit *kréma*, einer Art Grießpudding, gefüllt und mit viel Puderzucker und Zimt bestreut ist.

Die Odós Iféstou in der Altstadt ist ideal für einen entspannten Bummel

archäologische Stätte aus römischer Zeit. Im Odeon, einem kleinen Musiktheater aus dem 2. Jh., finden auch heute noch gelegentlich Konzerte oder folkloristische Veranstaltungen statt. Die 14 marmornen Sitzreihen für 750 Zuschauer sind größtenteils Rekonstruktionen aus italienischer Besatzungszeit, die kürzlich erneut restauriert wurden. In den Räumen unter den Hängen, die im Altertum zum Teil Läden waren, erklingt jetzt sphärische Musik, werden eine informationsreiche Ausstellung und ein Film zu antiken Theaterbauten gezeigt.

Friedhofskirche Ágios Ioánnis 18

Odós Anápafsos, Zufahrt an der Odós Grigoríou E' ausgeschildert
Zwischen Odeon und Casa Romana liegt südlich der Straße hinter der neueren Katholischen Kirche aus italienischer Besatzungszeit die alte Friedhofskirche des hl. Johannes. Zu ihrem Bau wurden teilweise antike Steinquader verwendet, in der Apsis-

mauer sind hellenistische Stierkopfreliefs als Schmuckelemente verbaut. Die Friedhofswärterin öffnet Besuchern die Tür zum Innenraum, der erstaunlicherweise völlig rund ist: Offenbar wurde die Kirche um eine noch ältere, ursprünglich als Taufkapelle genutzte Struktur herum gebaut.

Casa Romana 19

Odós Grigoríou E', April–Okt. 8.30–15 Uhr, Eintritt 3 €
Italienische Archäologen haben 1934–40 auch die Casa Romana aus dem 3. Jh. rekonstruiert, die einen Eindruck vom Aufbau großer römischer Stadthäuser wohlhabender Bürger vermitteln kann. Die zahlreichen, einst mit Wandmalereien verzierten Räume gruppieren sich um drei Innenhöfe, von denen die größte eine eindrucksvolle doppelstöckige Kolonnade aus ionischen und korinthischen Säulen aufweist.

Unter dem ersten Innenhof gleich gegenüber vom Eingang lag eine Zisterne, der Mosaikfußboden hier zeigt einen Panther oder Leoparden und einen Löwen, die jeweils eine Antilope geschlagen haben. Der westlich daran anschließende Raum ist mit Marmor gepflastert. Ein Mosaik in seiner Mitte zeigt Fische und andere Meerestiere. Im nächsten Raum ist ein Teil der Wandmalereien erhalten; gut zu erkennen ist eine männliche Figur.

Vorbei am Andron, einem den Männern des Hauses vorbehaltenen Raum, gelangt man in den größten der drei Innenhöfe. In einem der sich zu ihm hin öffnenden Räume im Erdgeschoss zeigt ein Mosaik einen Panther oder Tiger. Eine Treppe führte hier ins Obergeschoss hinauf. Nahe dieser Treppe liegt das Triclinium, der Speisesaal. Er öffnet sich zu einem weiteren Innenhof hin, der wiederum mit Mosaiken geschmückt ist. Zu erkennen sind Delfine, zwei Leoparden und eine Nymphe.

Römische Zentralthermen [20]

Odós Grigoríou E'. Di–So 8.30–15 Uhr, im Hochsommer evtl. bis 19 Uhr, kostenlos

Vor dem Eingang zur Casa Romana erstrecken sich die Überreste der römischen Zentralthermen, deren Ursprung bereits im hellenistischen 3. Jh. v. Chr. liegt. Von ihnen blieben zahlreiche niedrige Ziegelsteinpfeiler unter dem heutigen Bodenniveau erhalten, die Teil der antiken Fußbodenheizung der Badeanlage waren. Normalerweise sind diese ›Hypokaustenpfeiler‹ rund; hier sind sie ungewöhnlicherweise rechteckig. Auf ihnen ruhten die Böden der Warm- und Heißbaderäume. Die Pfeiler standen auf einem Boden aus Ziegelplatten, der sanft zu einem Heizofenraum abfiel. In diesem *praefurnium* genannten, fensterlosen Raum wurde gut getrocknetes Holz und Holzkohle als Brennmaterial ver-

wendet. Durch eine kaminartige Abzugsanlage wurde der dabei entstehende heiße Rauch langsam durch die Hypokausten genannten Hohlräume unter dem Fußboden und manchmal auch noch durch Röhren in den Wänden abgeleitet, sodass die Baderäume immer gut temperiert waren.

Dionysos-Tempel [21]

Odós Grigoríou E', frei zugänglich

Von der Casa Romana führt die Odós Vassiléos Pávlou zurück zum Freiheitsplatz und zur Markthalle. Dort, wo sie von der Odós Grigoríou E' abzweigt, sind unter dem heutigen Bodenniveau inmitten wuchernden Gestrüpps und blühenden Oleanders noch die Grundmauern eines hellenistischen Dionysos-Tempels aus dem 3. Jh. v. Chr. erkennbar. Wer Disteln und Dornen nicht scheut, kann hier auch antike Inschriftensteine und Säulenstümpfe entdecken.

Italienische Verwaltungsbauten am Stadtstrand

Wendet man sich von der Platane des Hippokrates vor dem Eingang zur Burg nicht der Agora und der Altstadt zu, sondern geht in die andere Richtung über das Kieselsteinpflaster abwärts in Richtung östliche Neustadt, passiert man schon nach wenigen Schritten die Tische und Stühle des originellsten Kaffeehauses der Insel. Es ist in den 1928 erbauten **Justizpalast** aus der italienischen Besatzungszeit integriert, den **Palazzo di Giustizia** [22]. In großen Buchstaben verkündet eine für ein faschistisches Regime wohl äußerst zynische Inschrift »Legum Omnes Servi Sumus« (»Wir sind alle Diener des Gesetzes«). Die Türen des Gerichtssaals öffnen sich zum Kaffeehaus hin, sodass man hier vormittags oft für ein paar Minuten einem Prozess beiwohnen kann, ohne zu stören.

Harte Wirklichkeit

Der Justizpalast beherbergt auch die Polizeistation der Stadt. In deren Zellen sowie im Innenhof werden häufig Bootsflüchtlinge für ein paar Tage untergebracht. Wer den Anblick europäischer Humanität nicht scheut, gewinnt auf dem Gang zur Toilette des Gerichts-*kafenío* (Mo–Sa 7–15.30 und 18–22 Uhr) oder bei einem Blick durch die auf Pflasterniveau gleich neben den Kaffeehausstühlen liegenden Zellenfenster einen Eindruck davon.

An der Außenwand des dem Gerichts-Kafeníon gegenüberliegenden Nobelrestaurants Plátanos erinnert eine Gedenktafel an drei junge koische Freiheitskämpfer, die 1944 hier von Soldaten aus unserem ›Land der Dichter und Denker‹ erschossen wurden.

Am unteren Platzende wurde 2008 ein kleiner Hamam restauriert. Mit seinen Kuppeln bildet er jetzt einen optischen Blickfang. Welcher Verwendung er zugeführt wird, stand bei Redaktionsschluss nicht fest.

Am Anleger für die interinsularen Tragflügelboote vorbei, wo auch der Mini-Zug zum Asklipieíon (s. S. 111) und die Buslinien 1 und 5 abfahren (s. S. 115), kommt man zurück in angenehmere Zeiten. Hier erfreut ein besonders verspielt wirkender Bau aus der italienischen Besatzungszeit das Auge, das 1929 fertiggestellte **Albergho Gelsomino** 23. Heute ist darin die sehr effizient arbeitende Touristeninformation der Gemeinde untergebracht. Hier beginnt auch schon der schmale Stadtstrand, der bis zur 2001 fertiggestellten **Marina** 24 von Kos reicht. Sie bietet Platz für Privatjachten bis zu 26 m Länge. Ein Liegeplatz dort kostet je nach Größe der Jacht zwischen etwa 800 und 8000 €/Jahr.

Übernachten

Wer keinen Wert auf Strandurlaub legt, kann auch direkt in der Inselhauptstadt wohnen. Die meisten Hotels hier sind ganzjährig geöffnet.

Designer-Schmuckstück – **Kos Aktí** 1: Odós Vas. Georgíou B' 7 (neben der Tourist Info), Tel. 22 42 04 72 00, www.kosaktis.gr, Zimmerpreise stark verhandelbar, DZ Okt.–Mai 102, Juni, Sept. 110 €, im Juli/Aug. 143–190 €. WLAN-Zugang ins Internet. S. Lieblingsort S. 106.

Direkt am Hafen – **Astron** 2: Am Mandráki-Hafen, Aktí Koundourióti 31, Tel. 22 42 02 37 03, www.astron-hotel-kos.gr, DZ HS ca. 70 €, sonst ca. 45 €. Ganzjährig geöffnetes Hotel direkt am Hafen, moderne Zimmer mit Balkon, Pool hinter dem Haus. Zimmer nach hinten relativ ruhig. Terrasse, die auch viel von Einheimischen frequentiert wird. Gutes Preis-Leistungs-Verhältnis.

Ruhig am Stadtrand – **Eleónas in ambávris** 3: Odós Ampávris, Tel./Fax 22 42 02 19 22, DZ HS ca. 45 €, sonst 30 €. Familienzimmer für 2 Erwachsene und 2 Kinder unter 15 Jahren 56/46 €, April–Okt. Die kleine, zweigeschossige Pension 1 km vom Stadtzentrum bietet Studios für 2–4 Personen. Der kleine Pool der gegenüberliegenden Pension, die dem Bruder der Inhaberin gehört, darf mitgenutzt werden.

Treffpunkt für Traveller – **Hotel Afendoúlis** 4: s. S. 105.

Australisch geprägt – **Koala** 5: Odós Harmiloú 21, Tel. 22 42 02 28 97, www.koalahotel.gr, Mitte Mai–Mitte Okt. DZ/ÜF 31–59 €. Von der australisch-griechischen Familie Páttakos leger geführtes Hotel mit 46 Zimmern auf Höhe der Marina, etwa 100 m vom Ufer. Dachgarten mit Sonnenliegen. Sohn Dimítris steht meist an der Rezeption, an der Bar sorgt Ángelo für gute Stimmung.

Mein Tipp

Treffpunkt für Traveller – Hotel Afendoúlis 4

Denise und Aléxis Zíkas sind eins der freundlichsten Wirtsehepaare der Insel. Sie haben ein kleines Häuschen mit eigenem Rebgarten auf dem Lande, verbringen zwischen Mitte März und Mitte November aber mehr Zeit im Hotel als zu Hause. Die Lobby des Hotels und dessen blütenreiche Terrasse sind auch ihr Wohn- und Esszimmer, oft bitten sie Gäste zu sich an den Tisch. Aléxis kümmert sich um Bootsauskünfte, Mietwagen und Taxis, holt Gäste auch vom Hafen ab. Während der griechischen Sommerferien helfen Aléxis Bruder Ippokrátis, ein ehemaliger Mathematiklehrer, und Aléxis Tochter Kyriakí aus. Das Afendoúlis hat zahlreiche Stammgäste aus aller Welt, die die legere, sehr kommunikationsfördernde Atmosphäre schätzen und sich hier wie in einer griechischen Familie aufgehoben fühlen. Ein Strand ist nur etwa 100 m entfernt, zum Mandráki-Hafen geht man etwa 500 m. Frühstücken kann man bei ihnen zu jeder Tageszeit. Die WLAN-Nutzung ist in allen 23 klimatisierten und mit Kühlschrank, ZDF-Empfang und Mini-Safe ausgestatteten Zimmern kostenlos. Östl. Neustadt, Odós Evripílou 1, Tel. 22 42 02 53 21, www.afendoulishotel.com, Mitte März–Mitte Nov. DZ HS 40–50 €, sonst 30–40 €.

Ganz privat – **María Karagiánni** 6: Altstadt, Platía Diagóras, am oberen Ende der Altstadtgasse Odós Iféstou, Tel. 22 42 02 45 48, Mob. 69 44 95 58 72, DZ HS ca. 30 €, sonst ca. 20 €, ganzjährig. 3 Zimmer mit Balkon am höchsten Punkt der Altstadt bei einer sehr gastfreundlichen Familie, die allerdings nur gebrochen Englisch spricht.

Essen & Trinken

Zwischen April und Oktober sind Dutzende von Restaurants, Grillstuben und Tavernen geöffnet, im Winter nur einige wenige.

Fisch am Straßenrand – **Nick the Fisherman** 1: Odós Averóf, ganzjährig tgl. ab 12 Uhr. Auch von Einheimischen geschätzte Fischtaverne, keinerlei Fleischgerichte. Im Hochsommer abends Tischreservierung ratsam (Tel. 22 42 02

30 98). Frischfisch ca. 30–60 €/kg, Wein 11 €/l.

Lauschige Terrasse – **Ampávris** 2: Am südöstlichen Stadtrand, Odós Ampávris, Mai–Okt. tgl. ab 18 Uhr, Haltestelle 75 an stdl. verkehrender Stadtbuslinie 6, typisches *mezédes*-Essen mit Tafelwein ca. 15–18 €. Sommertaverne im Garten eines alten zweigeschossigen Landhauses am südlichen Stadtrand. Meist bietet der Wirt etwa 30 tagesfrische Spezialitäten. Dazu gehören z. B. *pligoúri,* ein Püree aus Weizenschrot, Kichererbsen und Olivenöl, oder im Hochsommer auch *anthoús,* mit Reis und Kräutern gefüllte Zucchiniblüten. Die Taverne liegt etwas versteckt an der Odós Ampávris, die unmittelbar westlich der Casa Romana beginnt und an einem kleinen, gut erhaltenen Aquädukt aus türkischer Zeit entlangführt.

Fast ein Geheimtipp – **Poté tin kyriakí/Never on Sunday** 3: Altstadt,

Lieblingsort

Kos Aktí 1

Das ganzjährig geöffnete Design-hotel liegt direkt am schmalen Strand, ganz nah an Hafen und Altstadt. Der Bau stammt schon aus den frühen 1970er-Jahren, es gehörte zu den ersten Hotels der Insel. Anfang dieses Jahrtausends wurde er total modernisiert. Das Meer durchzieht jetzt als Thema alle Räume – von denen aus man einen unverstellten Blick aufs Meer genießt – und auch das dazugehörige öffentliche, lichtdurchflutete Restaurant **H2O** 6. Es öffnet sich durch bodentiefe Fenster vollständig zum Wasser hin, bietet kreative griechische Küche und exzellente Desserts. Am liebsten genieße ich hier meinen Schlummertrunk auf der schmalen Terrasse mit Blick auf die sanfte Brandung zu meinen Füßen (s. auch S. 104 und 108).

Odós Pissándrou, Mai–Okt. Mo–Sa ab 20 Uhr, Nov.–April nur Fr/Sa, typisches *mezédes*-Essen ca. 13–16 €. Kleine Taverne mit nur wenigen Tischen drinnen und auf einer lauschigen Terrasse. Viele tagesaktuelle Spezialitäten; Speisekarte auch auf Deutsch. Den Service leitet Wirtin Stamatía, ihr Freund Jórgos kauft ein und organisiert im Hintergrund, in der Küche stehen Mutter und Großmutter von Stamatía. Unbedingt probieren, wenn angeboten: *anthoús*, mit Käse gefüllte Zucchiniblüten (5 €).

Stilvoll und modern – **Stadium** 4: Odós Vas. Georgíou 26, www.stadium restaurant.com, tgl. ab 17 Uhr (Dez.–März nur Sa/So), Hauptgerichte ca. 8–24 €. Das sehr gepflegte Restaurant nahe der Marina bietet neben internationaler Küche auch einige besondere griechische Spezialitäten, darunter Zicklein in einer Honig-Thymian-Soße (ca. 16 €).

Schick und elegant – **Pétrino** 5: Altstadt, Platía Ioánnou tou Theológou, Tel. 22 42 02 72 51, www.petrino-kos.gr, tgl. 12–15 und ab 17.30 Uhr, Hauptgerichte ca. 10–16 €. Wer auf ein elegantes, gepflegtes Ambiente und formellen Service Wert legt, ist in diesem alten Steinhaus mit blütenreicher Terrasse bestens aufgehoben. Seltene griechische Spezialitäten stehen ebenso auf der Speisekarte wie internationale Klassiker, die Weinkarte weist einige der besten griechischen Flaschenweine aus.

Direkt am Meer – **H2O** 6: Odós Vas. Georgíou B' 7 (neben der Tourist Info), Tel. 22 42 04 72 00, www.kosaktis.gr, tgl. ab 8 Uhr, Flaschenweine ab 16 €, Hauptgerichte ab 10 €. Die Portionen sind groß, man bestellt besser einen Gang nach dem anderen. Auch auf eine Flasche Wein oder einen Cocktail sind Gäste willkommen. S. Lieblingsort S. 106.

Viva Italia – **Otto e Mezzo** 7: Altstadt, Odós Apelloú 1, April–Okt. tgl. ab 10 Uhr, Hauptgerichte ca. 10–16 €. Der Koch und seine Frau sind Italiener, die flotte Bedienung bedient die Gäste zuvorkommend und polyglott. Hier isst man gut italienisch, nicht nur Pasta und Pizza, sondern auch Fisch und Fleisch.

Leckere Kichererbsen – **Psaropoúla** 8: Odós Averóf 17, tgl. ab 12 Uhr, Hauptgerichte ab 7 €. Trotz des Namens »Tochter des Fisches« serviert die Taverne auch andere regionale Spezialitäten wie das vegetarische *revíthia stamnás*, im Backofen gegarte Kichererbsen mit würziger Tomatensauce.

Slow kitchen – **Mary's House** 9: Odós Averóf 80, tgl. ab 12 Uhr, Hauptgerichte ca. 8–12 €. Anheimelnd kleines Restaurant mit erstklassiger Küche. Die Schweinekeule wird hier sieben Stunden lang im Backofen gegart, das *mastícha*-Eis als Dessert ist mit natürlichem Harz des Mastix-Strauches gewürzt.

Besonders preisgünstig – **Aléxandros** 10: Altstadt, Odós Irakléous 6, zwischen Kirche Agía Paraskeví und Café Ciao an der Odós Iféstou, tgl. 10–15 und ab 18.30 Uhr, Vorspeisen ab 2 €, Hauptgerichte 5,50–8 €. Große kulinarische Genüsse darf man in dieser schlichten und vor allem auch sehr erlichen Taverne nicht erwarten. Dafür schont ein Besuch die Reisekasse.

Griechische Hausmannskost – **Efdokía** 11: Altstadtrand, Odós Bouboulínas 9, Mo–Sa ab 11 Uhr, 20. Dez.–10. Febr. geschl., Hauptgerichte ab 7 €. Wirtin Efdokía kocht, wie sie es von Muttern gelernt hat. Gekochtes steht im Vordergrund: Schweinebraten mit vor allem aus Weizenschrot bestehendem *pligoúri* etwa, Frikassee vom Zicklein oder Hühnchen, gefüllt mit Hühnerleber.

Klassisch einfach – **Olimpiáda** 12: Altstadt, Odós Kleopátras 2 (nahe überregionalem Busbahnhof), tgl. ab 11 Uhr, Jan./Febr. geschl., Hauptgerichte ab 6,50 €. Eins der ältesten Restaurants der Stadt hat seinen leicht verstaubten griechischen Stil perfekt beibehalten. Raffinesse darf man hier nicht erwarten, dafür sind die Portionen groß und der Service freundlich.

Lästergalerie – **Ciao** 13: Altstadt, Odós Iféstou, ganzjährig ab 10 Uhr. Modern gestaltetes Café und Restaurant mit großer Kuchen- und Getränkeauswahl, in dem sich auch im Winter die Inseljugend trifft. Hier sieht man irgendwann fast jeden vorübergehen, der auf Kos Urlaub macht, und staunt immer wieder darüber, wie mutig sich manche Menschen an- bzw. ausziehen. Italienischer Chefkoch, vielerlei Pizza aus dem Holzbackofen, sehr gutes Hühnchen in Parmesansauce, Hauptgerichte 7–18 €, Kaffee und Torte ca. 6 €, 0,5 l Bier vom Fass ab 3,50 €.

Tradition kreativ interpretiert – **Eléa/ Olive** 14: Altstadt, Odós Apellóu 27, April–Okt. tgl. ab 12 Uhr, moderat. Moderne Taverne mit originellen traditionellen Gerichten wie Fleischbällchen in Ouzo-Soße (4,60 €), Kalbsschmorbraten im Tontopf mit dreierlei Käse und Gemüse (9,80 €) und auch raren, zum Teil hausgemachten Likörspezialitäten wie dem Zimtlikör Tentúra (Liköre ab 4 €).

Der Grill – **Konáki** 15: Nahe dem Kreisverkehr am Hafen, Odós Kanári 1, tgl. ab 12 Uhr. Grillstuben werden von Griechen weitaus häufiger aufgesucht als Tavernen und Restaurants. Die erste Adresse für Fleisch vom Grill ist in Kos diese Grillstube, wo es außer dem obligaten Gýros stets auch frische Brathähnchen, Fleischspieße, Frikadellen und Spezialitäten wie *soúvla* gibt. Das verwendete Fleisch stammt überwiegend aus eigener Schlachtung, der aus-

Fast ein Geheimtipp: die Taverne Never on Sunday in der Altstadt

geschenkte Fasswein ist süffig und preiswert. Gyros ab 2,20 €, Wein 9 €/l.

Mitten in der Geschichte – **Plátanos** 🔲: Platía Platanoú, tgl. ab 9 Uhr, Hauptgerichte 9–35 €. Kern des Restaurants ist die ehemalige italienische Offiziersmesse von 1935. Draußen sitzt man ganz nahe der Platane des Hippokrates auf einem stimmungsvollen Platz. Abends erklingt manchmal dezente internationale Livemusik.

Gyros im Sitzen – **Bárbas** 🔲: Odós Evripílou (gegenüber vom Hotel Afendoúlis), Mai–Okt. tgl. 10–14.30 und ab 17 Uhr. Inhaber Vassílis und seine Frau Lítsa haben in jungen Jahren lange in griechischen Lokalen in Darmstadt gearbeitet und wissen, was Deutsche vom Griechen erwarten. So ist denn bei ihnen auch das Pfannengyros mit Metaxa-Sauce und Pommes frites der Renner (9 €).

Sweet dreams – **Konditorei Áriston** 🔲: Für Liebhaber von süßen Naschereien; s. »Mein Tipp« S. 101

Einkaufen

Schmuck in allen Preislagen – **Alfa Gold** 🔲: Mandráki, Odós Ríga Feréou 9, Mo–Sa 10–22 Uhr. Der Däne Uffe Haustrup und seine deutsche Partnerin Claudia stellen ihren Schmuck nicht selbst her, aber wählen ihn weltweit mit viel Geschmack, großer Stilsicherheit und nach aktuellen Trends aus. Jede Preislage ist zu finden, Schmuck für Kinder, originelle Armbanduhren und schwarze Diamanten sind drei ihrer Spezialgebiete.

Schnörkellos – **Gatzákis Gold** 🔲: Altstadt, Odós Ach. Panikoláki 1, Mo–Sa 9–21 Uhr. Der perfekt Deutsch sprechende Grieche Theódoros Gatzákis und seine deutsche Frau Ulrike vertreten eine ganz andere Schmuckphilosophie. Sie setzen auf klassische Eleganz, konzentrieren sich vor allem auf Goldschmuck pur und auf Schmuck mit nur einem, dafür aber größeren und möglichst reinen Diamanten.

Kos-Stadt verströmt entspanntes Mittelmeerflair

Informiert bleiben – **Newsstand** 3 : Altstadt, Platía Eleftherías, Ecke Feraiou. Wer selbst aktuell informiert bleiben will, findet in diesem modernen Geschäft die größte Auswahl internationaler Zeitungen und Magazine und auch fremdsprachige Griechenland-Lektüre.

Schöne Bildbände und mehr – **Thalassinós** 4 : Odós Tsaldári/Odós 31is Martíou (am Alexander-Altar). Die beste Buchhandlung der Stadt wendet sich zwar überwiegend ans einheimische Publikum, präsentiert aber auch ausgewählte hochwertige Bildbände und andere Literatur zu und über Griechenland.

Füllhorn für Brettspieler – **Narkissus** 6 : Altstadt, Odós Ífestou 23. Leidenschaftliche Távli- oder Backgammon-, aber auch Schachspieler finden in diesem kleinen Geschäft die größte Auswahl an guten Spielbrettern.

Griechische Musik – **Ti Amo** 7 : Altstadt, Odós Al. Ipsilándou 4. Die beiden Geschäfte mit der größten Auswahl an aktuellen CDs mit griechischer Musik und guter, freundlicher Beratung.

Für Selbstversorger – **Marinópoulos** 8 : Außerhalb der Stadt an der Straße nach Zipári, Mo–Fr 8–22, Sa 8–16 Uhr. Der größte Supermarkt der Insel, in dem auch preisbewusste Griechen einkaufen – und das sind angesichts der Wirtschaftskrise nahezu alle.

Aktiv & Kreativ

Schnuppertour – **To Trenáki** 1 : Kleine Züge mit zwei oder drei offenen Waggons, die auf Gummireifen durch die Straßen rollen, sind in ganz Hellas für kurze Stadtrundfahrten beliebt und werden liebevoll *trenáki*, »Züglein«, genannt. In der Stadt Kos verkehren sie auf zwei verschiedenen Routen. Vom Mandráki-Hafen aus startet ein

Mein Tipp

Besuch beim Ikonenmaler 5

Panagiótis Katapódis malt seit Jahrzehnten Ikonen. Der einzige Hagiograf der Insel hält sich dabei streng an die Vorschriften des byzantinischen Kanons, gönnt sich bei Gesichtern aber auch die Freiheit, Physiognomien und Ausdrucksweisen von Menschen aus seiner Umgebung abzubilden. Früher hat er auch Freskenfragmente kopiert; einige Exemplare dieser Werke sind gerahmt noch in seinem Studio erhältlich. Panagiótis spricht nur Griechisch, aber seine gut Englisch sprechende, aus Schweden stammende Ehefrau Kristína ist werktags zwischen 10 und 18 Uhr stets anwesend und kann dolmetschen. Am einfachsten erreicht man das Studio per Taxi. Man kann aber auch mit Linienbus 6 bis zur Haltestelle 82 fahren und dann etwa 1,5 km weit der Ausschilderung hangaufwärts folgen.

Ágios Nektários, Ágios Stilianós, Tel. 22 42 02 49 42, Mo–Sa 10–18 Uhr

Züglein halbstündlich zu einer etwa 20-minütigen Stadtrundfahrt (4 €). Ein zweiter *trenáki* fährt vor der Touristeninformation ab und steuert nonstop das Asklipieíon an (5 €). Tickets besorgt man sich beim Lokführer.

Zusätzlich zu diesen beiden von der Gemeinde betriebenen Zügen gibt es seit 2011 auch einen dritten, privat betriebenen. Ob er auch 2012 wieder unterwegs sein wird, stand bei Redaktionsschluss noch nicht fest. Sein Ziel sind die grünen Hänge hinter Kos, von denen aus die Stadt besonders gut zu überblicken ist.

Der Disco Hamam Club in Kos-Stadt lockt
Nachtschwärmer an

Baden – **Stadtstrände** [2]: Die ganze Stadt Kos wird am Strand gesäumt. Die einzigen Unterbrechungen des kilometerlangen Bandes bilden die neue Marina und der Bereich zwischen der Mole für die interinsularen Tragflügelboote unmittelbar östlich der Burg bis zur westlichen Seite der Ausfahrt des Mandráki-Hafens. Der Lambí Beach zwischen Hafen und dem Leuchtturm am Kap Ammoudiá ist sandiger und breiter als der Strand von Psalídi im Osten, der bis zum Kap Psalídi reicht. Linienbusse erschließen alle Strände zwischen Kap Ammoudiá (Linie 2) und Kap Psalídi sowie darüber hinaus bis zum Ágios Fókas Beach (Linie 1) an der Südostspitze der Insel.

Fahrräder, Trikes and Quads – **Moto Harley** [3]: Odós Kanári 42, Tel. 22 42 02 76 93, www.moto-harley.nl, Zweigbüros an den Hauptstraßen von Lambí und Psalídi. Holländer sind geborene Radfahrer, Griechen Motorenthusiasten, sagt man. So bilden die Niederländerin Petra van de Wiede und ihr Partner Tákis Méntes seit 1993 eine ideale Konstellation zum Betrieb eines Verleihs von Fahrrädern aller Art, aber auch trendigen Trikes, Quads und Bug Riders (Quads mit Überrollbügel, Gepäckablage und evtl. sogar Sonnendach). Besonders bemerkenswert ist die Kinderfreundlichkeit des Unternehmens.

Eine Woche auf See – **Istíon** [4]: Kos Marina, Tel. 22 42 02 21 95, www.istion.com. Bei dieser Gesellschaft können Sie Segeljachten mit und ohne Skipper chartern. Ein Törn zu allen in diesem Band beschriebenen Inseln wäre ca. 160 sm lang, also gut in einer Woche zu schaffen.

Ab Mandráki – **Tauchausflüge** [5]: Bootsausflüge aufs Meer hinaus zum Tauchen starten vom Mandráki-Hafen aus. Man geht am frühen Abend an Bord und bucht.

Abends & Nachts

Die Stadt Kos gilt neben den Kykladeninseln Mykonos und Ios als Partymetropole der Ägäis. Besonders viele Music Clubs und Diskotheken reihen sich zwischen antiker Agorá und Mandráki-Hafen an der »Bar Street« nahtlos aneinander, einige weitere, zumeist größere Discos, säumen die Strände von Lambí.

Kino unterm Sternenhimmel – **Cíne Orféas** [1]: Östliche Neustadt, Odós Vas. Georgíou, Ecke Odós Fenarétis. Kino unterm Sternenhimmel – wo gibt es das in Mitteleuropa schon? Und dass eine Bar dazugehört, ist in Hellas selbstverständlich. Alle Filme laufen in Originalversion, also zumeist auf Englisch. Vorstellungen je nach Jahreszeit 20 und 22 oder 21 und 23 Uhr, Eintritt 7 €, Kinder bis 12 Jahren 5 €.

Ein Hauch von Orient – **Café Harem** [2]: Lambí, Odós Avérof 32, tgl. ab ca. 12 Uhr. Die auch schon tagsüber als Beach Bar fungierende Harem Bar lässt osmanische Zeiten wiederauferstehen. Man sitzt an niedrigen Tischen oder liegt weich gebettet auf dem Boden, genießt seine Drinks und raucht dazu eins von 13 angebotenen Tabakaromen aus der Wasserpfeife. Die Musik ist keineswegs orientalisch: Aktuelle Charts und Discosound werden bevorzugt. Soft Drinks 2,50 €, Cocktails 6 €, Wasserpfeife 8 €.

Um Niveau bemüht – **x-Club** [3]: Am Mandráki-Hafen, Odós Kanári 2, tgl. ab 22 Uhr, Sept.–Mai nur Fr/Sa. Die renommierteste Disco der Stadt. Vor 23 Uhr sitzt man draußen auf Terrassen an der Straße zwischen Monitoren, auf denen pausenlos Modenschauen laufen. Danach geht es drinnen mit einer 90-minütigen Lasershow weiter.

Griechische Klänge – **Nova Vita** [4]: Altstadt, Odós Nafklírou (an der antiken Agorá), tgl. ab 23 Uhr. Das »Neue Leben« ist mehr Bar als Disco. Hier erklingen fast ausschließlich griechische Klänge. Rap und Rock überwiegen, aber manchmal mischt sich auch ein Theodorákis-Sound unter die Musik. Dann tanzt auch die Jugend griechisch – und lässt sich von Freunden mit auf die Tanzfläche geworfenen Papierservietten huldigen.

Romantisch tanzen – **Hamam Club** 5 : Altstadt, Bar Street, gegenüber vom Taxistand, tgl. ab 21 Uhr. Tagsüber modernes Café – spätabends stimmungsvolle Disco – in einem ehemaligen türkischen Bad. Statt auf großen Pisten tanzt man hier zwischen jahrhundertealten Natursteinwänden in heimelig kleinen Badekammern – und der DJ legt dazu nicht nur internationale Hits auf, sondern auch griechische Musik.

Der Tresen als Dance Floor – **Hush Club** 6 : Altstadt, Bar Street, tgl. ab 20 Uhr. Vor allem bei sehr jungem Publikum beliebte Disco, in der oft mehr Mädchen als Gläser auf dem Tresen stehen. Gespielt werden überwiegend House und Groovy Garage.

35 plus – **Spitáki** 7 : Altstadt, Bar Street. Musik und Atmosphäre locken oft vor allem ein etwas älteres Publikum an.

Infos & Termine

Termine

Kulturfestival Ippokrátia (Aug.): Die Gemeinde organisiert Konzerte, Theater- und Folkloreaufführungen an verschiedenen Plätzen, z. B. in der Burg, im Odéon oder im Stadion. Programmbekanntgabe meist sehr kurzfristig.

Evangelische und römisch-katholische Gottesdienste (Mai–Sept.): In der Kirche zwischen Odeon und Casa Romana, evangelisch So 9.30 Uhr, römisch-katholisch So 11 und 18 Uhr.

Verkehr

Schiffsverbindungen: Linienverkehr s. S. 22. Ausflugsboote während der Sommersaison tgl. nach Psérimos und Kálymnos, Níssyros und Bodrum/Türkei, samstags auch nach Turgutreis/Türkei.

Linienschiff nach Níssyros: Bis 2011 fuhr die betagte Fähre PanagíaSpilianí im Sommer fast täglich nach Níssyros. Ob sie weiterhin unterwegs sein wird, stand bei Redaktionsschluss nicht fest. Generalagentur ist Adris Travel, Odós Vas. Pávlou 2, Tel. 22 42 02 22 51, www.adris@otenet.gr.

Olympic Air: Am Flughafen, Tel. 22 42 02 83 31.

Aegean Airlines: Am Flughafen, Tel. 22 42 05 16 54 und in allen Hertz-Stationen.

Stadtbuslinien: Stadtbusse der Gesellschaft K.E.A.S. verbinden das Stadtzentrum von Kos (Endhaltestelle am Mandráki-Hafen, für Linie 1 und 5 Richtung Psalídi, Ágios Fókas und Embrós Thérme an der Tourist Information) mit den Vororten, mit Platáni und den Hotels entlang der Küste bis nach Lámbi und Ágios Fókas und darüber hinaus bis Embrós Thérme. Die Haltestellen sind durchnummeriert. Fahrkarten kauft man im Büro der Gesellschaft im Rathaus am Mandráki-Hafen, Tel. 22 42 02 62 76, und an Kiosken; auch viele Hotelrezeptionen halten Tickets bereit. Sie kosten für Stadtfahrten 1,20 €, für Fahrten in die Vororte 1,50 €. Fahrpläne sind im Büro der Gesellschaft, bei der Touristeninformation und in vielen Hotels erhältlich.

Eine Linie führt im Sommer viertel- bis halbstündlich zwischen 6.45 und 24 Uhr an den Hotels östlich der Stadt entlang bis Ágios Fokás, eine andere zwischen 8 und 23.45 Uhr etwa im Stundenrhythmus nach Plataní. Zwei weitere Linien binden die Vororte Néa Alikarnássos und Marmaróto ans Zentrum an.

Die Insel Kos

Highlights !

Asklipieíon: Eingebettet in schönste Natur mit Fernblick übers Meer zur kleinasiatischen Küste vermitteln die Überreste des antiken Heiligtums und Kurzentrums noch heute das Gefühl heilsamer Beschaulichkeit. S. 123

Paléo Pylí: In der wildesten Landschaft der Insel ragt eine kleine Burg unvermittelt über den Kirchen eines mittelalterlichen Geisterdorfes inmitten dichten Waldes auf. S. 140

Auf Entdeckungstour

Mythologischer Skulpturenweg: Der bayerische ›Schrottkünstler‹ Peter R. Müller hat auf dem Gelände des Hotels Neptune Beach zahlreiche Skulpturen geschaffen, die Themen der griechischen Mythologie aufgreifen. Gut, wenn man die dazugehörigen Mythen kennt. S. 142

Stille Orte in der Einsamkeit: Auf der Kéfalos-Halbinsel im äußersten Westen der Insel steht noch kein einziges Hotel an den Küsten. Überreste der Antike sind in Wäldchen versteckt, ein einsames Kloster lädt zur Rast ein, ruhige Strände sind von wilder Brandung umtost. Natur ist auf Kéfalos Trumpf. S. 156

Kultur & Sehenswertes

Grab des Hármylos in Pylí: Die kleine Kapelle über dem antiken Heroengrab ist ein idyllischer Winkel. S. 136

Burg von Antimáchia: Auch wenn die Mauern der größten Ritterburg auf Kos fast nur noch wildes Gestrüpp umzingeln, beeindruckt die Größe der Verteidigungsanlage mit prächtigem Blick in Richtung südlicher Dodekanes. S. 146

Aktiv & Kreativ

Surfen lernen: Am Ágios Geórgios Beach bei Marmári ist die Fun2Fun-Surfstation ganz auf deutschsprachige Urlauber eingestellt. Von der Schnupperstunde für Anfänger bis zum Kite-Training reicht das Programm. S. 135

Reiten können: Im Reitstall Alfa Horse bei Paléo Pylí wird größter Wert auf perfekte Pferdehaltung gelegt. Die deutsche Inhaberin organisiert Ausritte für erfahrene Reiter und gibt Unterricht im Dressurreiten. S. 140

Genießen & Atmosphäre

Taverne Sunset in Ziá: Während des Sonnenuntergangs sitzt man auf Kos nirgends besser als hier, wo zudem die gebratenen Zucchini- und Auberginenscheiben wunderbar munden. S. 132

Café Beautiful Greece in Lagoúdi: Ein alter Gutshof ist jetzt Café, Bar und kleines Restaurant, Kunstausstellung und Schmuckgeschäft. Wohnen kann man hier auch. S. 132

Taverne Limiónas in Limiónas: Die wohl beste Fischtaverne der Insel liegt völlig einsam über einem kleinen Hafen, wo auch täglich die Fänge fürs Lokal angelandet werden. S. 159

Abends & Nachts

Music Café Dancing Insel in Marmári: Die Freiluftbar mit internationalem Publikum ist vor allem Treff für Urlauber, darunter viele Surfer, aber weder Disco noch Tanzlokal. Jeder macht, was er will. S. 136

Die Insel Kos

Ein Vorteil von Kos als Urlaubsinsel ist, dass man sie von jedem Standort aus gut per Mietfahrzeug und sogar Linienbus erkunden kann und dass zwei bis drei Tage schon ausreichen, alles Sehenswerte außerhalb der Inselhauptstadt zu entdecken. So kann man sich beruhigt den Stränden, den Tavernen oder seinem Lieblingssport zuwenden.

Zwischen der Stadt Kos und dem östlichen Ende aller Straßen an der Thermalquelle Embrós Thérme pendelt der städtische Linienbus. Auch mit dem Fahrrad ist die Strecke trotz leichter Steigung gut zu bewältigen. Die bedeutendste archäologische Stätte der Insel, das Asklipieíon, liegt der Stadt noch näher; auf dem Weg dorthin lohnt das einzige noch von griechischen Moslems bewohnte Inseldorf Platáni mit seinen guten Tavernen an der Platía eine ausgedehnte Rast.

Alle anderen Inselsehenswürdigkeiten sind östlich der Hauptstadt zu finden. Von der Inseltransversale zweigen Stichstraßen zu den drei Badeorten Tigáki, Marmári und Mastichári ab, kleinere Straßen führen in die wenigen Binnendörfer der Insel wie beispielsweise Lagoúdi, Ziá und Pylí hinauf. In der Inselmitte sind Antimáchia und der Flughafen das Straßendrehkreuz von Kos: Von hier geht es hinunter an die Südküste von Kardámena, an die Nordküste bei Mastichári und in den Inselwesten mit seinen grandiosen, weitgehend unverbauten Sandstränden und der einsamen Kéfalos-Halbinsel.

Spärliche Ruinen frühchristlicher Basiliken, Außenmauern mittelalterlicher Burgen und ein verlassenes Kloster sind die – nur regional bedeutenden – Hauptattraktionen. Landschaftsgenuss und Badepausen an unterschiedlichen Stränden stehen jedoch im Vordergrund.

Viele Urlauber wohnen im Umkreis der Hauptstadt zwischen Lambí, Psalídi und dem Fáros Beach. Von den Hotels in dieser Gegend aus sind interessante Ziele bequem per Linienbus, Fahrrad, Moped oder gar zu Fuß zu erreichen. Zugleich liegt hier die auch überregional bedeutete archäologische Stätte des Asklipieíon als Ausflugsziel im Grünen.

Der Inselosten

Psalídi und Ágios Fokás ► M 10–11

Im Osten der Inselhauptstadt, an der Psalídi-Bucht, nahm in den 1970er-Jahren die touristische Entwicklung von Kos ihren Anfang. Die schmalen, meist kiesigen Strände reichten anfangs für die wenigen Hotels völlig aus, sind heute aber meist etwas überlaufen. Idyllische Strandabschnitte sucht man hier vergeblich. Dafür säumt ein breiter Radweg die viel befahrene Straße zwischen den meist sehr großen Hotels und dem Stadtzentrum. Preiswerte Linienbusse verkehren in kurzem Takt zwischen den Urlaubsquartieren und der City von Kos.

Knapp hinter dem Hotel Theódoros folgen an der Uferstraße die eingezäunten Ruinen der über den Zaun gut einsehbaren, frühchristlichen **Basilika Ágios Gavriil,** von deren Säulen vier wieder aufgerichtet wurden. Bevor die Uferstraße nach Süden biegt, zweigt eine ausgeschilderte Stichstraße zum **Psalídi Wetland** ab, dessen kleines Besucherzentrum jedoch meist geschlossen ist (www.kos-explorer.com). Es handelt sich dabei um ein etwa 100 ha großes Biotop mit einer im Winter mit Brachwasser gefüllten Senke, Salzmarschen und Feuchtwiesen. Zugvögel rasten, Flamingos und Enten überwintern hier.

Vorbei an weiteren Strandhotels erreicht die Straße schließlich das militärisch genutzte, mit einer großen griechischen Flagge markierte **Kap Fókas,** an das sich ein langer Kiesstrand anschließt.

Übernachten

Große Hotelanlagen mit mehreren hundert Betten dominieren Psalídi. Aber auch Individualurlauber finden Unterkünfte, obwohl es eigentlich kaum einen Grund gibt, auf eigene Faust gerade hier Urlaub zu machen.

Zur Embrós Thérme geht man das letzte Stück besser zu Fuß

Die Insel Kos

Luxus und Wellness – **Grecotel Kos Imperial Thalasso:** Ostküste, zwischen Psalídi und Ágios Fokás, 4,5 km vom Stadtzentrum, Tel. 22 42 05 80 00, Fax 22 42 02 51 92, www.grecotel.gr, DZ HS ca. 180 €, NS ab 120 €. Umweltfreundliches Luxushotel im Dorfstil auf 100 000 m² Fläche mit drei großen Meerwasserpools und sehr gutem Wellnessbereich. 384 Zimmer, 2 Tennis-Kunstrasenplätze, Wassersportstation, Mountainbikevermietung.

Recht gigantisch – **Kipriótis Village:** Psalídi, oberhalb der Küstenstraße, 4 km vom Stadtzentrum, Tel. 22 42 02 76 40, Fax 22 42 02 35 90, www.kipriotis.gr, HS DZ all-inclusive ab 152 €, NS ab 100 €, ganzjährig. Das mit 651 Zimmern und Apartments größte All-inclusive-Hotel der Insel besitzt neben zahlreichen Sportangeboten, einem Hallenbad und drei Süßwasserpools auch ein Konferenzzentrum, in dem bis zu 1800 Teilnehmer Platz finden. Es liegt allerdings nicht direkt am Strand!

Adults only – **Oceánis Beach Resort:** Ostküste, Küstenstraße kurz vor Kap Fokás, 7 km von Kos-Stadt, Tel. 22 42 02 46 41, Fax 22 42 02 37 28, www.oceanis-hotel.gr, DZ HS all inclusive ab 141 €, NS ab 109 €. Das Großhotel nur für Erwachsene direkt am Strand mit 360 Zimmern bietet neben Wassersport eine Bogenschießanlage, Tennisplätze, Minigolf, Fitnessraum und Mountainbikeverleih.

Familiär mit schönem Pool – **Edmark:** Ostküste, zwischen Küstenstraße und Strand, Tel. 22 42 02 55 92, Fax 22 42 02 43 69, DZ HS ca. 60 €, NS ab ca. 35 €. Das unauffällig in die Landschaft eingepasste Hotel mit nur 63 Zimmern liegt schön ruhig, nur 300 m vom Strand entfernt. Um den Pool stehen hohe, alte Palmen, die Hotelbar ist ein gemütlicher Treff für die Gäste und die griechisch-kanadische Eigentümerfamilie.

Man spricht deutsch – **Seagull:** Ostküste, landseitig an der Küstenstraße, Metsovou 4, Tel. 22 42 02 25 14, www.travelnet.de, DZ ab 25 €. Kleine Apartmentanlage der deutsch-griechischen Familie Dimoúdis mit schönem Garten und kleinem Pool. Zum nächsten Kieselstrand geht man ca. 5 Min. Mindestaufenthalt 7 Tage.

Essen & Trinken

Da die meisten Urlauber in Psalídi Halbpension oder gar all-inclusive gebucht haben, gibt es nur wenige Tavernen, die zudem hart ums Überleben zu kämpfen haben.

In Blau getaucht – **Mavromátis:** Psalídi, meerseitig an der Küstenstraße, Tel. 02 42 02 24 33, tgl. ab 11 Uhr, Hauptgerichte ca. 7–13 €. In dieser Ufertaverne schwelgen die Gäste in allen erdenklichen Blautönen. Stühle und Tische sind weiß, die meisten Tischdecken dunkelblau. Blaugestrichener Bambus und ein grünes Blätterdach lassen selbst das Sonnenlicht auf der zum türkisblauen Meer hin völlig verglasten Veranda bläulich erscheinen. Die Speiseauswahl ist groß, die Preise sind relativ günstig.

Althergebrachte Gastfreundschaft – **Spýros:** Psalídi, landseitig an der Uferstraße nahe der Abzweigung zum Psalídi Wetland, tgl. ab 12 Uhr, Hauptgerichte ab 6–10 €. Der recht gut deutsch sprechende Wirt Spýros wurde 1956 in dem Haus geboren, in dem er jetzt gegen das All-inclusive-Konzept seiner Hotelnachbarn ankämpft. Er versucht es durch Besinnung auf die traditionelle griechische Gastfreundschaft und Fröhlichkeit. Ob er allerdings auch weiterhin in seinem urigen Garten an Samstagabenden Livemusiker für seine Gäste engagieren kann, hängt von den Besucherzahlen ab.

Aktiv & Kreativ

Beachlife – **Strände:** Schmale Sand- und Kieselstrände säumen die Küste von Psalídi. Nur an wenigen Stellen bieten Tamarisken Naturschatten. Sonnenschirme und Liegestühle werden zumeist vor Hotels und Tavernen vermietet, es gibt aber auch Strandabschnitte, die davon völlig frei sind und quasi naturbelassen daliegen. Breite Sand-Kies-Strände prägen das Erscheinungsbild der Ostküste.

Rasant und laut – **Gokart-Bahn Psalídi:** Ostküste, an der Uferstraße gegenüber vom Hotel Oceanis, Bushaltestelle Nr. 17, Tel. 22 42 02 58 97, tgl. ab 12 Uhr. Hier wird für alle Fans der schnellen Gefährte das übliche Angebot geboten.

Wassersport und Mountainbikes – **Big Blue Surf Centre:** an der Ostküste, vor dem Hotel Okeánis, Haltestelle Nr. 18, Tel. 22 42 04 99 63, www.bigblue-surf-center.gr. Kurse und Ausrüstungsverleih für Wind- und Kitesurfer, 10 % Ermäßigung auf alle Internet-Buchungen.

Embrós Thérme ▸ M 11

Hinter dem Kap Fokás steigt die Straße am Hotel Dímitra Beach sacht an und verläuft durch hotelfreie Landschaft über der Küste. Kurz vor ihrem Ende markieren Getränkekioske, eine Busendhaltestelle und Parkplätze den Beginn des Feldwegs zur **Embrós Thérme,** der einzigen genutzten Thermalquelle der Insel. Ein Feldweg führt hinunter ans Meer zu einem winzigen Kiesstrand und endet dann an einer ehemaligen Taverne (der Feldweg ist äußerst steil, Parkplätze unten sind sehr knapp. Man lässt besser sein Fahrzeug oben stehen und geht die etwa 500 m zu Fuß).

Schmucklos baden

Vor einem Bad im warmen Wasser der Therme sollten Sie Silberschmuck unbedingt ablegen: Er läuft in dem schwefelhaltigen Wasser binnen Minuten schwarz an!

Neben der ehemaligen Taverne steht ein unscheinbares Pumpenhaus, an dem die griechische Flagge im Wind weht. Hier fließt heißes Thermalwasser in ein mit Felsblöcken improvisiertes, von Jahr zu Jahr durch Stürme leicht verändertes Becken am Strand, in dem es sich mit Meerwasser vermischt. Jeder kann hier kostenlos ein Bad nehmen und die ihm genehme Wassertemperatur wählen. Zwischen Anfang November und Mitte Mai hinzugehen, lohnt sich allerdings wegen der winterlichen Schäden nicht!

Urlauber sehen das Bad meist nur als Gag an, während Griechen von weit her kommen, um zwei oder drei Wochen lang zwei Mal täglich die Heilkraft der Natur zu nutzen. Nach einer Analyse der TU München werden Heilungserfolge bei Haut-, Gefäß-, Atemwegs- und Muskelerkrankungen erzielt.

Übernachten

Nahe der Naturtherme – **Dímitra Beach Resort:** Am Strand von Ágios Fokás, Tel. 22 42 02 85 81, www.dimitrabeachotel.gr, April–Okt. nur pauschal und nur all-inclusive über Reiseveranstalter buchbar. Abseits aller Hotelviertel sehr ruhig gelegen. Gute Busverbindungen in die 8 km entfernte Stadt; tägliche Besuche der 3,5 km entfernten Embrós Thérme zu Fuß möglich. Drei Süßwasserpools, Animationsprogramm, Fahrradverleih, 256 Zimmer.

Essen & Trinken

Am Thermalbecken gibt es keine Taverne. Für Snacks und Getränken sorgen mehrere mobile Verkaufsbuden am Parkplatz oben an der Asphaltstraße. Trinkwasser sollte man auf jeden Fall mit hinunternehmen!

Platáni ► L/M10

Am Weg von Kos-Stadt zum Asklipieíon, der bedeutendsten archäologischen Stätte der Insel, liegt das große Dorf Platáni. Sein Dorfplatz mit mehreren großen Tavernen unter schattigen Bäumen ist der schönste von Kos, obwohl er zugleich auch den Verkehrsknotenpunkt des Ortes darstellt. Schon ein Blick auf die Namensschilder der Tavernen lässt erstaunen: Da liest man Arap, Alis und Serif, die Lokale tragen also eindeutig türkische Namen. Andere geben sich neutraler, heißen Paradise oder Gin's Corner, doch die Namen ihrer Eigentümer sind ebenfalls türkisch.

Platáni ist das einzige Dorf auf den griechischen Inseln, in dem noch zahlreiche türkischstämmige Muslime friedlich mit christlichen Griechen zusammenleben, und das einzige Dorf auf Kos, in dem die Muslime sich Freitagmittag zum Gebet in der Moschee versammeln. Die nur zum Freitagsgebet geöffnete, kleine moderne Moschee liegt nur etwa 200 m von der Platía mit den vielen Tavernen entfernt Richtung Westen. Einzigartig auf Kos ist auch der muslimische Friedhof an der von der Platía nach Nordwesten führenden Straße mit vielen alten Grabsteinen aus osmanischer Zeit. Im Gegensatz zu neuen Grabsteinen sind die Inschriften auf den Alten in arabischer Schrift gehalten. Die neuen Grabsteine nennen, was sonst im Islam selten ist, auch die Namen der Toten und ihre Lebensdaten in lateinischer Schrift.

Unmittelbar neben dem islamischen Friedhof liegt der stets verschlossene jüdische Friedhof. Juden gibt es heute auf Kos nicht mehr; die deutschen Besatzungstruppen verschleppten die letzten koischen Juden 1943 in deutsche Konzentrationslager. Insgesamt kamen während der Naziherrschaft etwa 70 000 griechische Juden in deutschen Vernichtungslagern ums Leben,

Mein Tipp

Kolumbus war ein Grieche!
Nur etwa 60 m von der Platía von Platáni entfernt fristet die kleine Café-Bar **Xénios Zeus** ein einfaches Leben im touristischen Abseits. Sie ist wirklich nicht sonderlich attraktiv im Vergleich zu den schönen Tavernen am Platz – aber der Wirt ist ein echter christlicher Grieche und glaubt fest daran, dass der Amerika-Entdecker Columbus sein Landsmann war. Dieser Überzeugung hat er in einem selbst angefertigten Wandgemälde im Lokal Ausdruck verliehen. Darauf tanzt Columbus mit einer weiß gekleideten Frau an Bord seiner Santa Maria zwischen den aus golden bemaltem Gips geformten Kontinenten Europa und Amerika Syrtáki.

die meisten davon Juden aus Thessaloníki. Auf den Inseln gibt es heute nur noch sehr kleine jüdische Gemeinden in Chaniá auf Kreta, auf Korfu und auf Rhodos.

Essen & Trinken

Alle Tavernen am Dorfplatz sind gleich gut und bieten kleinasiatische Küche. Einmal sollte man während eines Kos-Urlaubs hier gegessen haben. Exzellent ist auch die Konditorei mit eigener Eisherstellung am Dorfplatz!

Infos

Busverbindung: Von Kos-Stadt fährt die Stadtbuslinie 3 nach Platáni. Hin 8.10–22.10 stdl., zurück 8–23 Uhr stdl. (im Sommer halbstdl.).

Das Asklipieíon❗

▶ L 10

Bei Platáni, April–Okt. Mo 13.30–20, Di–So 8.30–20 Uhr, Nov.–März Di–So 8–15 Uhr; in der Tourist Information erfragen, Eintritt 4 €
Das Asklipieíon (im modernen Griechisch Asklípion) ist nicht nur die bedeutendste archäologische Stätte auf Kos und seinen Nachbarinseln, sondern auch ein landschaftliches Juwel. Ruinen und wieder aufgerichtete Säulen sind in einen Kiefern- und Zypressenhain eingebettet. Von drei Terrassen aus schweift der Blick über die grüne Küstenebene hinaus aufs Meer und zur Küste sowie zu den Nachbarinseln Psérimos und Kálymnos. Man ahnt noch heute, dass dies eine ideale Lage für einen Kurort gewesen sein muss.

Die Straße zum Asklipieíon führt am meist offen stehenden Tor zur International Hippocratic Foundation of Kos vorbei, dem 24 ha großen Gelände des 1960 gegründeten Internationalen Hippokrates-Instituts von Kos. Einige Griechen träumen seit über 30 Jahren davon, dass hier ein internationales medizinisches Zentrum mit Pavillons zahlreicher Staaten entsteht, doch außerhalb von Hellas mag niemand so recht einsehen, wozu es dienen könnte. So steht der griechische Pavillon einsam im weitläufigen Gelände. Er beherbergt neben ein paar leer stehenden Büros nur einen fast nie genutzten Kongresssaal.

Geschichte des Asklipieíon

In griechischer und hellenistischer Zeit war das Asklipieíon vor allem eine Kultstätte. Hier wurden Asklepios, der von den Römern später Äskulap genannte Gott der Heilkunst, und sein Vater Apollon verehrt. Kranke kamen, um dank ihrer Hilfe gesund zu werden. Sie brachten Tiere als Opfer dar und stellten häufig auch Votivtafeln auf, die menschliche Figuren oder kranke Körperteile zeigten – so, wie man sie auch heute noch an Wunder wirkenden Ikonen in orthodoxen Kirchen findet. Viele Pilger legten sich abends im Heiligtum zum Schlaf nieder und hofften auf von den Göttern eingegebene Träume, die die Priester am nächsten Morgen interpretierten und in Diagnosen umsetzten. Sie arbeiteten dabei wahrscheinlich eng mit Ärzten zusammen, die vielleicht sogar im Heiligtum nach den Lehren des Hippokrates ausgebildet worden waren. Hippokrates selbst hatte die Verbindung zwischen Religion und Medizin formuliert. Er glaubte noch an den göttlichen Ur-

Blick auf die untere und mittlere Terrasse des Asklipieíon

sprung aller Leiden – doch nicht ausschließlich, denn er verkündete darüber hinaus auch: »Zweierlei sind Wissen und Glauben. Nichts ereignet sich ohne natürlichen Grund.« Und er wusste auch: »Nicht der Arzt, sondern der Körper heilt!« (s. auch S. 62).

In römischer Zeit trat der kultische Charakter des Asklipieíons in den Hintergrund. Kos wurde zu einem Modebad, zu einem antiken Baden-Baden der Ägäis. Am Rande des Heiligtums errichteten die Römer Thermen, in denen auch für Unterhaltung gesorgt war. Neben die Statuen der Götter traten die der Kaiser und Gönner.

Die Ursprünge des Heiligtums liegen im Dunkeln. Zu Lebzeiten des Hippokrates bestand es jedenfalls noch nicht. Frühestens auf das 5. Jh. v. Chr. datiert ein erster Apollon-Tempel, dem 100 Jahre später ein einfacher Altar für Asklepios folgte. Erst im späten 4. Jh. v. Chr., also bereits zur Zeit Alexanders des Großen, begann die Entwicklung

des Heiligtums zu seiner heute erkennbaren Form. Auch nach dem Verbot der heidnischen Kulte durch Kaiser Theodosius im Jahre 391 n. Chr. dürfte es als Kurzentrum weiterhin genutzt worden sein, bis die meisten Bauten bei einem schweren Erdbeben 554 einstürzten. 1902 wurden seine Ruinen mithilfe eines Einheimischen von dem deutschen Archäologen Rudolf Herzog wiederentdeckt und erstmals erforscht; in den 1930er-Jahren setzten italienische Archäologen seine Arbeit fort und rekonstruierten Säulen, Stützmauern und Freitreppen.

Eingangsbereich und untere Terrasse

Einen guten Überblick über den Aufbau des Heiligtums kann man sich bereits vom Kassenhäuschen aus verschaffen. Man erkennt vor sich die moderne breite Treppe, die über 23

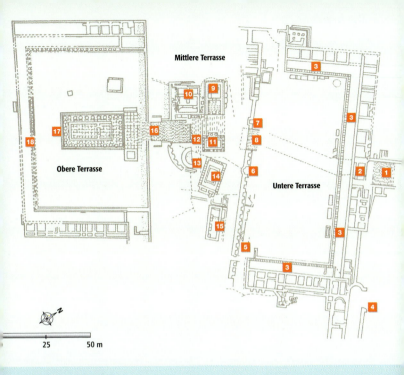

Das Asklipieíon

Stufen auf die untere Terrasse hinaufführt. Nach rechts versetzt, leiten zwei weitere Freitreppen auf die mittlere und obere Terrasse.

Auf der unteren Terrasse erheben sich links die noch hoch aufragenden Mauern der römischen Thermen, auf der mittleren Terrasse erblickt man die wieder aufgerichteten korinthischen Säulen des Apollon-Tempels und die ebenfalls restaurierten ionischen Säulen des Asklepios-Tempels.

Geht man nun die **moderne Treppe** 1 hinauf zur unteren Terrasse, passiert man die Grundmauern eines nur noch in seinen Umrissen zu identifizie-

Rekonstruktionszeichnung des Asklipieíon, Frontalansicht von Nordosten

renden **Torbaus (Propylon)** 2 aus dem 3. Jh. v. Chr. Stellt man sich dann unter die hohe Zypresse gleich rechts, erkennt man auf dem Boden die **Grundmauern einer Säulenhalle,** zu der die neun noch sichtbaren Säulenstümpfe gehörten. Diese Stoa begrenzte die unterste Terrasse auf drei Seiten. Sie gliederte sich in eine zum Hof hin offene **Wandelhalle** 3 und dahinter liegende, geschlossene Räume. Sie dienten vermutlich als Pilgerunterkünfte und Krankenzimmer, in denen die Heilungsuchenden von Familienmitgliedern oder mitgebrachten Sklaven versorgt wurden. (Auch heute noch kommen griechische Landkrankenhäuser mit wenig Personal aus, da Verwandte weitgehend die Verpflegung und Betreuung der Patienten übernehmen.) Auf der Südseite wird die unterste Terrasse von der durch Arkaden und Nischen gegliederten Stützmauer für die mittlere Terrasse begrenzt.

Geht man nun wie einst die Pilger die Säulenhalle nach links entlang auf die **römischen Thermen** 4 mit Resten von Wasserbecken und Heizungssystem zu und weiter in den östlichen Flügel der Stoa, entdeckt man dort auf dem Boden mehrere stark verwitterte Säulentrommeln. In der Mitte ihrer Ober- und Unterseiten sind noch kleine Vertiefungen zu erkennen. Sie nahmen einst die Bleiklammern auf, durch die die einzelnen Trommeln stabil miteinander verbunden wurden. Im Mittelalter hat man diese Bleiklammern entfernt und eingeschmolzen. Acht Schritte hinter der Steintafel mit der Aufschrift ›Stoa 2nd Century B. C.‹ liegt auf dem Boden auch noch ein dorisches Kapitell.

Die nächste Betrachtung gilt der Stützmauer der zweiten Terrasse. Wo die östliche Stoa und die Mauer zusammentreffen, liegt eine Steinplatte mit zwei Fußabdrücken auf dem Bo-

den: eine antike **Statuenbasis 5**. Links und rechts einer Arkadennische lehnen zwei jetzt kopflose Statuen an der Wand. Skulpturen wie diese zierten früher einmal sämtliche Nischen. Die drittletzte Nische vor der Freitreppe zur zweiten Terrasse diente einst als **Brunnen 6**. Über dem Wasserausfluss ist ein etwa 20 cm hohes Relief zu erkennen. Es zeigt den antiken Hirtengott Pan – an seinen Hörnern und Ziegenfüßen ist er leicht erkennbar. Seine Handhaltung lässt vermuten, dass er entsprechend dem üblichen Darstellungskanon auf seiner Flöte, der Syrinx, spielte.

Gleich westlich der Freitreppe fällt eine besonders aufwendig gearbeitete Nische auf, in der ein **Sockel mit griechischer Inschrift 7** steht. Sie besagt, dass ein gewisser Caius Sterninius Xenophon aus Kos, Leibarzt des römischen Kaisers Claudius, die Nische und ein davor liegendes Tempelchen stiftete. Dass vor der Nische ein kleiner Tempel gestanden haben muss, verraten die Bleiklammervertiefungen in den Steinplatten.

Mittlere Terrasse

Über die von italienischen Archäologen rekonstruierte **Freitreppe 8** gelangt man auf die mittlere Terrasse, die vor allem Kultbauten vorbehalten war. Rechts markieren zwei wieder aufgerichtete ionische Säulen den **Asklepios-Tempel 9** aus dem frühen 3. Jh. v. Chr. (›Ionic Prostyle Temple of Asklepios‹). Man erkennt seine Zweiteilung in *Pronaos* (Vorhalle) und *Cella* (Allerheiligstes). Vor der Südwand der *Cella* liegt eine in den Tempelboden eingelassene, mit Granitplatten verkleidete Kammer, in der einst der Tempelschatz aufbewahrt wurde. Hinter dem Tempel schließen sich die mannshohen

Mauern von **Priesterwohnungen** 10 aus römischer Zeit an.

Geht man nun auf der zweiten Terrasse nach Osten, passiert man erst den aufgemauerten **Altar des Asklepios-Tempels** 11. Altäre standen in der Antike nie im, sondern immer vor dem Tempel. An ihnen wurden die Tieropfer vollzogen und die dem Gott zustehenden Teile der dargebrachten Hähne, Lämmer, Zicklein oder auch Stiere verbrannt. Der größte Teil der Opfertiere war jedoch zum Verzehr für die Priester und Pilger bestimmt.

Hinter dem Altar liegen auf dem Boden noch Überreste einer schönen steinernen **Kassettendecke** 12, die wohl aus einem der Tempel stammen. Südlich davon ist eine halbkreisförmige **Exedra** 13 aus dem 3. Jh. zu sehen, in der Statuen standen.

Östlich vom Altar stößt man auf sieben aufrecht stehende Säulen – mit einer römischen Variante des korinthischen Kapitells –, die zu einem **Apollon-Tempel** 14 aus dem 2./3. Jh. (›Temple of the Roman Age‹) gehörten. Daran schloss sich noch weiter östlich ein Versammlungsraum für Priester, die **Leschi** 15, an.

Obere Terrasse

Geht man nun die **Freitreppe** 16 auf die obere Terrasse hinauf, steht man unmittelbar vor einem **dorischen Tempel** 17 (›Doric Temple‹), dem größten der gesamten Anlage, der ebenfalls dem Heilgott Asklepios geweiht war. Er stammt aus dem 2. Jh. v. Chr., *Pronaos* und *Cella* waren ursprünglich von einer aus 30 dorischen Säulen gebildeten Ringhalle umgeben.

In byzantinischer Zeit wurde der Bau zur Kirche umfunktioniert. Davon zeugt noch ein improvisierter Altar: Auf einen Säulenstumpf wurde ein antikes Kapitell gehievt, darauf eine antike Steinplatte gelegt. Umgewidmet wurde das heidnische Kapitell durch die vier eingemeißelten Buchstaben IC XC, die für den Namen Jesus Christus stehen.

Auf drei Seiten war diese oberste Terrasse wie auch die unterste von **Säulenhallen** 18 umgeben, in denen die Heilungsuchenden sich zum sogenannten Tempelschlaf niederlegten – in der Hoffnung, dass ihnen an diesem heiligen Ort Asklepios selbst im Traum erscheine und Hinweise zur Heilung gebe.

Manche Einheimische der Insel glauben, dass von der obersten Terrasse des Asklipieíon noch immer eine heilkräftige Wirkung ausgeht. Deswegen sieht man hier oben manchmal Besucher, die die Archäologie überhaupt nicht interessiert. Sie betreten das antike Heiligtum wie die Menschen vor 2000 Jahren, um hier Schmerzlinderung zu erfahren und legen sich, wenn kaum andere Besucher da sind, auf der obersten Tempelterrasse nieder.

Infos

Linienbus/Trenáki: Zum Asklipieíon gelangt man nicht per Linienbus, sondern nur mit einem Miniaturzug auf Gummirädern, dem sogenannten *trenáki*. Er fährt während der Öffnungszeiten des Asklipieíon stündlich vor der Mole des Mandráki-Hafens neben der Touristeninformation ab. Man muss Hin- und Rückfahrt lösen (5 €). Der Zug hält nicht in Platáni (böse Zungen behaupten, man gönne den türkischstämmigen Wirten dort das Geschäft nicht). Am besten nutzt man ihn nur für die Hinfahrt, läuft auf dem Rückweg dann ca. 30 Minuten bergab nach Platáni und kehrt von dort mit dem Bus (7–23 Uhr halbstündlich) in die Stadt zurück.

Zentrales Kos

Zwischen der Stadt Kos im Osten und Antimáchia liegen die meisten Badeorte der Insel. Die Strände an der Nordküste um Tigáki, Marmári und Mastichári herum gehören zu den schönsten der Insel. Trotz vieler Hotels findet man hier auch noch menschenleere Strandabschnitte. Ganz anders ist der Badeort Kardámena an der Südküste, der neben der Inselhauptstadt das Zentrum des koischen Nachtlebens ist. In den Bergen liegen ursprüngliche Dörfer, die man leicht zu Fuß oder mit dem Bike erreichen kann.

Zipári ▶ L 10

Die Hauptstraße von Kos-Stadt nach Antimáchia hält sich von der Küste fern. Kurz vor Zipári kann man rechts abzweigend die **Kapelle Ágios Ioánnis** auf dem Grundstück eines Bauernhofes besuchen. Im Boden des kublschen Kirchleins erkennt man antike Quader, die zum Bau benutzt wurden. Etwas weiter liegen auf der anderen Straßenseite die Überreste der frühchristlichen **Basilika Ágios Pávlos**. Die Außenmauern der Taufkapelle, deren kreuzförmiges Taufbecken gut erhalten ist, haben die Zeiten überdauert und stehen noch bis zu 5 m hoch.

Zipári ist ein junger, erst vor etwa 80 Jahren entstandener Ort. Vorher lagen hier die Weingärten der Bauern von Ziá und anderen Bergdörfern. An der Hauptstraße macht ein brauner Wegweiser auf die **Basilika Capáma** aufmerksam, die nahe dem Friedhof und dem Gymnasium am oberen Ortsrand liegt. Hier erkennt man außer den Grundmauern des frühchristlichen Baus besonders gut die ehemalige Apsis und das Taufbecken.

Tigáki ▶ K/L 10

In Zipári zweigt eine Straße ins Bergdorf Ziá ab, wenig später führt eine andere Seitenstraße nach Tigáki (auch Tingáki). Es gehört mit seinen 225 ständigen Einwohnern und weit über 2000 Fremdenbetten zur Gemeinde Asfendioú. Das Ortszentrum bilden ein paar Tavernen, Mini-Märkte, Grillstuben und Reisebüros beim großen Kreisverkehr unmittelbar am langen, breiten und feinsandigen Strand. Einen historisch gewachsenen Ortskern gibt es nicht.

Das Hinterland des langen, teilweise von Bäumen beschatteten und flachen Strandes ist nur locker mit Hotels bebaut, in den Flächen dazwischen wird noch Landwirtschaft betrieben. Im Westen grenzt Tigáki, dessen Name ›Pfännchen‹ bedeutet, an eine ehemalige Saline, in der in Vorkriegszeiten jährlich etwa 20 000 Zentner Salz gewonnen wurden. Heute ist der **Alikés-See** ein Überwinterungsgebiet für zahlreiche Wasser- und Watvögel, darunter auch Flamingos, und steht unter Naturschutz.

Übernachten

Für den Strandurlaub – **Kos Palace:** 2 km östlich vom Kreisverkehr an der Uferstraße, Tel. 22 42 06 98 90, Fax 22 42 06 96 00, www.kospalace.gr. DZ HS 90 €, NS ab 60 €. Das moderne, dreigeschossige Hotel mit Pool liegt nur durch die schmale, wenig befahrene Uferstraße getrennt vom kilometerlangen Sandstrand, der hier noch viel Platz bietet. Es hat 117 Zimmer. Die Tennisplatzbenutzung ist kostenlos, einen Fahrrad- und Mopedverleih gibt es gleich nebenan.

Pauschal zu buchen – **Tigáki Beach:** 300 m östlich vom Kreisverkehr, Tel. 22 42 06 94 46-7, Fax 22 42 06 93 09, www.tigakibeach-kos.com, DZ HS ab 80 €, sonst 50 €. Typisches Großhotel mit 248 Zimmern in ruhiger Lage, etwa 150 m vom Strand. Mit Süßwasserpool und Tennisplatz.

Nahe vieler Tavernen – **Sea Side:** 200 m westlich vom Kreisverkehr direkt an der Uferstraße, Tel./Fax 22 42 06 95 77, DZ HS ca. 40 €, sonst ab ca. 30 €. Acht einfache, aber geräumige Studios für 2–4 Personen, 20 m vom Sandstrand entfernt.

Essen & Trinken

Gehobene Küche – **Plóri:** An der Uferpromenade, ca. 100 m westlich des Kreisverkehrs, ganzjährig tgl. ab 11 Uhr, Hauptgerichte 7–13 €. Micháli, der Wirt der Taverne vor dem schönsten und ältesten Haus von Tigáki, bietet vor allem frischen Fisch und Meeresfrüchte. Eine besondere Spezialität ist das Auberginenpüree *melindsanosaláta* aus über Holzkohle gegrillten Auberginen.

Ganz im Inselstil – **Nisiótiko:** An der Hauptstraße, ca. 200 m vor dem Kreisverkehr, April–Okt. tgl. ab 9 Uhr, Hauptgerichte 6–11 €. Urgriechisch gibt sich die kleine Taverne mit ihren karierten Tischdecken, volkstümlichen Wandmalereien und traditionellem Mobiliar. Da macht es wenig aus, dass man statt aufs Meer auf den Straßenverkehr schaut.

Zwischen Weinstöcken – **To Ampéli:** Etwa 2,5 km östlich des Kreisverkehrs, dort an der Uferstraße ausgeschildert, www.ampelirestaurant.gr, Mai–Okt. tgl. ab 10 Uhr, Hauptgerichte 6–10 €. Ausschilderung auch von der Insel-

hauptstraße Kos–Zipári aus. In der Taverne ›Der Weingarten‹ kann man vergessen, dass Kos fast ausschließlich vom Tourismus lebt. Auf der Terrasse eines kleinen, alten Bauernhauses sitzen die Gäste am Rande eines Weingartens. Farbige Zierkürbisse, Knoblauchzöpfe und Vogelbauer zieren die Terrasse nebst zahlreichen handgemalten Tafeln, die griechische Lebensweisheiten verkünden. Zu den Spezialitäten von Wirt Minás gehören das Weizenschrotgericht *pligoúri* (4,50 €), die Sülze *pichtí* und an Wochenenden auch Lamm nach Weinbauernart, *arnáki ambeloboúrgo*. Im September können nen Gäste gern dabei helfen, mit nackten und zuvor natürlich gewaschenen Füssen die Trauben für die Herstellung des Hausweins auszupressen.

Aktiv & Kreativ

Verleih von Surfboards und Tretbooten an verschiedenen Strandabschnitten.

Abends & Nachts

Zum Chillen – **Mascot Disco Bar:** An der Hauptstraße nahe der Einmündung in die Uferstraße. Eine Bar, in der manchmal auch getanzt wird, aber keine Disco im ganz großen Stil. Wer wahres Nightlife sucht, fährt besser in die Stadt.

Ziá ▶ L 11

Im Inselinneren, am Nordhang des 846 m hohen Díkeos, liegen einige kleine Bergdörfer, die bis zur großen griechischen Verwaltungsreform 2011 die Gemeinde Asfendioú bildeten. Unter diesem Namen ist die Dorfgruppe heuten noch bekannt. Das schönste und höchstgelegene von ihnen ist **Ziá**. Die kurvenreiche, schmale Straße führt von Zipári aus durch Mandel- und Obstgärten, Olivenhaine und Kiefernwälder hinauf zu der kleinen Siedlung. Schlank aufragende Pappeln inmitten üppigen Grüns schmücken das Bild des kleinen Dorfes vor alpin anmutenden, schroff aufragenden Felswänden.

Am unteren Dorfplatz sind in den letzten Jahren zahlreiche Tavernen und Souvenirläden entstanden; viele Dorfbewohner bieten Kräuter und Honig zum Kauf an. Eine stufenreiche Gasse führt von hier ins Dorf hinein und zur 1919 erbauten Dorfkirche Ágios Geórgios. Unterwegs kommt man an einer ehemaligen Wassermühle vorbei, in der jetzt Souvenirs verkauft werden. Sie ist die letzte von einst 20 Wassermühlen, die vom Dorfbach angetrieben wurden. Heute wird das Wasser größtenteils von seiner Quelle in Rohren zu den Hotels in der Küstenebene hinuntergeleitet.

Kirche Kímissis tis Theotókou

Am oberen Dorfrand neben der Taverne Sunset Balcony, tagsüber meist bis kurz nach Sonnenuntergang geöffnet

Die Hauptkirche des Ortes wurde 1992–95 von Geórgios Katimetzóglou im traditionellen byzantinischen Stil ausgemalt. Die Kosten dafür trugen Gläubige aus dem Dorf. Dargestellt sind neben einzelnen Heiligen vor allem Szenen aus dem Neuen Testament. An der linken Seitenwand erkennt man u. a. die Hadesfahrt Christi, also seinen Abstieg in das Totenreich gleich nach seiner Auferstehung. An der rechten Seitenwand ist Mariä Entschlafung, die Erweckung des Lazarus von den Toten und die Geburt Jesu zu sehen. Der Dorfpriester hat ein schönes Hobby: Er bastelt kleine Schiffe aus Strandgut. In einer unscheinbaren, kleinen Galerie gleich neben der Kirche kann man sie anschauen und teilweise auch käuflich erwerben.

Souvenirshopping in Ziá mit schöner Bergkulisse im Hintergrund

Essen & Trinken

Zum Sonnenuntergang – **Sunset Balcony:** An der Dorfkirche, April–Okt., Hauptgerichte ab 6 €. Ein Café und Grillrestaurant, das mit grandioser Aussicht lockt. Ausgezeichnete *souvláki,* sehr gut die gebratenen Zucchini- und Auberginenscheiben, lecker die *revithókeftédes,* eine Art Reibekuchen aus Kichererbsenmehl. Typischer vegetarischer Teller zum Glas Wein ca. 3–5 €.

Jüngere Alternative – **Smaragd:** An der Dorfkirche, April–Okt., Hauptgerichte ab 6,50 €. Nachdem das Sunset Balcony lange konkurrenzlos war, hat jetzt ein paar Schritte davon entfernt ein zweites Lokal aufgemacht, von dessen Dachterrasse aus man einen fantastischen Blick auf den Sonnenuntergang hat.

Mein Tipp

Beautiful Greece
Wenige Meter unterhalb der Dorfkirche von **Lagoúdi** steht ein kleiner Gutshof, der heute den Namen **I Oréa Elláda** trägt. Christina Zentéli-Colman hat ihn in ein kleines Paradies verwandelt. Ein kleines Café mit grandioser Aussicht ist mit Malereien der Belgierin geschmückt. Hier werden die Mandelmilch *soumáda* und die Zimtlimonade *kanelláda* serviert, griechischer Mokka kommt im typischen Stielkännchen auf den Tisch. Das Tagesgericht wird stets frisch zubereitet. Am Garten liegt ein Laden mit antikem Schmuck, am oberen Innenhof werden zwei Apartments vermietet (tgl. ab 10 Uhr, Tel. 22 42 06 90 04).

Aktiv & Kreativ

Für Gipfelstürmer – **Besteigung des Díkeos:** Den 846 m hohen Gipfel des Díkeos erreicht man am besten von Ziá aus. Für Auf- und Abstieg sollte man mindestens 4–5 Stunden einplanen. Am besten startet man am frühen Morgen – und natürlich nur an wettersicheren Tagen.

Abends & Nachts

Zorbás zum Mittanzen – **Fantasía:** An der Zufahrtsstraße am unteren Dorfrand, Mai–Okt., Di und Do geschl. In diese Großtaverne mit schöner Aussicht bringen zahlreiche Ausflugsbusse aus den Badehotels Urlauber zum ›Griechischen Abend‹. Essen und Trinken sind im Preis (25 €) inbegriffen; die Tänzer treten in Kostümen auf. Wer mag, kann später auch mittanzen.

Evangelístria und Lagoúdi ▶ L 11

Unterhalb von Ziá liegen die beiden Dörfer Evangelístria und Lagoúdi. **Lagoúdi** ist vor allem wegen seiner für Kos so untypischen Verschlafenheit einen Besuch wert, **Evangelístria** ist eher langweilig. Doch haben die Gotteshäuser in beiden Orten ihren besonderen Reiz.

Kirche Evangelismós tis Theotókou

Evangelístria, am Hauptplatz; geöffnet, wenn der Priester anwesend ist
Seit 1910 steht eine Mariä Verkündigung geweihte Kirche an der Platía des Dorfes Evangelístria, das auf Deutsch »Verkündigung« heißt. Seit dem Jahr 1987 wird sie ebenfalls mit traditionel-

Malerisch in der Landschaft gelegen: die Kirche Zoodóchos Pigí

len Wandmalereien im byzantinischen Stil ausgestattet. Wie so viele griechische Kirchen besitzt sie – ähnlich wie in jeder Moschee – eine Frauenempore, auf der noch bis vor etwa 60 Jahren zumindest alle unverheirateten Frauen und alle Mädchen dem Gottesdienst beizuwohnen hatten.

An der linken Seitenwand der Kirche ist u. a. die Geburt Mariens dargestellt, an der rechten Maria als Leben spendender Quell. An der Wand hinter der Treppe zur Empore ist die im 4. Jh. den Opfertod gestorbene zypriotische Märtyrerin Agía Paraskeví zu sehen. Der Legende nach wurden ihr von ihren Peinigern die Augen ausgestochen. Wie auf vielen ihrer Darstellungen trägt sie sie auch hier auf einer Schale vor sich her. Sie gilt als Schutzheilige der Augenkranken und Blinden.

Eine wohl nur für Theologen interessante, sehr selten zu findende Darstellung ist bei geöffneter Königstür (Mitteltür, die ausschließlich vom Klerus durchschritten werden darf) in der Apsis hinter der Ikonostase zu sehen. Kirchenväter, also Verfasser früher liturgischer Schriften, treten in ihren mit Kreuzen verzierten Gewändern auf einen Altar zu, auf dem Kelch und Brotschale wie zum Abendmahl bereitstehen. In der Schale liegt der Leib Christi als Brot.

Kirche Zoodóchos Pigí
Lagoúdi, leicht erhöht südlich der Hauptstraße; geöffnet, wenn der Priester anwesend ist
Die markant leicht über dem Ort erbaute Kirche mit ihrer weithin sichtbaren blauen Kuppel, die Maria als Leben spendendem Quell geweiht ist, wurde in den Jahren 1985–97 mit Wandmalereien im traditionell byzantinischen Stil ausgestattet. Der namensgebenden Thematik ist ein großes Bildfeld an der rechten Seitenwand oben gewidmet, in dem Maria als Bekrönung eines Brunnens zu sehen ist, zu dem Gebrechliche und Kranke strömen: ein Blinder, ein Mann an Krücken und ein Lahmer. Sie werden mit Wasser aus

dem Quell begossen und dadurch augenblicklich geheilt.

Essen & Trinken

Sehr dörflich – **Ftochí Kalýva:** Einfaches Kafenío direkt an der Dorfstraße von Lagoúdi, etwas oberhalb der Kirche, preiswert. »Die arme Hütte« nennt sich das Lokal, in dem Dionysía und ihr Mann Andónis Kaffee und Getränke servieren, darunter auch – allerdings nur solange der Vorrat reicht – eigenen Rotwein.

Aktiv & Kreativ

Zu Fuß an die Küste – Von Lagoúdi aus kann man in ca. einer Stunde zur Straße in der Küstenebene hinunterwandern und hat dabei fast stets die Ägäis und die türkische Küste vor Augen: Man nimmt dazu den Feldweg links, der unterhalb der Kirche vorbeiführt. Kurz darauf zweigt man dort, wo der Weg wieder anzusteigen beginnt, auf den Grasweg nach rechts ab, der bald in einen kleinen Pfad übergeht. Wo dieser an einer Hausruine auf einen anderen Weg mündet, wendet man sich nach links und gelangt auf eine Asphaltstraße, die später auf die Hauptstraße stößt, wo man einen Bus zur Stadt Kos besteigen kann.

Marmári ▶ K 10

Marmári war einst nur der Bootsliegeplatz für das Binnendorf Pylí. Heute werden hier über 3500 Fremdenbetten vermietet. Wie in Tigáki liegen die Hotels jedoch weit in der Landschaft verstreut, ein historisch gewachsener Ortskern fehlt. Tavernen und Geschäfte findet man vor allem an der langen Straße ins Binnenland und dort, wo sie auf den Strand trifft – und die Zu-

---

Tipps für Surfer

Der Wind weht auf Kos zwischen April und Oktober mit durchschnittlich 4 Beaufort, zu 90 % aus Nordwest. Die konstantesten Bedingungen findet man zwischen Mitte Juni und Ende August vor. An der gesamten Nordküste weht der Meltémi schräg auflandig, an der Ostküste in etwa parallel zum Ufer. Zu diesen Komfort-Startrampen für Surfer gehören die Strände von Mastichári, Mármari und Tigáki.

Die Bucht von Kéfalos ist ein Speed-Revier par excellence. Der Wind weht hier schräg ablandig; im Vergleich zu allen anderen Spots der Insel weht es hier, durch eine lokale Thermik bedingt, mit etwa 2–3 Beaufort stärker. Im Uferbereich, 25 bis 50 m vom Strand entfernt, ist der Wind oft recht böig, legt dann aber kräftig zu und wird konstant.

Einen Leckerbissen für Spezialisten hält die Insel im Nordwesten parat: den Wellenspot Ágios Theológos. Nach zwei bis drei Tagen kräftigen Meltémis baut sich hier eine 2–3 m hohe Welle auf. Im Uferbereich muss man auf im Wasser liegende größere Steine und auf eine leichte Strömung Obacht geben. Bei Wellen von 3–4 m Höhe sollte man jedoch das Revier den Einheimischen überlassen und ihnen aus sicherer Entfernung von der Taverne aus zuschauen.
Detlev Schroeter

nahme der All-inclusive-Ferienanlagen hat der vorhandenen Dorfinfrastruktur alles andere als einen Gefallen getan. Anders als in Tigáki wird der kilometerlange Sandstrand hier von kleinen Dünen gesäumt, die das Sonnenbaden etwas idyllischer machen als dort. Mehrere Wassersportstationen sorgen dafür, dasss sportbegeisterte Urlauber auf ihre Kosten kommen.

Übernachten

Klassiker im Zentrum – **Marmári Beach:** 150 m östlich des Ortszentrums, Tel. 22 42 04 12 19, www.marmaribeach.gr., DZ ÜF inkl. HP ab ca. 125 €, sonst ab ca. 72 €. Zentrums- und strandnahes Großhotel mit 320 Zimmern in einem weitläufigen, 65 000 m² großen Gartengelände. Der Clou sind die drei Pools mit zusammen 5000 m² Wasserfläche plus drei zusätzlichen Planschbecken. Miniclub für 4- bis 11-Jährige, Fahrradverleih im Haus.

Für sportlichen Strandurlaub – **Caravia Beach:** 1 km östlich des Ortszentrums, Tel. 22 42 04 12 91, Fax 22 42 04 12 15, www.caraviabeach.gr, Mai–Okt., 298 Zimmer, DZ HS/ÜF ca. 215 €, sonst ab ca. 110 €. Gute Adresse für Urlauber, die viel Wassersport treiben wollen. Außerdem gehören zum Hotel 4 Tennisplätze und ein Minigolfplatz mit Flutlicht. Ein kostenpflichtiger Hotelbus fährt mehrmals täglich in die Stadt Kos.

Familiäre Alternative – **Cavo d'Oro:** 400 m östlich des Ortszentrums direkt am Strand, mit dem Fahrzeug der Ausschilderung zum Hotel Caravia Beach folgen, Tel. 22 42 04 18 00, Fax 22 42 04 10 47, www.cavodorohotel.gr, DZ HS ab ca. 63 €, sonst ca. 37 €. Kleine Anlage mit nur 21 Studios und Apartments, schöner Garten zum Strand hin,

inkl. Restaurant. Inhaber Stélios spricht deutsch.

Essen & Trinken

Wohltuend ländlich – **Apostólis:** An der Hauptstraße in den Ort, April–Okt., Hauptgerichte ab 6 €. Taverne mit wohltuend ländlichem Charakter und familiärer Atmosphäre. Hausgemachtes Zaziki, das Gemüse und die Salate stammen zum Teil aus eigenem Anbau.

Aktiv & Kreativ

Gokart – **Chrístos Gokarts:** An der Straße von Marmári nach Tigáki, Tel. 22 42 06 81 84, www.christosgokarts. com, Mai–Okt. tgl. 9.30–23 Uhr. Verschiedene Fahrzeugtypen für Erwachsene und schon für Kinder ab 3 Jahren.
Hoch zu Ross – **Salt Lake Riding Centre:** Nördlich der Straße von Marmári nach Tigáki, Bushaltestelle an Chrístos Gokarts, ab dort ausgeschildert, Mobiltel. 69 44 10 44 46, Mai–Okt. Mo–Fr 10–13, tgl. 16–20 Uhr, Ausritte: 30 €/ 1 Std., 45 €/ 2 Std. Täglich einstündige, begleitete Strandritte, mehrmals wöchentlich morgens längere Ausritte am Strand oder in die Berge.
Kühles Nass zum Ersten – **Wassersport-Center Caravia Beach:** Vor dem gleichnamigen Hotel östlich von Marmári, Mobiltel. 69 44 55 84 05, www.caravia-wassersport.de, Mitte April–Okt. Deutsches Management. Surf-, Segel- und Wasserskikurse, Materialverleih: Surfbrett 14€/ Std., Segeljolle 21 €/Std.
Kühles Nass zum Zweiten – **Fun2Fun:** Vor dem Grecotel Royal Park, westlich des Zentrums, Tel. 22 42 22 06, Mobiltel. 69 42 69 55 76, www.fun2fun-kos.de. Surfausrüstung ab 20 €/Std., 200 €/10 Tage. Deutschsprachige Station für Windsurfen, Wasserski und

Jollen- oder Kat-Segeln. Großes Kursangebot (Surfen, Kiten, Katamaransegeln).

Ganz zentral – **Marmári Windsurfing:** Erste Wassersportstation nahe dem Zentrum Richtung Kos, Tel. 69 40 60 72 80, www.marmari-windsurfing.com, Mai–Okt. Surfboards 20 €/Std., 55 €/Tag, 220 €/Woche. Kanu 5 €/Std. Wassersportstation des Österreichers Beat Leuenberger, Kurse, Verleih und Einlagerung, auch Vermietung von Hobie-Cats und Kanus.

Abends & Nachts

Kommunikationszentrum – **Music Café Insel:** An der Hauptstraße, Mai–Okt. tgl. ab 20 Uhr. Keine Disco, getanzt wird aber trotzdem. Der deutsche Inhaber ist auch Betreiber einer Surfstation am Strand.

Pylí ► K 11

An der Inselhauptstraße liegt nahe der Marmári-Abzweigung das 1925 von den Italienern gegründete Dorf Linopótis. Dort beginnt an einem ummauerten Quellteich die Zufahrtsstraße ins Binnendorf Pylí.

Pylí (2450 Einw.) wird wesentlich seltener als Ziá besucht und wirkt dadurch als altes Bergdorf inmitten von Feldern noch sehr viel ursprünglicher. Hotels und Pensionen sucht man hier vergebens, auch die Auswahl an Tavernen ist ziemlich gering. Letztere vermitteln einige Privatunterkünfte für Übernachtungswillige. Dafür gibt es für Kunstinteressierte zwei Galerien, die einen Besuch lohnen (Adressen s. Rubrik Einkaufen S. 137). Am besten parkt man seinen Mietwagen auf dem Parkplatz unmittelbar unterhalb der Galerie Bus Stop Gallery und geht von

dort zunächst etwa 150 m bis zur zentralen **Platía Agíou Nikoláou** hinauf. Von diesem Platz aus sind alle Sehenswürdigkeiten in wenigen Minuten fußläufig bequem zu erreichen.

Kirche Evangelístria
Am Dorfplatz, tagsüber frei zugänglich
Die kleine, alte Dorfkirche wurde in den letzten Jahren mithilfe der Spenden gläubiger Gemeindemitglieder neu im traditionellen byzantinischen Stil ausgemalt. Dargestellt sind an der linken Seitenwand die Kreuzigung und die Höllenfahrt Jesu, an der rechten Jesu Geburt und die Verkündigung Mariens. An der Westwand ist Jesu Taufe im Jordan zu sehen.

Traditional House/Traditionelles Haus
Am Dorfplatz, sporadisch geöffnet, Eintritt 1 €
In dem kleinen, alten Bauernhaus aus dem 19. Jh. kann man sich einen Eindruck darüber verschaffen, wie einfache Leute auf Kos noch in der ersten Hälfte des 20. Jh. lebten.

Paleó Pigí/Alter Dorfbrunnen
150 m westlich der Platia, Hinweisschild ›Water Spring‹ folgen
Am 1592 angelegten Brunnen holten die Dorfbewohner noch bis in die Zeit nach dem Zweiten Weltkrieg hinein ihr Wasser, das aus kürzlich restaurierten Löwenköpfen fließt (s. auch Lieblingsort, S. 138).

Grab des Hármylos (Táfos tou Charmílou)
Frei zugänglich, 300 m nordöstlich der Platía, an der Straße nach Kardámila ausgeschildert.
Aus dem 4. Jh. v. Chr. stammt der tonnengewölbte Bau mit je sechs Grabnischen in den Längswänden. Über dem

Grab sind Mauerreste eines Tempels oder Mausoleums zu erkennen, dessen Rückwand später als linke Seitenwand in den Bau der kleinen **Kapelle Stavroú** miteinbezogen wurde. Daraus lässt sich schließen, dass es sich bei der Anlage nicht um ein einfaches Familiengrab handelte, sondern wohl eher um die kultische Verehrungsstätte für einen mythischen Helden, von dem allerdings nichts als der Name Hármilos überliefert ist. Er gilt als Stammvater eines mythischen koischen Herrschergeschlechts, der hier vielleicht zusammen mit den zwölf olympischen Göttern (daher zwölf Nischen) verehrt wurde.

Schön ist die Frontseite der Kapelle, in der zwei antike Quader mit schönem Eierstabdekor sowie ein frühchristliches Kreuzrelief verbaut wurden. Weitere Spolien aus dem Altertum liegen rings um die Kapelle verstreut.

Essen & Trinken

Fisch in den Bergen – **Old Pylí:** Zwischen Amanioú und Paleó Pylí links der Straße, Mai–Okt. tgl. 10–23 Uhr. Fischtaverne mit Panoramablick auf die Burg und das Meer. Der Wirt ist selbst Fischer, aber kein gelernter Wirt. Wer also Uriges mag, fühlt sich hier sicher wohl, wer Feines sucht, geht besser anderswo hin. Angeboten wird typisches Fischessen mit offenem Wein und Salaten ca. 15–20 €. Als leichte Mahlzeit lecker ist die Fischsuppe des Hauses (ca. 6 €).

An der Platía – **Drósos:** Am Dorfplatz, Mai–Okt. tgl. 8–24, Nov.–April tgl. 18–24 Uhr, Hauptgerichte ab 6 €. Die aus Dänemark stammende Wirtin Pia und ihr griechischer Mann Vassílis bieten in ihrer modernen Taverne klassische griechische Tavernenkost an.

Am Alten Dorfbrunnen – **Old Waterspring:** 150 m westlich der Platía, tgl. ab 10 Uhr. Die liebenswerten Wirtsleute des einfachen Lokals und ihre drei Kinder servieren außer Getränken auch besonders leckere gebratene Zucchini- und Auberginenscheiben, gute *dolmadákia* und auch Gegrilltes vom Schwein. Glas Wein und kleiner Gemüseteller 6 € (s. auch Lieblingsort S. 138).

Einkaufen

Große Malerei – **Bus Stop Gallery:** An der Bushaltestelle ca. 100 m unterhalb der Platía, 22 42 04 21 04, www.busstopgallery.kosweb.com, im Sommer tgl. 9–20 Uhr geöffnet. Galerie des österreichischen Malers Kurt Hlavacek (Künstlername Sol) und seiner niederländischen Frau Nel, die schon lange in einem alten Häuschen im Dorf wohnen. Öl- und Acrylmalereien, Schmuck, Objekte, auch Malkurse. Eine zweite Galerie gibt es am Skulpturenrondell im Hotel Neptune (s. S. 141).

Kleine Werke – **Remko & Ria:** An der Platía, tgl. ca. 10–21 Uhr. Zwei Geschäfte eines niederländischen Künstlerpaares, angeboten werden Aquarelle, Radierungen, Silberschmuck und Keramiken.

Aktiv & Kreativ

Bunt sind alle meine Farben – **Bus Stop Gallery:** An der Bushaltestelle ca. 100 m unterhalb der Platía gelegen, 22 42 04 21 04, www.busstopgallery.kosweb.com. Der Maler Kurt Hlavacek bietet Malkurse (Acryltechnik) für bis zu vier Teilnehmer, mitmachen können Malbegeisterte aller Könnerstufen. Die Malkurse finden an verschiedenen Orten der Insel statt. Ab 100 € pro Person und Tag.

Alter Brunnen von Pylí ▶ K 11
Wenige Meter westlich der modernen Platía sprudelt frisches Trinkwasser aus den über 400 Jahre
alten Löwenköpfen eines massiven
Brunnenbaus. Stille liegt über dem
Platz, nur selten überquert ihn ein
Mensch. Die Ruhe strahlt aus auf
die Terrasse der einfachen Taverne
Old Waterspring am oberen Platz-
rand, der ein mächtiger *Ficus ben-
jamina* angenehmen Schatten
schenkt. Wirt Geórgios, seine Frau
Evangelía und ihr Sohn Manólis
servieren ländliche Köstlichkeiten
wie in Rotwein eingelegten Käse
(tirí krassáto) und gefüllte Weinblätter, freuen sich aber auch über
Gäste, die nur einen Mokka trinken. Hier könnte ich stundenlang
träumend verweilen.

Paléo Pylí ❗ ▶ K/L 11

In Pylí zweigt an der Kirche des Ortsteils Ágios Geórgios eine ausgeschilderte Straße nach **Amanioú** ab. In diesem stillen, unscheinbaren Dorf mit seinen einfachen Kaffeehäusern und Tavernen beginnt dort, wo sich die asphaltierte Hauptstraße nach links wendet, die Zufahrtsstraße nach Paléo Pylí (Alt-Pylí).

Alt-Pylí ist eines der landschaftlich reizvollsten Ausflugsziele der Insel. Vorbei an der weit abseits des Meeres gelegenen, sehr guten Fischtaverne Old Pylí geht die Fahrt bis an den Fuß des Inselgebirges und erreicht dort einen Wald. Hier muss man sein Fahrzeug stehen lassen und den von einer kleinen Burgruine gekrönten Berg, an dem das alte Dorf lag, zu Fuß erklimmen. Menschen lebten hier seit dem Mittelalter; erst eine Cholera-Epidemie im Jahr 1830 ließ die Siedlung veröden. Heute streifen nur noch Ziegen zwischen den verfallenden Mauern herum; es kommt immer wieder vor, dass Teile der Burg oder auch die ganze Burg zeitweise wegen Einsturzgefahr abgesperrt sind.

Vier Kirchen stehen noch, wovon jedoch zwei einen zweiten Blick lohnen. In der **Kirche Asómati Taxiárches Gavriíl ke Michaíl** am unteren Dorfrand sind nur einige Freskenreste erhalten. Interessanter ist die große **Kirche Panagía ton Kastrianón** dicht unterhalb der Burg. Sie wurde gleichzeitig mit dem byzantinischen Kastell schon im 11. Jh. erbaut, ihre Freskenreste werden ins 14. Jh. datiert.

Als schöner Platz für ein Picknick eignet sich schließlich die Burgruine auf dem hohen Gipfel, von der aus der Blick weit über Kos zu den Nachbarinseln Psérimos und Kálymnos schweifen kann.

Essen & Trinken

Lohnt die Anstrengung – **Ória – Rock:** tgl. ab 9 Uhr, Tel. 69 74 40 88 43, Dolmádes 5 €, Schweinekotelett 7 €. Der deutschsprechende Wirt Geórgios hat sein Geburtshaus in einem ansonsten verlassenen Weiler auf einer Bergkuppe gegenüber dem Burghügel in eines der außergewöhnlichsten Cafés der Insel verwandelt. Vom Feldweg aus, der am Weg hinauf nach Paléo Pylí beginnt, führt nach wenigen Metern ein ausgeschilderter Wanderpfad in etwa 15 Minuten hinauf. Droben sitzt man im Grünen wie auf einer Alm, genießt Ruhe, Ausblick, Soft Drinks, Kaffee oder ein Glas Wein. Dazu kann man auch einige kleine Gerichte bestellen.

Aktiv & Kreativ

Das Glück dieser Erde – **Alfa Horse:** Nahe Amanioú, oberhalb der Straße nach Lagoúdi, Tel. 22 42 04 19 08, Fax 22 42 04 86 09, www.alfa-horse.de. Der Reitstall bietet neben Ausflügen für sattelfeste Erwachsene auch Reitunterricht und eine Ausbildung im Dressurreiten an.

Infos & Termine

Termine
Kirchweihfest (1./2. Febr.): Bei gutem Wetter wird das große Kirchweihfest mit gemeinsamem Essen, Musik und Tanz um die Kirche Panagía ton Kastrianón gefeiert. Was besonders reizvoll ist: Zu dieser Zeit sind praktisch keine Touristen auf der Insel.

Verkehr
Keine Linienbusverbindung; wer kein Fahrzeug hat, muss ab Pylí laufen.

Mastichári ▸ J 11

Wie Tigáki und Marmári ist Mastichári ein nur locker bebauter, weitläufiger Ort mit schönen Sandstränden und etwa 2500 Fremdenbetten. Als einziger der drei Badeorte an der Nordküste verfügt die Ortschaft über ein zumindest ansatzweise erkennbares Dorfzentrum und einen Hafen, der von Fischer- und Ausflugsbooten, Jachten und der Autofähre nach Kálymnos genutzt wird.

An einigen Strandabschnitten findet der Besucher wohltuenden Schatten unter Tamarisken. Östlich des Zentrums gibt es sogar eine landschaftlich ansprechende niedrige Steilküste zu bewundern.

An der schmalen Straße, die durch Felder und Weiden nach Mastichári führt, steht rechts nach 1,9 km, etwa 10 m vom Asphalt entfernt und frei zugänglich, die weiße **Kapelle Ágios Geórgios Loízos**, in der – wie so häufig – antike Spolien verbaut wurden. Sie dürfte etwa 800 Jahre alt sein und steht sehr malerisch unter einer weit ausladenden Pinie. Eine Innenbesichtigung ist nicht möglich.

Liebhaber frühchristlicher Basiliken werden aber westlich des Ortes unmittelbar vor dem Hotel Achilleas Beach fündig. Man kann am Meer entlang auf einem gepflasterten, etwa 2 km langen Weg dorthin wandern oder durch das Hotel dorthin gehen. Die eingezäunten, aber vom Strand aus frei zugänglichen Ruinen der **Basilika Ágios Ioánnis** aus der Zeit um 500 stammen von einer am Grundriss noch gut erkennbaren dreischiffigen Kirche mit Narthex und einer in der Nordostecke angefügten Kapelle mit kreuzförmigem Taufbecken. Die Bodenmosaike der Kirche sind zu ihrem Schutz mit Kies bedeckt.

Übernachten

Vielseitig und sportlich – **Neptune:** 5 km östlich des Ortes direkt am Strand, Tel. 22 42 04 14 80, Fax 22 42 04 15 74, www.neptune.gr, DZ HS ca. 235 €, sonst ab ca. 180 €, April–Okt. geöffnet. 570 Zimmer und Apartments für bis zu 4 Personen. Großhotel mit vielen Sport- und Animationsangeboten, ein Wassersportzentrum, eine 18-Loch-Chip-&-Putt-Anlage für Golfer, ein großer Wellnessbereich und ein Mountainbikeverleih stehen zur Verfügung. Zum großen Hallenbad und zum Fitnesscenter haben junge Gäste erst ab 16 Jahren Zutritt, dafür gibt es mehrmals wöchentlich eine Kinder-Disco. Sehr engagiert für moderne Kunst im Hotelbereich (s. auch Entdeckungstour S. 142).

Groß und ortsnah – **Mastichári Bay:** 500 m östlich vom Ortszentrum, Tel. 22 42 05 93 00, Fax 22 42 05 93 07, www.masticharibayhotel.com, DZ im Juli ca. 100 €, im Mai ab ca. 55 €, April–Okt. geöffnet, 20 % Frühbucherrabatt bei Buchung bis zum 15. Febr. Architektonisch sehr ansprechendes, überwiegend aus zweigeschossigen Bauten bestehendes 4-Sterne-Strandhotel mit 226 Zimmern.

Fast privat – **Nektaría:** An der Straße, die parallel vom Hafen zum Strand leicht ansteigend landeinwärts verläuft, Tel. 22 42 05 90 59, DZ HS ca. 30 €, sonst ab ca. 22 €, April–Okt. geöffnet. Die Besitzer María und Vassilis Skaléris vermieten 5 Studios mit Bad und Balkon und kümmern sich herzlich um ihre Gäste.

Für Zwischenübernachtungen ideal – **Sea Breeze:** An der Uferstraße ca. 100 m östlich des Hafenplatzes, Tel. 22 42 05 91 71, Fax 22 42 05 91 72, www.seabreezekos.gr, DZ/ÜF HS ab 43 €, sonst ab ca. 35 €, April–Okt. geöffnet. Kleines Hotel mit familiärer Atmosphäre und 18 Zimmern.

Auf Entdeckungstour

Mythologischer Skulpturenweg

Die antike Welt war voller Mythen. Der bayerische Plastiker und Gestalter Peter R. Müller hat sie auf dem weitläufigen Gelände des Hotels Neptune auf seine ganz eigene, unverwechselbare Art wieder lebendig werden lassen. Moderne Schrottkunst deutet hier uralte Geschichten.

Infos: Das Hotel Neptune liegt am Strand zwischen Mastichári (▶ J 11) und Marmári (▶ K 10). Die Skulpturen stehen auf dem frei zugänglichen Hotelgelände. Besucher sind jederzeit willkommen, solange sie sich auf das Betrachten der Kunstwerke, den Einkauf in den Geschäften und Galerien des Hotels oder den Konsum in den Hotelrestaurants beschränken. Alle Skulpturen tragen im Sockel den Namen des oder der Dargestellten.

Metallkünstler Peter R. Müller, Jahrgang 1944, lebt im bayerischen Irrsee. Seine ersten Schrottskulpturen hat er 1980 in Bergamo ausgestellt. 2005–09 schuf er den »Mythologischen Skulpturenweg« in einem der besten Hotelresorts der Insel. Uralte Mythen von unvergänglichem Wert nehmen hier in vergänglichem Material moderne Formen an, laden ein zur fantasievollen Beschäftigung mit einer anderen Zeit und ganz individueller Interpretation.

Neonfarbene Blitze

Im Zentrum des Rondells, um das herum die meisten Skulpturen platziert sind, schleudert **Göttervater Zeus** seine neonfarbenen Blitze besonders eindrucksvoll, wenn die Sonne sie im Gegenlicht aufleuchten lässt. Es wird deutlich: Die Energie, die in diesem Gotte steckt, macht ihn zur zentralen Figur im griechischen Pantheon.

Fabelhafte Tiere

Damit Zeus und der griechische Geist der Antike sich entwickeln konnten, mussten aber zunächst die Repräsentanten der wilden Natur und der noch nicht hellenisierten Vorzeit überwältigt werden. Einer von ihnen steht in Gestalt des **Minotauros** Zeus gegenüber. Die Athener, die in klassischer Zeit die unbestrittene geistige Führungsrolle an sich gerissen hatten, mussten diesem Stiefsohn des kretischen Königs Minos in prähistorischer Zeit regelmäßig sieben junge Männer und Frauen als Opfer darbringen. Der Athener Königssohn Theseus überwältigte ihn schließlich. Damit befreite er seine Stadt aus den dunklen Fängen der Vorzeit und ebnete mit den Weg zum geistig-demokratischen Höhenflug der Athener. Müller zeigt den Minotaurus nicht als Stier, sondern als Menschen mit Stierelementen: Dunkle

Mächte können auch anthromorphe Gestalt annehmen.

Menschliche Emanzipation

Zum Kreis um Zeus gehören zwei Repräsentanten einer Geisteshaltung, die sich aus den Zwängen des gottgegebenen menschlichen Körpers und religiöser Vorgaben lösen wollten: Prometheus und Ikaros. **Ikaros** wurde zum ersten Absturzopfer der Weltgeschichte, als er sich mit seinem Vater Dädalos von der Erde erhob, aber beim Vogelschwingenflug der Sonne zu nah kam. Trotzdem war beider Flug nicht umsonst, hat er die Menschheit doch immer wieder inspiriert. **Prometheus,** Abkomme göttlicher Vorfahren, war ein besonderer Freund der Menschen, der ihnen sogar das Feuer vom Himmel holte – Symbol für den Kulturfortschritt. Zeus ließ ihn dafür an einen Fels schmieden, wo ihm ein Adler allnächtlich die nachwachsende Leber abfraß, bis Zeus ihm vergab. Wir haben das Feuer noch immer: dank eines Helden, der Göttern trotzte.

Eine männliche Weltsicht

Die gesamte griechische Mythologie ist in den Hirnen von Männern entstanden. Junge griechische Autorinnen deuten sie im weiblichen Sinne um. Müller sucht in seiner Darstellung der **Amazone** nach einem Ausgleich. Gemäß griechischen Mythos waren die Amazonen ein kriegerisches Frauenvolk in Kleinasien, die im Trojanischen Krieg vehement gegen die griechischen Achäer kämpften. Der Mythos rächt sich dafür an ihnen, indem er sie als Frauen mit nur einer Brust schilderte, die sich die zweite amputieren ließen, um den Bogen besser führen zu können. Müller stellt die Amazone üppig zweibrüstig dar: Frauen können auch ganz Frau bleiben und trotzdem Männern ebenbürtig sein, könnte man da als Botschaft herauslesen.

Essen & Trinken

Ein Hauch von Sylt – **Tam Tam:** Am Strand zwischen dem Hotel Neptune (2 km) und Mastichári (3 km), an der Küstenstraße ausgeschildert, www.tamtam.gr, Mai–Okt. tgl. 10–24 Uhr, Küche tgl. 12–22.30 Uhr, Hauptgerichte ab 6 €, Filterkaffee 2,30 €, Erdinger Weißbier 4 €, griechische Bauernbratwurst mit Pommes 3,70 €. Das alteingesessene Beach Restaurant auf grünem Rasen in den niedrigen Dünen östlich von Mastichári hat nichts mit den modernen Beach Lounges gemein, die überall im Land aus dem Boden sprießen. Hier spielt das natürliche Ambiente die Hauptrolle. Kühe weiden auf den Feldern gleich nebenan, die nächsten Hotels und andere Bauten sind einige hundert Meter entfernt. Zum lockeren Ambiente passt auch die kleine Boutique mit Mode, Schmuck und Kleinkunst aus aller Welt. Kinder haben viel Platz zum Spielen.

Bei einer Bauernfamilie – **Traditional Greek House:** Am Strand nördlich des Hafens in Richtung Hotel Achilléas Beach, April–Okt., Hauptgerichte 5–12 €. Taverne einer Bauernfamilie, die nur Produkte der Region verwertet. So stammt der Joghurt aus der Käserei eines Schwagers von Wirt Sávas, das Brot backt Sávas in einem Steinbackofen. Täglich stehen drei frisch zubereitete Tagesgerichte zu sehr günstigen Preisen auf der Karte. Gute Spielmöglichkeiten für Kinder!

Einkaufen

Ein Herz für Tiere – **Pia & Ira:** Im Ortszentrum. Die beiden sehr gut deutsch sprechenden Inhaberinnen haben die Souvenirs und Schmuckstücke, die sie anbieten, mit viel Geschmack bei griechischen Herstellern ausgewählt. Zugleich sind die beiden die aktivsten Tierfreunde im Ort: Sie nehmen Futterspenden für streunende Hunde und Katzen entgegen und helfen Urlaubern, die einen griechischen Hund adoptieren und mitnehmen wollen.

Aktiv & Kreativ

Wassersportzentren finden sich zahlreich vor den Großhotels Achilléas Beach und Neptune Beach.

Deutschsprachig – **Water Proof:** 350 m westlich vom Hafen, Tel. 69 73 35 41 98, www.water-proof.de. Joe Schimpf und Debbie Schaeffer, die beide schon lange auf Kos ansässig sind, bieten Kurse fürs Wind- und Kitesurfen sowie Cat-Segeln, vermieten auch das Equipment sowie Tretboote und Kanus. Surfboards 15 €/Std., Kitesurfen 35 €/Std., Tretboot 9 €/Std., Kanu 6 €/Std., 10-stündiger Anfängerkurs im Windsurfen 160 €, im Cat-Segeln 250 €.

Für manche eine Alternative zum Meer – **Lido Water Park:** An der strandnahen Straße Richtung Marmári, Tel. 22 42 05 92 41, www.lidowaterpark.com, tgl. 10–19 Uhr, Eintritt 18 €. Wer sich beim Sonnen gern von Musik beschallen und beim Schwimmen viele Leute um sich herum braucht, schätzt vielleicht das große Spaßbad 300 m vom Meer entfernt. Auf 80 000 m² bietet es Liegewiesen, Bars und Fast-Food-Stätten, dazu Wasserrutschen, Whirlpools und einen Lazy River. Sollte jemand doch die Meereswellen vermissen, steigt er ins Wellenbecken.

Abends & Nachts

Im Zentrum die einzige – **Number One Bar:** Im historischen Ortszentrum gelegene, hübsch aufgemachte Bar, die spät am Abend zur Disco wird.

Infos

Fähren nach Psérimos und Kálymnos:

Zwei Reedereien konkurrieren auf der Strecke, beide haben ihre Fahrpläne optimal auf die Linienmaschinen von und nach Athen abgestellt. Mit den **Schnellbooten** der ANEK kommt man mindestens 5 x tgl. in 20 Minuten von einer Insel zur anderen (www.kalymnos-isl.gr). **Tickets** an der Straße, die an der Taverne Kálymnos beginnt, 20 m landeinwärts im nicht als Fahrkartenverkaufsbüro gekennzeichneten, kleinen Hotel Mastihari Beach.

Mit den **Autofähren** der ANEM ist die Überfahrt etwas preiswerter (5 €/ Person oder Bike, 17 €/Pkw), aber auch länger (45 Min., www. anemferries.gr). **Tickets** am Fahrkartenkiosk am Ansatz der Hafenmole).

Mein Tipp

Picknick im Wald

Ein besonders an heißen Tagen lohnenswerter Abstecher führt von Antimáchia aus zum **Pláka Forest**. Man fährt in Richtung Flughafen, passiert das nördliche Ende der Landebahn und den alten Kontrollturm. An der dem hl. Nikolaus geweihten, weißen Kapelle mit blauer Dachtonne zweigt man nach rechts ab und gelangt nach 2 km zu einem weitläufigen Picknickplatz unter hohen Kiefern und Pinien. Pfauen spazieren umher und schlagen ihre Räder; an Sonn- und Feiertagen herrscht Hochbetrieb, wenn koische Familien zum Grillen kommen.

Antimáchia ▶ J 11

Mit 2200 Einwohnern ist Antimáchia das nach Kéfalos zweitgrößte Dorf im koischen Binnenland. Es liegt in etwa 140 m Höhe auf einem Hochplateau, das auch dem Flughafen der Insel Platz bietet. Insgesamt wirkt es wenig einladend, bietet jedoch an seiner Platía zwei lokale Sehenswürdigkeiten. Etwas außerhalb des Ortes lohnt die Burg von Antimáchia einen Besuch.

Traditional House of Antimáchia

Platía, tgl. ca. 9–16 (Hochsommer bis 17) Uhr, Eintritt 1 €
Hauptattraktion von Antimáchia ist ein schönes Haus aus Naturstein mit gepflastertem, blumenreichem Vorhof. So ähnlich wie dieses 1990 von der Gemeinde und dem Kulturverein des Dorfes neu errichtete Haus waren bis zum Zweiten Weltkrieg die meisten Häuser im Ort gestaltet und eingerichtet.

Links am gepflasterten Vorhof liegen in einer aufgemauerten Nische drei Wasserkrüge, die mit Naturschwämmen verschlossen sind. Früher waren sie mit Wasser gefüllt, das die Töchter des Hauses täglich vom Dorfbrunnen holen mussten. Sie taten es gern, da der Brunnen immer auch sozialer Mittelpunkt des Ortes war – und man auf dem Weg so manchen jungen Mann sah und von ihm gesehen wurde. Im Unterbau dieser Nische für die Krüge befand sich der Hühnerstall. Außerdem gibt es hier auf dem Vorhof einen steinernen Tank, in dem Brunnenwasser gespeichert wurde.

Das Haus selbst bestand aus drei Räumen und einem ursprünglich nur von der Rückseite her zugänglichen Stall. Im linken Raum, in dem auch die Eintrittskarten verkauft werden, schliefen die Söhne der Familie. Tagsüber wurden hier Gäste auf der *tavládos* genannten, über vier Stufen zu betretenden Empore bewirtet. Auf der Empore lagen Decken und Kissen, der Boden des Raums war mit Teppichen bedeckt. Unter der Empore wurden in Tongefäßen Lebensmittel wie Wein, Öl, Käse, Oliven und Rosinen gelagert.

Ein kleiner Durchgang führte in einen zweiten Raum; darin wurde gekocht. Hier nahm die Familie auch die Mahlzeiten ein, wenn sie allein war. Im Bett schlief das Elternpaar. Mittels einer Schnur konnte die Mutter ohne aufzustehen das jeweils jüngste Familienmitglied in seiner über dem Bett aufgehängten Wiege hin und her schaukeln. Auf der Empore in diesem Raum schliefen die Töchter des Hauses. Der Hohlraum darunter diente wiederum der Lagerung von Vorräten oder häuslichem Besitz. In einem dritten, nur vom Vorhof aus zugänglichen Raum wurden viele häusliche Arbeiten verrichtet. Im Backofen wurde Brot gebacken und das Essen zubereitet, am Webstuhl die Aussteuer für die Tochter gefertigt.

Windmühle Mílos tou Papá
Platía, nur selten geöffnet
Dem Haus schräg gegenüber steht auf der anderen Straßenseite eine über 250 Jahre alte Windmühle, die kürzlich restauriert wurde. Sie ist die letzte der einst 100 Windmühlen von Antimáchia, in denen das Korn für die ganze Insel gemahlen wurde. Wie der Name ›Mühle des Priesters‹ besagt, gehörte sie einst dem Dorfpriester, heute gehört sie dem örtlichen Kulturverein. Manchmal wird hier zu Demonstrationszwecken noch ein wenig Korn gemahlen.

Burg von Antimáchia
Tagsüber frei zugänglich, ca. 3 km südwestlich des Ortes
Außerhalb des Ortes steht abseits der Inselhauptstraße von Antimáchia nach Kos das weitläufige Kastell von Antimáchia, das von den Venezianern im 13. Jh. zum Schutz vor Piratenüberfällen begründet, dann von den Johannitern im 14. Jh. ausgebaut und anschließend auch noch von den Türken genutzt wurde.

Ihre mächtigen Mauern und Zinnen heben sich eindrucksvoll gegen den Himmel ab. Wer hinaufsteigt, genießt einen schönen Blick über ganz Kardámena. Man betritt die Burg durch das Nordtor, das die Johanniter dem älteren venezianischen Bau anfügten. So prangt denn auch über dem inneren Tor ein Wappen des Ordensgroßmeisters Pierre d'Aubusson mit der noch lesbaren Jahresangabe 1494. Im Innern, wo bis ins 19. Jh. hinein die Häu-

ser der alten Siedlung Antimáchia standen, muss man sich seinen Weg zwischen hüfthohen Asphodelien und Dornensträuchern bahnen. Von allen früheren Gebäuden blieben nur einige Zisternen und zwei kleine Kirchen erhalten.

In der ersten, laut Inschriftenstein 1520 im Auftrag von drei Johanniterrittern erbauten Kapelle ist noch der Rest eines Freskos auszumachen, das den hl. Christóphoros darstellt. In der zweiten Kapelle, der Agía Paraskeví geweiht, ist die Darstellung des Jüngsten Gerichts an der Westwand kaum noch zu erkennen. Dafür fallen die insgesamt 16 Ikonen der hl. Paraskeví ins Auge: Auf allen Darstellungen trägt die zypriotische Märtyrerin eine Schale mit einem Augenpaar in den Händen. Sie sind das Symbol ihres Martyriums, denn der Heiligen wurden von den Christenverfolgern die Augen ausgestochen. Seither gilt sie als Schutzheilige der Augenkranken.

Kardámena ▶ K 12

Von Antimáchia führt eine gut ausgebaute Straße südwärts nach Kardámena, einem hauptsächlich von jungen Briten besuchten Touristenort. Auf 1800 Einwohner kommen hier weit über 5000 Fremdenbetten. Nach Meinung der Einheimischen begründet die große natürliche Schönheit Kardámenas seine touristische Bedeutung; dem

Innerhalb der weitläufigen Burg von Antimáchia

Mein Tipp

Schwämme von Stéfanos
Am Hafen von Kardámena sitzt fast immer der bärtige, sehr nach Seemann aussehende Schwammtaucher Stéfanos. Er ist stolz darauf, dass er noch immer selbst die Schwämme erntet. Die von ihm ebenfalls feilgebotenen Muscheln und Seeschneckengehäuse sollte man als Laie allerdings liegen lassen: Mit ihnen könnte es wegen des Artenschutzes Schwierigkeiten mit dem Zoll zu Hause geben.

mag sich vermutlich aber nicht jeder anschließen.

Was einmal schön war, ist heute weitgehend verbaut; im Ort selbst herrscht vor allem abends ein Trubel wie in den lautesten Orten der spanischen Costa Brava. Schön ist nur noch der Blick hinüber auf das ganz andere Níssyros. Eines allerdings könnte so manchen am Sonntag nach Kardámena locken: Dann nämlich bieten dort mehrere Restaurants einen typisch britischen ›Sunday Lunch‹ mit Yorkshire Pudding an.

Die Sandstrände im unmittelbaren Ortsbereich gleichen Sardinenbüchsen; viel weniger Betrieb herrscht hingegen an den langen, schmalen Stränden, die westlich und östlich der Siedlung liegen. Schön ist auch ein Bummel über die modern gestaltete Hafenpromenade mit ihren vielen Cafés und Bars am späten Nachmittag.

Kirche Génesis tis Theotókou
Im Dorfzentrum nahe der Busstation, tgl. ca. 7–13 und 17–18.30 Uhr
Kirchenliebhaber können einen Blick in die schöne, moderne Dorfkirche werfen, die innen fast vollständig mit neuen Fresken im traditionellen byzantinischen Stil ausgemalt ist.

Übernachten

In Kardámena selbst darf man nicht mit nächtlicher Ruhe rechnen. Außerhalb des Ortes gibt es jedoch eine Reihe guter Strandhotels, in denen man ebenso gut Urlaub machen kann wie an der Nordküste.

Abseits des Trubels – **Lágas Aegean Village:** 2 km westlich des Ortes, Tel. 22 42 09 14 01, Fax 22 42 09 16 35, www. aegeanvillage.com, DZ HP HS ab 96 €, sonst ab ca. 48 €, April–Okt geöffnet. Weitläufige Hotelanlage mit 328 Wohneinheiten im Stil eines kykladischen Dorfes, am Hang eines niedrigen Hügels gelegen. Die Häuser sind ganz in weiß und blau gehalten, zum Strand geht man je nach Lage des Zimmers 100–400 m. Innerhalb der Hotelanlage verkehrt rund um die Uhr ein Hotelbus. Für Kinder zwischen 4 und 12 Jahren gibt es einen Miniclub; vielerlei Sportarten können gegen Gebühr ausgeübt werden. In der Nebensaison steht auch ein Hallenbad zur Verfügung.

Originell und ganz ruhig – **Olympia Mare:** Ca. 1,7 km westlich des Zentrums, Tel./Fax 22 42 09 17 11, www. olympiamare.com, DZ HS 90 €, sonst ab 50 €. Kleine Apartmentanlage unmittelbar am Strand. Zwischen dem zweigeschossigen Haus mit seinen 21 sehr geräumigen Apartments und dem Strand sind Hängematten zwischen Tamarisken aufgehängt und stehen Sonnenliegen im Baumschatten. Im ganzen Haus brennen Energiesparlampen, alle Fenster sind mit Fliegengittern ausgerüstet. Der junge Wirt Níkos ist ebenso herzlich um seine Gäste bemüht wie seine Mutter, die einen exzellenten griechischen Mokka zubereitet. Vom ganzen touristischen Trubel Kardámenas ist hier nicht das Geringste zu spüren.

Essen & Trinken

Das Speiseangebot in den Tavernen ist auf den einfachen touristischen Geschmack und auf britische Urlauber ausgerichtet. Nicht umsonst unterhält McDonald's ausgerechnet in Kardámena eine gut gehende Filiale. Das heißt aber auch, dass nirgends sonst auf Kos das englische Frühstück in Cafés und Tavernen so gut, authentisch und preiswert ist wie hier – und auch ein vernünftiger Sonntagsbraten ist leicht zu bekommen.

Weit und breit das Beste – **Avlí:** Am Hauptplatz, Tel. 22 42 09 21 00, www.avlirestaurant.gr, Mai–Okt. tgl. ab 17 Uhr, Hauptgerichte 7–20 €. Die beste Taverne im Ort liegt im Innenhof eines über 100-jährigen Hauses. Das Restaurant ist gepflegt, bietet eine große Speiseauswahl und nostalgische Atmosphäre. Die Tischreservierung ist auch telefonisch möglich.

Ursprünglich und familiär – **Ta Adélfia:** Am Stadtrand an der Straße Richtung Lágas Aegean Village, Mai–Okt. tgl. 9–15 und ab 17 Uhr, Hauptgerichte 6–17 €. Die unscheinbare Taverne, die an der Straße statt am Meer liegt, ist schon seit Jahrzehnten im Geschäft. Man hat sich auf den Geschmack der überwiegend britischen Gäste eingestellt, kocht aber auch noch echt griechisch. Besonders empfehlenswert ist der Lammbraten mit englischer Minzsoße.

Ganzjährig – **Ánemos:** Am östlichen Ortsende am Strand, Mai–Okt. tgl. ab 11 Uhr, Nov.–April nur Sa/So, Fleischgerichte ab 5 €, Languste 70 €/kg. Mutter Pópi und Sohn Adónis sorgen für gu-

ten Service, in der Küche steht Oma Kristína. Überwiegend Fisch auf der Karte.

Abends & Nachts

Die meisten Diskotheken und Music Clubs liegen an der Parallelgasse zur Uferpromenade. Sie sind fast ausschließlich auf junges britisches Publikum eingestellt, entsprechend rau sind dort manchmal die Sitten.

Für jedes Alter – **Galleon Inn:** Am östlichen Stadtstrand. Das Pub für die etwas Älteren unter den Urlaubern.

Immer viel los – **Music Pub Downtown By Tony:** In der Parallelgasse zur Uferpromenade auf Höhe des östlichen Anlegers. Das Souterrain-Pub verspricht die verrücktesten Partys der Stadt. Los geht es meist mit Karaoke bis Mitternacht, danach ist Party Time.

Der führende Club im Süden – **Status Disco Club:** Nahe der Straße nach Antimáchia am nördlichen Ortsrand. Außen post-, innen hochmodern.

Aktiv & Kreativ

Top für Biker – **Kos Mountainbike:** Odós 7is Martíou (parallel zur Uferpromenade), Tel. 69 70 56 44 79, www.kosmountainbike.gr, Do–Di 9–21 Uhr. Walter aus Südafrika und Lorraine aus England vermieten Mountainbikes (16 €/Tag, 94 €/Woche) und bieten Touren auf Kos und Níssyros an (29–55 €).

Im Geschwindigkeitsrausch – **Gokart Enjoy:** Bahn an der Straße nach Pylí beim Abzweig zum Hotel Norída Beach, Tel. 22 42 09 20 65, www.gokart-kardamena.gr, tgl. 11–23 Uhr.

Wasserspaß – Wassersportstationen sind östlich und westlich des Hafens sowie an mehreren Stränden in der näheren Umgebung zu finden.

Verkehr

Schiffsverbindungen: Während der Saison fahren tgl. 1–2 Ausflugsdampfer nach Níssyros; darüber hinaus verkehrt ganzjährig 4–5 x wöchentlich ein kleines Personen-Kaíki mittags nach Níssyros (es fährt morgens zurück). Außerdem werden Ausflugsfahrten zum Angeln inklusive einem Fisch-Barbecue und 90-minütige Kreuzfahrten zum Sonnenuntergang angeboten.

Stadtbus: Zwischen 8 und 1.30 Uhr besteht ca. 11 x tgl. eine Verbindung zwischen dem Hauptplatz in Richtung Westen bis zum Hotel Lágas Aegean Village und in Richtung Osten bis zum Hotel Norída Beach.

Termine

Kirchweihfest der Mariengeburt (7./8. September): Am 7. September wird abends die Marienikone der Dorfkirche in einer Prozession durch den ganzen Ort getragen. Am Nachmittag des 8. September feiert man auf dem Platz vor der Kirche bei gutem Essen, viel Wein und Oúzo sowie griechischer Livemusik.

Der Inselwesten und die Kéfalos-Halbinsel

Wer nicht ohnehin auf der Kéfalos-Halbinsel Quartier bezogen hat, sollte unbedingt einen Tagesausflug in diese Region unternehmen. Auf dem Weg dorthin passiert man den längsten und breitesten Sandstrand der Insel. Am Ziel erwarten den Besucher das ursprünglichste Dorf von Kos und eine nahezu unberührte Natur. In der Küstenebene östlich unterhalb des Dorfes Kéfalos stehen zwar etliche Pensionen und kleinere Hotels, aber alle sind relativ einfach gehalten und die Atmosphäre ist eher leger.

Auf der Kéfalos-Halbinsel selbst werden außer vielleicht im Dorf überhaupt keine Zimmer vermietet; auch sind noch keinerlei Sommervillen oder Ferienhäuser gebaut worden und die Zahl der Tavernen hält sich in sehr überschaubaren Grenzen. Hier kann man noch mit der Natur allein sein. Wassersportler finden hier in der Bucht von Kéfalos eines der besten Surfreviere Europas.

Vom Magic Beach zum Camel Beach

▶ J 12 – H 12

Die schönsten Strände von Kos sind noch immer nahezu unverbaut und weitgehend naturbelassen. Sie säumen auf über 10 km die steil abfallende Südküste zwischen Antimáchia und Kéfalos und sind nur über kurvenreiche und meist unbefestigte Stichstraßen zu erreichen. An einigen wenigen Strandabschnitten stehen Sonnenschirme und Liegestühle vor Tavernen, vereinzelt kann auch Wassersport betrieben werden. Entlang der ganzen Küste gibt es bisher aber noch keine einzige Pension und kein Hotel – und das soll auch in Zukunft so bleiben.

Zwar bildet der Strand auf der gesamten Länge eine Einheit, doch die einzelnen Abschnitte tragen verschiedene Namen. Kommt man aus Richtung Kos-Stadt und Antimáchia, führt die erste Stichstraße zum gut ausgeschilderten **Magic Beach,** auch ›Polémi Beach‹ genannt, wo es zwar keine Taverne, aber zumindest einen einfachen Getränkekiosk gibt. Dann folgen – jeweils ebenfalls beschildert – der **Sunny Beach,** der nicht nur eine Taverne, sondern auch Wassersportangebote wie einen Jetski- und Tretbootverleih bietet, der **Markos Beach** mit einer Getränkeverkaufsbude, der **Langádes Beach** Wassersportstationen sowie Beach Bar und endlich der **Paradise Beach** (auch ›Bubble Beach‹ genannt), den man von Kos-Stadt und Kefalos auch mit dem Linienbus erreicht. Die hiesige Großtaverne wird von zahlreichen Ausflugsbussen angesteuert; Liegestühle und Sonnenschirme warten in Dreierreihen auf die Ausflügler, und für die Sportlichen unter ihnen werden alle Arten von Wassersport inklusive Wasserski und Paragliding angeboten. Eine eigene kleine Bucht nimmt dann der etwa 150 m lange Camel Beach ein (Snackbar und einige Liegestühle sind vorhanden).

Ágios Stéfanos ▶ H 12

Kurz nach der Abzweigung zum Camel Beach senkt sich die Straße zur Küstenebene von Kéfalos hinab, die von einem kilometerlangen Sandstrand gesäumt wird. Die Einheimischen nennen ihren östlichen Teil Ágios Stéfanos. Hier reicht die ausgedehnte, zurzeit geschlossene Hotelanlage des Club Mediterranée bis an den Strand heran, der jedoch im Unterschied zu sonstigen Clubstränden öffentlich zugänglich ist. Der zentrale Küstenteil heißt Kámbos, im Westen schließt sich die Gemarkung Kamári an. Die gesamte Küstenebene ist locker mit kleinen Apartmenthäusern, Pensionen, Taver-

nen und Geschäften bebaut, zwischen denen die Bauern auf kleinen Feldern noch immer ihrer gewohnten Arbeit nachgehen.

Basilika Ágios Stéfanos

Frei zugänglich am Strand, eine direkte Zufahrtsstraße beginnt gleich neben der Einfahrt zum zurzeit geschlossenen Club Mediteranée; dort ist auch eine Bushaltestelle, alternativ zweigt man, nachdem sich die Straße in die Küstenebene hinabsenkt, nach links zur Katerína Tavérna ab, wo man parkt und anschließend 300 m am Strand entlang läuft, s. auch Lieblingsort S. 152

Über den Sandstrand vor dem Clubgelände gelangt man zur fotogen gelegenen, frühchristlichen Basilika von Ágios Stéfanos, die auf einem niedrigen Felsvorsprung unmittelbar am Meer erbaut wurde. Italienische Archäologen richteten einige der Säulen der um 500 erbauten Basilika wieder auf, davon sind inzwischen aber einzelne erneut umgestürzt. Dennoch ist anhand der Säulenbasen deutlich zu erkennen, dass es sich bei der frühchristlichen Kirche um einen dreischiffigen Bau handelte. Hier gefundene Bodenmosaike wurden zu ihrem Schutz wieder mit Kies bedeckt, der aber sinnlose Diebstähle von kleinen Mosaiksteinchen nicht zu verhindern vermag. Neben der Hauptkirche gab es eine zweite, kleinere Basilika, die speziell zur Taufe Erwachsener diente. Das kreuzförmige Taufbecken ist noch im Boden erhalten.

Insel Kastrí

Frei zugänglich, Kapelle verschlossen

Der Basilika vorgelagert ist das kleine Felsinselchen Kástri mit der kleinen **Nikolaus-Kirche** (Ágios Nikólaos), zu dem man vom Strand aus teils brusttief watend, teils schwimmend gelangt.

Lieblingsort

Ágios Stéfanos ▶ H 12

Äußerst fotogen stehen die wieder
aufgerichteten Säulen der frühchristlichen Basilika des hl. Stephan
direkt am Strand gegenüber dem
kleinen Inselchen Kastrí, zu dem
man hinüberwaten kann. Ich mag
es, dass ich hier Strandstunden im
Sonnen- und Windschatten 1500
Jahre alter Mauern verbringen, ein
Gläschen Wein gleich neben einer
spätantiken Säule genießen kann.
Die Kinder können in der alten Kirche unbehelligt spielen, sie zu
ihrem Phantasieschlösschen umge-
stalten, kein Wärter pfeift sie
zurück.

Strand westlich der Basilika
Entlang des Strandes finden zurzeit an mehreren Stellen Ausgrabungen statt, die Gebäudereste der antiken Hafenstadt Astipálaia ans Licht bringen. Das Gelände ist zwar nicht frei zugänglich, aber nicht groß – man kann einfach über den niedrigen Zaun schauen.

Essen & Trinken

Familienanschluss – **Katerína:** Am Ostende des Strandes von Ágios Stéfanos, Mai–Okt. tgl. ab 9 Uhr, Familiär geführte Taverne am Strand. Brot aus dem Holzbackofen, Fische von befreundeten Fischern (ca. 50 €/kg), Moussaká im tönernen Portionstopf.

Aktiv & Kreativ

Entspannt – **Ausflugsboote:** Tgl. Badeboote verschiedener Veranstalter vom Bootsanleger in Kámbos zum Markos und Paradise Beach. Mehrmals die Woche Tagesausflüge nach Níssyros.

Abends & Nachts

Für alle Generationen – **Popeye's Bar:** Im Ortsteil Kámbos an der Hauptstraße. Open-Air-Music-Club mit Pool; Musik aus den letzten vier Jahrzehnten.
Nomen est Omen – **Survivor:** In Kámbos an der Hauptstraße. Disco, in der die letzten ›Überlebenden‹ der Nacht bis zum frühen Morgen weiterrocken können.

Kamáriou ► H 12

Der heutige Hafen von Kéfalos ist Kamáriou am Westende des Strandes. Hier sind die sehr spärlichen Überreste

einer zweiten frühchristlichen Basilika zu sehen, der **Vasilikí Kamáriou.** Zu erkennen sind der Narthex und die Gliederung in drei Schiffe sowie zwei schwarz-weiße Mosaikfußböden im Narthex. Um zu den Ruinen des Kirchleins zu gelangen, folgt man am Hafen unmittelbar vor der Taverne Fáros dem beschilderten Feldweg landeinwärts, der sich nach etwa 200 m hangaufwärts windet und nach weiteren 100 m das eingezäunte Trümmerfeld erreicht.

Übernachten

Man spricht deutsch – **Panórama:** An einer kurzen Stichstraße, die von der Hauptstraße abbiegt, wo diese sich in die Kámbos-Ebene abzusenken beginnt (Wegweiser), Tel./Fax 22 42 07 15 24, www.kefalos.com, April–Okt., DZ HS ca. 45 €, sonst ab 40 €. Ruhig auf einem Fels über dem östlichen Ende der Bucht gelegenes Apartmenthaus mit sehr schönem Meerblick. 17 Aparts ments für bis zu 4 Personen, perfekt deutsch sprechende Wirtsfamilie, 15 Gehminuten vom nächsten Strand und 3 Gehminuten von der nächsten Bushaltestelle entfernt.
Mittendrin – **Kamári Bay:** Im Ortsteil Kámbos, Tel. 22 42 07 15 56, Fax 22 42 07 15 34, Mai–Okt., DZ HS ca. 40 €, sonst ab ca. 30 €. Familiär geführtes Hotel mit 42 Zimmern und Pool, nur 50 m vom Strand entfernt.
Viele britische Gäste – **Pántheon:** An der Straße, die von der Hauptstraße von Kos her nach rechts in Richtung Limiónas abzweigt, Tel. 22 42 07 19 00, www.kefalos.com, Ostern–Okt., DZ HS ca. 45 €, sonst ab ca. 36 €. Das weithin sichtbare Haus mit Pool liegt ruhig über der Kámbos-Ebene etwa 15 Gehminuten vom Strand entfernt. Alle 27 Studios haben einen Balkon mit Meer-

blick. 5 x tgl. kostenloser Hotelbus-Service zum Strand.

Im grünen Hinterland – **Zeus:** In der Kámbos-Ebene, von Kos kommend rechts der Hauptstraße etwas landeinwärts, Tel. 22 42 07 15 90, Fax 22 42 07 15 70, Mai–Okt., DZ HS ca. 40 €, sonst ab ca. 25 €. Einfaches, dreigeschossiges Hotel mit 53 Zimmern. Kleiner Süßwasserpool, überwiegend britische Familien als Gäste.

Essen & Trinken

Direkt am Wasser – **Stamatía:** Im Ortsteil Kámbos unmittelbar am Ausflugsboot-Anleger, April–Okt., Hauptgerichte 7,50–16,50 €. Schöne Terrasse über dem Strand. Frischer Fisch ist hier auch portionsweise zum Festpreis erhältlich; gute Langusten.

Am Hafen – **Fáros:** Am Hafen von Kamári, Mitte Mai–Mitte Okt., Hauptgerichte 7–11 €. Alteingesessene, häufig auch von Einheimischen besuchte Fischtaverne.

Aktiv & Kreativ

Gegen den Wind – **Kéfalos Windsurfing & Sailing:** Im Ortsteil Kámbos am Strand, Tel. 22 42 07 19 17, www.kefaloswindsurfing.com. Geleitet vom Schweizer Jens Bartsch mit internationalem Team. Außer dem Windsurf-Equipment gehören auch Dinghies und HobbyCats zum Material. Ein Windsurf-Anfängerkurs (6 Std.) kostet 140 €, die Materialmiete für eine Woche 160–210 €, für zwei Wochen 280–365 €. 5-stündige Segelkurse kosten 100 € (Dinghi) bzw. 160 € (Hobie Cat). Über die Website können auch Unterkünfte gebucht und die Windstatistik eingesehen werden.

Abends & Nachts

Bombig – **B 52:** An der Uferstraße nach Kamári neben dem Hotel Sydney. Cocktailbar mit schöner Terrasse. Ab 24 Uhr nur noch Indoor-Betrieb, dann darf auch getanzt werden.

Die schönen Strände der Insel Kos sind für Familien ideal

Auf Entdeckungstour

Stille Orte in der Einsamkeit

Die Tour verspricht vor allem Natur- und Landschaftserlebnis, einen weiten Blick über die Ägäis und etwas Einsicht in die Mentalität der Griechen. In einer Landschaft ohne Kapellen würden sich die meisten von ihnen schutzlos fühlen. Deswegen erbaut man den Heiligen auch heute noch Häuser weit abseits der Dörfer in freier Natur.

Reisekarte: ▶ G/H 12–13

Ausgangspunkt: Gesamtlänge ab Kéfalos: ca. 25 km
Öffnungszeiten: Restaurant am Ágios Theológos Beach, Getränke und Snacks im Hochsommer auch im Kloster Thymianós. Theater ständig frei zugänglich.

Infos: Jeep ist nicht nötig, Mountainbiker brauchen gute Kondition. Mountainbike-Vermietung: Katharina, Kamári Beach

Im äußersten Westen der Insel ist von Massentourismus nichts mehr zu spüren. Nur Heilige leben hier – in Kapellen, die Gläubige ihnen erbauten. Einige wenige antike Steine zeugen noch davon, dass hier weitab vom heutigen Kos eine Stadt mit Tempel und Theater lag. Manche der behauenen Blöcke wurden in frühchristlicher Zeit zum Bau von christlichen Kirchen und Kapellen wieder verwendet, traten so in den Dienst des Siegers über das heidnische Altertum.

Vom Dorf Kéfalos aus führt eine schmale Asphaltstraße auf die von Menschen nahezu unbewohnte Kéfalos-Halbinsel. Etwa 1 km hinter Kéfalos steht ein nur aus der Gegenrichtung lesbarer, brauner Wegweiser zur **Panagía I Palatianí,** die schon nach 50 m Feldweg erreicht ist.

Auf antikem Fundament – Panagía I Palataní

Wenige Schritte unterhalb der modernen Kapelle steht die uralte, jetzt dachlose Kirche gleichen Namens, die im frühen Mittelalter auf dem Unterbau eines antiken Tempels errichtet wurde. Die drei Stufen dieses Unterbaus sind vor allem auf der Ostseite gut zu erkennen. Die Mauern der Kirche wurden überwiegend aus den Blöcken der antiken Tempelwände erbaut. Wie in der Nordwestecke deutlich zu erkennen, wusste man auch antike Säulentrommeln und Teile des Gebälks mit Triglyphen und Metopen als Schmuckelemente einzugliedern. Das geschah nicht nur, weil die Wiederverwendung herumliegender antiker Bauelemente Kosten und Mühen sparte. Vor allem wollte man durch den Bau einer Kirche exakt an der Stelle eines heidnischen Tempels und unter Verwendung seiner Teile deutlich machen, dass Christus über die alten Götter gesiegt hatte. Stellvertretend für ihn war jetzt Maria in das ›Gotteshaus‹ eingezogen.

Palatía – ein Theater im Wald

Etwa 500 m weiter säumt links der Straße ein Drahtzaun mit unverschlossenem, rostigem Tor vor einem Wäldchen die Straße, rechts folgt darauf sogleich eine Art undeklarierter Parkplatz vor einem neuen Brunnen. Geht man durchs Tor und folgt dem Pfad etwa 20 m weit abwärts, steht man völlig unvermutet in einem kleinen antiken Theater, von dem noch zwei Sitzreihen und Fundamente des Bühnengebäudes aus dem 2. Jh. v. Chr. erhalten sind. Dieses nahm den antiken Theaterbesuchern die schöne Aussicht über eine kleine, bewaldete Schlucht hinunter auf die Küstenebene von Kéfalos und das Meer. Der Eindruck von Abgeschiedenheit mag jedoch täuschen: Theater erbauten antike Griechen und Römer immer in oder nahe den Zentren ihrer Siedlungen. So ist zu vermuten, dass auch dieses hier im städtischen Bereich des antiken Kéfalos lag und keineswegs in der Waldeinsamkeit von heute.

Johannes im Thymian

Gleich hinter dem Parkplatz mit Brunnen gabelt sich die Straße. Blaue Wegweiser zeigen rechts nach Ágios Theológos, links nach **Ágios Ioánnis Thymianós.** Wir folgen zunächst dem Wegweiser nach links zum ehemaligen Kloster des »hl. Johannes im Thymian«.

43 Stufen führen an einem kleinen, freistehenden Glockenturm und einem teilweise renovierten Zellentrakt vorbei hinunter auf eine lang gestreckte Terrasse, der von einer uralten, inzwischen von Betonpfeilern gestützten Platane beschattet wird. Das kleine Kirchlein ist offen (wenn nicht: Schlüssel unter dem Stein auf der Fenster-

bank links vom Eingang), innen aber völlig uninteressant. Man nutzt die Zeit besser, um sich auf einer der langen Zementbänke niederzulassen, auf denen beim Kirchweihfest am 28./29. August bis zu 400 Menschen Platz finden, und die Einsamkeit des Ortes mit dem Blick über Ödland und wenige Felder aufs Meer zu genießen. Spätestens hier beginnt man sich vielleicht zu fragen, warum die Griechen so viele ihrer christlichen Kultorte anders als im Altertum weitab aller Siedlungen platzieren. Die unsagbare Stille, nur manchmal unterbrochen vom Läuten von Ziegenglocken, Vogelgezwitscher und dem Zirpen der Zikaden, mag einem der Antwort näher bringen: Hier nimmt der Mensch die ganze Größe und schier unendliche Weite der Natur mit allen Sinnen wahr – und fühlt sich allein. Das mag ein gestresster Großstädter als wohltuend empfinden. Der Bauer und Hirte vergangener Jahrzehnte und Jahrhunderte aber fühlt sich ihr wehrlos ausgesetzt.

Beseelte Natur

Zur Straßengabelung nahe dem antiken Theater zurückgekehrt, geht es jetzt in Richtung Ágios Theológos weiter. Zwei nur griechisch beschriftete Wegweiser führen über eine breite, 1300 m lange Erdstraße zur weißblauen, innen weitgehend schmucklosen Marienkirche **Panagía Stylóti** (Schlüssel am Nagel direkt über der Tür). Auch hier steht weit und breit kein anderes Haus. Auf dem Hof der Kirche stehen Zementtische und -bänke, an denen beim Kirchweihfest am 14./15. August weit über 1000 Besucher bei Kirchererbsensuppe und gegrilltem Zicklein Platz nehmen. Sogar ein Podium fürs Orchester und eine Tanzfläche sind angelegt. An 363 Tagen im Jahr aber ist der Besucher mit

der Stille allein, mit etwas Glück kreuzen höchstens einmal große Landschildkröten oder Schlangen seinen Weg. Und wieder stellt man sich die Frage: Warum so viele Kirchen in der Einsamkeit?

Friedrich Schillers Hymne »An die Götter Griechenlands« hat darauf vielleicht die beste Antwort im westlichen Kulturraum gefunden. Folgt man ihm, wies in der Antike alles in der Natur »einer Götter Spur«. Zeus sprach aus den rauschenden Blättern, der Vogelzug gab den Menschen Zeichen, in Quellen und Bächen tummelten sich Nymphen, Pan zog mit den Herden, Demeter schützte das Getreide, Dionysos den Wein. Sie alle mussten »nur dem Einen«, dem einen Gott, weichen – die Natur wurde seelenlos.

Mit dem Bau der vielen Kirchen und Kapellen weitab aller Dörfer hat die christliche Kirche die Landschaft wieder ›beseelt‹, denn in ihnen sind die Heiligen ja nun in Gestalt ihrer Ikonen gegenwärtig. Das erklärt auch die vielen Festplätze vor den Kirchen: Genauso wie man früher den heidnischen Göttern huldigte, ehrt man heute die christlichen Himmelsbewohner.

Grenzenlose Weite

Die fast schmucklose Kapelle **Ágios Theológos** (s. Abb. S. 156), dem »hl. Johannes dem Theologen« geweiht (Schlüssel hängt über der Tür), steht in schönster Heidelandschaft fast direkt am Meer in der Nähe kieseliger Strände. Sie steht an der Schwelle der ländlichen Weite zur grenzenlos erscheinenden Weite des Meeres. In der Antike tummelten sich Poseidon und Amphitrite, die Nereiden und die Delphine als heilige Tiere in den Wogen. Heute ist auch die See entseelt. Dem Seemann als Trost säumen darum auch die Küsten Griechenlands viele Kapellen.

Kéfalos ► H 12

Im Westen der Küstenebene steigt die Asphaltstraße aus der Kámbos-Ebene zum Dorf Kéfalos an, dessen 2460 Bewohner überwiegend stolz darauf sind, dass ihr Inselteil weniger vom Tourismus geprägt ist als das übrige Kos. Am Hang zwischen Kéfalos und der Küstenebene stehen zwar einige Hotels, im Dorf selbst aber werden nur sehr wenige Zimmer vermietet. Hier gibt es noch Kaffeehäuser und Läden nach traditioneller Art und Gassen, durch die tagsüber nur wenige Fremde bummeln.

Einige einheimische Männer haben ein paar Jahre als Gastarbeiter in Deutschland verbracht, manche von ihnen sprechen daher immer noch ein bisschen deutsch.

Bedeutendste Sehenswürdigkeit ist die **Kirche Isódia tis Panagías** an der Hauptgasse des Dorfes. Der ägyptische Khedive Ismail stiftete 1873 anlässlich eines Besuchs auf Kos Geld für ihren Bau. Innen ist sie vollständig mit Wandmalereien im traditionellen byzantinischen Stil ausgestattet.

Am Steilabfall zur Küstenebene hin steht an der Umgehungsstraße des Dorfes die **Ruine einer kleinen mittelalterlichen Burg.** Diese Umgehungsstraße endet an einem Parkplatz, von dem man nur wenige Schritte bis zur **Windmühle des Papavasíli** zurücklegen muss. Leider ist die Windmühle heute im Verfall begriffen: Windmühlen sind ›out‹ und unterstehen nicht dem Denkmalschutz. Dafür haben mittlerweile ihre Enkel, die Strom erzeugenden Windräder, auch in Kéfalos Konjunktur. Über ein Dutzend von ihnen ragt im Hinterland des Dorfes auf einem Hügelkamm in die Höhe und trägt zur Stromversorgung der Insel Kos bei.

Essen & Trinken

Große Mühle flügellos – **Megálo Mýlos:** An der Straße nach Limiónas, tgl. 10.30–18 Uhr. Abseits des Dorfes hat sich ein deutsches Paar einen Traum erfüllt und eine wie alt wirkende Windmühle ganz neu erbaut. Die Flügel fehlen ihr zwar, doch dafür umgibt sie ein hübscher kleiner Garten. Bei Kaffee, selbstgebackenem Kuchen und kleinen Gerichten sitzt man hier sehr ruhig mit weitem Blick gen Westen über Insel und Meer. Kaffee und Kuchen ca. 5 €.

Limiónas ► H 12

Knapp 5 km nördlich von Kéfalos bietet ein kleiner, erst Ende des letzten Jahrhunderts angelegter Hafen einigen Fischerbooten Platz. Am etwa 100 m langen Sandstrand direkt am Hafenbecken werden Liegestühle und Sonnenschirme vermietet. Ein zweiter, kieseliger Strand liegt nur wenige Schritte entfernt auf der anderen Seite der Hafenzufahrt. Der Hauptgrund, nach Limiónas zu kommen, ist das einzige belebte Haus: Es beherbergt eins der besten Fischrestaurants der Insel.

Essen & Trinken

Der beste Fisch – **Limiónas:** 50 m oberhalb des gleichnamigen Hafens an der Hauptstraße, April–Okt. Fischtaverne mit einer Riesenauswahl an stets frischem Fisch und Meerestieren. Wirt Jánnis Bézis aus Kéfalos, der auch etwas deutsch spricht, hat fünf Fischerboote unter Vertrag, die ihre Fänge bei ihm abliefern. Wenn Busse vor der Taverne stehen, sollte man sie allerdings besser meiden, da Service und Küche dann oft überlastet sind. Typisches Fischessen ohne Wein ca. 15–25 €.

Níssyros

Highlights !

Mandráki: Der Haupt- und Hafenort der Insel zieht sich über einen Kilometer weit am Meer entlang, enge Gassen führen auf einen der schönsten Dorfplätze der Ägäis. S. 164

Die Caldera: In einem der größten Vulkankrater Europas brodelt die Erde noch immer. Gelbe Schwefelbänder ziehen sich an Bachbetten entlang, den Kraterrand säumen zwei uralte Dörfer. Wer mag, kann die Caldera auch durchwandern, am besten auf dem Weg vom Kraterranddorf Nikiá quer durch den Krater zur antiken Akropolis beim Hauptort Mandráki. S. 180

Auf Entdeckungstour

Zu den Hängenden Gärten des Diavátis: Dass nicht nur die Caldera den landschaftlichen Reiz der Insel ausmacht, wird bei der etwa dreistündigen Wanderung auf den höchsten Gipfel der Insel deutlich. Wer Isomatte und Schlafsack mitnimmt, kann dort oben sogar in einem kleinen Häuschen übernachten und am nächsten Morgen den Sonnenaufgang genießen. S. 172

Mandráki
Panagía Thermianí
Akropolis
Níssyros
• Emborió
Pachía Ámmos Beach
Hängende Gärten des Diavátis
Die Caldera
• Nikiá

Kretisches Meer

Kultur & Sehenswertes

Panagía Spilianí: In Mandráki empfängt das blendend weiße Marienkloster auf hohem Lavafelsen das ganze Jahr über Pilger und andere Besucher. S. 168

Akropolis: Auf die 2500 Jahre alte Stadtmauer bei Mandráki darf man hinaufsteigen und kann den Blick bis nach Kos genießen. S. 171

Vulkan-Museum in Nikiá: In einer alten Schule direkt am Kraterrand informiert ein modernes Museum über den Vulkanismus hier und in aller Welt. S. 178

Aktiv & Kreativ

Natursauna: Eine kleine Grotte unterhalb von Emborió wird vom Vulkan so stark erhitzt, dass man bestens darin saunen kann. S. 177

Vulkanismus-Profis: Bei den Experten von Volcano Tours kann man eine einwöchige geführte Wanderung auf Níssyros buchen. S. 179

Genießen & Atmosphäre

Dorfplatz von Nikiá: Auf dem winzigen, fast kreisrunden und völlig verkehrsfreien Platz sitzt man in stimmungsvollen Kafenia unterhalb der Dorfkirche, kann die Zeit und die Welt um sich herum vergessen. S. 177

Abends & Nachts

Ta Liotrídia: In einer alten, trendy möblierten Olivenölpresse direkt am Meer in Mandráki trifft sich abends die junge Szene, um bei preiswerten Drinks moderne Musik in historischem Ambiente zu hören. S. 170

Ein ägäischer Vulkan

Was der Athener Akropolis als Kulturdenkmal bedeutet, ist Níssyros als Naturwunder: einer der Höhepunkte jeder Griechenlandreise. Im Gegensatz zur berühmten griechischen Vulkaninsel Santorin gibt sich Níssyros bei der ersten Annäherung noch nicht zu erkennen. Doch die grünen Hänge, die hier aus der Ägäis bis zu fast 700 m Höhe aufsteigen, sind keine einfachen Berggipfel und Hügelkuppen wie anderswo. Sie bilden größtenteils den Rand eines gewaltigen Kraters, dessen Boden nur ca. 120 m über dem Meeresspiegel liegt.

Die Caldera ist ca. 3500 m lang und 1500 m breit. Ihre südliche Hälfte ist grünes Weideland, die andere Hälfte aber eine vulkanische Wüste, in die weitere kleine Krater eingelagert sind. Kein Mensch lebt hier unten, dafür hebt sich die Häuserkette zweier Dörfer hoch oben am Kraterrand ab. Die zwei anderen Orte von Níssyros liegen direkt am Ägäisufer: der kleine Fischerhafen Páli und der Hauptort und -hafen Mandráki.

Der griechische Geograf Strabo (64–20 v. Chr.) erzählt in seinen »Geographika« den Entstehungsmythos von Níssyros. Im Verlauf der Gigantomachie, eines lange während den Kampfes zwischen den olympischen Göttern und wilden, aus der Erde geborenen Riesen, verfolgte der Meeresgott Poseidon den Giganten Polyvótis. Mit seinem Dreizack riss er einen gewaltigen Erdklumpen aus der Insel Kos heraus und schleuderte ihn auf seinen Gegner. Polyótis wurde unter diesem koischen Extrakt begraben, und die neu entstandene Insel trug fortan den Namen Níssyros.

Erdgeschichtlich ist die Entstehung der Insel anders verlaufen: Gegen Ende des Mittelmiozäns vor etwa 5 Mio. Jahren bauten unterseeische Vulkanausbrüche zunächst drei Inseln auf, darunter den nördlichen Teil des heutigen Níssyros und das Inselchen

Blick auf die Inselhauptstadt Mandráki

Stróngili östlich von Gialí. Später entstand ein gewaltiger Vulkankegel, der in etwa den Umfang des heutigen Níssyros hatte und der auch den älteren Nordteil überdeckte. In einer weiteren Eruptionsphase zwischen etwa 40 000–15 000 v. Chr. bildete sich die gewaltige, bis heute erhaltene Caldera. Später bauten sich die Lavastaukuppen des Profítis Ilías und des höchsten Inselbergs, des Diavátis, auf. Als Nächstes entstand unmittelbar nördlich von Níssyros eine weitere Insel, von der Gialí einen kleinen Rest bildet. Sie verschwand größtenteils wieder in den Fluten und hinterließ im Meeresboden zwischen Gialí und Níssyros einen tiefen Krater. Im Altquartär wurde dieser Vulkan wieder aktiv und warf gewaltige Bimssteinmengen aus, die auf Níssyros und vor allem auf Gialí niedergingen. Bimsstein wird noch heute auf Gialí kommerziell abgebaut.

Vulkanologen versichern, dass der Vulkan sich heute im Ruhezustand befindet. Er macht sich allerdings gelegentlich noch durch Erdbeben bemerkbar. Das vorletzte richtete 1933 erhebliche Schäden vor allem in Emborió an. Eine Reihe leichterer Erdstöße erschütterte die Insel zwischen März und Juli 1996 sowie zwischen Juni und November 1997. Den rauchenden Vulkankrater hat der Fotograf Artin Karakassiani auf eindrucksvollen Fotos festgehalten. Seine Werke kann man in der Art Gallery an der Ufergasse von Mandráki sehen und kaufen.

Níssyros ist eine stille Insel mit zwei Dörfern direkt am Meer und zwei Ortschaften auf dem Kraterrand. Die jährlich etwa 70 000 von Kos kommenden Tagesausflügler sehen zwischen 11 und 16 Uhr nur den Vulkan und den Haupt- und Hafenort Mandráki. Sind sie wieder fort, wird es auf Níssyros ganz still, lässt sich das Leben unter Griechen genießen.

Infobox

Internet

www.nisyros.gr: Offizielle Seite der Gemeinde, von der EU finanziert, auch auf Deutsch. Viele schöne Fotos, Informationsgehalt ausbaufähig.

www.nisyros.de: Private, stets sehr um Aktualität bemühte Website eines deutschen Inselkenners, hervorragende Fotos.

Plus & Minus Níssyros

Níssyros ist kein Ziel für einen Badeurlaub. Die einzigen guten Strände liegen südlich von Páli und sind außerhalb der Monate Juli und August nicht mit öffentlichen Verkehrsmitteln zu erreichen, Unterkünfte gibt es dort nicht. Ideal ist Níssyros für eine Wanderwoche und für alle, die gern auf Dorfplätzen sitzen und das einheimische Treiben betrachten.

Inselverkehr

Inselbusse: Der Bus der Gemeinde pendelt ganzjährig mehrmals tgl. zwischen Mandráki-Hafen, Páli, Emborió und Nikiá (Fahrpläne in den Reisebüros s. S. 170, Fahrpreis einfach ca. 2 €). Im August fährt ein Minibus auch 2 x tgl. zum Strand von Liés. Jeweils bei Ankunft der Ausflugsschiffe fahren Busse in den Krater hinein, Fahrpreis hin und zurück ca. 8 €.

Taxis: Es gibt zwei Taxis. Kein fester Standplatz, telefonisch zu rufen, Tel. 22 42 03 14 60 und 22 42 03 14 74.

Mietfahrzeuge: In Mandráki und Páli werden Mopeds, Vespas und Autos vermietet. Vermittlung von Mietwagen auch durch alle drei Reisebüros (s. S. 170). Die einzige Inseltankstelle liegt an der Straße zwischen Mandráki und Páli.

Mandráki ! ▶ K 14

Im Sommer wendet sich das Leben im Inselhauptort dem Meer zu. An der fast einen Kilometer langen Uferstraße, der Paraliá, stehen Tische und Stühle der Restaurants auf Terrassen direkt über der Ägäis, die die dunkle Lavaküste bespült. Souvenirgeschäfte färben die Uferstraße mit einer Vielzahl von teils fantasievoll, teils geistlos bedruckten T-Shirts; Vespas warten auf Mieter. Hier verweilen im Sommer die meisten Tagesausflügler, statt ins Dorf zu gehen.

Im Winter spielt sich das Dorfleben in engen Gassen und auf kleinen Plätzen ab – dem Meer abgewandt. Mandráki ist kein Fischer-, sondern ein Bauerndorf. Die terrassierten Hänge im Hintergrund des Dorfes, auf denen Öl- und Feigenbäume wachsen, ernähren seit jeher seine Bewohner.

Sehenswertes

Paraliá

Unmittelbar am Hafen, den erst die Italiener anlegten, steht das repräsentative **Hafengebäude** 1 in typisch italienischer Bauweise, in dem bisher Post, Polizei, Zoll und Hafenamt untergebracht waren. 2009 wurde das Gebäude weitgehend entkernt; was daraus wird, stand zu diesem Zeitpunkt aber noch in den griechischen Sternen.

Die Uferstraße führt an der **Photo Art Gallery** 2 von Artin Karakassiani am winzigen Savás Beach, wo kaum einer badet, vorbei zu einem vor allem zum Parken benutzten Platz am Meer. An seinem Rand beginnt das älteste Viertel Mandrákis, durch das nur noch autofreie Gassen führen. Ein gepflasterter Fußweg führt meerseitig an der Felsküste entlang zum steinigen Chochláki-Strand, eine Gasse zu Füßen des Kástro-Felsens bringt Sie weiter bis zur Akropolis.

Platía Ilikioméni 3

Der eigentliche Mittelpunkt von Mandráki ist die kleine Platía Ilikioméni, einer der schönsten Dorfplätze des Dodekanes. Zwei Bäume – darunter ein gigantischer um 1960 gepflanzter Gummibaum – spenden den ganzen Tag über angenehmen Schatten (s. auch Lieblingsort S. 166).

Dimarchío 4

Bummelt man die wenigen Schritte von der Platía Ilikioméni zum Dimarchío, dem klassizistischen Rathaus aus dem Jahre 1931, passiert man ein Haus, das noch aus der Kreuzritterzeit stammt. Das Erdgeschoss ist weiß gekalkt, aber in den Geschossen liegen schöne Steinmetzarbeiten frei. Der kleine Platz vor dem Rathaus ist mit einem 1994 von einem einheimischen Künstler geschaffenen, schwarz-weiß-roten Kieselsteinmosaik verziert, das einen Adler beim Schlagen einer Schlange zeigt.

Byzantinische Kapellen 5

Geht man von der Platía Ilikioméni am Hotel Porfyris vorbei in Richtung Hafen, sieht man kurz hinter dem Hotel links, unterhalb der Gasse zwei für Níssyros typische, byzantinische Kapellen. Sie sind teilweise in den Boden eingelassen und wurden unter Verwendung antiker Spolien erbaut. Biegt man dann am Friedhof in die Gasse nach rechts ein, passiert man die Volksschule des Ortes und sieht dann linker Hand ein kurzes, gut erhaltenes Stück der **antiken Hafenmauer** 6 .

Panagía Potamítissas 7

Die Hauptkirche von Mandráki ist die Panagía Potamítissas, die am kurzen

Mandráki

Sehenswert

1 Hafengebäude
2 Photo Art Gallery
3 Platía Ilikioméni
4 Dimarchío
5 Byzantinische Kapellen
6 Antike Hafenmauer
7 Panagía Potamítissas
8 Kástro und Panagía
    Spilianí
9 Archäologisches
    Museum

10 Ágios Savás Beach
11 Chochláki Beach

Übernachten

1 Ta Liotrídia
2 Porfyris
3 Harítos
4 Three Brothers
5 Xénon Polyvótis
6 Romántzo

Essen & Trinken

1 Frázis
2 To Kazanário
3 Kleánthes
4 Iríni
5 Sea View Café

Einkaufen

1 Photo Art Gallery

Abends & Nachts

1 Ta Liotrídia

Weg zwischen der Platía Ilikioméni und dem Kástro liegt. Wandmalereien neueren Datums – gänzlich im traditionellen Stil – bedecken die Wände. Besonders liebevoll und farbenfroh sind hier zwischen den biblischen Darstellungen auch die Flächen mit pflanzlichen und geometrischen Motiven bedeckt.

Als Vorbild für die äußerst selten zu findenden **Szenen aus dem Marienleben** über der Reihe der Heiligen und unter den üblichen Darstellungen neu-testamentarischer Ereignisse diente ein entsprechender Marienzyklus aus dem 14. Jh. aus der Chóra-Kirche in Konstantinopel. Da sieht man beispielsweise an der linken Wand hinten den äußerst drastisch geschilderten Kindsmord in Bethlehem und daran anschließend »Die sieben ersten Schritte Mariens«: Maria konnte bereits im Alter von sechs Monaten sieben Schritte auf ihre Mutter Anna zugehen, wie das apokryphe Protoevangelium des Jakobus berichtet.

Lieblingsort

Platía Ilikioméni 3
Der Dorfplatz von Mandráki
gehört für mich zu den schönsten
Griechenlands. Er ist behaglich
klein, kein Passant bleibt unbe-
merkt oder gar ungegrüßt. Tische
und Stühle weniger Tavernen
stehen unter dichten Blätter-
dächern, ins Pflaster sind Mosaike
aus schwarz-weißen Kieselsteinen
eingelassen. Hier konzentriert sich
alles auf das Hier und Jetzt, der
Blick kann nicht in die Ferne
schweifen, das Meer ist nicht zu
sehen. Die Masse bleibt lieber
unten am Ufer. Mit denen, die sich
hier niederlassen, komme ich leicht
ins Gespräch.

Mein Tipp

Mandelmilch kosten

In vielen Geschäften entlang der Ufergasse wird Mandelmilch in Flaschen angeboten. Man stellt sie her, indem man abgezogene, zerkleinerte Mandeln kocht, dann im Kochwasser geraume Zeit ziehen lässt, anschließend durch ein Tuch drückt und schließlich mit Wasser verdünnt. Eine andere Spezialität, die man in guten Restaurants bestellen kann, sind *pitiá*, eine Art Reibekuchen aus Kichererbsenbrei und Zwiebeln.

Kástro und Kloster Panagía Spilianí 8

Besonders lohnend ist der Aufstieg auf den 135 m hohen Kástro-Felsen mit den Resten einer Johanniterburg und dem strahlend weiß gekalkten **Kloster Panagía Spilianí** (»Mutter Gottes in der Höhle«). Nach 81 Stufen steht man vor dem Tor des **Kástro** aus dem 14. Jh., das aus Sicherheitsgründen weitgehend unzugänglich ist. Nach weiteren 49 Stufen ist man schließlich im Vorhof des zu Anfang des 17. Jh. innerhalb des Burgbereichs erbauten **Spilianí-Klosters** angelangt.

Gegründet wurde dieses Kloster der Legende nach aber schon im Jahr 1401. Seine religiöse Bedeutung für die Orthodoxie lässt sich daran ablesen, dass zum 600. Gründungstag 2001 der Ökumenische Patriarch von Konstantinopel für drei Tage auf der Insel weilte. Alljährlich ist es an den neun Tagen vor dem Marienfest am 15. August Ziel Tausender Pilger, die vor allem von Kéfalos auf Kos herüberkommen und das Kloster mit Leben erfüllen. Ziel ihrer Wallfahrt ist die kostbare und vorgeblich wundertätige Marien-Ikone in der Klosterkirche, die sehr viel älter als die übrigen Gebäude ist.

Stufen führen hinunter in die klimatisierte Vorhalle: An der linken Wand lehnt eine Prozessionsikone, deren Oklad aus alten silbernen Votivtäfelchen gefertigt ist. Sie zeigen Menschen, Körperglieder und Organe, Rinder und Segelschiffe.

Unter einem antiken Türsturz hindurch betritt man die alte Höhlenkirche, die wohl schon in frühchristlicher Zeit als Kultstätte diente. Ihr Dach wird von zwei Marmorsäulen getragen; die holzgeschnitzte Ikonostase von 1725 ist das Werk eines einheimischen Künstlers.

Archäologisches Museum 9

Di–So 8.30–15 Uhr, Eintritt frei

Im 2010 eröffneten Museum werden ausschließlich Funde von der Insel gezeigt; vielen Objekten werden Fotos vom jeweiligen Fundort zugeordnet. Im fensterlosen Untergeschoss sind Ikonen und anderes Byzantinisches zu sehen, im größeren Obergeschoss Sarkophage, Architekturfragmente und weitere antike Objekte. Striktes Fotografierverbot!

Strände

Der **Ágios Savás Beach** 10 an der Paraliá mitten im Ort ist zum Baden kaum geeignet. Ruhiger ist der schattenlose **Chochláki-Strand** 11 hinter dem Kástro. Ein Fußweg an der Küste führt – vorbei am winzigen alten Hafen – um den Fels herum in nur etwa fünf Gehminuten dorthin. Der Name bedeutet »Kieselstrand« – kein Zufall, wie sich bald zeigt, denn tatsächlich ist er an Land und im Wasser so steinig, dass das Baden nur wenig Freude macht.

Übernachten

Komfortabel und stilvoll, aber eventuell laut – **Ta Liotrídia 1**: Im Zentrum an der Ufergasse, Tel. 22 42 03 15 80, Fax 22 42 03 15 80, www.nisyros-taliotridia.com, ganzjährig geöffnet, Apartment HS ca. 140 €, NS ca. 100 €. Zwei stilvolle Apartments mit je zwei Schlafzimmern im Obergeschoss einer alten Olivenölmühle, eins mit Balkon, eins mit großer Terrasse. Holzdecken, hochwertige Möbel und Wohntextilien, Natursteinwände. Im Untergeschoss befindet sich ein Musikcafé.

Das beste im Ort – **Porfyris 2**: 100 m östlich der Platía Ilikioméni, Tel. 22 42 03 13 76, Fax 22 42 03 11 76, www.porfyris-nisyros.com, April–Mitte Okt. geöffnet, DZ HS ab 60 €, sonst ab ca. 40 €. Einziges Hotel direkt im Ort mit Swimmingpool, über einem unverbauten Grundstück, dadurch schöner Blick auf Ort und Meer. 38 Zimmer, die meisten mit Balkon. Inhaberin María Karpatháki kümmert sich aufmerksam um ihre Gäste.

Nahe am Hafen – **Harítos 3**: 150 m vom Anleger an der Straße nach Páli, Tel. 22 42 03 13 22, Fax 22 42 03 11 22, ganzjährig geöffnet, DZ HS ca. 45 €, sonst ab ca. 35 €. Am Ortsrand gelegen, 11 Zimmer, die meisten mit Meerblick; kleiner Pool.

Mit Hafenblick – **Three Brothers 4**: Unmittelbar links über dem Fähranleger, Tel. 22 42 03 13 44, Fax 22 42 03 16 50, www.nisyros3brothers.de, ganzjährig geöffnet, Zimmer HS ca. 40–50 €, sonst ab ca. 35 €. 10 Zimmer und 4 Studios, meist mit Hafenblick. Inhaber Andónis Nikolítsis spricht fast ebenso gut deutsch wie seine berlinernde Frau Sabine und deren gemeinsamer kleiner Sohn Stávros. Meist ebenfalls im Haus sind Antónis Brüder Vassíli und Polychrónis sowie aller Mutter María, die lange in Australien lebte.

Gut für die Gemeindekasse – **Xénon Polyvótis 5**: Oberhalb des Anlegers an der Straße nach Páli, Tel. 22 42 03 10 11, Fax 22 42 03 12 04, April–Mitte Okt. geöffnet, DZ HS ca. 40 €, sonst ab ca. 25 €. Der Gemeinde gehörende Pension, daher ohne familiäres Engagement, aber dennoch freundlich geführt. 20 Zimmer.

Sehr einfach – **Romántzo 6**: 50 m vom Anleger an der Straße nach Páli, Tel. 22 42 03 13 40, www.nisyros-romantzo.gr, ganzjährig geöffnet, DZ HS ca. 35 €, sonst ab ca. 25 €. Ein Tipp für preisbewusste Reisende, die sich an altem Mobiliar nicht stören. 25 einfache Zimmer über einer Taverne mit schöner Terrasse. Noch am besten sind die Zimmer 18 bis 23 in der zweiten Etage direkt an einer großen Gemeinschaftsterrasse mit Hafenblick, Wäschespinnen, Tischen und Stühlen.

Essen & Trinken

Alteingesessen – **Frázis 1**: Platía Ilikioméni, April–Mitte Okt., tgl. ab 9 Uhr, Hauptgerichte ab 7 €. Eines der ältesten Restaurants der Insel. Mittags kehren viele Gruppen von Tagesausflüglern ein, abends ist es angenehmer. Man schenkt offenen Inselwein aus und serviert auch Kuchen.

Außergewöhnlich – **To Kazanário 2**: An der Rathausgasse ganz in dessen Nähe, tgl. ab 19.30 Uhr, Karaffe Ouzo mit *mezédes* 7 €, Hauptgerichte ab 8 €. Im Garten hinter einer 1880 gegründeten ehemaligen Destillerie betreiben die Freunde Chrónis und Mános eine traditionelle Ouzerí. Eine Speisekarte gibt es nicht. Chrónis erklärt das Tagesangebot am Tisch, Mános lässt sich gern in die Töpfe schauen. Ouzo und Weine vom Fass, exzellente saisonale Salate, auch außergewöhnliche Gerichte mit regionalen Zutaten.

Traditionelle Gerichte – **Kleánthes 3**: An der Ufergasse im historischen Ortskern, Mai–Sept, tgl. ab 11 Uhr, Hauptgerichte ab 7 €. Große Auswahl, traditionelle Einrichtung, viele traditionelle Gerichte wie *fáva* und ein in Rotwein eingelegter Ziegenkäse.

Unter schattigen Bäumen – **Iríni 4**: Platía Ilikioméni, ganzjährig, tgl. ab 8 Uhr, Hauptgerichte ab 6 €. Freundlicher Service, Tische und Stühle direkt unter dem dichten Blätterdach über der Platía. Wirtin Iríni betreibt ihre Taverne schon seit über 30 Jahren und bereitet alle Gerichte selbst zu. Lamm, Schwein und Zicklein stammen von der eigenen Herde.

Hausgemachte Kuchen – **Sea View Café 5**: Ufergasse zwischen Hafen und Savás Beach, tgl. ab 6 Uhr. Kuchen ab 2,50 €, Hauptgerichte ab 5 €. Café und Bar, in der außer von Wirtin María selbst gebackenen Kuchen und Keksen auch einfache Gerichte serviert werden. Wirt Kóstas, der abends gern von der Caféterrasse aus angelt, ist Kreter und hält auch den kretischen Tresterschnaps *rakí* bereit.

Einkaufen

Fotokunst – **Photo Art Gallery 1**: An der Ufergasse, tgl. 10–15.30 Uhr. Künstlerische Fotos von Níssyros in vielen Formaten von Artin Karakassiani, auch als Postkarten. Original-Fotopostkarten ab 3 €, DVD mit Inselfotos 15 €.

Abends & Nachts

Der Szenetreff – **Ta Liotrídia 1**: Im Zentrum an der Ufergasse, tgl. ab 9 Uhr, Softdrinks 2 €, Cocktails 5 €. Das schickste Lokal der ganzen Insel nimmt das Erdgeschoss einer historischen Olivenölpresse ein. Im Innenraum steht noch die alte Mühle, die Wände bestehen weitgehend aus unverputztem Naturstein. Ganz im Kontrast zum historischen Ambiente gibt sich die geschmackvoll-moderne Farbgebung der Textilbezüge und Wanddekorationen, die Musik wechselt je nach Tageszeit und Klientel zwischen Jazz und Rock.

Infos & Termine

Private Reisebüros:
Polyvotis Tours, direkt am Anleger, Tel. 22 42 03 12 04, Fax 22 42 03 11 30.
Nysirian Travel, oberhalb des Anlegers, Tel. 2242 031 459, Fax 2242 031 610.
Enetikon Tours, an der Ufergasse ins Ortszentrum, Tel. 22 42 03 14 65, Fax 22 42 03 11 68.

Infos
Hafenpolizei: Im Hafengebäude, Tel.
22 42 03 12 22.

Termine
Woche nach Ostern: Die wundertätige
Marien-Ikone aus dem Kloster Spilianí
wird mehrere Tage lang über die Insel
getragen und bleibt jeweils für eine
Nacht in den Dörfern Páli, Emborió
und Nikiá sowie in verschiedenen In-
selklöstern.
Kirchweihfest des Klosters Panagía
Spiliáni (14./15. Aug.) mit Bewirtung
aller Anwesenden, Musik und Tanz.

Verkehr
Schiffsverbindungen: Linienverkehr
s. S. 22. Über eventuelle zusätzliche
Reisemöglichkeiten informieren die
Reisebüros in Mandráki.

Busse: Am Hafen (dort auch Fahrplan-
aushang) fahren Busse nach Páli, Emborió und Nikiá.

Akropolis ▶ K 14

Ein 15-minütiger Spaziergang führt
von der Platía Ilikioméni durch das
Dorf und über Ölbaumterrassen zur
besterhaltenen antiken Stadtmauer
Griechenlands. Innerhalb der Mauern
haben noch keine Grabungen stattgefunden; niemand weiß, ob sie eine
städtische Siedlung oder eine Akropolis mit Tempeln schützten. Die Einheimischen nennen das Areal Palékastro,
also »Alte Festung«.

Ein über 100 m langer Mauerab-
schnitt aus dem 5./4. Jh. v. Chr. ist bis zu
6 m Höhe und 4 m Dicke ▷ S. 174

Die Akropolis auf Níssyros darf erklettert werden – als Belohnung lockt ein schöner Blick

Auf Entdeckungstour

Zu den Hängenden Gärten des Diavátis

In den Krater wandert jeder. Aber selten wagt sich ein Urlauber zum höchsten Inselgipfel hinauf, wo 698 m über dem Meer eine Kapelle des Propheten Elias steht. Dicht unter dem Gipfel stößt man dort auf eins der schönsten Hochtäler des Dodekanes, wo man im Sommer auch gut im Schlafsack übernachten kann.

Start: ▶ K 14

Info: Die anspruchsvolle Wanderung dauert pro Strecke ca. drei Stunden. Gute Wanderstiefel, Wasser und Proviant sind ein Muss. Für Übernachtung Schlafsack und Isomatte mitnehmen. Im Häuschen gibt es (wenn offen) nur alte Matten. Vor der Hütte kann man gut grillen, Holz und Äste finden sich in der Umgebung reichlich. Das Wasser in der nahen Zisterne trinkt man besser nicht.

Zum Moní Evangelístria

Von Mandráki führt zunächst eine 6 km lange, schmale Asphalt- und Zementstraße am Schulzentrum und am Sportplatz des Ortes vorbei ins Hinterland. Am Ortsende von Mandráki ist sie an der Straße Richtung Páli mit ›Castro‹ und ›Monastery‹ beschildert. Der Weg ist auch von Wanderern angenehm zu nutzen, Auto- oder Mopedfahrer lassen ihr Fahrzeug vor der ›Monastery‹, dem **Moní Evangelístria** (s. S. 174 und Bild S. 172) stehen, da es von hier aus auf markiertem Weg nur noch zu Fuß weitergeht. Der Weg, der direkt am Klostervorplatz mit dem Terebinthen-Baum beginnt, führt ins Dorf **Emborió** hinauf. Um auf den Pfad hinauf zum Diavátis zu gelangen, geht man etwa 50 m auf der Straße zurück, wo dann links ein hölzerner Wegweiser mit Aufschrift in lateinischer und griechischer Schrift steht.

Die Drachen von Níssyros

Der Pfad führt bald an kleinen Ziegenunterständen vorbei. Am Beginn eines Tals mit kleinen Natursteinhütten geht es links über einen Steinplattenweg weiter. Langsam windet sich der Weg zwischen üppigen Farnen steiler bergauf. Wie schon auf dem Weg zum Kloster sieht der Wanderer immer wieder bis 30 cm lange, völlig ungefährliche Echsen, die an Saurier en miniature erinnern. Man nennt sie im Volksmund die **Drachen von Níssyros.** Biologen haben dieser Echse den Namen Hardun *(laudakia stella)* gegeben, in der griechischen Hochsprache heißen sie Ágama. Im gesamtgriechischen Volksmund bezeichnet man sie auch als ›krokodiláki‹, als ›Krokodilchen‹. Sie sind tagaktiv, sitzen gern auf erhöhten Punkten wie größeren Steinen oder Feldmauern und sind auch nicht besonders scheu. Darum hat man gute Chancen, eins dieser Vertreter der insularen

Tierwelt zu erspähen. Hardune ernähren sich von Insekten, Spinnen, kleineren Echsenarten und sogar jungen Schlangen, fressen aber auch Blüten und Beeren.

Fantastischer Ausblick

Bald führt der Pfad durch kleine Steineichenwäldchen, manchmal bilden die Bäume idyllische kleine Naturtore. Dann kommt bereits das Ziel in Sicht: ein weißes, kleines Steinhäuschen dicht unterhalb des Gipfels auf einer winzigen, natürlichen Terrasse in einer Hangmulde. Die Einheimischen nennen ihn den **Hängenden Garten des Diavátis,** weil er wie ein Balkon über dem Abgrund zu schweben scheint. Früher lebte hier ein Viehzüchter, wie die Mauern bezeugen, die das Grundstück umgeben. Der Blick über Níssyros und das Meer nach Gialí und Kos ist fantastisch und lohnt allein schon den mühsamen Aufstieg.

Andere Wünsche

Wer Lust hat, kann ein paar Meter höher im Westen die Kapelle **Profítis Ilías** besuchen und vom Gipfel des **Diavátis** aus einen Adlerblick in die Caldera mit ihren Subkratern werfen. Wer sich aufmerksam umschaut, bemerkt, dass auch die Innenhänge des Kraters früher durch die Anlage von Terrassen landwirtschaftlich nutzbar gemacht wurden. Heute liegen sie brach. Genauso, wie sich niemand mehr um die an den Hängen des Diavátis frei herumspringenden Ziegen kümmert, bebaut auch niemand mehr die terrassierten Felder, die in vergangenen Jahrhunderten mehrere tausend Nissirioten ernährten. Die Arbeit ist zu mühsam, der Einsatz modernen technischen Geräts kaum möglich. Die Erträge würden vielleicht gerade einmal ausreichen, um notdürftig satt zu werden.

erhalten. Genau ineinander gepasste Steinblöcke aus vulkanischem Trachytgestein sind bis zu 80 cm hoch und 2 m lang. Die Seitenkanten sind meist abgeschrägt, um der Mauer mehr Festigkeit zu verleihen. Über eine Treppe gleich rechts vom bestens erhaltenen Stadttor kann man sogar auf die Mauer gelangen.

Das ständig frei zugängliche Palékastro kann man nicht nur zu Fuß erreichen, sondern auch über eine befestigte Straße, die in der Nähe des Hafens von der Straße Mandráki–Páli abzweigt. Diese Straße passiert die Höhere Schule und den Sportplatz der Insel.

Kloster Evangelístria ► K 14

100 m hinter dem Sportplatz zweigt eine Straße etwas aufwärts nach links von der Straße zum Palékastro ab (ausgeschildert mit ›Monastery‹). Sie endet nach etwa 4 km vor dem kleinen Kloster der Verkündigung, dem **Moní Evangelístria.** Hier beginnen auch zwei ausgeschilderte und markierte Wanderwege. Der eine führt auf den Diavátis (s. auch Entdeckungstour, S. 172), der andere hinauf nach Emborió.

Das gut gepflegte, aber unbewohnte, stets verschlossene Kloster der Evangelístria dürfte ein Bau aus dem 19. Jh. sein, ist kunsthistorisch ansonsten aber belanglos. Schön allerdings ist die einsame Lage und die aussichtsreiche Fahrt hinauf. Auf dem Platz vor dem Kloster steht ein gewaltiger Terebinthen-Baum. Aus dem Holz solcher Bäume wurden im antiken Ägypten die Mumiensarkophage gezimmert; seine Gallbildungen nutzte man noch im 19. Jh. zur Terpentin-Gewinnung.

Loutrá und Páli ► K 14

Links der Straße von Mandráki nach Páli steht 2 km vom Hafen entfernt in **Loutrá** ein großes, 1872 errichtetes Gebäude am Meer, das dringend der Renovierung bedarf. Es ist das **Kurhaus** der Insel. Bis zum Beginn der italienischen Besatzungszeit zog es sogar in Ägypten lebende Griechen als Kurgäste an. Segelschiffe ankerten vor Loutrá und setzten die Passagiere in Ruderbooten über. Heute nehmen hier nur noch sehr wenige griechische Kurgäste heilsame Thermalbäder gegen Rheuma und Arthritis. Früher wurden in dem Gebäude auch 100 Gästezimmer vermietet, heute sind es nur noch einige wenige. Man ist aber dabei, weitere Zimmer zu sanieren (EZ 17, DZ 20 €). Auch als ausländischer Tourist kann man hier zwischen Anfang Juni und Mitte Oktober heilsame Bäder nehmen: in schwefelhaltigem Wasser, das direkt aus der Caldera in die altertümlichen Badewannen fließt (tgl. 7.30–8.30 und 17–19.30 Uhr, 15-Minuten-Bad 3 €). Zur Anlage gehört ein sich hauptsächlich an die griechischen ›Kurgäste‹ wendendes Kafenío mit Speiseangebot, das von den Wirten nach Lust und Laune betrieben wird (meist 10–24 Uhr, Hauptgerichte ab 5 €).

Am Strandhotel White Beach mit seinem öffentlich zugänglichen Kiesstrand vorbei, führt die Straße dann nach **Páli,** dem zweiten Küstendorf der Insel. Die Italiener wollten Páli in den 1930er-Jahren ähnlich wie Lakkí auf Léros zu einer am Reißbrett konzipierten Mustersiedlung ausbauen, der 2. Weltkrieg verhinderte dieses Vorhaben aber. Der lange Sand-Kieselstein-Strand wird von den in Mandráki einquartierten Urlaubern gerne besucht.

Am Strand von Páli entlang führt eine Straße weiter in Richtung Liés. Am äußersten Ortsrand passiert sie das größte Gebäude der Insel: Eine schon im späten 19. Jh. erbaute **Kurbadeanlage** mit Hotel, die während der italienischen Besatzungszeit zerfiel. Vor etwa 25 Jahren begann man mit ihrer Restaurierung, wurde damit aber nie fertig. Dem an eine Kaserne erinnernden, fensterlosen Bau gegenüber steht, von der Straße aus kaum zu erkennen, die kleine **Kapelle Panagía Thermianí** in den Überresten eines römischen Thermengebäudes.

Man geht ein paar Stufen hinunter und fühlt sich in eine andere Welt versetzt. Mehrere Gewölbeteile der antiken Therme sind noch ansatzweise erhalten und zum Teil mit aufgemalten weißen Kreuzen ›christianisiert‹. Bogenabschlüsse auf heutigem Bodenniveau zeugen davon, dass das Bodenniveau in der Antike um einige Meter tiefer lag. Vor dem Eingang zur 1871 geweihten Kapelle streckt sich eine Palme in die Höhe, in einem kleinen natürlichen Felsbecken steht flach und klar ein wenig Thermalwasser.

Übernachten

Im Ort Páli werden etwa 120 Fremdenbetten vermietet. Abends liegen im Hafen meist mehrere Jachten. Da Páli jedoch viel weniger Atmosphäre besitzt als Mandráki, wohnt man besser im Hauptort.

Essen & Trinken

Zum Fischessen – **Agístri:** Taverne am Strandanfang von Mandráki aus gesehen, tgl. ab 11 Uhr, Hauptgerichte ab 7 €. Hier kann man auch in Badebekleidung am Tisch Platz nehmen.
Für Fleischfreunde – **Aphrodíti:** Am Hafenplatz in Páli, tgl. ab 10 Uhr, Hauptgerichte ab 6 €. Die gut Englisch sprechenden Wirtsleute Níkos und Tsambíka Zarákis bieten eine große Auswahl an Schmorgerichten; zum Griechischen Salat gehören hier auch Kapernzweige. Die *kréma karamellé* und das *risógalo* (Reispudding) sind hausgemacht. Als Getränk wird hier z. B. die Zimtlimonade *kanneláda* serviert (2 €). Die Crews der in der Marina liegenden Jachten wissen auch das Angebot der Taverne zu nutzen, hier zu duschen oder E-Mails abzurufen.

Infos & Termine

Termine
Kirchweihfest (29./30. Juni) zu Ehren der Apostel in Páli (Agíi Apóstoli).
Kirchweihfest (31. Aug./1. Sept.) zu Ehren der Panagía Thermianí mit stimmungsvollen Gottesdiensten in der kleinen Kirche.

Verkehr
Busse: Páli ist mehrmals tgl. mit Mandráki, Emborió und Nikiá, im Aug. auch 2 x tgl. mit Liés verbunden.

Liés ► L 14/15

Von der Panagía Thermianí in Páli aus führt die Uferstraße zunächst etwas landeinwärts an einer Schweinekoppel vorbei und passiert dann mehrere kleine Strandbuchten. Sie endet am kilometerlangen, einsamen Strand von **Liés** (grober Sand mit Steinchen, im Wasser überwiegend Kies und Steine). Im Hochsommer ist hier in manchen Jahren eine einfache, improvisierte Bar geöffnet. Sonnenschirme, die man in dieser schattenlosen Einöde gut gebrauchen kann, muss man selbst mitbringen.

Am Ende der Straße beginnt ein Klippenpfad, auf dem man nach etwa

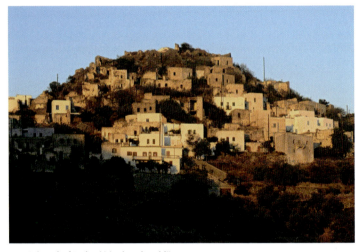

Das Geisterdorf Emborió in der Abenddämmerung

10 Gehminuten **Pachía Ámmos,** den mit Abstand schönsten Inselstrand, erreicht. Weit und breit ist kein Haus zu sehen, der 300 m lange, breite Kiesstreifen schillert bunt in der Sonne.

Dörfer am Rand der Caldera

Die Dörfer Emborió und Nikiá wurden unmittelbar am oberen Rand der großen Caldera erbaut. Von beiden Orten kann man sowohl übers Meer als auch tief hinunter in den Krater sehen. Wer mehr als einen Tag auf Níssyros verbringt, sollte beide Orte besuchen, obwohl Nikiá schöner ist als das schon fast ganz verlassene Emborió.

Bei der Fahrt hinauf in die Dörfer wird immer wieder deutlich, wie intensiv Níssyros in den vergangenen Jahrhunderten landwirtschaftlich genutzt wurde. Selbst an den steilsten Hängen erkennt man noch Spuren einstiger Feldterrassen, auf denen Getreide und Wein angebaut wurden. Sie werden längst nicht mehr genutzt und verfallen.

Emborió ► K 15

Die Straße endet vor dem Dorf, in dem Esel und Maultiere die einzigen Transportmittel sind. Die meisten Häuser stehen leer und verfallen, andere sind nur noch im Sommer bewohnt. Im Winter leben in Emborió nur noch 15 Menschen, die Dorfschule ist längst geschlossen. Die Abwanderung setzte bereits 1933 ein, als das Erdbeben schwere Zerstörungen anrichtete.

Eine Treppengasse führt in ca. 10 Minuten zu Fuß durch das Dorf hinauf zum **Kástro.** Sie passiert die Platía mit der Dorfkirche und ein Kafenío. Am Weg zwischen Platía und Kástro wohnt der herzkranke Kóstas, der den Schlüssel zur im Kástro gelegenen Michaelskirche verwahrt. Da der Weg hinauf für Kóstas beschwerlich ist, schließt er sie nur in den kühlen Morgenstunden und im Winter auf. Von der mittelalterlichen Burg, in der bis 1933 noch ein Dutzend Familien wohnte, sind nur wenige Mauerreste erhalten.

Die Michaelskirche ist gleichfalls in traurigem Zustand. Immerhin sind noch einige alte Fresken zu sehen: in der Apsis Maria mit dem Kind und einige Kirchenväter, darüber Reste der himmlischen Apostelkommunion und links die Opferung Isaaks. An der linken Seitenwand findet sich das Jüngste Gericht, an der rechten der Erzengel Michael und das Bildnis einer Frau mit weißem Kopftuch und Tracht: wohl die Frau des Kirchenstifters.

Essen & Trinken

Balkon über dem Krater – **To Balkóni tou Emboríou:** Am kleinen Dorfplatz, ca. 100 m vom Parkplatz am Dorfeingang, tgl. ab 9 Uhr, Hauptgerichte ab ca. 5 €. Das alte Dorfkaffeehaus steht direkt am Kraterrand. Von der Terrasse mit ihren neuen, kleinen Tischen aus überblickt man die gesamte Caldera und schaut auch zum zweiten Kraterranddorf Nikiá hinüber. Von hier aus ist besonders gut zu erkennen, dass in vergangenen Jahrhunderten selbst die Innenhänge der Caldera zur Anlage von Terrassen für den Ackerbau genutzt wurden. Im Innenraum des Lokals hängt dem Tresen gegenüber ein alter, beschädigter Spiegel. Er ist das einzige Zeugnis für ein Gefecht, das deutsche Soldaten mit griechischen Partisanen im Februar 1945 in Emborió austrugen und das neun Freiheitskämpfern das Leben kostete. Heute werden im Kafenío nur noch im Sommerhalbjahr Getränke serviert; einfaches Essen gibt es nur im Hochsommer.

Aktiv & Kreativ

Hephaistos Hitze – **Natursauna:** 40 m vor dem Ende der Zufahrtsstraße nach Emborió liegt eine kleine Grotte (3 m rechts von der Straße, auf Straßenniveau, zwischen zwei geweißelten Steinmäuerchen direkt unter einer Telegrafenleitung), die durch die natürliche Erdwärme so stark aufgeheizt wird, dass man darin tatsächlich saunen kann. Sie liegt etwas versteckt, der Eingang ist nicht ausgeschildert. Da sie von den Einheimischen nicht mehr benutzt wird, kann man sich problemlos unbekleidet hineinbegeben. Die Temperatur ist allerdings sehr hoch und sicher nicht für jeden angenehm, außerdem sind an den Wänden bisher nicht identifizierte Pilze festzustellen. Allergiker, Asthmatiker und Vorsichtige sollten vielleicht nur wagen einen kurzen Blick in die Natursauna zu werfen …

Nikiá ► K 15

Das zweite, sehr viel schönere und besser instand gehaltene Dorf am Kraterrand zählt etwa 40 Bewohner. Auch hier endet die Straße am Dorfrand. Eine blumenreiche Gasse führt in drei Minuten zur **Platía** mit einem gemauerten Tanzplatz und Kieselsteinmosaikboden. Man sitzt unter schattigen Rankgewächsen an den Tischen einer gemütlichen Taverne und blickt auf die an den Platz angrenzende Kirche, die Mariä Darbringung im Tempel geweiht ist. An der Ikonostase sind einige Ikonen aus dem 17. Jh. bemerkenswert. Beim Bummel durchs Dorf eröffnen sich immer wieder fantastische Ausblicke aufs Meer und in den Krater hinein, in den man von Nikiá aus auf einem guten Pfad in ca. einer Stunde hinabsteigen kann.

Vulkan-Museum

Am Parkplatz am Dorfeingang, Tel. 22 42 04 87 46, Mitte Mai–Mitte Okt. Mo–Sa 10–20, So 11–18 Uhr (unzuverlässig), Eintritt 4 €

In der alten Dorfschule wurde im Juni 2008 ein weitgehend von der EU finanziertes, hochmodernes Museum eröffnet, das über den Vulkanismus im Allgemeinen und auf Níssyros im Besonderen informiert. Geht man im Uhrzeigersinn durch den durch eine Zwischenwand in Längsrichtung getrennten Hauptsaal, sieht man zunächst links eine Karte der Insel mit vielen eingeklinkten Fotos und eingetragenen Wanderwegen. Rechts ist Obsidian von verschiedenen Fundorten im Mittelmeerraum zu sehen, so aus Kappadokien, von der italienischen Insel Lipari, von der griechischen Insel Mílos und von Gialí, der kleinen, Níssyros vorgelagerten Bergbauinsel. Obsidian ist ein schwarzes, vulkanisches Glas, das in der Steinzeit vor allem wegen seiner scharfkantigen Schnittflächen geschätzt wurde, die zur Herstellung von Messerklingen und Beilklingen dienten.

Danach sind rechts Fossilien ausgestellt, unter anderem von den griechischen Inseln Níssyros und Santorin, sowie anschließend in Griechenland vorkommende Mineralien. Darunter sind Kaolin und Bentonit von Mílos, Amethyst von Kímolos, Mangan von Mykonos und Mílos sowie Opal von Pátmos. An der linken Wand gegenüber findet der Besucher Informationen über die Tiere und Pflanzen der griechischen Inselwelt und sieht auf Kniehöhe verschiedenes vulkanisches Eruptionsgestein, u. a. Lava aus Santorin und Tuff von der Insel Kos.

In einem kleinen Nebenraum steht ein Reliefmodell der Insel Níssyros im Maßstab 1 : 7000. Eine schematische Zeichnung erläutert den inneren Aufbau der Insel. Wenn man mit der Technik klarkommt, kann man sich hier

Der hübsche Dorfplatz von Nikiá

Mein Tipp

Mit Vulkanexperten wandern
Mindestens fünfmal im Jahr bietet Volcano Tours einwöchige Wanderstudien-reisen nach Níssyros ab Athen an, vier Hotelübernachtungen auf Níssyros mit Halbpension eingeschlossen. Sind noch Plätze frei, kann man die Tour auch ab und bis Níssyros buchen. Die Touren werden von einem deutschen, perfekt grie-chisch sprechenden Vulkanismus-Experten begleitet und beziehen archäolo-gische und botanische Themen mit ein. (Buchung bei: Volcano Discovery Tours, Kronenstr. 2, 53840 Troisdorf, Tel. 02241 208 01 75, www.volcanodiscovery.com.)

auch kurze Filme über Vulkanausbrü-che in verschiedenen Weltgegenden ansehen. Im zweiten Teil des Haupt-saals werden dann auf Englisch mit-hilfe von Zeichnungen zahlreiche Er-läuterungen zum Vulkanismus allge-mein gegeben. Das Ende des Rundgangs markiert ein Schnitt durch die Erdkugel, der klarmacht, dass die feste Erdkruste nur etwa 30 km stark ist. Man lernt, dass die Temperatur im wiederum harten Kern der Erde 5200–6370 m von der Oberfläche ent-fernt um 4300 °C beträgt – und ist froh, selbst im Hochsommer nur ins maximal 40 °C warme Nikiá hinaustreten zu dürfen.

Übernachten

In Emborió werden keine Zimmer ver-mietet, in Nikiá können Sie vor Ort nach Zimmern und Häusern fragen.

Essen & Trinken

Die Kafenía in Emborió servieren im Sommer einfache Mahlzeiten; in Nikiá gibt es drei Tavernen, die im Sommer vor allem abends gut besucht sind.

Infos & Termine

Termine
Kirchweihfest (22. Aug.): abends in Emborió.
Kirchweihfest (25. Sept.): Zwischen 18.30 und 1 Uhr am Kloster Ágios Theológos bei Nikiá; kostenloser Bus-transfer dorthin ab Mandráki.

Verkehr
Busverbindungen: Mehrmals tgl. mit Mandráki und Páli.

Wanderung von Nikiá in die Caldera

Der Höhenunterschied zwischen Nikiá und dem Grund der Caldera beträgt etwa 250 m, besondere bergsteigerische Fähigkeiten und Schwindelfreiheit müssen Sie für die Tour aber nicht mitbringen.

Der Pfad beginnt auf dem Wende-platz des Inselbusses am Straßenende. Ein Pfeil und die Aufschrift ›Volcano‹ weisen auf die Stufen hin, die zum Be-ginn des Fußwegs zum **Kloster Ágios Ioánnis Theológos** führen. Man folgt ihm, solange er zementiert ist. Wo der Zement endet, zweigt an einem Lichtmast nach scharf hinten links ein Stufenpfad ab, der von hier bis auf die Kratersohle hinab mit einem roten Punkt markiert ist. Bevor man ihm folgt, sollte man aber noch geradeaus zum Kloster gehen. Das Tor steht offen, Hähne krähen zur Begrüßung.

In einer **Felskapelle** hängen einige Votivtäfelchen, Öllampen und äußerst kitschige Ikonen, von denen eine gar 1911 in New York gemalt wurde. Die Größe des Festplatzes mit Tischen und Bänken aus Zement gibt eine Vorstellung von der Bedeutung des Kirchweihfestes, das hier alljährlich am Abend des 25. September gefeiert wird. Die drei großen Kessel neben der Küche deuten an, welche Mengen der Festtagsspeise an jenem Abend gegessen werden.

Die Caldera ❗ ▶ K/L 15

Eine Baumgruppe markiert das touristische Zentrum des Kraters. In ihrem Schatten stehen die Tische und Stühle einer einfachen *kafetéria,* die nur Erfrischungsgetränke und Kartoffelchips serviert. Wer vor 11 Uhr morgens ankommt, kann hier das Gefühl genießen, ganz allein in der Caldera zu sitzen.

Gegen 11 Uhr windet sich dann eine Buskarawane über eine Asphaltstraße in die Caldera hinab und parkt vor der *kafetéria.* Allein und in geführten Gruppen wandern die Tagesbesucher (über 70 000 im Jahr) über einen leicht rutschigen Pfad in den **Stéfanos-**

Krater in der Caldera von Níssyros

Krater, den größten der Sekundär-krater hinab. Er ist etwa 350 m lang und 250 m breit, seine Wände sind an vielen Stellen von Schwefel glitzernd gelb gefärbt. Aus Erdlöchern steigen heiße Schwefeldämpfe auf, in kleinen Mulden blubbert Schlamm. Auf von Erdwärme erhitzten Steinen braten Reiseleiter effektvoll Spiegeleier; Leichtsinnige hüpfen umher, um das Vibrieren des scheinbar unterhöhlten Bodens zu genießen, können sich dabei aber schwer verletzen. Manche Besucher nehmen Schwefel von den Solfataren mit, andere kaufen ihn später in der *kafetéria*. Vier weitere Sekundärkrater gibt es in der Caldera noch, die aber werden so gut wie nie besucht.

Wanderung aus der Caldera nach Mandráki
▶ K/L 15 – K 14

3–4 Stunden reine Gehzeit muss man rechnen, wenn man aus der Caldera nach Mandráki zurückwandern will. Der Weg ist gut und nicht zu verfehlen. Man erlebt Landschaften, wie sie vom Fahrzeug aus nicht zu entdecken sind. Wer nicht laufen mag, kann das erste Wegstück aus der Caldera bis zum Kloster Stavrós auch mit dem Moped oder Auto zurücklegen.

Das weiß gekalkte **Kloster Stavrós** thront auf dem westlichen Kraterrand und ist von unten schon ebenso gut auszumachen wie der Feldweg, der am südlichen Kraterhang entlang hinaufführt. Das Kloster ist heute unbewohnt, wird aber gut instand gehalten: Alljährlich ist es am 13./14. September Schauplatz eines bedeutenden Kirchweihfestes, zu dessen Anlass auch viele Pilger in den alten Klosterzellen nächtigen. Die kleine Kirche steht immer offen, auf dem Klosterhof bietet die Zisterne jedoch leider nicht die Möglichkeit, sich mit ein wenig kühlem Wasser zu erfrischen: Es ist zu schmutzig.

Vom Kloster aus wird der Feldweg schlechter und führt in etwa 25 Gehminuten auf eine von Bergen umschlossene Hochebene mit den Ruinen eines völlig verlassenen, ehemals fünften Inseldorfes. Auf dem Weg dorthin sieht man unten an der Küste die Überbleibsel eines großen Gebäudes, das im 19. Jh. als Lagerhalle für Schwefel diente, der damals noch kommerziell abgebaut und exportiert wurde. Der Wanderweg durch einst landwirtschaftlich intensiv genutzte Gegenden mündet schließlich ganz in der Nähe des Palékastro auf die Straße von Mandráki.

Kálymnos

Highlights !

Pothiá: Die Metropole von Kálymnos ist die einzige Stadt des Dodekanes, die zu jeder Jahreszeit von Leben erfüllt ist. Hier leben viele Menschen vom Fischfang und dem Geschäft mit Naturschwämmen, einheimisches Leben dominiert selbst im Hochsommer das Treiben auf den Straßen und in den Tavernen. Die Stadt mit ihrem riesigen Hafen und der langen Uferpromenade hat viel ursprüngliches Flair, das man am besten bei einem mehrtägigen Aufenthalt genießt. S. 185

Insel Psérimos: Auf Psérimos gibt es keine Straßen und nur ein Dorf direkt am langen, feinsandigen Strand. Das Ufer fällt extrem flach ab und ist damit ebenso kinderfreundlich wie der Ort selbst, in dem kein Fahrzeug den Kleinen gefährlich werden kann. S. 213

Auf Entdeckungstour

Auf den Spuren der Schwammtaucher: In Pothiá schafft der Schwamm noch immer Arbeit. Bei einem Rundgang durch das Nautische Museum und die Schwammhandlungen in der Inselhauptstadt erfährt man viel über den Schwamm und darüber, wie er geerntet, verarbeitet und gehandelt wurde bzw. noch wird. S. 188

Klösterliches Leben auf Kálymnos: Die Klöster im Süden von Kálymnos sind nicht nur idyllisch gelegene Bauten mit mehr oder minder langer Geschichte. Sie sind Orte lebendigen Glaubens, von frommen Nonnen bewohnt. Bei dieser Entdeckungstour geht es vor allem um die Menschen, die in den Klöstern leben, und um die Pilger, die sie besuchen. S. 208

Kultur & Sehenswertes

Archäologisches Museum in Pothiá:
Das moderne, erst 2009 eröffnete Museum besitzt einige der schönsten antiken Bronzestatuen Griechenlands und hat auch in Marmor Außergewöhnliches zu bieten. S. 186

Péra Kástro: Innerhalb der weitläufigen Mauern der mittelalterlichen Burg stehen Kirchlein mit Wandmalereien inmitten wilder Natur. S. 196

Aktiv & Kreativ

Rock Climbing: Kálymnos gilt Kletterern aus aller Welt als Dorado. Kaum irgendwo sonst kann man bei so viel Sonnenschein und blauem Himmel Felsen im Anblick des Meeres besteigen. S. 200

Kanu fahren wie auf einem Bergsee:
Eine Taverne auf dem Inselchen Télendos vermietet Kanus, mit denen man auf der Meerenge zwischen Télendos und Kálymnos so sicher wie auf einem Binnensee fährt. S. 202

Genießen & Atmosphäre

Fischmarkthalle in Pothiá: Mit etwas Glück können Frühaufsteher zusehen, wie Schwert- oder Thunfische angelandet, verarbeitet oder in große Transportkisten für die Märkte Europas verpackt werden. S. 186

Villa Melína in Pothiá: In einem Wohnviertel am oberen Stadtrand wohnt man ruhig in einer alten Villa mit romantischem Garten. S. 193

Harry's Paradise in Emborió: In der Taverne sitzt man im schönsten Garten der ganzen Insel und wird von ›Mama‹ bekocht, in den dazugehörigen Studios wohnt man über dem Blumenmeer mit Blick auf die See. S. 204

Abends & Nachts

Artistico in Emborió: In der kleinen Beach Bar am weltabgeschiedenen Strand von Emborió erklingt abends häufig Gitarrenmusik live unterm Sternenhimmel. S. 204

Vom Schwamm zum Schwertfisch

Kálymnos ist heute die einzige griechische Insel, auf der noch Schwammfischer in nennenswerter Zahl zu Hause sind. Wirtschaftlich bedeutender ist inzwischen allerdings der Thun- und Schwertfischfang. Die Inselhauptstadt Pothiá ist eine der wenigen ägäischen Metropolen, in der auch außerhalb der Urlaubszeit sehr lebhaftes Treiben herrscht.

Von der See her wirkt Kálymnos kahl und abweisend. Ein Blick auf die Karte zeigt, dass keine der ohnehin wenigen Straßen rund um die Insel führt: Immer wieder bilden hohe Berge mit rauen Steilwänden ein unüberwindbares Hindernis. Umso überraschender ist dann die Annäherung an die Inselhauptstadt Pothiá mit einem der größten Hafenbecken des Dodekanes. Die kilometerlange Hafenfront wird von unzähligen Cafés, Tavernen und Ouzeríen gesäumt, vor denen Fischerboote, Jachten und Ausflugsboote liegen. Vor nackten Felswänden staffeln sich pastellfarbene Häuser hintereinander. In der Mitte der Bucht füllt eine kilometerlange Häuserkette ein Tal, das sich bis zur Westküste mit ihren Badestränden erstreckt. Schaut man genau hin, erkennt man hoch über dem Nordrand dieses Tals eine weitläufige Burg und in ihrem Schutz die alte Inselhauptstadt Chorió.

Infobox

Internet
www.kalymnos-isl.gr: Offizielle Website der Inselgemeinde, auf Griechisch und Englisch, mit aktuellen Bus- und Schiffsfahrplänen, Unterkünften, sehr ausführliche Informationen für Kletterer und Wanderer (spezielle unter www.kalymnos-isl.gr/portal/en/climb), für griechische Verhältnisse sehr gut.

Plus & Minus Kálymnos
Für einen Badeurlaub gibt es viele bessere Ziele in der Ägäis als Kálymnos. Hierher kommt, wer Kontakt zu Land und Leuten sucht, gern wandert oder gar einem relativ neuen Sport verfallen ist: dem Rock Climbing, also dem Klettern in steilen Felswänden. Zwischen Mai und September kann man auch in den Küstensiedlungen an der Westküste wohnen; in den übrigen Monaten aber ist die Inselhauptstadt Pothiá mit ihrem regen Leben der ideale Standort, um dem ursprünglichen Griechenland ganz nahe zu sein.

Verkehr
Linienbusse: Zwischen 7 und 22 Uhr stdl. von der Fährmole und vom Rathaus nach Chorió, Myrtiés, Massoúri und Kastélli sowie 4 x tgl. nach Vathí. Im Sommerhalbjahr fährt ein Bus 2 x tgl., im Winter an 4 Tagen pro Woche nach Emborió. Außerdem verbindet ein Kleinbus mehrmals tgl. Pothiá mit Árgos und Vlichádia sowie im Sommer auch mit Platís Gialós (keine Tickets im Bus, nur an Kiosken und an der Busstation). Busauskünfte: Municipal Transport Service, Tel. 22 43 02 98 69.
Taxis: Taxistand an der Platía Kíprou, Tel. 22 43 05 03 00 und 22 43 05 03 03.

Wer die Insel erkundet, wird auf weitere Überraschungen stoßen. Im Tal von Vathí gedeihen über 40 000 Mandarinen-, Apfelsinen- und Zitronenbäume. An der Westküste sind, vom Meer durch das Inselchen Télendos abgeschirmt, die modernen Urlaubsorte Myrtiés und Massoúri von einem Grüngürtel aus Ölbäumen und Zypressen umgeben.

Der Tourismus spielt auf Kálymnos eine geringere Rolle als auf Kos, Pátmos oder Níssyros. Schwammfischerei und Schwammverarbeitung geben immer noch über 700 Menschen Arbeit. Wichtigster Wirtschaftsfaktor ist allerdings der Schwertfisch- und Thunfischfang, der für etwa 900 Familien die Lebensgrundlage bildet. Etwa 60 % der Berufsfischer sind unter 40 Jahre alt; Nachwuchsprobleme gibt es nicht. Über 450 Fischereifahrzeuge sind auf Kálymnos beheimatet. Zwischen Februar und Mai gehen sie für jeweils zwei Wochen auf Schwertfischfang und landen in guten Jahren bis zu 1000 t an, die überwiegend nach Italien und Frankreich exportiert werden. Von Oktober bis Januar stellt man dann auf bis zu zwei Monate dauernden Fangfahrten dem Thunfisch nach. Die Beute, 200–300 t jährlich, wird größtenteils nach Japan verkauft.

Mehr Fischerboote als im Hafen von Pothiá wird man auf keiner anderen ägäischen Insel sehen. Das bunte Hafenbild ergänzen Segel- und Motorjachten, die Ausflugsboote von Kos, ein Ausbildungsschiff für Taucher der griechischen Handelsmarine, Frachter, Katamarane, Tragflügelboote und Fähren. Eine davon gehört den Kalymniern selbst: die Nísos Kálymnos, die das ganze Jahr die Inseln zwischen Kálymnos und Sámos untereinander verbindet. Etwa 1000 Kalymnier halten Anteile an dem 1988 gebauten Schiff, 15 Kalymnier finden darauf Arbeit.

Pothiá! ▶ H 9

Für ägäische Verhältnisse ist Pothiá, die Hauptstadt von Kálymnos, mit seinen 10 150 Einwohnern schon eine richtige Stadt. Man sieht ihr den Wohlstand an. Ihre Lebensader ist die Uferstraße, die sich am gesamten Hafenbecken entlangzieht. In den Gassen dahinter verstecken sich Schwammhandlungen, Tavernen und Pensionen. Die meisten Geschäfte liegen an den beiden als Einbahnstraßen ausgewiesenen, inseleinwärts führenden Straßen, die noch weniger fußgängerfreundlich sind als sonst in der Ägäis. Damit auch Stadturlauber baden gehen können, hat die Stadtverwaltung einen künstlichen Sandstrand unmittelbar nördlich der äußeren Hafenmole aufschütten lassen.

Stadtrundgang

Platía Eleftherías

Wendet man sich vom **Fähranleger 1**, an dessen landseitigem Ende das Zollamt aus italienischer Besatzungszeit steht, nach rechts, geht man zunächst über die baumbestandene Platía 25 Martíou, an der die Büros der Schiffahrtslinien liegen. Am markanten Bau des Hotels Olympic beginnt dann die Platía Eleftherías mit vielen modernen Straßencafés und kleinen Imbisslokalen im Hintergrund.

Dort, wo sich an der Platía Eleftherías hinter Bäumen der klassizistische Bau der **National Bank 2** verbirgt, zweigt die Odós Patriárchou Máximou als eine der beiden Hauptstraßen von Pothiá ins Stadtinnere ab. An der Uferstraße folgt der ebenfalls klassizistische Bau des kalymnischen **Kulturclubs Anagnostírion ai Mousé 3**, in dessen gepflegtem traditionellen *ka-*

Pothiá

feníon Café-Kultur gelebt wird und auch Fremde jederzeit willkommen sind.

Die Platía Eleftherías endet auf einem kieselsteingepflasterten Platz, dessen Mitte die 1861 erbaute **Christós-Kirche** 4 als Bischofskirche der Insel einnimmt. Die aus hellem koischen Marmor gefertigte Ikonostase mit zehn weißen Marmorsäulchen schuf 1877 einer der berühmtesten griechischen Bildhauer der Neuzeit, Giannoúlis Chalepás von der Insel Tínos (1854–1938). Die Ikonen und Wandmalereien in einem stark verwestlichten Stil sind Arbeiten kalymnischer Maler. Den Platz säumen italienische Gebäude im orientalisierenden Stil der 1930er-Jahre.

Unbedingt lohnend ist ein Besuch des sehenswerten **Nautischen Museum** 5 auf der dem Meer zugewandten Seite des Platzes gleich vor der Busstation. Das Museum ist vor allem der ausführlichen Darstellung der Geschichte und Technik der Schwammfischerei gewidmet (s. auch Entdeckungstour S. 188).

In der Nordostecke des Platzes beginnt die **Odós El. Venizélou,** die als zweite Hauptstraße ins Stadtinnere zur Platía Kiproú und weiter nach Chorió und an die Westküste führt.

An der Uferstraße

In ihrem weiteren Verlauf verbreitert sich die Uferstraße: Wo hier im Sommer die Tische und Stühle zahlreicher Ouzeríen und Tavernen stehen, werden im Oktober die Fangerträge der Schwammfischer zum Trocknen ausgebreitet. Schwämme bedecken dann das Pflaster auf über 100 m Länge. Die Uferstraße endet an der **Psaragorá** 6, der städtischen **Fischmarkthalle,** die zu besuchen meist nur am Morgen lohnt. Manchmal werden Dutzende von Schwertfischen angelandet. Dann kann man zusehen, wie ihnen die Schwerter abgesägt und die ausgenommenen Tiere in Kisten für den Export gepackt werden.

Archäologisches Museum 7

Agía Triáda, Tel. 22 43 05 90 92, Di–So 8.30–15 Uhr, Eintritt frei

Das für 900 000 € erbaute, zu 78,5 % von der EU finanzierte und im April 2009 eröffnete Museum zählt zu den modernsten und sehenswertesten Griechenlands. Man findet es am leichtesten, wenn man der Odós El. Venizélou bis kurz vor die Platía Kýprou folgt. Kurz vor der Platía steht ein erster Wegweiser zum Museum. Folgt man ihm, stößt man nach etwa 100 m auf einen zweiten Weg- ▷ S. 190

Chorió

Kastró Chrisocheriás

9 ✝

Hospital

AG. VARVARA

ANÁSTASIS

✝

ÁG. MÁMAS

THEOLÓGOS

✉

OTE

Platía Kiproú

ÁG. TRIÁDA

Taxi

M̂ 7

M̂ 8

2

KALAMIÓTISSA

Patriárchou Máximou

Odós E. Venizélou

ÁG. VASSILIOS

Odós

Vathí (Fußweg)

4

2

3

3

CHRISTÓS

EVANGELÍSTRIA

✝

5

7

✝

Platía Eleftherías

4 ✝

4 6

5 M̂

1

Dimarchío (Rathaus)

1

1

ÁG. STEFÁNOS

3

1 Platía 25 Martíou

s Nikoláos

✝

6

Zollamt

2

Tourist-Info

1

Hafencafé

✝

ÁG. KÓLAOS

Vathí

✝

N

0   50   100 m

10

Auf Entdeckungstour

Auf den Spuren der Schwammtaucher

Im schlichten Nautischen Museum  in Pothiá erfährt man vieles rund um den Schwamm. Dass er einige Insulaner sehr wohlhabend machte, bezeugt die Vouvális-Villa. Eine Riesenauswahl von Schwämmen zum Mitnehmen präsentieren schließlich die Schwammhändler von heute an der Uferstraße zwischen Nautischem Museum und Fähranleger.

Eintritt: Der Besuch von Museum und der Villa kostet 3 €.

Beste Zeit: Die Entdeckungstour unternimmt man werktags am Vormittag. Fürs Nautische Museum sollte man etwa 20–30 Min. einplanen, die Führung durch die Vouvális-Villa dauert etwa ebenso lange. Alles in allem braucht man für die Tour etwa 80–100 Min.

Öffnungszeiten: Nautisches Museum Mo–Sa 7.30–13.30 Uhr, im Juli/Aug. auch sonntags. Vouvális-Museum Di–Sa 8.30–14.30 Uhr.

Das Tier

In den beiden Räumen des recht altmodischen Nautischen Museums dreht sich alles um den Schwamm. Man sieht, in welchen teils bizarren Formen das Tier wachsen kann und wie es aufgebaut ist: Es besteht aus zwei Gewebeschichten. Die innere Gastralschicht wird von Geißelzellen gebildet, deren Geißelschlag Wasser durch die Poren der äußeren Dermalschicht einsaugt, ihm Plankton entnimmt und dann das Wasser wieder ausstößt. Diese beiden Gewebeschichten sitzen auf einem Skelett aus Kalk- oder Kieselnadeln oder aus Hornfasern.

Tauchen nach dem ›Kalymnischen Gold‹

Historische Fotos vermitteln einen Eindruck vom Leben der Taucher an Bord ihrer kleinen Boote, auf denen sie oft fünf Monate lang lebten, und von ihrer Arbeit. Man sieht Nacktaucher, die nur mit einem Stein in der Hand in die Tiefe sanken und andere, die schwere Taucheranzüge trugen, mit denen sie in bis zu 80 m Tiefe gelangten. Bis zu einer Stunde lang konnten sie unter Wasser bleiben, wobei sie durch Atemluftkompressoren über Gummischläuche vom Boot aus mit Luft versorgt wurden.

Sind die Schwämme heraufgeholt, sterben sie ab, die gallertartigen Gewebeschichten werden entfernt. Danach spült man sie im Meerwasser und lässt sie an der Luft trocknen. An Land werden die Schwämme in verdünnter Salzsäure gesäubert, gespült und in ein Laugenbad aus Manganoxid oder Wasserstoffsuperoxid getaucht, durch das sie ihre goldgelbe Farbe erhalten. Anschließend werden sie beschnitten und für den Export zusammengepresst.

In alle Herren Länder

Wie weit kalymnische Schwammhändler reisten, um ihre Ware zu verkaufen, belegen zahlreiche Fotografien und andere Objekte im Museum. Da ist z. B. ein Foto zu sehen, das die mit Schwämmen beladene Kamelkarawane eines kalymnischen Händlers in Tunesien zeigt oder das deutschsprachige Werbeplakat eines gewissen Theodor Eliadis aus dem Jahr 1880, der in Frankfurt am Main eine Schwammgroßhandlung betrieb und stolz darauf verweist, dass er eine »eigene Schwamm-Fischerei auf der Sporadeninsel Kálymnos« betreibt.

Gewinner und Verlierer

Wer sich im Museum die historischen Fotos von der Verabschiedung der Schwammtaucherflotte in der Woche nach Ostern anschaut, stellt an der Kleidung der Zurückbleibenden keinerlei Zeichen von großem Wohlstand fest. Vielmehr war dieser Beruf gefährlich, die Taucher setzten sich gesundheitlichen Risiken aus und riskierten gar den sozialen Abstieg. Beim Rundgang durchs Städtchen Pothiá wird deutlich: In der Schwamm-Stadt lebte zwar niemand in großer Armut, doch der Unterschied zwischen den meist zweigeschossigen Kapitänshäusern, den eingeschossigen Häusern der Taucher und Seeleute und den prächtigen Villen der Händler ist eklatant.

Nikólaos Vouvális

Zum reichsten aller Händler wurde Nikólaos Vouvális (1859–1918). Seine Welt war eine andere als die der Taucher. Seine Prachtvilla ließ er mit Möbeln, Kitsch und Kunst aus ganz Europa einrichten, auf der gedeckten Tafel stand kostbares Porzellan, die Böden bedeckten teure Orientteppiche. Aber Vouvális tat auch viel Gutes für seine Heimat, stiftete der Stadt eine Schule, ein Krankenhaus – und als »Haus der Seeleute« das Gebäude, in dem sich heute das Nautische Museum befindet.

weiser. Ihm folgt man etwa 100 m bergan bis zum Museumseingang.

Die bedeutendsten Funde stehen in **Saal 1:** eine vollständig erhaltene, überlebensgroße Bronzestatue einer Frau mit erhobenem rechten Arm aus dem 2. Jh. v. Chr. Sie wurde 1994 auf dem Meeresgrund zwischen Kálymnos und Psérimos gefunden. 1997 und 1999 fand man im gleichen Seegebiet zwei Beine einer überlebensgroßen Männerfigur aus Bronze sowie den möglicherweise dazugehörigen Torso. Eventuell ist sogar der ebenfalls in diesem Saal ausgestellte Männerkopf mit Hut Teil dieser Statue, die ins 1. Jh. v. Chr. datiert wird und wegen ihrer sorgfältigen, sehr detailgetreuen Ausführung bewundernswert ist. Die beiden Figuren erlangen dadurch besondere Bedeutung, dass nur sehr wenige antike Stauen aus Metall der Nachwelt erhalten geblieben sind. Die meisten wurden schon in Spätantike oder frühchristlicher Zeit eingeschmolzen. Diese hier entgingen wie manch andere, die heutzutage in griechischen Museen zu sehen sind, diesem Schicksal, weil sie während eines Schiffsuntergangs mit im Meer versanken. Eine englischsprachige Tafel an der Wand erläutert ausführlich die antike Herstellungstechnik von Bronzestatuen.

Der große **Saal 2** präsentiert Funde von der Insel Kálymnos. Gleich zu Beginn ist in einer frei stehenden Vitrine ein etwa 70 cm hohes Kykladen-Idol aus Marmor zu sehen, das wahrscheinlich von der Insel Amorgós stammt. Der stark schematisierte Körper, die über der Brust verschränkten Arme, nur leicht angedeutete Brüste und Schamdreieck sind typisch für Idole aus der Zeit der Kykladenkultur um 2500 v. Chr. Die eindrucksvolle Statuensammlung reicht von einem besonders schönen Koúros aus der Zeit um 530 v. Chr., also aus archaischer Zeit, bis hin zu einer überlebensgroßen Marmorstatue des Heilgottes Asklepios, die in Teilen zwischen 1970 und 2001 auf dem Gelände der frühchristlichen Basilika Christós tis Jerusalím gefunden wurde und aus dem 2. Jh. v. Chr. stammt.

Im **Obergeschoss** werden überwiegend Funde aus frühchristlicher Zeit ausgestellt. Informativ sind vor allem die Rekonstruktionszeichnungen der frühchristlichen **Basilika Christós tis Jerusalím** (s. S. 196). Der Blick von der Balustrade hinab auf die Statue des Asklípios ist sehr schön und von hier oben sind auch die Löcher auf seinem Schädel gut zu erkennen, in denen in der Antike wahrscheinlich ein Kranz aus Edelmetall steckte.

Vouvális-Villa 8

Neben dem Archäologischen Museum, Zugang auch von der Gasse aus, an der das gut ausgeschilderte Hotel Villa Melína liegt, Di–Sa 8.30–14.30, Eintritt frei, Führungen

Mein Tipp

Der ›italienische Pfad‹ nach Vathí
Direkt am Museumseingang steht ein Wegweiser mit der Aufschrift ›to italian path‹. Dieser ›italienische Pfad‹ ist ein teilweise gepflasterter Weg, der in etwa drei Stunden zunächst im Zickzack den Höhenrücken über Kálymnos erklimmt, dann übers Hochland führt und sich schließlich ins Mandarinental von Vathí hinabsenkt. Er ist an nicht zu heißen Tagen durchaus mit normaler Kondition zu bewältigen.

Über Pothiá wacht Ágios Savvás

Worauf Sie beim Schwammkauf achten sollten

Je feiner die Poren, desto größer der Wert des Schwamms. Auch ausgefallene Exemplare sind erhältlich, zum Beispiel in Form eines becherartigen Trichters oder eines Rettungsrings. Sie eignen sich zur Badezimmerdekoration, sind aber recht teuer. Um sich möglichst lange an Naturschwämmen erfreuen zu können, sollte man sie zu Hause nach Gebrauch immer gründlich ausspülen und am besten an einem Band frei hängend an der Luft trocknen. Will man sie gründlich säubern, empfehlen Experten dafür eine 30-Grad-Wäsche mit Feinwaschmittel.

nur auf Griechisch und eingestreuten Brocken auf Englisch
Auf dem Gelände des Archäologischen Museums steht auch die einstige Villa eines reichen Schwammhändlers, die mit Originalmöbeln der Familie und anderen zeitgenössischen Utensilien eingerichtet ist. Teile der Villa sind mit einem Führer zu besichtigen (s. auch Auf Entdeckungstour, S. 188).

Moní Chrisocheriás 9

Am äußersten Stadtrand von Pothiá liegen links oberhalb der Straße zur West-küste die **Burgruine** und das **Kloster Moní Chrisocherias**. Drei restaurierte

Windmühlen unterhalb der Burgmauer machen das Ensemble zum fotogenen Motiv, und wegen zweier mit schönen Fresken aus dem 14.–16. Jh. ausgestatteten Kapellen avancierte es zum Besichtigungsziel für kunsthistorisch Interessierte. Der Schlüssel zu beiden Kapellen wird im benachbarten modernen Nonnenkloster verwahrt.

Strände

Thérmes 10

Um zu den stadtnahen Stränden zu gelangen, muss man vom Fähranleger nach Süden gehen. Gleich hinter der neuen Marina liegt der künstlich aufgeschüttete, etwa 140 m lange und bis zu 35 m breite Sandstrand mit seinen noch jungen Tamarisken. 600 m weiter liegt unterhalb der kaum befahrenen Uferstraße der 80 m lange, schattige Kieselsteinstrand von Thérmes. Wiederum 200 m weiter kommt man zuvor an die Taverne von Thérmes mit weiteren Bademöglichkeiten.

Übernachten

Komfortabler Kasten – **Olympic** **1**: An der Uferstraße, Tel. 22 43 05 17 10, Fax 22 43 05 17 13, ganzjährig, DZ HS 70 €, sonst ab ca. 45 €. 42 Zimmer in einem mehrgeschossigen Hotel aus den 1970er-Jahren, zentral, aber nicht ganz leise gelegen, WLAN-Nutzung kostenlos. Gut für eine Zwischenübernachtung.

Toller Garten, netter Wirt – **Villa Melína** **2**: Neben der Villa Vouvális, Tel. 22 43 02 26 82, www.villa-melina.com, ganzjährig, DZ HS ca. 50–60 €, sonst ab ca. 35 €. 9 Zimmer in einer großen Villa mit schönem Garten und vielen Terrassen, die früher einem Mitglied der reichen Schwammfischer-Familie Vouvális gehörte. Im architektonisch gut eingepassten Neubau dahinter befinden sich 22 moderne Studios. Ein Pool liegt zwischen beiden Gebäuden. Im Preis inbegriffen ist ein üppiges Frühstück, das man im Garten einnehmen kann.

Stattliche Villa – **Archontikó** **3**: An der Uferstraße, ca. 100 m vom Fähranleger entfernt, Tel. 22 43 02 40 51, Fax 22 43 02 41 49, ganzjährig, DZ mit Balkon 40 €, ohne Balkon 30 €. Pension mit 9 Zimmern und 1 Apartment in einem restaurierten Herrenhaus aus dem 19. Jh. Zimmer in der 2. Etage mit schönem Hafenblick. Die Rezeption ist selten besetzt; in welchem Zimmer das

alte, sehr freundliche Wirtsehepaar Tag und Nacht erreichbar ist, ist an der Hoteltür angeschlagen.

Mittendrin – **Greek House** **4**: Im alten Wohnviertel nahe der Nordwestecke des Hafens: Vom Fähranleger kommend geht man am Hotel Olympic vorbei; zwischen einem Lotto-Geschäft und einer Apotheke beginnt eine leicht ansteigende Gasse, der man folgt. Dann biegt man in die erste Gasse nach rechts ab und steht nach ca. 60 m vor der Pension. Auf Wunsch kommt die Vermieterin aber auch zum Hafen. Tel. 22 43 02 37 52 oder 22 43 02 95 59, ganzjährig, DZ je nach Saison und Auslastung 25–40 €. Wirtin Ipapánti und ihr Mann Vláskos, Inhaber des Cafés Ta Adélphia gegenüber dem Ansatz des Fähranlegers, vermieten insgesamt 4 Zimmer und 10 Studios in drei Häusern.

Essen & Trinken

Die meisten Tavernen reihen sich entlang der Uferstraße an der nördlichen Hafenbucht aneinander. Durch den Ausbau der Uferschutzanlagen 2008 stehen ihre Tische und Stühle aber nicht mehr direkt am Wasser, sodass sie stark an Attraktivität verloren haben. An der südlichen Hafenbucht überwiegen Cafés und Bars, aber auch einige Ouzeríen und Tavernen sind dort zu finden und hier sitzt man jetzt schöner als an der nördlichen Bucht. Abseits des Hafens gibt es nur ganz vereinzelt Lokale, von denen manche auch nur im Winter geöffnet sind, wenn die Fischer von ihren langen Reisen zurückgekehrt sind.

Immer guter Schwertfisch – **Barba Yiannis** **1**: An der Uferstraße an der nördlichen Hafenbucht, tgl. ab 10 Uhr. Zu jeder Jahreszeit ausgezeichnet ist das Schwertfischfilet. Die Portionen sind üppig bemessen. Schwertfisch ca. 9 €, 0,5 l Retsína ca. 3 €.

Zypriotische Leckerei – **Ómilos** 2 : Am südlichen Ansatz des Fähranlegers, tgl. ab 12 Uhr. Die Taverne, die sich ›Club‹ nennt, das aber keineswegs ist, gehört einem Wirt, der auf der heute nur noch von einer Sommervilla bestandenen Insel Platí zwischen Kálymnos und Psérimos stammt. 1951 verließ seine Familie als letzte der dortigen Einwohner jenes Inselchen. Erstklassig schmeckt bei Jánnis das zypriotische Gericht *afélia,* eine Art (fettes) Schweinegulasch in Rotweinsoße. Als Salat ist hier Rote Bete mit Knoblauchpüree zu empfehlen. *Afélia* 7 €, Rote Bete 2,70 €, 1/2 l offener Wein 4–5 €.

Urig und herzlich – **Ta Maniá** 3 : An der Uferstraße/Ecke Odós Patriárchou Máximou direkt vor der National Bank, ganzjährig, tgl. ab 11 Uhr. Pétros Maniá, der neue Inhaber der alteingesessenen Ouzerí, ist Fischer und besitzt ein eigenes Boot. Sein Sohn Michális ist der gute Geist des Lokals, hält für Fischverächter auch Fleischgerichte bereit. Die Preise sind sehr günstig, die 0,2-l-Karaffe Ouzo mit *mezédes* für 2 Personen ist für 15 € zu haben, bester Fisch kostet 45 €/kg. Bei Griechen sehr beliebt sind die Nudeln mit halber Languste (35 €).

Super Salate – **To Oikogeniakó – The Family** 4 : Auf der Rückseite des Hotels Olympic, ganzjährig, tgl. ab 12 Uhr, Hauptgerichte ab 7 €. Obwohl in den letzten Jahren schwächer geworden, immer noch ein gutes Restaurant. Erstklassig ist der in einer großen Glasschüssel servierte »Kalymnian Salad« mit ausschließlich frischen Zutaten und das selten zu findende *spetsofaí:* Landwurst mit frischen Zwiebeln, Paprika und Pilzen sowie etwas Käse in einer gut gekräuterten Olivenöl-Tomatensoße. Salate wahlweise als große oder kleine Portionen.

In der Bauruine – **Kseftéris** 5 : Stadtviertel Christós; hinter der Christós-Kirche nach 50 m (Wegweiser) links abbiegen, ganzjährig, tgl. ab 10 Uhr, Hauptgerichte ab 5 €. Die älteste Taverne in Pothiá ist nicht schön, aber sehr urig. Man sitzt auf einer Terrasse unter einem Bambusdach und wird manchmal noch in die kleine Küche gebeten, um sich das Tagesangebot direkt in den Töpfen auf dem altertümlichen Herd anzuschauen. Besonders lecker: Kichererbsen *(revíthia)* aus dem Backofen. Ab 22 Uhr arbeitet hier auch ein DJ, der je nach Gästen und deren Stimmungslage die passende Musik einspielt.

Refugium der älteren Einheimischen – **Traditional Café Kálymnos** 6 : Neben Hotel Olympic an der Uferstraße, tgl. ab 7 Uhr. Eins der wenigen traditionellen Kaffeehäuser an der Hafenfront, in dem sich auch noch Einheimische zum Kartenspielen treffen. Günstige Getränkepreise (Tasse Nescafé 2 €) und ein sehr freundlicher Wirt.

Für e-Surfer – **Néon Internet Café** 7 : Tgl. ab 9 Uhr. Modernes, technisch aktuelles Internetcafé, auch Billardtische, Kicker und Tischtennis, von einer Französin gemanagt. Auch Bowling kann man hier spielen. Internet 3 €/Std., Ausdruck 0,10 €/Seite.

Einkaufen

Jede Menge Schwämme – **S.N. Papachátzis** 1 : Am Hafen gegenüber dem Zollamt am Ansatz des Fähranlegers, tgl. ab 10 Uhr. Die große Schwammhandlung, die Schwämme früher auch en gros exportierte, bietet eine große Auswahl an kalymnischen Schwämmen. Weitere Schwammhandlungen liegen an der Hauptuferpromenade der nördlichen Hafenbucht (s. Entdeckungstour, S. 188 und S. 192).

Aktiv & Kreativ

Jachtcharter – **Kalymna Yachting** :
An der Uferstraße zwischen den Hotels
Archontikó und Olympic, Tel. 22 43 024
084, Fax 2243 029 125, www.kalymna-
yachting.gr.

Abends & Nachts

In Pothiá gibt es keine Diskotheken, dafür ist die Westküste zuständig. Hier
sitzt man bis weit nach Mitternacht in
den Cafés an der südlichen Hafenbucht.

Infos & Termine

Infos
Hafenpolizei: Am Fähranleger, Tel. 22
43 05 01 37.

Termine
Ostern: Das Osterfest verbringt man
besser nicht in Pothiá. Statt mit her-
kömmlichen Feuerwerkskörpern wird
hier von Ostersamstag bis Ostermontag mit echtem Dynamit geknallt – was
immer wieder Todesopfer fordert.

Schiffsverkehr
Linienverkehr s. S. 22
Passagierbootverbindung: Passagierbootverbindung mit Psérimos ganzjährig tgl. um 9 Uhr mit der kleinen MV
Maniai, Rückfahrt ca. 15 Uhr. Auskünfte und Tickets gibt es direkt am
Schiff, die Einzelfahrt kostet ca. 5 €. Im
Sommer besteht außerdem tgl. außer
Fr eine **Schnellbootverbindung** mit
dem Boot der Reederei ANEK: Abfahrt
ab Kálymnos war bisher 12 Uhr, Ände-
rungen bitte unter Tel. 22 43 02 41 44
erfragen, Tickets (ca. 7 €) bei Kalymna
Yachting, Tel. 22 43 02 93 84, www.ka
lymna-yachting.gr.
Verbindungen nach Télendos s. S. 202

Mein Tipp

Nachts auf dem Berg
Alljährlich am 20. Juli steigen viele Kalymnioten in etwa zweistündigem
Fußmarsch von Chorió auf den 678 m
hohen Gipfel Profítis Ilías hinauf, wo
ein kleines Kapellchen für den Propheten Elias Schauplatz des Kirchweihfestes ist. Nach dem Gottesdienst
wird bei Livemusik bis in die frühen
Morgenstunden hinein gefeiert; um
6 Uhr beschließt dann ein erneuter
Gottesdienst das Fest. Wie auf Kálymnos nicht anders denkbar, wird in der
Nacht auch viel Feuerwerk entzündet
– auch Dynamit wird von Unbelehrba-
ren abseits der Menschenmasse zur Ex-
plosion gebracht.

Chorió ▶ H 9

Fährt man von Pothiá in Richtung Westküste, fallen links der Straße zunächst
einmal drei alte Windmühlen und die
Festung Chrysocheriás ins Auge. Ganz
nahe der Festung steht das moderne
Nonnenkloster Chrysocheriás (s. Entdeckungstour S. 208). Rechts der Straße
folgt dann das längst mit Pothiá nahtlos zusammengewachsene Großdorf
Chorió (3300 Einw.), über dem auf einem rostbraunen Fels hoch über den
Häusern die Mauern und Ruinen der
ausgedehnten Burg Péra Kástro erkennbar sind. Das Dorf entstand im 17. Jh.
und war bis 1850 die Hauptsiedlung der
Insel. Sie verlor an Bedeutung, weil sich
immer mehr Bewohner im neu gegründeten Pothiá niederließen, das dann in
italienischer Zeit auch zur offiziellen Inselhauptstadt erhoben wurde. In den

engen Gassen von Chorió geht es noch immer dörflich-ländlich zu. Ein guter Fußweg führt von der Chóra zum Eingangstor des **Péra Kástro** hinauf.

Péra Kástro ► H 9

Di–So 8.30–15 Uhr, Eintritt frei
Innerhalb der Burgmauern des Péra Kástro lebten die Kalymnier vom 10. bis 18. Jh. Es wurde von den Byzantinern gegründet und von den Johannitern zur heute noch erkennbaren Größe ausgebaut. Seine Mauern ziehen sich weit über den oberen Teil eines rostbraunen Felshangs, der zu drei Seiten schroff abfällt und nur von Chorió aus zugänglich ist. Trampelpfade und neu gepflasterte Wege führen zu neun immer noch gut gepflegten mittelalterlichen Kapellen, in denen z. T. noch spärliche Freskenreste aus dem 11.–17. Jh. auszumachen sind. Die Kapellen sind jedoch leider meist verschlossen.

Beim Aufstieg bis zum höchsten Punkt der Burg sind darüber hinaus zahlreiche Ruinen von Häusern und Zisternen mit Wappentafeln von Johanniterrittern zu sehen. Außerdem genießt man einen prächtigen Ausblick auf Chorió, Pothiá und die kalymnische Bergwelt mit steilen Felswänden und grünen Tälern.

Das Hochtal von Árgos ► G/H 9

Auf die Hauptstraße zur Westküste zurückgekehrt, folgt gleich hinter dem Dorffriedhof von Chorió ein großer Friedhof. Gleich nach Passieren des Friedhofs zweigt nach links eine Straße zum Flughafen und ins **Hochtal von Árgos** ab. Auf einem Bergkamm gabelt sich diese Straße. Nach rechts geht es

weiter zum Flughafen. Unmittelbar an dieser Straßengabelung steht das älteste Kloster der Insel, **Ágii Apóstoli**. Gegründet wurde es gegen Ende des 11. Jh. von Christódoulos, dem ersten Abt des Johannisklosters auf Pátmos. Heute ist es unbewohnt. In der der Panagía geweihten Kapelle sind noch einige Wandmalereien aus dem 16. Jh. erhalten.

Die Hauptstraße führt ins Hochtal von Árgos hinunter. Durchquert man das stille Dorf, gelangt man auf der anderen Seite des Tals zum **Nonnenkloster Evangelístrias** aus dem Jahr 1878, das jedoch keine besonderen Sehenswürdigkeiten aufweist. Heute ist es unbewohnt und nur noch sporadisch geöffnet.

Christós tis Jerusalím ► H 9

An der Straße von Pothiá und Chorió zur Westküste etwa 150 m vor der Abzweigung zum Flughafen, Di–So 8.30–15 Uhr, Eintritt frei
Das einst von den Archäologen stark vernachlässigte Areal der frühchristlichen Basilika **Christós tis Jerusalím** (Christus von Jerusalem) wurde 2007/8 als archäologische Stätte hergerichtet und ist seit Juni 2009 Besuchern bequem zugänglich. In der Antike stand hier ein bedeutendes Heiligtum für den delischen Apoll, Apollo Dalios. Es war spätestens vom 7. Jh. v. Chr. an bis zum Ende der heidnischen Antike eine viel besuchte Kultstätte. Die hier gemachten Funde sind im 2009 eröffneten Archäologischen Museum in Pothiá ausgestellt (s. S. 186).

Vor Ort ist vor allem die in ihrer ursprünglichen Höhe erhaltene Apsis der an der Stelle des Tempels im 5. Jh. errichteten frühchristlichen Basilika ein

Windmühlen bei der Festung Chrysocheriás

genaueres Hinsehen wert. In ihrem Halbrund sind die Subsellien, eine doppelte steinerne Sitzreihe, erhalten. Auf ihnen nahm während des Gottesdienstes der Klerus Platz.

Schaut man sich die Apsismauern und den Boden genauer an, entdeckt man überall in den Steinquadern Inschriften, die noch vom antiken Apollon-Heiligtum stammen, an dessen Stelle die Basilika im 5. Jh. errichtet wurde. Nur für die Halbkuppel der Apsis verwendete man neu gebrannte Ziegelsteine, ansonsten war der Bau aus den Steinen des heidnischen Tempels gefügt. Reste des Apollon-Tempels wurden unmittelbar neben der Apsis freigelegt. Informationstafeln mit Rekonstruktionszeichnungen erläutern sein früheres Aussehen.

Kloster Ágios Pandelímonas ► H 9

In ihrem weiteren Verlauf führt die Hauptstraße direkt in die Doppelsiedlung **Panórmos-Eliés**. Ein unscheinbarer blauer Wegweiser leitet Sie über eine schmale Stichstraße 1 km weit zum erst 1968 gegründeten Mönchskloster **Ágios Pandelímonas**.

Es liegt über einem Taleinschnitt, das mit schönem Pinienwald bestanden ist. Stufen führen hinauf zur schon sehr viel älteren Kapelle des namengebenden Heiligen des Klosters, die in eine kleine Grotte hineingebaut wurde. In dieser Grotte fand man im 13. Jh. auf wundersame Weise eine Ikone des hl. Pandelímonas. Sie wird heute im meist verschlossenen Katholikon des Klosters verwahrt.

Termin

Kirchweihfest: Am Abend des 26. Juli findet ein großes Kirchweihfest am Kloster Ágios Pandelímonas mit kleinem Jahrmarkt, Musik und Tanz statt.

Kantoúni ▶ G 9

Von Panórmos aus erreicht man über eine Straße drei schöne Sandstrände. Der längste der drei Strände ist der des zum Dorf Panórmos gehörenden Streusiedlung **Kantoúni:** ein breiter Sandstreifen von etwa 250 m Länge, teilweise von Tamarisken beschattet. Hinter dem Strand stehen in lockerer Bebauung kleinere und größere Hotels. Über dem Südende des Strandes klebt hoch oben am Hang das heute unbewohnte Kloster **Moní Stavroú,** zu dem man in ca. 10–15 Minuten emporsteigen kann.

Übernachten

Aktivurlaub – **Kálydna Island:** zwischen Hauptstraße und Strand, Tel. 22 43 04 78 80, Fax 22 43 04 71 90, www.kalydnaislandhotel.gr, Mai–Okt., DZ HS ca. 80 €, sonst ab 35 €. Hotelanlage mit 28 Zimmern im Haupthaus und 18 Zimmern für bis zu 4 Personen in Bungalows. Große Poolterrasse, Zimmer teilweise mit Küche und Klimaanlage. Im Hotel integriert ist eine Kletterschule (s. unter Aktiv & Kreativ).
Für Taucher und Kletterer – **Eliés:** Im Zentrum von Panórmos an der Straße nach Myrtiés, Tel. 22 43 04 78 90, Fax 22 43 04 71 60, www.hotelelies.gr, DZ HS 60 €, sonst 27–44 €, Rabatte für Früh-

bucher und Taucher. Gut in die Umgebung eingepasste Anlage mit Pool, etwa 500 m vom Strand, eigene Tauchschule, Vermittlung von Kletter-Training, kostenloser WLAN.

Essen & Trinken

Vom Frühstück bis Late at Night – **Rock & Blues Pub:** Am Strand von Kantoúni, Mai–Okt. tgl. 11–6 Uhr, Pizza 7–10 €, Schweinekotelett 8 €. Der Pub, in dem man auch richtig nett direkt auf dem Strand sitzen kann, offeriert tagsüber eine reiche Frühstücksauswahl. Um 22 Uhr wird er dann zur angesagten Disco, im Hochsommer kann man hier sogar am Meer unterm Sternenhimmel tanzen.

Aktiv & Kreativ

Beim Meister lernen – **Kalydna Island Hotel Climbing School:** Tel. 22 43 04 74 37, www.climbinkalymnos.com. Aris Theodoropoulos, einer der Kletterpioniere, der viele der Routen auf Kálymnos erschlossen hat, leitet die dem Hotel angeschlossene Kletterschule. Anfänger wie auch erfahrenere Climber können hier an mehrtägigen Kursen bei geschulten Guides teilnehmen.
Erste Tauchschule – **Kálymnos Diving Center:** Im Hotel Eliés. Vielerlei Kurse, auch Buchung von Tauchgängen für erfahrene Taucher und Ausrüstungsverleih. PADI-Grundkurs 300 €, Tauchgänge 45–55 €.

Infos

Verkehr
Linienbusverbindung im Sommer vielmals täglich mit Pothiá, Endhaltestelle direkt am südlichen Strandrand.

Linária und Platí Gialós ► G 9

Den nördlichen Abschluss des Kantoúni-Strandes bildet ein niedriger Felsrücken, hinter dem sich wiederum der insgesamt etwa 100 m lange, zweigeteilte Sandstrand **Linária** anschließt. Über ein und am Strand stehen an einem Platz mit prächtiger Aussicht mehrere Cafés und Tavernen.

Wiederum nur einige Dutzend Meter weiter nördlich folgt dann der aber einzig über eine eigene Stichstraße erreichbare Strand von **Platí Gialós** (sprich: Platís Jalós). Hier wird ein etwa 100 m langes, grün-schwarz schimmerndes Kieselsteinband mit etwas Grobsand von alten Tamarisken beschattet. An der Straße zum Strand stehen am Hang mehrere Pensionen, von denen aus man einen schönen Blick über die gesamte Küstenregion genießt.

Übernachten

Strandnah und aussichtsreich – **Platí Gialós:** An der Straße nach Platís Gialós, Tel./Fax 22 43 04 70 29, Mai–Okt., DZ saisonunabhängig 30 €. 8 Doppelzimmer und 2 4-Bett-Apartments in unverbauter Hanglage mit grandioser Aussicht auf Küste, Berge und Meer. Inhaberfamilie Vavoúlas bietet ihren Gästen auch Ausflüge mit dem eigenen Boot an.

Myrtiés und Massoúri ► G 8

Myrtiés und Massoúri sind die beiden Haupturlaubsorte der Insel. Durch die vielen Kletterer ist hier der Altersdurchschnitt der Touristen niedrig, die Atmosphäre eher alternativ-locker. Abends herrscht in Tavernen und Bars viel junges Leben, gebadet wird an einer Reihe von kurzen, recht schmalen und zumeist grobsandigen Stränden. Häuser, Hotels und Pensionen stehen entweder am schmalen Hang zwischen der im Sommer sehr belebten Hauptstraße und dem Meer oder ziehen sich die zumindest im Frühsommer noch üppig grünen Berghänge hinauf. Grandios ist der Ausblick aus vielen Zimmern und von Lokalterrassen aus auf die vorgelagerte Insel Télendos (s. S. 202), die die Bucht von Myrtiés-Massoúri wie einen großen Bergsee erscheinen lässt. Den ganzen Tag über fahren von der kleinen Mole in Myrtiés aus Passagierfähren hinüber (s. S. 201).

Weniger der Archäologie als des Ausblicks wegen lohnen ein Spaziergang oder eine kurze Fahrt hinauf zu den frei zugänglichen Überresten der **Basilika Ágios Jánnis Melitsáchas** auf einem kleinen Friedhof am Hang südlich des Küstenstreifens von Myrtiés. Mehr als der Grundriss und ein paar mit Reliefs überzogene Steinplatten sind allerdings nicht zu erkennen. Um hinzukommen, fährt man ein kurzes Stück in Richtung Pothiá zurück und zweigt gegenüber der Taverne Sevastós auf eine schmale Straße ab. Der Friedhof liegt dann nach ca. 300 m rechts unterhalb des Sträßleins.

Übernachten

Pool am Strand – **Pláza:** Massoúri, an der Hauptstraße, Tel. 22 43 04 71 56, Fax 22 43 04 71 78, www.plazahotel.gr, 16. Mai–30. Juni ab 45, 1.–25. Juli ab 70, 26. Juli–31. Aug. ab 790, Sept. ab 50, sonst 40–45 €; für Specials lohnt der

Dorado für Kletterer

Die ganze Insel ist seit Ende der Neunzigerjahre Ziel für Climber aus aller Welt, die zwischen blauem Meer und blauem Himmel Felsen bezwingen. Seitdem wurden zahlreiche Routen erschlossen – und es kommen ständig neue hinzu. Massoúri zählt zu den Hotspots des Sports, in der Umgebung liegen die beliebten Klettergebiete Odysee, Afternoon und Grand Grotta. Viele Pensionswirte und Hoteliers (an der ganzen Westküste) geben gern und fachkundig Auskunft; über weitere Routen informiert der vom griechischen Kletterpionier Aris Theodoropoulos verfasste Führer »Kálymnos – Rock Climbing Guide«, der vor Ort erhältlich ist.

Blick auf die Website. Dreigeschossiges Strandhotel mit Süßwasserpool, viele der 59 Zimmer mit schönem Blick hinüber nach Télendos.

Spezialist für Kletterer – **Angélika/ Bábis Bar:** Myrtiés, an der Platía an der Uferstraße gelegen, Tel. 22 43 04 78 64, Fax 22 43 04 79 86, ganzjährig, DZ im Mai/Sept. ca. 30 €, im Juli 40 €. Kleines Apartmenthaus mit 9 Studios und Apartments für 2–5 Personen, alle mit Meerblick. Pool, Kinderplanschbecken und öffentliche Pool-Bar unmittelbar oberhalb des Strandes. Die Inhaber, die Brüder Charálambos und Jánnis Psarommátis, haben lange in München gewohnt; Jánnis war sogar einmal bayerischer Meister im Taekwando. Kletterer sind besonders willkommen und steigen hier in unmittelbarer Nachbarschaft zu den Klettergebieten Odyssey, Afternoon und Grand Grotta ab. Die angeschlossene Café-Bar ist im Sommer rund um die Uhr geöffnet. Internetzugang kostenlos.

Familiär und gemütlich – **Sunset:** Myrtiés, oberhalb der Küstenstraße, Tel. 22 43 04 75 22, Fax 22 43 04 85 22, April–Okt., DZ HS ca. 40 €, sonst ab ca. 25 €. Freundliches, sehr familiär geführtes Haus mit einer viel besuchter Hausbar, etwa 100 m vom Strand entfernt gelegen. 11 Zimmer mit Balkon und Kühlschrank.

Essen & Trinken

Unter Zierkürbissen speisen – **Kokkínídis:** Massoúri, an der Hauptstraße, März–Nov., tgl. ab 9 Uhr, Hauptgerichte ab 7 €. Besonders großes Angebot an griechischen Spezialitäten. Markenzeichen des Hauses ist *kléftiko,* im Backofen gegartes Lammfleisch. Beim Essen sitzt man idyllisch auf einer schattigen, mit Zierkürbissen geschmückten Terrasse.

Nach alten Rezepten – **Aegean:** an der Hauptstraße, Mitte April–Ende Nov. tgl. ab 16 Uhr. Der Wirt George hat in jungen Jahren in den USA und auf den Bahamas gearbeitet; jetzt führt er diese Taverne mit seiner Frau María schon fast 25 Jahren. Stolz ist er auf seinen Salat *mirmizéli* (8,50 €) und auf seine mit Käse und Honig zubereitete Süßspeise *mazoúli,* die kalymnische Frauen ihren Männern nach der Rückkehr von der Schwammtauchfahrt auftischten, um ihre Manneskraft zu stärken.

Die Taverne des Fährmanns – **Stálas:** Am Télendos-Anleger, ganzjährig, tgl. ab 8 Uhr, Hauptgerichte ab 5 €. Alteingesessene Taverne mit meist großer Auswahl an gekochten und geschmorten Gerichten, schöner Blick auf Télendos.

Fleisch aus der eigenen Herde – **Tsopanákos:** In Armeós, unmittelbar hinter dem Ortsende von Massoúri in Richtung Arginóntas, ganzjährig, tgl. ab 10 Uhr, Hauptgerichte ab 7 €. Moderne Taverne der Viehzüchterfamilie Kara vokirós. Hier kommt nur das Fleisch aus den auf dem vorgelagerten Télendos weidenden eigenen Herden auf den Tisch, dazu gibt es selbst gebackenes Brot. Eine kalymnische Spezialität ist das *mouoúri,* Zicklein im Tontopf gegart und mit Reis und Zickleinnierchen gefüllt. Auch den hauseigenen Käse sollte man unbedingt einmal probieren. Im Sommer gibt es schattige Plätze auf der Veranda, in der kühleren Jahreszeit innen am Kamin.

Infos

Schiffsverkehr

Passagierboote: Den ganzen Tag über im Halbstundentakt Verbindung mit Télendos (2 €).

Ausflugsboote: Im Sommer bei genügend Beteiligung Ausflugsfahrten nach Emborió, Auskunft an den Booten am Kai.

Télendos ► G 8

Die kleine Insel Télendos zählt im Sommer noch etwa 100, im Winter aber nur rund 25 Einwohner. Sie liegt 700 m vor der Westküste von Kálymnos. Die wenigen Häuser des einzigen Dorfes stehen, Kálymnos zugewandt, direkt am Ufer einer flachen Halbinsel; den Rest von Télendos bildet ein nackter, 535 m hoch aus dem Meer aufragender Fels. Die internationale Klettergemeinde hat ihn inzwischen für sich entdeckt. Der Strand direkt am Ort ist schmal und steinig, aber an der nur fünf Gehminuten entfernten Westküste der Insel laden zwei idyllisch kleine Sand-Kieselstein-Buchten zum Schwimmen ein.

Übernachten

Gut organisiert – **Pórto Pótha:** Tel. 22 43 04 73 21 (Sommer), 00 43 05 18 45 (Winter), Fax 22 43 04 81 08, www.telendoshotel.gr, April–Okt., DZ/ÜF ca. 30–35 €. 20 Zimmer und Studios in einem modernen Komplex oberhalb des Dorfes am Hang, Gepäcktransport wird organisiert. Pool vorhanden, auf Wunsch Vollpension buchbar. Kletterer werden hier gut betreut und finden kundige Beratung.

Allrounder – **On the Rocks:** Tel. 22 43 04 82 60, www.otr.telendos.com, DZ 45–50 €. Am nördlichen Ende des Ortsstrandes. George Trikilis, der perfekt englisch spricht, und seine Frau Póppi betreiben hier auch eine Café-Bar-Taverne, vermieten Kajaks und bieten ihren Gästen für einen geringen Aufpreis ein Frühstück, das sie sich persönlich zusammenstellen können.

Mit dem Rücken zu Kálymnos – **Hohlakas Sunset Studios:** Tel. 22 43 04 82 60, www.otr.telendos.com, DZ 50–60 €. Die Studios gehören ebenfalls George und Póppi Trikílis und liegen an der Gasse zum Anleger zum Chochlákas-Strand auf der anderen Inselseite.

Essen & Trinken

Ein Dutzend Tavernen teilen sich den bescheidenen Markt, fast alle liegen direkt am Kálymnos zugewandten Ufer. Qualitätsunterschiede gibt es nicht, Empfehlungen wären daher eine ungerechtfertigte Bevorteilung Einzelner.

Aktiv & Kreativ

Für Sportliche – **On the Rocks:** Im Café am nördlichen Ende des Ortsstrandes vermietet George Trikílis 10 Kajaks, 2 Kanus und 2 Tretboote inkl. Schwimmwesten für 8 €/Std., 20 €/halben Tag oder 30 €/Tag. Mit Kajak und Kanu können geübte Fahrer sogar die Insel umrunden (ca. 3 Std.) oder nach Kálymnos hinüberfahren. Ungeübte sollten sich besser in Ufernähe aufhalten.

Infos & Termine

Infos
Achtung! Auf Télendos gibt es weder Post, Bank noch Bargeldautomat!

Termine
Kirchweihfest (14. Aug.): Abends großes Fest mit Musik und Tanz.

Schiffsverkehr
Passagier-Kaiki-Verbindung mit Myrtiés im Sommer 8–24 Uhr etwa halbstündlich, außerhalb der Saison mehr-

mals täglich nach Bedarf. Einfache Fahrt ca. 2 €.

Kastélli ▶ G 8

Das Band der kalymnischen Badeorte endet in Kastélli, das auch Endstation der Hauptbuslinie der Insel ist. Auf einem niedrigen Landvorsprung stehen hier noch einige Mauerreste einer mittelalterlichen Burg, zu der schmale Pfade führen. Auch hier wurden zahlreiche Kletterrouten eingerichtet.

Abends & Nachts

Kastélli ist der ideale Standort für die beiden großen Open-Air-Musiklokale der Insel. Hier kann im Sommer abseits von Hotels und Pensionen fast direkt über dem Meer bis frühmorgens unterm Sternenhimmel gefeiert werden, ohne dass sich Nachbarn gestört fühlen. Griechen bestellen zumeist mit ihren Freunden zusammen eine Flasche Whiskey (je nach Label ca. 70–120 €), die kleine Flasche Bier gibt es ab 5 €.
Für Fans griechischer Musik – **Kastélli:** An der Küstenstraße, meist Sa/So ab 20 Uhr, Musik ab 21.30 Uhr. *Bouzoúki* mit griechischer Livemusik, nur mit eigenem Fahrzeug zu erreichen, teuer.
Zurück ins Mittelalter – **Arginónta Bay:** An der Küstenstraße, Fr/Sa ab 22 Uhr. Fantasievolle Anlage im Stil einer Mittelalterburg mit vielen Terrassen am Steilhang über dem Meer. Griechische und internationale Musik zum Zuhören und Tanzen.

Arginóntas ▶ H 8

Hinter Kastélli wandelt sich die Landschaft völlig. Hier wird Kálymnos wieder steinig-kahl. Die Straße umrundet den tief eingeschnittenen Fjord von Arginónta, an dessen Ende der gleichnamige kleine Weiler mit 150 m langem Kiesstrand und einigen Tavernen liegt. Der eigentliche Ort mit etwa 50 Häusern versteckt sich, von der Küstenstraße aus im Hochsommer kaum sichtbar, in einem grünen Taleinschnitt.

Essen & Trinken

Klasse Moussaká – **Katerína:** Aus Richtung Kastélli rechts an der Hauptstraße, April–Nov. tgl. ab 10 Uhr, Hauptgerichte ab 6 €. Wirtin Poppy wird besonders wegen ihres täglich frisch zubereiteten Moussaká gerühmt, bereitet aber auch exzellente Pferdebohnen im Backofen zu.

Termine

Kirchweihfest (14. Aug.): Abends mit Musik und Tanz und reichlich Essen.

Emborió ▶ G 8

Auf der anderen Seite des Fjords geht es dann an der Küste entlang in Richtung Norden, vorbei am nur im Hochsommer etwas belebten Weiler Skaliá bis nach Emborió, das man von Massoúri und Myrtiés aus auch mit dem Ausflugsboot erreichen kann (s. S. 201). Vor der Küste liegen einige Fischzuchtstationen, mehrere Dorfbewohner sind eifrige Imker.

Der etwa 200 m lange, schattige Kiesstrand unmittelbar im Ort wird auch von Tagesausflüglern genutzt. Dieser ganze Abschnitt der Westküste ist mit seinen steilen, glatten Felswänden ein bevorzugtes Gebiet für Kletterer aus aller Welt.

Übernachten

In Panoramalage – **Astéri:** Am nördlichen Ortsrand neben der Taverne Bárba Nicólas, Tel. 22 43 04 00 64, Mai–Okt., DZ HS ca. 60, sonst ca. 40 €. 13 moderne Zimmer mit Balkon und Meerblick, Kühlschrank und Kitchenette in absolut ruhiger Lage, ca. 300 m vom Strand entfernt.

Des Gartens wegen – **Harry's:** An der Hauptstraße zum Anleger, Tel. 22 43 04 00 61, -62, im Winter 22 43 02 90 50, www.harrys-paradise.gr, ganzjährig, DZ HS ca. 45, sonst ab ca. 40 €. Die 2008 vollständig renovierten und von der jungen Wirtin Efdochía geschmackvoll gestalteten 6 Zimmer und Studios in einem kleinen, zweigeschossigen Haus direkt am Rande des paradiesischen Gartens der gleichnamigen Taverne sind die beste Adresse im Ort. Meer und Strand sind nur 100 m entfernt.

Eine Alternative – **Artemisía:** Neben Harry's, Tel. 22 43 04 00 03, DZ HS 40 €, NS ab 30 €. Auch hier wohnt man gut in einem der 8 Zimmer. Die im Obergeschoss bieten Meerblick, die im Erdgeschoss liegen an von Bougainvilleen überrankten Terrassen.

Essen & Trinken

Am Strand – **Artistico:** An der Uferstraße, Tel. 22 43 04 01 15, tgl. ab 10 Uhr, Lammbraten mit Kartoffeln und Gemüse 8 €, Flasche Wein 15–42 €, Cocktails 8 €. Restaurant und Bar, oft Gitarrenmusik live. Hier treffen sich gern griechische und andere Musiker im Urlaub, bringen häufig ihre Instrumente mit und spielen ganz spontan. Kulinarischer Renner sind die mit Féta-Käse gefüllten Kalamáres.

Für frischen Fisch – **Bárba Nicólas:** Neben der Pension Astéri, tgl. ab 8 Uhr, Hauptgerichte 6–13 €. Griechische Tavernenkost, frischer Fisch zu günstigen Preisen; gratis dazu gibt es den fantastischen Ausblick.

Im schönsten Garten – **Harry's:** An der Hauptstraße zum Anleger, Tel. 22 43 04 00 61, -62, im Winter 22 43 02 90 50,

Harrys schönster Garten

Mein Tipp

Abstecher in die Einsamkeit – die Bucht von Palioníssi (auch Paleoníssos) ▶ H 8

Völlig weltabgeschieden träumte die Bucht von Palioníssi an der Nordostküste bis 2008 vor sich hin. Dann wurde der holprige Feldweg, der von der Westküste aus hinüberführte, für etwa 600 000 €, von denen ein Großteil aus Brüssel kam, asphaltiert. Serpentinenreich und gut ausgebaut führt die neue Prachtstraße über die Berge und hat nur ein Ziel: den Weiler Palioníssi. Aber es gibt hier eine Taverne, deren Wirt Níkolas Makaroúnas schon lange von der Straße träumte und um sie kämpfte. Níkolas hat schon als Schwammtaucher gearbeitet und ist jetzt hauptberuflich Grundschullehrer in Pothiá, aber in den Sommerferien von Mitte Juni bis Mitte September ist er ständig hier in seiner Taverne zwischen Ziegen und Hühnern, Mandel-, Oliven- und Feigenbäumen anzutreffen. Für Kinder hat er in einem Ölbaum ein Baumhaus gebaut, manchmal kommen der Vater oder ein Cousin zu Besuch, die beide noch den griechischen Dudelsack *tsamboúna* zu spielen vermögen.

In Palioníssi leben heute nur noch sechs Menschen das ganze Jahr über, vor 50 Jahren waren es noch mehr als 70. Gäste der Taverne sind überwiegend die Crews der Jachten, die in der nahen Bucht ankern. Dort gibt es, nur 100 m von der Taverne entfernt, auch einen schmalen Kiesstrand am glasklaren Wasser. Alljährlich findet hier in der Nacht vom 28. zum 29. Juni ein großes Kirchweihfest zu Ehren von Petrus und Paulus mit meist über 1200 Besuchern statt, die die ganze Nacht mit Musik und Tanz, Essen und Trinken verbringen.

Taverne Paradise, April–Anfang Okt. tgl. ab 13 Uhr, Tel. 22 43 02 94 53, Zicklein mit Pommes frites 9,50 €.

www.harrys-paradise.gr, ganzjährig, Hauptgerichte 7–11 €. Man sitzt in einem paradiesischen Garten mit Oleander, Hibiskus und Bougainvillea und genießt gute griechische Küche. Im Hochsommer steht auch ein Dachgarten mit Meerblick zur Verfügung.

Vathí ▶ H/J 9

Die Straße nach Vathí beginnt auf der Nordseite des Hafens von Pothiá. Zunächst führt sie an einigen kleineren Buchten vorbei, dann hoch über der Küste durch die Berge zur 8 km entfernten **Aktí-Bucht,** die am einsamen Kiesstrand nur eine schlichte Sommertaverne bietet. Anschließend geht es noch einmal bergan und schon erblickt man tief unter sich die fjordähnliche ›Schlauchbucht‹ von Vathí und ein 6 km langes und etwa 1 km breites grünes Tal. Es ist locker besiedelt, zwischen den 30 000 Mandarinen- und rund 7000 Orangen- sowie ein paar hundert Zitronenbäumen stehen vereinzelt immer wieder Häuser und Villen. Die Plantagen werden künstlich bewässert und wirken wie eine Oase inmitten kahler Berge. Über 500 Menschen leben hier, mehr als 1000 ▷ S. 212

Lieblingsort

Vathí ▶ H/J 9

Am Ufer von Vathí fühle ich mich im Spannungsfeld zwischen Mittelmeer und Norwegens Fjorden. Mandarinen- und Zitronenbäume hinter hohen Mauern füllen das wasserreiche Tal aus, das genau hier in einen schmalen, engen, schlauchförmigen Fjord übergeht, der von Felsen gerahmt ist. Ein paar Fischerboote und Jachten dümpeln am Kai, künden von einer Öffnung zur Ägäis hin, die hier aber noch nicht zu sehen ist. Ihr schwimme ich gern ein paar Züge entgegen.

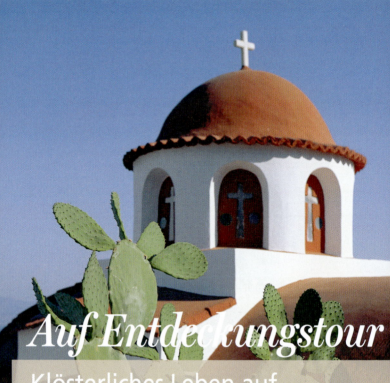

Auf Entdeckungstour

Klösterliches Leben auf Kálymnos

Fünf Klöster auf Kálymnos sind noch bewohnt, zwei werden auf dieser Tour besichtigt. Sie sind zwar kunsthistorisch nicht besonders spektakulär, wer aber Muße mitbringt, dezent gekleidet ist und Interesse an der Orthodoxie hat, wird die Klöster dennoch mit Gewinn besuchen.

Reisekarte: ▶ H 9

Ausgangspunkt: Pothiá, Länge der Tour ca. 13 km

Besuchszeiten: Agía Ekateríni, tgl. 8–13 Uhr; Ágios Savvás, ca. 7–14 und 17–20 Uhr. Meist ab ca. 10 Uhr (nach Gottesdienstende). Kleidung: Keine Shorts, zumindest kurze Ärmel

Hinweis für Frauen: Frauen dürfen das Katharinenkloster zwar laut Schild nicht betreten. Wenn sie Knie bedeckende Röcke tragen, Schultern und Dekolletée bedeckt sind, werden sie auf höfliche Anfrage aber meist in den Klosterhof eingelassen.

Eine kleine Stadt – Moní Agías Ekaterínis

Das »Kloster der heiligen Katharina« steht am Ende eines kleinen Hochtals und wirkt aus der Ferne mit seinem Konglomerat aus roten Ziegeldächern und sieben Kirchen und Kapellen fast wie eine zwar fromme, aber auch moderne Urbanisation. 12 Nonnen leben hier noch, viel zu wenig für die vielen Wohnräume, die aber ohnehin für Pilger gedacht sind. Die kommen zwar noch, bleiben jedoch nur selten über Nacht. Das Bereithalten von **Pilgerunterkünften** in vielen griechischen Klöstern ist ein Relikt aus den Zeiten, als fromme Besucher per Maultier oder zu Fuß anreisten und auf ein Übernachtungsquartier angewiesen waren. Von ihnen blieben früher manche gar tagelang in den Klöstern, verbrachten sozusagen ihren Jahresurlaub kostengünstig und gottgefällig im Kloster.

Nur noch Erwachsenentaufen

Klöster sind ein beliebter Ort für Hochzeiten und Taufen. Im Kloster Agías Ekaterínis mag man sie jedoch nicht mehr. Taufe und Hochzeit seien, so klagen die Nonnen der hl. Katharina, zum ›Event‹ verkommen. Der Videomitschnitt sei heute wichtiger als der Priester, die schicke und oft auch sexy Kleidung bedeutsamer als der göttliche Segen. Deswegen lassen die Nonnen in ihrem Kloster nur noch die seltenen und vor allem von konvertierenden Ausländern gewünschten **Erwachsenentaufen** zu: Da sind die Taufgäste oft an einer Hand abzuzählen und sittsam gekleidet. Weil Täuflinge im orthodoxen Ritus durch Untertauchen des ganzen Körpers getauft werden, besitzt dieses Kloster für Erwachsenentaufen ein entsprechendes **Taufbassin**. Es ist wie die Baptisterien in frühchristlichen Basiliken in Kreuzesform angelegt.

Zusammenleben oder Eigenrhythmus

Orthodoxe Klöster kennen anders als römisch-katholische Klöster keine Ordensgliederungen à la Franziskaner oder Benediktiner. Sie berufen sich fast alle auf die alten, überlieferten Regeln fürs Mönchsleben aus der Zeit des frühen Christentums. Zwei Grundrichtungen sind allerdings vorhanden, die die Form des Zusammenlebens regeln: die **kinowitische** und die **idiorhythmische Ordnung.** Nach den idiorhythmischen Regeln behält jeder Klosterangehörige sein Privateigentum, die Mahlzeiten werden außer an hohen Festtagen alleine eingenommen. Bei den Kinowiten gibt es kein Privateigentum, gespeist wird gemeinsam im Refektorium des Konvents. Bis ins 20. Jh. hinein waren beide Ordnungen etwa gleich stark vertreten. Seit einigen Jahrzehnten hat ein Umdenken eingesetzt, die kinowitische Richtung überwiegt. Ihr folgen auch die Nonnen im Katharinenkloster und allen anderen Konventen der Insel

Klösterliche Pflichten

Das Leben der Nonnen (und Mönche) in den orthodoxen Klöstern ist sehr viel weniger strikt geregelt als in römisch-katholischen Konventen. Jede Schwester des Katharinenklosters nimmt Aufgaben nach ihren Wünschen und Fähigkeiten wahr, ist ansonsten aber nur zur Teilnahme am Morgengottesdienst und Vesper verpflichtet. Die heilige Messe, in der Orthodoxie ›Liturgía‹ genannt, darf nur ein Priester zelebrieren. Die Vorstellung, auch weibliche Priester zu ordinieren, ist der Orthodoxie ebenso fremd wie dem Papst. Zur Messe am Sonntagmorgen kommt daher immer ein Priester aus einer der umliegenden Gemeinden. Da Griechenland unter Priestermangel leidet, muss die Sonntagsmesse aber manchmal ausfallen.

Klösterliche Gastfreundschaft

Gastfreundschaft ist ein historischer Grundzug orthodoxer Klöster. Kaum jemand, der zum Beten kommt, aber auch kaum ein interessiert wirkender nicht-orthodoxer Besucher verlässt es ohne rudimentäre **Bewirtung.** Im Katharinenkloster hat sich diese angenehme Eigenschaft besonders ausgeprägt erhalten. Wer die Sympathie einer der Schwestern gewonnen hat, wird ins Archontaríki, den ›Salon‹ des Klosters, gebeten. Es gibt zumindest ein Glas kühles Wasser, das geleefruchtartige, sehr süße und mit Puderzucker bestreute *loukoúmi* oder im Kloster selbst hergestelltes Gebäck. Manchmal wird auch ein griechischer Kaffee kredenzt. Eine materielle Gegenleistung wird dafür nicht erwartet; der Nonne dafür Geld in die Hand zu drücken, wäre eine schwere Beleidigung.

Fromme Stiftungen

Von den sieben Kirchen im Katharinenkloster wird von den Nonnen nur die Hauptkirche, das **Katholikon,** für ihre Andachten und Gottesdienste genutzt. Die sechs anderen sind Stiftungen von Privatleuten, die damit für ihr Seelenheil sorgen wollen. Dass man solche Kapellen gern in Klöstern errichtet, hat laut Aussage der Nonnen auch einen ganz praktischen Grund: Das Kloster stellt das Grundstück für den Bau kostenlos zur Verfügung, keiner der Stifter verschenkt eigenes, gut verkaufbares Bauland oder muss es gar teuer kaufen. Gottesdienste finden in diesen Kapellen nur jeweils einmal im Jahr statt – zum Kirchweihfest des jeweiligen Heiligen, dem sie geweiht sind.

Das prächtigste Kloster der Insel – Ágios Savvás

Von frommen Stiftungen hat das die Stadt Pothiá überragende **Kloster Ágios Savvás** mehr profitiert als jedes andere Kloster der Insel. Obwohl erst 1912 gegründet, ist es heute das prächtigste und größte auf Kálymnos. Allerdings wohnen hier nur noch neun, größtenteils sehr alte Nonnen. Sie sind nicht imstande, das Kloster zu unterhalten, aber der Wohlstand des Hauses macht es möglich, weltliche Kräfte für alle klösterlichen Aufgaben zu engagieren. So wirkt das fast ganz in weiß gehaltene Kloster äußerst schmuck – und bietet zudem von seiner Terrasse aus einen fantastischen Blick über den Süden der Insel und auf die Ägäis hinaus.

Wohlstand durch Wunder

Quelle des klösterlichen Wohlstands ist der **Inselheilige Savvás,** der den Konvent gründete und 1948 hier starb. Geht man ins Kloster hinein, liegt rechts sein erstes, noch sehr bescheidenes **Grab,** in dem sein Leichnam von 1948–57 ruhte. Direkt vor dem Grab führen ein paar Stufen zu den drei einfachen Räumen rechts der Treppe, in denen der Heilige bis zu seinem Tode lebte. In einem der drei **Zellen** steht noch sein Bett, eine andere dient heute zur Aufnahme von Weihegeschenken. Da haben hohe Offiziere ihre Rangabzeichen dekoriert, die sie ihrer Meinung nach mithilfe des Heiligen erlangten, andere ihre sportlichen Pokale, wieder andere Modelle von den Schiffen, die sie dank des tatkräftigen Mitwirkens des hl. Savvás ihr Eigen nennen durften. Solche Räume mit Dankesgaben Gläubiger findet man in vielen griechischen Klöstern – manchmal sind richtige Museen daraus geworden. Ein noch größeres Zeichen der Dankbarkeit ist die Stiftung einer Kapelle oder Kirche – oder zumindest einer Wandmalerei, einer Ikone oder eines Teil des liturgischen Mobiliars.

In der Welt des Heiligen

Eine Gemeinschaftsleistung vieler dankbarer Gläubigen sind Bau und Ausschmückung der großen Kirche **Ágion Pándon** (»Allerheiligen«), die man schon vom Hafen von Pothiá aus sieht. Sie steht gegenüber vom Klostereingang direkt am Felsabhang und wurde erst 1994 geweiht. Im linken Kreuzesarm ruhen heute die **Gebeine Savvás'** in einem Sarg unter prächtigem Holzbaldachin, die Wände dahinter sind mit Fresken bemalt, die Szenen aus seinem Leben zeigen. In den Deckel seines Sargs ist über dem Schädel eine Glasplatte eingelassen, die die Gläubigen küssen, um den so viele Wunder wirkenden Heiligen zu ehren.

Der hl. Savvás ist in seiner Kirche nicht allein. Betritt man die Kirche und wendet sich gleich nach links, sieht man eine große Darstellung der Martyrien der verschiedensten Märtyrer wie in einem Lehrbuch des Mordens: Menschen werden geköpft und gehängt, verbrannt und ertränkt oder von Löwen gefressen. An der Westwand sind Wunder dargestellt: Der hl. Spyrídonos setzt Pferde neu zusammen, der hl. Modéstios segnet das Tierreich. Natürlich ist auch der Shootingstar unter den griechischen Heiligen präsent, der hl. Raffaíl. Die Darstellung all dieser Märtyrer und Wundertätigen dient nicht vorrangig dazu, dem hl. Savvás Gesellschaft zu schenken: Sie soll auch Zweiflern an der Wundertätigkeit des Lokalheiligen deutlich machen: Wunder gab es immer wieder.

Abseits aller Wunder ist die Allerheiligenkirche für den westlichen Besucher auch ein Ort der schmunzelnden Verwunderung. Wer sich die großflächige Darstellung der grausamen Martyrien etwas genauer widmet, entdeckt zwischen den Heiligenfiguren sicherlich auch die direkt aufs Fresko installierten Lichtschalter und Sicherungskästen. Das stört hier niemanden: Die materielle Welt kann der spirituellen eben nichts anhaben.

Wirtschaftliche Grundlagen

Orthodoxe Klöster können freilich nicht allein von Wundern und der Stiftung von Kirchen und Kapellen leben. Auch Hochzeiten und Taufen bringen wenig Geld in die Kasse. Wichtiger sind **Schenkungen:** So mancher Kalymniote bedenkt die Konvente schon zu Lebzeiten mit Grundstücken oder Bargeld, viele hinterlassen den Klöstern einen Teil ihres Vermögens. Geschenkte Wohnungen und Häuser werden vermietet, landwirtschaftliche Ländereien verpachtet. Die finanzielle Oberaufsicht über das Wirtschaften der Klöster führt der Bischof mit seinem Fachpersonal – viele der zumeist sehr alten Nonnen und Mönche wären zum vernünftigen Wirtschaften gar nicht mehr in der Lage.

Soziale Aufgaben

Anders als römisch-katholische Konvente widmen sich orthodoxe Klöster nur selten sozialen Aufgaben. Oft genug fehlen ihnen dazu einfach die geeigneten Mönche und Nonnen. Aber auch inhaltlich gibt es eine Differenz: In orthodoxen Klöstern geht es nicht vorrangig um praktizierte Nächstenliebe, sondern um den Lobpreis Gottes und die Suche des eigenen Heils. Es gibt freilich auch in Griechenland Ausnahmen: Klöster, die Waisenhäuser und Altersheime betreiben, Kinderferienheime unterhalten oder medizinische Fortbildung fördern. Die Orthodoxie ist eben vielschichtig. Sie ist ein demokratischer Organismus ohne mächtigen Führer, lässt vielen Spielarten des Glaubens zwischen Askese und Aberglauben Raum.

Leute sind jedoch Mitte des 20. Jh. auf der Suche nach einem besseren Leben nach Aus-tralien ausgewandert.

In der Hafensiedlung Rína gibt es die exzellente Pension Manolis und ein paar gleich gute Tavernen. In der Bucht kann man nur am Kai baden, doch im Sommer steuern Ausflugsboote die kleinen Kiesstrände von Aktí, Kámbi, Armourés und Drosónda an.

Von Vathí aus Richtung Talende passiert die Straße zunächst die **Platía des Weilers Plátanos** mit sehr ursprünglich gebliebenen Kafenía und dann zwei kleine **Kapellen** etwa 100 m rechts oberhalb der Straße. Gleich hinter der zweiten ist von der Straße aus deutlich ein gut erhaltenes Teilstück einer hellenistischen Mauer aus regelmäßig behauenen Quadern zu erkennen. Sie gehört wohl zu einer antiken, noch nicht freigelegten Stadt. Zu beiden Kapellen gelangt man zu Fuß, wenn man den an der Hauptstraße aufgestellten braunen Wegweisern ›Ayios Antonios‹ und ›Taxiarchis Michail‹ folgt.

Übernachten

Favorit des Autors – **Pension Manolis**: Tel. 22 43 03 13 00, Mob. 69 46 82 78 39, HS ca. 40–45 €, sonst ab 30 €. Manolis war 12 Jahre lang Stahlarbeiter im kanadischen Toronto. Danach fuhr er lange Zeit Taxi auf der Insel. Sein Herz aber gehört schon seit 1986 seiner kleinen Pension in Vathí, die zwischen byzantinischen Siedlungsresten hoch über dem Fjord steht. Zur Pension gehören ein Grillplatz, eine Gemeinschaftsküche und auch ein Kajütboot, mit dem Manolis reizvolle Tagesausflüge mit seinen Gästen unternimmt. Manolis verwahrt die Schlüssel zu vielen Kirchen und Kapellen im Tal und ist für Inseltouren jederzeit buchbar. Die 6 Zimmer sind angenehm geräumig und haben alle einen Balkon mit fantastischer Aussicht.

Aktiv & Kreativ

Ausflugsboote: Nach Aktí, Kámbi, Armourés und Drosónda; Auskunft direkt an den Booten im Hafen.

Moní Panagiá Psilí

▶ H/J 8

Am Ortsanfangsschild des Weilers Metóchi führt ein blauer Wegweiser mit der Aufschrift ›Kyra-Psili‹ auf eine schmale, schon bald in einen Feldweg übergehende Zementstraße, die hangaufwärts zur winzigen **Kapelle Stavrós** führt. Ein gut erkennbarer Fußpfad geht von hier relativ sanft ansteigend am Berghang entlang in etwa 15–20 Minuten durch wilde Gebirgslandschaft zum ehemaligen **Kloster Moní Panagiá Psilí**. Das Kloster steht heute leer, die einstige Klosterkirche, eine Höhlenkirche, kann besichtigt werden. Teilweise in den Fels hineingebaut, duckt es sich unter eine 40 m senkrecht aufsteigende Felswand; zum Tal hin grenzt es eine weiße Mauer mit Zinnen und Schießscharten ab. Über 39 Stufen steigt man nun zur Höhlenkirche **Panagía tin Kirá Psilí** hinauf, in der eine Quelle sprudelt.

Vlichádia ▶ H 9

Im äußersten Süden von Kálymnos lohnt der Küstenort Vlichádia einen kurzen Besuch. Man kann ihn gut mit der Entdeckungstour zu den beiden Klöstern (S. 208) verbinden. Die Stichstraße vom Weiler Vothiní hinunter führt durch eine Miniatur-Schlucht.

Vlichádia ist eher eine Sommerhaussiedlung mit zwei kurzen, von Tamarisken gesäumten Sand-Kiesstränden. Hier hat Kapitän Stávros sein privates ›Museum of Seaworld‹ eingerichtet.

Museum of Seaworld
Mai–Okt. Mo–Sa 10–15 und 18–21, So 10–15 Uhr
Der ehemalige Schwammtaucher Stávros hat seit seinem sechsten Lebensjahr alles gesammelt, was er im und am Meer gefunden hat: Korallen und Purpurschneckengehäuse, ein Bootswrack aus dem 2. Jh. v. Chr. samt Ladung, antike Amphoren, Mineralien und Fossilien, ein deutsches Maschinengewehr, Teile eines Torpedos und eines Flugzeugwracks aus dem Zweiten Weltkrieg, Schwämme aller Art, außerdem zahllose Fische, die er für die Ausstellung präparieren ließ.

Psérimos! ▶ K 9/10

Die Insel Psérimos ist auf den ersten Blick kaum mehr als ein schöner Sandstrand, an dem ein paar Häuser stehen. 170 m lang und 15 m breit säumt der einzige Inselort das innere Ende einer sehr flach abfallenden, kleinkinderfreundlichen Bucht, ist Liegeplatz für Sonnenhungrige, Hauptverkehrsweg und Uferpromenade des einzigen Inselortes zugleich. Nur zu den wenigen Häusern im Hintergrund führen schmale, unbefestigte Gassen.

Das nur 14 km² kleine Psérimos ist fast autofrei, es gibt keine einzige asphaltierte Straße. Quellen fehlen, das gesamte Trinkwasser stammt aus Bohrungen. Die Müllabfuhr erledigt ein Pick-up, ausgediente Bettgestelle werden allerdings nicht entsorgt, sondern zur Errichtung von Zäunen verwendet. Ältere Frauen gehen hier noch mit Kleid und Sonnenhut ins Was-

Schöne Aussichten
Eine 2007 fertiggestellte, größtenteils sehr gute und breite Asphaltstraße verbindet **Vathí** mit **Arginóntas** an der Westküste. Sie durchquert zunächst das Mandarinental und erreicht rund 10 km hinter dem Ortsendeschild von Metóchi eine Passhöhe, auf der der Jagdverein der Insel einen sehr schönen Aussichts- und Picknickkiosk errichtet hat. Der Rundblick ist grandios, Menschen sind fast nie in der Nähe.

ser, Kinder nehmen auch mal ihr Mountainbike mit in die Ägäis. Die Insulaner sind eben freiheitsliebend. Ein frisch hierher versetzter Polizist, der es wagte, einen von ihnen nach seinem Mopedführerschein zu fragen, bekam zur Antwort: Wenn Du hier die erste Ampel aufstellst, mache ich meinen Führerschein!

Richtiges Leben kehrt auf der Insel nur im Juli und August ein, wenn bis zu 400 Psérioten, die sonst woanders leben, auf ihre Heimatinsel zurückkehren. Im Winter verbleiben nur an die 30 Menschen auf dem Eiland, die Grundschule wurde 2008 geschlossen. Jetzt erhalten die verbliebenen sieben Kinder Fernunterricht per Computer, finanziert von der EU und organisiert von der Universität der Ägäis. Der Unterricht findet abends statt, damit die Kinder tagsüber eventuell im Lokal der Eltern mitarbeiten und auch Erwachsene am Unterricht teilhaben können, falls sie Lust dazu haben.

Sehenswertes

Kirche Panagía
80 m vom südlichen Strandende entfernt landeinwärts am Ende der ›Tavernengasse‹

Auch Tagesausflügler können innerhalb der zur Verfügung stehenden Zeit
die bedeutendste Sehenswürdigkeit
der Insel besuchen: die Mariä Entschlafung geweihte Kirche Panagía. Die
schlichte, in den Landesfarben Weiß
und Blau gestrichene Kirche aus der
Mitte des 19. Jh. liegt am Rande eines
großen Hains, in dem Oliven, Feigen,
Mandeln, Zypressen und eine einsame
Palme wachsen. Schilder machen darauf aufmerksam, dass der Hain der
Gottesmutter gehört.

Unter dem frei stehenden Glockenturm auf dem Kirchhof sind Spolien einer frühchristlichen Basilika aus dem
5./6. Jh. aufgestellt, darunter Säulen-
teile und Altarschranken. Sie belegen
neben anderswo auf der Insel gefun-
denen Spuren frühchristlicher Gotteshäuser, dass Psérimos damals sehr viel
mehr Einwohner als heute gehabt haben muss.

Marathónda

Die Staubstraße, die die Kirche passiert, führt quer über die Insel in etwa
40 Minuten zur Bucht von Mara-
thónda, wo Strand-Spartaner auf einem schmalen Kiesstreifen liegen. Ruinen zeugen von einer Ziegelei, die
aber schon vor über 40 Jahren ihren
Dienst einstellte. Der Weg lohnt nur,
wenn man sich länger als einen Tag auf
der Insel aufhält und wenn man griechische Unaufgeräumtheit mag.

Ágii Taxiárches

Die Kapelle Ágii Taxiárches liegt etwa
15 Gehminuten südöstlich des Dorfes.
Sie wurde über den Resten einer dreischiffigen, frühchristlichen Basilika erbaut, von der Fundamentmauern und
Schmuckelemente aus Stein erhalten
sind. Unmittelbar nord- und südöstlich
der Basilika stehen zudem noch Ruinen
zweier Grabbauten aus dem 5. Jh. Der
Weg dorthin, der an der Fährmole an-

setzt, lohnt nur für ausgesprochene
Kirchenfans.

Übernachten, Essen

Auf Psérimos gibt es acht Tavernen,
von denen einige auch Zimmer und
Studios vermieten. Die Zimmer kosten
im Juli/Aug. 35–50 €, ansonsten sind sie
schon ab ca. 20–25 € zu haben. Wer
länger bleiben will, zahlt z. B. im Mai
für ein gutes Zimmer 300–350 €/Mo-
nat. In den Tavernen kosten Hauptgerichte meist 5–9 €, für 1 l offenen Wein
zahlt man 5–7 €.

Happy Hour all day – **Manólis Trikílis:**
Über der Taverne Manólas an der
Hauptgasse, Tel. 22 43 05 15 40, ganzjährig. Gut englisch sprechender Wirt,
gute Küche, 8 Zimmer. »Happy Hour all
day« ist das fröhliche Motto der Wirtsfamilie.

Beste Küche – **Psérimos:** Über der
gleichnamigen, ausgesprochen guten
Taverne an der kurzen Straße zur Marienkirche. Tel. 22 43 02 93 37, Mai–
Okt. Übernachten kann man in fünf
ganz einfache Zimmer. In der Taverne
lässt die Wirtin Sevásti Pikoú ihre Gäste
gern noch in die Töpfe schauen, serviert erstklassige *dolmádes* und *lácha-
nodolmádes,* bereitet ein hervorra-
gendes Oktopus-*stifádo* sowie die
Fischsuppe *kakaviá* zu und stellt ihr Zaziki natürlich selbst her. Ist der Sohn
der Wirtin am Wochenende oder im
Hochsommer hier, bringt der leidenschaftliche Taucher öfter von ihm har-
punierte Fische mit, die die Gäste dann
genießen können.

Zu Gast bei einer Deutschlehrerin – **Sun
Set:** Am Strand. Der sehr gut englisch
sprechende Wirt Kóstas und seine Frau
Christína, die außerhalb der Sommerferien in Athen als Deutschlehrerin arbeitet, servieren direkt am Strand Getränke, Eis und einfache Snacks. Am

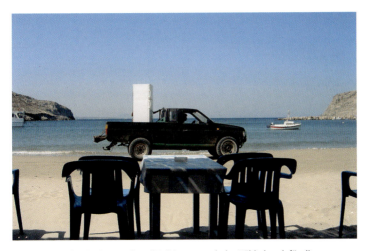

Der Strand ist die einzige Straße auf Psérimos – auch der Kühlschrank für die Strandtaverne muss so an Ort und Stelle gebracht werden

östlichen Strandende vermieten sie auch 10 Studios, Tel. 22 43 02 45 61, DZ je nach Buchungslage 20–35 €.
Haus am Strand – **Tripolítis und Café Annas Bar:** Über dem Café, das auch Snacks serviert, werden in einer Art Hotel 6 Zimmer vermietet, davon 3 mit Balkon. Tel. 22 43 02 31 96, www.pserimos.8k.com, je nach Buchungslage 25–40 €.

Aktiv & Kreativ

Auf Schusters Rappen – **Wanderung zum Grafiótissa Beach** (s. auch Lieblingsort S. 216). Der Pfad beginnt am westlichen Strandende zwischen den dortigen Häusern. Man folgt den Pfeilen zu einer Hausruine, geht links an ihr vorbei und folgt dann dem immer gut erkennbaren Ziegenpfad immer geradeaus, es gibt keine Abbiegungen. 15 Min. geht es bergan, 20 Min. eben weiter, dann wieder 15 Min. abwärts.

Infos & Termine

Infos
Auf Psérimos gibt es weder Post, Bank noch Geldautomat.

Termine
Kirchweihfest (14./15. Aug.): Großes Fest mit Musik und Tanz.

Schiffsverkehr
Im Sommer laufen Ausflugsboote von Kos aus täglich im Rahmen einer Drei-Insel-Tour, die zudem nach Kálymnos und auf eine unbewohnte Insel führt, Psérimos an. Die Gäste haben ca. 1 Stunde Aufenthalt auf der Insel. Wer mehr Zeit für Psérimos haben oder dort auch übernachten will, fährt mit der ganzjährig verkehrenden winzigen Autofähre Manai oder im Sommer mit den Schnellbooten der ANEK (beide s. S. 195) ab Kálymnos hinüber. Diese Schnellboote fahren Sa–Do 1 x tgl. von Kálymnos über Psérimos nach Mastichári.

Lieblingsort

Grafiótissa Beach auf Psérimos ▶ K 9

Auf dem etwa 50-minütige Fuß-weg vom Dorf durch die Phrygána zum Strand (s. S. 215) bin ich dem ägäischen Urgefühl ganz nah. Ein-same Wildnis umgibt mich, Thy-mian und Oregano duften, Ziegen-glocken machen Musik. Dann liegt der Grafiótissa Beach menschen-leer vor mir. Direkt auf der Ab-bruchkante der Küste trägt eine zur Hälfte schon abgestürzte Kapelle stolz eine aufgemalte grie-chische Flagge, rahmt mit ihren glaslosen Fensteröffnungen den Blick aufs Meer und die vorgela-gerten Inseln ein.

Léros

Highlight !

Kástro von Plátanos: Auf einer Halbinsel hoch über dem Inselhauptort thront die Johanniterburg von Léros. Von dort oben aus überblickt man nicht nur weite Teile der Insel, sondern fast den gesamten nördlichen Dodekanes. Abends ist die Burg zwar geschlossen, wird aber angestrahlt und ist ein illuminierter Blickfang vor allem von der Bucht von Alínda aus. S. 222

Auf Entdeckungstour

Der »Internationale Stil« auf Léros: Die italienischen Faschisten wollten den Hafenort Lakkí zu einer architektonischen Musterstadt für 20 000 Menschen und viel Militär ausbauen. Was blieb, sind außer viel zu breiten Straßen für viel zu wenig Bewohner architektonisch durchaus reizvolle Einzelbauten, von denen manche dank EU-Fördergelder jetzt wieder recht ansehnlich hergerichtet sind. S. 236

Léros

Agía Matróna-Kioúra

Ágios Isídoros
Plátanos
Gourná
Kástro von Plátanos
Agía Marína
Ágios Pétros
Lakki
Der »Internationale Stil« auf Léros
Patélia-Berg

Ägäisches Meer

Xirókambos

Panagía sto Paleókastro

Kultur & Sehenswertes

Agía Matróna-Kioúra: Eines der ganz wenigen Relikte aus der Zeit der griechischen Militärherrschaft sind die expressiven Wandmalereien Gefangener in der Kapelle im Inselnorden. S. 232

Ágios Pétros: Die einsam gelegene Kirche ist von außen betrachtet eins der schönsten mittelalterlichen Gotteshäuser des Dodekanes. S. 233

Panagía sto Paleókastro: Die Marienkirche aus dem 11. Jh. steht auf einem niedrigen Fels über der Bucht von Xirókambos an der Stelle eines antiken Wachturms. S. 235

Aktiv & Kreativ

Wandern am Patélia-Berg: Zum Wandern ist die Halbinsel zwischen den Buchten von Lakkí und Goúrna besonders gut geeignet. Hier erlebt man schönste Natur mit weitem Blick übers Meer. S. 233

Genießen & Atmosphäre

Platía von Plátanos: Der frühe Vormittag ist die beste Zeit, um bei einem Tässchen Kaffee an der Platía reges dörfliches Treiben zu beobachten und mit Einheimischen ins Gespräch zu kommen. S. 222

Tsipourádiko in Agía Marína: Liebhaber aller Meeresfrüchte schwelgen in dieser modernen, aber traditionell möblierten Ouzerí im siebten Himmel. S. 225

Abends & Nachts

Thálassa in Agía Marína: Der Daiquiri dieser Hafenbar wird weithin gerühmt, aber auch das Schokoladen-Soufflé ist nicht zu verachten. 228

Léros – die verkannte Insel

Das Schicksal hat es im Verlauf des 20. Jh. mit Léros nicht gut gemeint. Im Krieg hart umkämpft, diente es später als Häftlingsinsel für politische Gegner. Vor allem aber litt und leidet Léros unter all den Vorurteilen, die dem Standort einer großen und noch dazu einst übel beleumundeten psychiatrischen Klinik hier wie überall auf der Welt entgegenschlagen. So ziehen die Urlauberscharen noch immer an Léros vorbei, obwohl die Insel an der meistbefahrenen Schifffahrtsroute des Dodekanes liegt.

Haupthafen ist seit der italienischen Besatzungszeit Lakkí am Innenrand einer 3 km langen Bucht. Sie zählt zu den besten Naturhäfen der Ägäis. Auf den Ankömmling wirkt der Ort zunächst befremdlich: Auf der übermäßig breiten Uferstraße herrscht kaum Verkehr, die Häuser geben sich mit ihren Rundungen und monotonen Fronten gänzlich ungriechisch. Die Erklärung: Lakkí ist eine Siedlung, die am Reißbrett italienischer Stadtplaner entstand, womit sich die Einheimischen bis heute kaum anfreunden konnten.

Einheimische Zentren sind der nur 4 km entfernte, alte Hauptort Plátanos und sein Hafen Agía Marína geblieben. Wer dort mit dem Ausflugsdampfer, Katamaran oder Tragflügelboot ankommt, gewinnt einen völlig anderen Eindruck von Léros: Hoch über den dicht aneinander gedrängten Häusern des mit seinem Hafen zusammengewachsenen Binnendorfes erhebt sich eine mittelalterliche Festung. Erst bei genauerem Hinsehen fallen zwischen den weiß gekalkten Bauten die meist ockerfarbenen Villen mit rotem Ziegeldach auf, die sich im Ausland (vor allem in Ägypten) zu Wohlstand gekommene Lerier zwischen 1880 und 1935 erbauen ließen. Es gäbe noch einige mehr davon, wäre Léros nicht die im Zweiten Weltkrieg die am härtesten umkämpfte Insel des Dodekanes gewesen.

Jüngere Geschichte

Die 52 Tage andauernden deutschen Bombardements vom Herbst 1943 sind den älteren Insulanern noch in lebhafter Erinnerung, ein britischer Soldatenfriedhof in Alínda erinnert an einige der Opfer. Der deutsche Angriff begann am 26. September 1943 mit der Versenkung des griechischen Zerstörers Vassilíssa Olga in der Bucht von Lakkí. Am 12. November landeten deutsche Fallschirmjäger und Landungstruppen, am 16. November ergaben sich die überlebenden britischen und Commonwealth-Soldaten. Bomben und Granaten, die damals Angst und Schrecken verbreiteten, dienen heute überall auf Léros als bizarrer Schmuck für Garten- und Terrassenmauern.

Seinen schlechten Ruf erwarb sich Léros aber erst in Nachkriegszeiten. Nachdem die 14 000 deutschen und österreichischen Besatzungssoldaten Léros 1945 verlassen hatten, standen die Kasernen der Insel nicht lange leer. Wegen des Bürgerkrieges (1944–49) richtete die royalistische Regierung in den alten italienischen Kasernen die »Königlichen Technischen Schulen« ein. Dort wurden Kinder linker Partisanen und Politiker streng antikommunistisch erzogen, etliche sollten ihre Eltern nie wiedersehen. 1957 wurden zahlreiche Gebäude in Lakkí und Lépida zur größten psychiatrischen Klinik Griechenlands umfunktioniert. Wirtschaftlich bedeutete das für Léros einen großen Aufschwung, die Kliniken beschäftigten über 800 Menschen. Bis zu 3200 Männer, Frauen und Kinder waren in heruntergekommenen Gebäuden unter erbärmlichen Umständen einquartiert. Der Staat betrieb passive Euthanasie: Nur zwei Ärzte betreuten die Klinik, ein Großteil der Pfleger wurde unter Bauern und ungelernten Arbeitern rekrutiert. Noch 1989 bekam ein britischer Psychiater, der Léros besuchte, von den Wärtern zu hören: »Es ist, wie wenn man Tiere hütet.« Seit 1990 hat sich in der Klinik dank des internationalen Aufsehens vieles zum Positiven gewendet: Die meisten Patienten leben jetzt außerhalb der Kliniken im betreuten Wohnen die Patientenzahl wurde durch Dezentralisierung auf etwa 700 reduziert. Viele von ihnen gehen einer Arbeit nach, sie sind z. B. in künstlerischen Werkstätten in Lakkí tätig, fertigen Teppiche oder Stickereien oder sind in den Gewächshäusern der Klinik beschäftigt, die jährlich etwa 20 t Tomaten für den regionalen Markt produziert. Auch als Tourist begegnet man den Patienten häufig in den Straßen der Orte ...

Während der Zeit der Juntaherrschaft (1967–74) wurde Léros zum Internierungslager. Die Obristen ließen

Infobox

Internet
www.leros.gr (Englisch; sehr gut, ausführliche Infos über einzelne Inselorte)

Plus & Minus Léros:
Die Klinik und die Erinnerungen an die Vergangenheit wirken sich auf den Massentourismus nachteilig aus, selbst im August sind meist noch einige Zimmer frei. Weil die Lerier kaum vom Fremdenverkehr abhängig sind, erscheinen die Menschen noch gastfreundlicher, wirkt das Leben noch ursprünglicher. Nur in Alínda, dem Urlaubszentrum, prägen viele Tavernen und Pensionen das architektonische Erscheinungsbild.

Die lerische Landschaft ist weniger spektakulär als die von Níssyros oder Kálymnos, die historischen Sehenswürdigkeiten sind kaum von überregionaler Bedeutung. Traumstrände gibt es nicht, wohl aber genügend Möglichkeiten zum Baden und Sonnenbaden. Ein Urlaub auf Léros ist, anders als auf Kos oder Pátmos, ein Urlaub unter Griechen.

Verkehr
Schiffsverkehr: Verbindungen meist über Agía Marína, s. S. 228
Linienbus: Der Linienbus der Insel verkehrt im Sommer 6 x tgl., im Winter 2–3 x vormittags zwischen Plátanos, Lakkí und Xirókambos sowie zwischen Plátanos, Alínda und Parthéni.
Taxis: Standplatz in Plátanos an der Hauptstraße Richtung Lakkí, Tel. 22 47 02 30 70 und 22 47 02 33 40, in Lakkí an der Markthalle und am Hafen.

Unbedingt fragen!
Wenn Sie von Léros aus mit dem Schiff oder Tragflügelboot weiterreisen wollen, fragen Sie unbedingt nach, ob es fahrplanmäßig ab Lakkí oder Agía Marína abfährt. Herrscht ein rauer Wind, vergewissern Sie sich telefonisch bei der Hafenpolizei, ob sich der Abfahrtshafen eventuell geändert hat!

etwa 3000 politische Gegner in den ita-
lienischen Bauten in Parthéni und
Lakkí internieren und grausam foltern.
Ein Denkmal hat man ihnen auf Léros
bis heute nicht errichtet, das Thema
›Juntazeit‹ wird wie überall in Grie-
chenland gern totgeschwiegen. Nur
die Wandmalereien in der Kapelle
Agía Matróna-Kioúra erinnern an jene
Jahre.

Plátanos ▶ F 6

Plátanos ist das einzige typisch griechische Dorf der ganzen Insel und wartet mit einer urigen Platía und engen,
autofreien Gassen auf. An ihnen reihen sich klassizistische Villen aus der
Zeit um die vorletzte Jahrhundert-
wende ebenso wie weiß gekalkte, bäu-
risch wirkende Häuser aus früherer
Zeit aneinander. In 5–10 Minuten
schafft man es auch zu Fuß von Plátanos hinunter in die Küstenorte **Agía
Marína** und **Pandéli**.

Platía
Dreh- und Angelpunkt des Insellebens
ist die kleine, vor allem an Werktags-
vormittagen geschäftige **Platía Roússou** in Plátanos mit ihrem modernen
Kaffeehaus mit Internetzugang, der
Metzgerei, den Obst- und Gemüse-
handlungen, den beiden preiswerten
Souvláki-Imbisslokalen und dem Kiosk.

Die Westseite des Platzes wird vom
klassizistischen **Rathaus** begrenzt, das
ein in Ägypten lebender Lerier, Nikólaos Tsigádas Páscha, 1900 stiftete.
Viele Lerier waren im frühen 19. Jh. an
den Nil ausgewandert und dort zu
Wohlstand gekommen. In Kairo hatten
sie 1873 eine Bruderschaft gegründet,
die mit bedeutenden Zuwendungen
den Bau von Schulen und die Unterstützung von Armen und Kranken auf
der Heimatinsel förderte.

Kástro❗ ▶ F 6
*Mai–Sept. tgl. 8.30–13, Mi, Sa, So
auch 14.30–19 Uhr, sonst tgl.
8.30–12.30 Uhr*
An der Platía beginnt der gut markierte, etwa 800 m lange Fußweg mit
über 400 Stufen hinauf zum Kástro,
das man aber auch auf einer guten, an
der Straße von Plátanos nach Lakkí
ausgeschilderten Asphaltstraße mit
dem Fahrzeug ansteuern kann. Die
mittelalterliche Burg thront auf dem
völlig kahlen Gipfel des 154 m hohen
Pitíki (eine Straße führt von Pandéli
aus hinauf). Schon in der Antike stand
hier zumindest ein Wachturm, in byzantinischer Zeit eine erste Festung.
Die Johanniterritter bauten sie aus, Italiener und Briten verschanzten sich in
ihr, die Deutschen schließlich bombar-
dierten sie und erneuerten noch während des Krieges die Mauern.

Im Vorhof der Burg steht das ehemalige Kloster der **Panagía tou Kást-**

Wie an einer Perlenkette aufgereiht: Windmühlen über Plátanos

rou, dessen Kirche in die Zeit um 1300 datiert wird. Ihr wertvollster Besitz ist eine heute nahezu vollständig mit reich verziertem Silberoklad bedeckte, Wunder wirkende Marien-Ikone vom Typus der Panagía Odogítria, die aus dem 8. Jh. stammen soll. Der Legende nach wurde sie in der Zeit des Ikonoklásmos an die Küsten von Léros gespült. Wie die Legende weiter erzählt, drängte sie um 1300 in die Johanniterburg. Dort fand sie der Festungskommandant eines Morgens neben brennenden Kerzen im Pulvermagazin. Er befahl ihre sofortige Rückführung in die Dorfkirche, doch am nächsten Morgen befand sie sich wieder in der Burg. Der katholische Kreuzritter akzeptierte das Wunder und ließ die Lerier eine Kirche für die orthodoxe Ikone bauen.

Bemerkenswert sind auch die Ikonen an der 1745 geschnitzten und 40 Jahre später vergoldeten Ikonostase, u. a. eine Ikone der Panagía Glykophíloussa (›Liebkosende Allheilige‹) und eine Ikone mit der Darstellung Johannes des Täufers. Sie sind Meisterwerke der von der italienischen Renaissance beeinflussten Kretischen Schule aus dem 16. Jh. Sie stammen noch von einem älteren, steinernen Templon, von dem eine Spolie als Türsturz der Kirche weiterverwendet wurde, während alle anderen Ikonen im 18. Jh. speziell für diese Ikonostase in Auftrag gegeben wurden.

In einem Nebenraum der Kirche ist ein kleines **Sakralmuseum** eingerichtet, das auch Dankesgeschenke von Leriern an die Panagía tou Kastrou präsentiert: Schmuck und Edelsteine, aber auch exotische Reisemitbringsel wie afrikanische Skulpturen und Ritualmasken sind hier zu sehen. Besonders interessant ist hier die Ikone der ›Entschlafung der Gottesmutter‹ in der Mitte der Längswand. Wie üblich ha

Das Kástro prägt die Stadtkulisse von Plátanos

ben sich Apostel und Kirchenväter am Sterbebett Mariens versammelt. Ungewöhnlich ist jedoch die perspektivische Darstellung einer Stadt im Hintergrund. Besonders dramatisch ist die übliche Nebenszene im Vordergrund geraten: Ein Engel hat dem Juden Jephonias, der das Sterbebett der Gottesmutter durch seine Berührung entweihen wollte, die Hände abgeschlagen – sie klammern sich aber noch an das mit Blumen bestickte Betttuch, aus den Stümpfen strömt Blut.

Termine

Kirchweihfest (14. Aug.): Zum Vespergottesdienst pilgert die Gemeinde gegen 18 Uhr zur Marienkirche in der Burg hinauf. Anschließend wird mit Livemusik und Tanz auf der Platía gefeiert.

Agía Marína ▸ F 6

Die Platía von Plátanos liegt auf dem Scheitelpunkt eines Bergsattels, der gen Norden und Süden sanft zum Meer hin abfällt: Auf der einen Seite schließt nahtlos das heutige Verwaltungszentrum **Agía Marína** an, auf der anderen **Pandéli**, der Fischerhafen der Insel.

Agía Marína kann man von der Platía aus auch durch eine am oberen Platzende nach links abzweigende Ladengasse erreichen. Die Gasse passiert die heutige **Bischofskirche** der Insel, Mariä Verkündigung geweiht, und das einzig originale Souvenirgeschäft auf Léros, **Káti to Oréon**, in dem Kóstas und seine Frau Willi erlesenes Kunsthandwerk aus ganz Hellas anbieten.

Das **Archäologische Museum**, 1998 in einem Bau aus dem Jahr 1882 eröffnet, zeigt Objekte von jungsteinzeitlichen Werkzeugen bis hin zu Dokumenten aus der Johanniterzeit. Besonders schön sind die Reste eines Mosaikfußbodens einer frühchristlichen Basilika (leider ist das Museum zurzeit bis auf Weiteres geschlossen). Die kleine Uferstraße von Agía Marína führt ostwärts bei einer ehemaligen Kaiki-Werft zu den spärlichen Überresten der kleinen **Festung Proútzi** aus türkischer Zeit. Fotogener ist die alte **Windmühle** vom Anfang des 20. Jh., die am anderen Ende von Agía Marína ganz dicht vor dem Ufer im Meer steht. Sie liegt bereits am Ortsrand von **Krithóni,** das nahtlos mit Agía Marína und Alínda zusammengewachsen ist. 2009 oder 2010 soll darin ein kleines **Museum** seine Pforten öffnen, in dem Kurzfilme über die Geschichte der Mühle und der Insel mit Schwerpunkt auf dem Zweiten Weltkrieg gezeigt werden.

Übernachten

Exzellent für den strandnahen Hotelurlaub – **Crithoni's Paradise:** In Krithóni abseits der Uferstraße, Tel. 22 47 02 51 20, Fax 22 47 02 46 80, www.crithonispara dise.gr, ganzjährig, DZ/ÜF HS ab 120 €, sonst ab ca. 70 €. Bestes Hotel auf der Insel, architektonisch gut in die Umgebung eingepasst, ruhig gelegen, mit Pool und Pool-Bar, 132 Zimmer und Suiten in vier dreigeschossigen Gebäuden. Sauna und Fitnesszentrum, Konferenzsäle und eigene Autovermietung im Haus. Das Hotel liegt etwa 1 km vom Fähranleger von Agía Marína entfernt.
Für Selbstversorger – **Outópia:** In Krithóni abseits der Uferstraße, Tel. 22 47 02 40 90, Mai–Okt., DZ HS ca. 45 €, sonst ab ca. 30 €. Kleine, geschmackvoll eingerichtete Apartmentanlage mit 17

Wohneinheiten für bis zu 3 Personen, 100 m vom Strand entfernt.

Essen & Trinken

Vor einer Mühle am Wasser – **Mýlos:** Unmittelbar neben der Windmühle, die zwischen Agía Marína und Krithóni im Wasser steht, Tel. 22 47 02 48 94, www.mylostavern.gr, Febr.–Nov. tgl. ab 13 Uhr, Hauptgerichte 7–15 €. Romantische Taverne direkt am Meer, schöner Blick auf Mühle und Burg. Gute Auswahl hochwertiger Weine, darunter auch Bioweine aus Kreta, viele Meeresfrüchte, Oktopus-Carpaccio. Wirt Tákis erfindet auch gern gänzlich neue Gerichte: Seinem mit Kalamar statt Hackfleisch plus Zucchini und Karotten komponierte *moussaká* ist eine Chartplatzierung in Griechenlands kreativer Küche auf jeden Fall sicher (s. auch Lieblingsort S. 226).
Lerische Küche – **Esperíthes:** An der Hauptstraße nach Alínda gleich hinter dem Hotel Crithoni's Paradise, Juni–Okt. tgl. ab 19 Uhr, Hauptgerichte ab 6,50 €. Im schönen Garten werden neben internationalen Gerichten auch mehrere lerische, zumeist vegetarische Spezialitäten wie z. B. mit Feta-Käse überbackene Aubergine oder gefüllte Gemüsezwiebeln serviert.
Lerischer Salat – **Tsipourádiko:** Am Hafen, tgl. ab 17.30 Uhr, Hauptgerichte 5–13 €, offener Wein 5 €/l. Frischer Fisch, eine Vielzahl von Muschelarten, die auf einer Karte er-klärt werden und die man teilweise lebend genießt, sowie traditionelle griechische Gerichte prägen die Karte. Sehr empfehlenswert ist der *lerikí saláta* mit Tomaten, Oliven, Zwieback, Kapernblättern, *mizíthra*-Käse aus Léros und Olivenöl.
Viele junge Leute – **Enalláktiko:** Am Hafen, ganzjährig tgl. 9–24 Uhr; Toast 2 €, Neskaffee 2,50 €. Internetcafé der

Taverne Nerómylos auf Léros
▶ F 6

Gleich neben der Taverne Nerómylos am Ufer der weiten Bucht von Alínda steht pittoresk eine alte Windmühle im Meer. Abends bin ich besonders gern bei Wirt Tákis, genieße sein exzellentes Essen und den Blick übers Wasser auf den Hafen Agía Marína, die stattlichen Villen des darüber aufsteigenden Plátanos und die nachts angestrahlte, alles überragende Kreuzritterburg. Mehr Sanftheit strahlt kaum ein Ort auf der Insel aus, das milde Plätschern schüchterner Brandung ist für mich die schönste Hintergrundmusik.

Insel und Treffpunkt der Inseljugend auch zum Távli spielen.

Einkaufen

Originelles – **Káti to Oréon:** An der Straße und der Gasse von Agía Marína nach Plátanos. Glaskunst und Malerei aus eigenem Atelier, dazu ein schönes kleines Sortiment an Kunsthandwerk aus ganz Griechenland.

Aktiv & Kreativ

Bootsausflüge – **Barbaróssa:** Am Anleger, Tel. 69 78 04 87 15 und 69 81 59 25 01, Tagestörns 30 €. Mit dem kleinen Motorschiff kann man täglich unterschiedliche Ausflüge zu Nachbarinselchen und verschiedenen Inselstränden unternehmen.

Abends & Nachts

Der beste Daiquiri – **Thálassa:** Im roten Haus am Hafen Richtung Alínda, tgl. ab 17.30 Uhr, Neskaffee frappé 2,50 €, Soufflé 6,50 €, Cocktails 7,50 € (z. B. Daiquiri). »Meer« heißt die moderne Cafébar mit Restaurant, durch deren Fenster man direkt auf die Wellen schauen kann. Berüchtigt ist die Bar für ihren Daiquiri (Erdbeere oder Zitrone), der mit frischen Früchten gemixt wird. Schokoladenliebhaber würden sündigen, wenn sie das Schokoladen-Soufflé (6,50 €) der Inhaber Dímitris und Níkos Kástis nicht kosten würden.

Infos

Schiffsverkehr
Auf Léros gibt es zwei Häfen, die von Linienschiffen angelaufen werden:

Lakkí und Agía Marína. Erkundigen Sie sich beim Ticketkauf unbedingt, von welchem Hafen das ausgewählte Schiff normalerweise abfährt. Bei starken Winden kann der Hafen aber noch kurzfristig wechseln, deswegen unbedingt ca. 1–1,5 Std. vor der geplanten Abfahrtszeit im Reisebüro oder bei der Hafenpolizei anrufen! Linienschiffsverbindungen s. S. 22.

Außerdem mehrmals wöchentlich Verbindung mit der lokalen Fähre Anna Express von Agía Marína vormittags mit Mirthiés/Kálymnos und nachmittags mit Lípsi.

Ausflüge mit dem Motorschiff Barbarossa während der Saison ab Agía Marina nach Arkí, Lípsi und Maráthi (ca. 25 €).

Pandéli und Vromólithos ▸ F 6

Die beiden Küstenweiler im Süden von Plátanos werden durch ein niedriges Kap voneinander getrennt. **Vromólithos** besitzt einen schönen Sand-Kies-Strand mit viel Tamariskenschatten und ist ein eher ruhiger Badeort. **Pandéli** hingegen ist der ursprünglichste Fischerhafen der Insel mit vielen Ufertavernen und einem kurzen Kiesstrand. Von beiden Küstenweilern aus kann man bequem in etwa 10–15 Minuten zur Platía von Plátanos hinaufsteigen.

Übernachten

Vromólithos und Pandéli bieten neben Alínda und Krithóni die größte Auswahl an kleinen Hotels und Apartmenthäusern.

Leger und strandnah – **Tony's Beach Studios:** In Vromólithos, Tel. 22 47 02

47 42, www.tonybeach.gr, DZ Juli/Aug. 75/85 €, sonst 55 €. 20 geräumige, schlicht modern eingerichtete Studios, alle mit kleiner Küche sowie Balkon oder Terrasse und Meerblick, nur wenige Schritte vom Strand.

Für Romantiker – **Castle Vígla:** In Vromólithos gut sichtbar am Hang, Tel. 22 47 02 40 83, Fax 22 47 02 47 44, www.castlevigla.gr, DZ Juli/Aug., 70 €, sonst ab 50 €. Auf einem 1,7 ha großen, teilweise bewaldeten Hanggelände hat Inhaberin Iríni Tsandíla ein leicht kitschiges, aber auch romantisches Ensemble aus Natursteinhäusern mit Zinnen und Rundturm geschaffen, die an eine Burg erinnern sollen. Die Studios und Apartments sind im traditionellen lerischen Stil eingerichtet, der Blick fällt auf das Kástro über Plátanos und auf die Ägäis. Ein Strand ist etwa 250 m entfernt.

Auf Distanz zum Dorf – **Ródon:** Auf dem Kap zwischen Pandéli und Vromólithos, Tel. 22 47 02 20 75, April–Okt., DZ HS ca. 50 €, sonst ca. 40 €. Hübsch über dem Strand von Vromólithos gelegene Pension, 5 Min. zu Fuß von Pandéli entfernt. Frühstücksterrasse mit Meerblick; Gemeinschaftskühlschrank, 14 Zimmer und 1 Apartment.

Das Fischerdorf fühlen – **Kávos:** In Pandéli am östlichen Ende der Uferstraße, Tel./Fax 22 47 02 32 47, www.leroskavos.com, Mai–Okt., DZ HS ca. 50 €, sonst ab ca. 40 €. 10 Zimmer mit Balkon in einem Haus mit Hafenblick.

Essen & Trinken

Für Fischliebhaber – **Psaropoúla:** Pandéli, am Ufer, ganzjährig tgl. ab 9 Uhr, typisches Fischessen mit offenem Wein ca. 16–25 €. Bestes Fischrestaurant der Insel, gutes Preis-Leistungs-Verhältnis. Fast immer lebende Langusten und

Krebse aus einem großen Aquarium auf der Terrasse. Unbedingt probieren: die *makaronáda tou psará,* die ›Nudeln des Fischers‹!

Unter Fischern – **tou Tzoúma:** Pandéli, am Ufer, ganzjährig ab 7 Uhr, preiswert. Das einfache Kafenío ist der Fischertreff des Ortes. Leckere Snacks zum Ouzo. Glas Ouzo mit Kleinigkeiten 3 €, Pott Kaffee 1,50 €.

Abends & Nachts

Die Disco – **Diana:** An der Hauptstraße von Plátanos nach Pandéli. Im Sommer ist dies die meistbesuchte Inseldisco. Saisonabhängige, stark schwankende Öffnungstage und -zeiten, Getränke ab 5 €.

Alínda ►F 6

Die Küste zwischen Agía Marína und Alínda, die beide an derselben Bucht liegen, ist nur locker bebaut. Ursprünglich bestand Alínda nur aus einigen, in Küstennähe gelegenen Villen und Bauernhäusern, heute säumen Pensionen, Hotels und Geschäfte die mehr als 1 km lange Uferstraße, die unmittelbar am schmalen, anfangs sandigen, später kiesigen Strand verläuft. Dort stehen unter Tamarisken auch die Tische und Stühle vieler Tavernen.

Sehenswertes

Soldatenfriedhof
Gleich am Ortsausgang passiert man den Soldatenfriedhof, auf dem die 183 britischen, kanadischen und südafrikanischen Gefallenen der Schlacht um Léros bestattet sind.

Nebenan folgt die **Villa Boulaféndis,** eines der für Léros typischen klassizistischen Häuser. Ein berühmter lerischer Herzspezialist ließ sie sich in den 1930er-Jahren erbauen. Heute ist sie Teil der gleichnamigen Apartmentanlage, die darin untergebracht ist.

Bellénis Tower

April–Sept. Di–So 9–12.30 und 18.30–21 Uhr, sonst Di–So 9–12.30 Uhr, Eintritt 3 €

Eine weitaus ausgefallenere Villa steht etwa 500 m weiter links an der Uferstraße: **Bellénis Tower** mit zwei zinnenbekrönten Türmen. Der Lerier Paríssis Bellénis (1871–1957) ließ sie sich 1925/26 erbauen, nachdem er durch öffentliche Bauaufträge in Ägypten zu Geld und durch Bauten zum Wohl kleinasiatischer Flüchtlinge in Thrakien zu Ruhm gekommen war. Die Villa beherbergt heute das **Historische Museum** der Insel. Auf zwei Etagen werden Druckmaschinen, Musikinstrumente, Web- und Stickarbeiten, sakrale Holzschnitzereien, Trachten und vor allem Fotos und Dokumente aus der Zeit der türkischen, italienischen und deutschen Besetzung gezeigt. Die ausgestellten medizinischen Geräte stammen aus dem Zweiten Weltkrieg, als in der Villa ein Lazarett eingerichtet war.

Strände

Ein sehr schmaler Strand säumt fast die gesamte Uferstraße von Alínda. Folgt man ihr übers nördliche Ortsende hinaus, gelangt man unterhalb eines

Ausgefallene Architektur: der Bellénis Tower

Marienkapellchens zum winzigen Sand-Kies-Strand von **Panagiés** und von dort zum 100 m langen Kiesstrand **Lioskária,** wo die Asphaltstraße endet.

Übernachten

Die meisten Urlaubshotels von Léros befinden sich in Alínda, sind aber nur im Juli und August gut gebucht.

Schlafen im Herrenhaus – **Archontikó Angélou:** Von der Uferstraße her ausgeschildert, etwa 300 m landeinwärts, Tel. 22 47 02 27 49, (unbedingt vorher anrufen, da die Inhaber nur gelegentlich anwesend sind), Fax 22 47 02 44 03, www.hotel-angelou-leros.com, Mai–Okt., DZ HS ca. 100–130 €, sonst 90–115 €. Unterschiedlich große Zimmer in einer alten Villa aus dem Jahr 1895 inmitten eines üppigen Gartens. Täglich andere Frühstücksvariationen.

Schöner Garten, ruhige Lage – **Boulaféndis Bungalows:** An der Uferstraße, Tel. 22 47 02 32 90, www.boulafendis hotel-leros.com, April–Okt., DZ HS 68 €, sonst ab 47 €; Apartments HS ca. 100 €, sonst ab 68 €. Apartmenthotel am südlichen Ortseingang, gleich neben dem Soldatenfriedhof. 22 Studios für 2 Personen, 16 Apartments für 4–6 Personen und 1 Suite. Mit Pool.

Der schönste Garten – **Villa Angelika:** An der Uferstraße ausgeschildert, Tel./ www.angelika-studios.gr, DZ HS 50 €, sonst 35 €. Die 300 m vom Strand entfernt recht ruhig gelegene Villa ist vom vielleicht blütenreichsten Garten der Insel umgeben; Blüten beranken das zweigeschossige Haus und klettern an den Balkons vorbei bis aufs Dach.

Palmen und Bougainvilleen – **Effie's:** Ortszentrum, Tel. 22 47 02 44 59, www.effies-leros.gr, DZ NS 30 €, HS bis 60 €. Das kleine, weiß-blaue Haus mit 8 Apartments steht in einem kleinen Garten 80 m vom Strand entfernt.

Apartments und Villen – **Chrissoula:** Direkt neben der Villa Angelika gelegen, an der Uferstraße ausgeschildert, Tel./Fax 22 47 02 36 77, www.chrisoula. gr, DZ NS ab 70 €, sonst ab 45 €. Zwei- bis dreigeschossige Anlage mit 60 Studios und Apartments sowie sechs Villen, 300 m vom Strand entfernt. Mit Pool. Eigener Fahrradverleih.

Essen & Trinken

Die meisten Restaurants liegen entlang der Uferstraße. Um sie leichter zu finden, ist ihre Lage hier auf den markanten Bellénis Tower bezogen, aus Richtung Alínda kommend.

Kult-Italiener – **Miseria e Nobilitá:** 400 m hinter dem Bellénis Tower an der Uferstraße, April–Okt. tgl.11–15 und ab 18 Uhr, Hauptgerichte ab 8 €. Wer auf Léros gut und authentisch italienisch speisen will, geht in die kleine Trattoria, wo auch überwiegend italienische Weine auf der Karte stehen. Besonders gelobt wird die Pizza mit Prosciutto di Parma und Parmesan.

Wechselnde Tagesgerichte – **Lambrós:** 400 m hinter dem Bellénis Tower an der Uferstraße, ganzjährig 9–2 Uhr. Köchin Évi Chamakióti bereitet jeden Tag frisch ein wechselndes griechisches Tagesgericht zu, das sie als ihre Visitenkarte empfindet (ca. 8 €). Besonders gut ist das Preis-Leistungs-Verhältnis bei der Fischplatte für 2 Personen, die für nur 20 € offeriert wird.

Guter Auberginenauflauf – **Alínda-Mavrákis:** An der Uferstraße, sehr kurz vor dem Bellénis Tower, Mai–Sept., Hauptgerichte ab 7 €. Taverne mit schattiger Terrasse; besonders gelobt werden das *moussaká* und die *dolmádes* (gefüllte Weinblätter).

Kochkünstler aus Chíos – **To Stéki:** Am Ende der Uferstraße Richtung Panagiés, tgl. ab 12 Uhr. Wirt Dímitris stammt von der zwischen Samos und Lesbos gelegenen Insel Chíos, die für ihre Kochkünstler in ganz Griechenland gerühmt wird. Dort kennt man etwas, was in Griechenland sonst selten ist: leckere Soßen. Dímitris bevorzugt weiße Soßen, in der er z. B. auch ›Popis Aubergine‹ serviert, die in Schinken und Käse gewickelt ist (5 €).

Sonnenbaden kostenlos für Gäste – **Vareládiko:** Große Strandtaverne am kleinen Loskária Beach, wo Gäste die Sonnenschirme und -liegen des Wirts kostenlos nutzen können. Sehr lecker ist die Inselspezialität *tigania,* scharf angebratenes Hühner- oder Schweinefleisch mit Paprikagemüse. Hauptgerichte ab 6 €.

Fahrt in den Inselnorden ▸ F 6–5

»Artemis-Tempel«
Auf der Straße gen Norden leitet kurz vor der Landebahn des Inselflugplatzes ein Wegweiser die an Archäologie interessierten Besucher zu den Überresten eines antiken Bauwerks, die als ›Ancient Fort‹ ausgeschildert sind und früher als Ruinen eines Artemis-Tempels galten. Die spärlichen Mauerreste aus maximal drei Lagen behauener Quader, die auf dem Hügel über der Landebahn zu entdecken sind, gehören nach Meinung von Fachleuten aber nicht zu einem solchen Tempel, sondern eher zu einem Wachturm aus dem 4./3. Jh. v. Chr.

Kapelle Agía Matróna-Kioúra
Bei Parthéni geht es geradeaus zur Kapelle Agía Matróna-Kioúra, nach rechts an Kasernen vorbei, die der Junta als Gefängnisse dienten, bis zur Bucht **Órmos Plefoútis,** wo sich ein von Tamarisken beschatteter Kiesstrand

und eine Taverne befinden. Die Kapelle **Agía Matróna-Kioúra** (tagsüber geöffnet) beherbergt Sakralkunst der besonderen Art. Die wenigen Fresken an den Wänden muten expressionistisch an, erinnern an Ernst Barlach. 1968–70 malten die politischen Häftlinge Kyriákos Tsakíris, Andónis Karagiánnis und Tákis Tzanaetéas die Frauengestalten, die Kreuzigung, Grablegung Christi und Mariä Entschlafung. Die für ganz Griechenland einzigartigen Malereien stehen unter Denkmalschutz und wurden kürzlich sogar restauriert, nachdem sie eine Zeit lang kaum beachtet und vernachlässigt worden waren.

Essen & Trinken

Bei Göttin Artemis zu Gast – **I Théa Artémis:** Pléfoutis, an der Uferstraße, Mai–Okt., tgl. ab 11 Uhr, Hauptgerichte ab 6 €. Wen in dieser Inselgegend der Hunger überkommt, kehrt bei Wirtin Frideríki ein. Sie bereitet echte Hausmannskost zu und serviert Fisch so, wie ihn die Griechen schätzen – à la nature über Holzkohle gegrillt.

Órmos Gournás ▸ F 6

Die weite Bucht von Gourná an der Westseite der Insel ist touristisch bisher kaum erschlossen. Zu bieten hat sie zwei hübsche Kapellen und einen guten Strand. Der Ort **Gourná,** nach dem die Bucht benannt ist, ist nur eine sehr lockere Streusiedlung. Hier säumt ein langer, weitgehend schattenloser Sand-Kies-Strand das Ufer, an dem auch einige Liegestühle und Sonnenschirme vermietet werden.

Die Kapelle **Ágios Issídoros** ist auf einem Felsinselchen vor der Küste erbaut. Ein 50 m langer, oft leicht vom

Meer überspülter Damm führt zu dem innen schmucklosen Bau von 1892.

Beim Weiler **Drimónas** im Süden steigt die Hauptstraße wieder bergan, eine kleine Nebenstraße durchquert den Ort und endet an der malerischen Kapelle **Ágios Geórgios** am Meer.

Essen & Trinken

Simpel und groß – **Gourná:** Landseitig an der Uferstraße von Gourná, tgl. ab 11 Uhr. Einfache Abfütterungsstätte für die vielen im Hochsommer am Strand liegenden Badegäste, große Terrasse.

Griechische Gemütlichkeit – **Sotós:** an der Uferstraße in Drimónas, Mai–Okt. tgl. ab 12 Uhr, www.osotos.com. Kleine, sehr gemütlich eingerichtete Ouzerí, im Sommer auch Tische und Stühle direkt am Strand. Typische *mezédes* zu Ouzo oder Wein, Fisch vom eigenen Fischerboot 8–12 €.

Wandern am Patélia-Berg ▶ F 6

Zwischen den Buchen von Gourná und Lakkí zeigt sich Léros von seiner schönsten Seite. Auf der sanft gewellten Halbinsel, die im **Berg Patélia** mit 248 m ihre größte Höhe erreicht, stehen nur einige einzelne Bauernhäuser, Rinderställe und Kapellen; in die Phrygána eingestreut sind kleine Felder, einige Treibhäuser und vereinzelte Bäume. Die Landschaft eignet sich hervorragend zum Wandern, die drei im Folgenden vorgestellten Kirchen kann man aber auch mit Moped oder Auto ansteuern.

Von der Straße zwischen Drimónas und Lakkí zweigt im Weiler **Míli** eine aus Richtung Lakkí mit ›Panagía Moní‹ ausgeschilderte schmale Straße ab, die bald in einen gut befahrbaren Feldweg übergeht. Auf einer kleinen Hochebene erreicht man eine Wegkreuzung. Links geht es direkt nach Lakkí hinunter, geradeaus zur Kirche Panagía Moní und (und weiter über Meriká nach Lakkí), rechts zur Kirche Ágios Pétros mit dem Kloster Ágion Ángelon und nach Drimónas zurück.

Profítis Ilías

Die Kapelle des Propheten Elias steht auf einer niedrigen Erhebung unmittelbar an der Straßenkreuzung. Sie ist kunsthistorisch belanglos und weitgehend schmucklos, bietet aber einen schönen Rundblick über die Gegend. Bei klarer Sicht erkennt man von hier sogar die Chóra von Pátmos mit dem Johanneskloster.

Panagía Moní

Die weiß-blaue Kirche erreicht man nach etwa 15 Gehminuten von der Kreuzung aus. Sie liegt rechts unterhalb des Feldwegs zwischen Olivenbäumen. Einige Mauerreste neben der Kapelle stammen noch von einem mittelalterlichen Kloster.

Ágios Pétros

Weitaus älter als Panagía Moní ist die ebenfalls etwa 20 Gehminuten von der Kreuzung entfernte Kirche des hl. Petrus, ein kubischer Natursteinbau mit einer rot gedeckten, sehr flachen Kuppel. Die im Mauerwerk verbauten Ziegel deuten auf eine Entstehungszeit zwischen etwa 1000 und 1200. An der Nordseite der Kirche ist der Überrest der Apsis einer frühchristlichen Basilika zu erkennen, in der Umgebung liegen Bruchstücke frühmittelalterlicher Säulen und antiker Quadersteine herum. Dicht unterhalb der Kirche steht fast direkt am Rand einer kleinen Schlucht das 1998 geweihte, neue Kloster der

Mein Tipp

O Kinézos
›Der Chinese ist durchaus kein chinesisches Restaurant, sondern ein griechisches Cafe-Bar-Restaurant mit Internetcafé direkt am Ufer von Lakkí. Aber sein Besitzer spricht so undeutlich, dass seine Mitarbeiter und Gäste ihn kaum verstehen – deswegen nannten ihn erst die anderen und nun auch er selbst sich ›Chinese‹. Der Wirt hat das Beste draus gemacht: Chinesische Schriftzeichen auf Lampen und Speisekarte geben dem Lokal einen leicht fernöstlichen Touch, der Cocktail des Hauses heißt natürlich »O Kinézos« und besteht aus Maraschino, Malibou, Gin, Ananas und Orangensaft (8 €).

heiligen Engel **Moní Ágion Ángelon.** Es wird nur sporadisch bewohnt und kann nicht besichtigt werden.

Lakkí ▶ F 6

Lakkí, der Hauptanlaufhafen der großen Autofähren, ist die einzige Stadt auf den griechischen Inseln, die von europäischen Stadtplanern am Reißbrett entworfen wurde (s. Entdeckungstour, S. 236). Die Atmosphäre ist einzigartig, gefällt aber nur den wenigsten Besuchern: Lakkí war für 20 000 Menschen geplant, zählt aber lediglich 2000 Bewohner. Die viel zu breiten Straßen können bedrückend leer erscheinen – Lakkí wirkt oft leblos.

Auch ein Stadtstrand fehlt. Zum Baden begibt man sich vom Fähranleger von Lakkí auf die Küstenstraße, die bald den winzigen Kiesstrand **Kouloúki** passiert. Sie führt später am kurzen Kiesstrand von Meriká mit Ruinen italienischer Lagerhallen im Hinterland vorbei und endet dicht unterhalb des bewaldeten Berges Katsoúni (152 m). Dort liegen vier kleine, nur über Ziegenpfade erreichbare Sand-Kies-Buchten.

Bei **Teménia,** im Süden der Bucht, liegen das Inselkraftwerk und eine ehemalige Limonadenfabrik, beide ebenfalls in italienischer Zeit entstanden. In Lépida führt die Straße dann am Eingang zu einer Abteilung der psychiatrischen Klinik vorbei. Die Italiener unterhielten seinerzeit hier Wohnblocks für Marineoffiziere.

Kriegsmuseum in Meriká
Tel. 22 47 02 21 09 und 69 79 22 84 27, Ostern–Okt. tgl. 9.30–13.30 Uhr, Eintritt 3 €
In Meriká macht ein Wegweiser auf den ›War Tunnel‹ aufmerksam, ein unterirdisches Munitionslager der Italiener aus dem Zweiten Weltkrieg. Das 2005 im Tunnel eröffnete **Museum** zeigt einiges, was die Truppen hinterließen: deutsche und italienische Fahrräder zum Beispiel, Geschütze, Minen, eine Bombe sowie viele Fotos und Dokumente.

Übernachten

Okay für eine Nacht – **Miramare:** An der Parallelstraße zur Uferstraße, 50 m westlich der Markthalle, Tel. 22 47 02 24 69, Fax 22 47 02 20 53, www.leroshotelmiramare.co.uk, ganzjährig, DZ HS ca. 45 €, sonst ab ca. 35 €. Einfaches Hotel, das Gäste auf Wunsch auch vom Hafen abholt. Inhaber Geórgios Virvilis ist einer der Gemeinderäte der Insel und kann auf Englisch viele gute Tipps geben.

Essen & Trinken

Fast schon am Ende der lerischen Welt –
Iliovassílema: Meriká, Tel. 69 76 77 93
10, tgl. ab 10 Uhr geöffnet, Gäste sind
aber fast nur an Wochenenden und im
Hochsommer anwesend, in den übrigen Zeiten gibt es daher nur Grillge-
richte und Salat, Hauptgerichte ab
7 €. Wirtin Kallíopi, meist ›Poppára‹,
also ›dicke Poppi‹ oder auch ›Madame
Zorbás‹ genannt, kocht eigenhändig
traditionell. Die Stimmung ist urig;
Fisch gibt es nur auf Vorbestellung,
damit er immer frisch ist. Besonders
schön ist von hier aus der Sonnenuntergang im Juni und Juli zu erleben.

Infos & Termine

Termine
26. Sept.: Jahrestag der Versenkung
der Vassilíssa Ólga mit Kranzniederlegung und Folkloredarbietungen in
Lakkí.

Schiffsverkehr
Siehe Linienverkehr S. 22

Xirókambos ▶ G 7

Xirókambos ist das südlichste Dorf der
Insel, Kálymnos zugewandt. Es erscheint, als liege es an einem großen
Binnensee, denn vorgelagerte Inselchen und die mächtigen Berge des nahen Kálymnos versperren den Blick
aufs offene Meer. Am 150 m langen,
von Tamarisken beschatteten Strand
ist meist nur wenig los, schöne Tavernen direkt am Wasser laden zu Muße-
stunden ein.

Gleich hinterm Strand steht seit
2008 das größte und modernste Stadion der Insel mit seinen Flutlichtmas-
ten, dessen Kosten von 3,3 Mio. € überwiegend die EU trug. Sportveranstal-
tungen finden hier jedoch höchstens
dreimal im Jahr statt ...

Panagía sto Paleókastro

Auf einem 80 m hohen Hügel am
nordöstlichen Dorfrand leuchtet das
rote Dach der **Panagía sto Paleókastro.** Eine schmale Straße führt vom
Ortseingang aus hinauf (Wegweiser
›Ancient Fort‹). Das stets geöffnete
Gotteshaus aus dem 11. Jh. ist innen
weitgehend schmucklos. Vor der östlichen Außenwand erkennt man zwei
Abschnitte einer auf bis zu 5 Steinla-
gen erhaltenen hellenistischen Mauer
aus großen, regelmäßig behauenen
Steinquadern. Sie bildeten den Unterbau eines Wachturms. Von der Siedlung, die die Lerier um 1090 hier oben
nach ihrer Vertreibung durch patmische Mönche aus dem nördlichen Inselteil errichtet hatten, sind keine
Spuren geblieben. Die Auffahrt lohnt
vor allem der sehr schönen Aussicht
wegen.

Panagía Kavourádena

Tagsüber frei zugänglich
Am östlichen Ufer der Bucht lohnt
auch die kleine, ständig geöffnete Kapelle der Panagía Kavourádena einen
Besuch. Sie wurde im letzten Jahrhundert in eine Felsnische am Meer
hineingebaut. Ihren Namen ›Allheilige von den Krebsen‹ verdankt sie Er-
zählungen nach den hier an den Küs-
tenfelsen häufigen Schalentieren.
Eine 1993 gemalte, von der Ikonogra-
fie her einzigartige Ikone zeigt denn
auch Maria mit dem Kind als Medail-
lon in einem großen Krebs. Zahlreiche
Votivtäfelchen vor der Ikone zeugen
davon, dass sie Gebete erhört. Mehrere künstliche Rosen und andere billige Kunstblumen ehren die heilige
Ikone auf eine liebenswert naive Art
und Weise.

Auf Entdeckungstour

Der »Internationale Stil« auf Léros

Unter italienischer Herrschaft sollte der Hafenort Lakkí in den 1920er- und 1930er-Jahren zu einer musterhaften Garnisonsstadt mit viel moderner Architektur ausgebaut werden. Übrig blieben viel zu breite Straßen und architektonisch durchaus reizvolle Bauten in einem Ort, der recht trostlos, aber auch einzigartig ist.

Reisekarte: ▶ F 6

Ausgangspunkt: Am Fähranleger von Lakkí

Ende: Am Rathausplatz im Stadtzentrum von Lakkí

Länge des Rundgangs: ca. 1,5 km

Unter italienischer Herrschaft

Italien hatte 1912 die Inseln des Dodekanes gewaltsam dem Osmanischen Reich entrissen. Durch den Vertrag von Lausanne war diese Vereinnahmung 1923 völkerrechtlich legitimiert worden; das inzwischen vom Faschistenführer Benito Mussolini regierte Italien begann mit der Italienisierung des Dodekanes.

Diese gipfelte während der Amtszeit des Gouverneurs Cesare M. de Vecchio (1936–43) im erfolglosen Versuch, sogar griechische Gottesdienste zu verbieten. Die örtlichen griechischen Gerichte, die von den Türken geduldet worden waren, wurden durch italienische ersetzt. Für Zivil- und Strafrechtsprozesse war ein Gericht auf Kos zuständig; 1937 wurden die bis dahin frei gewählten Bürgermeister durch Parteigänger der Italiener ersetzt, Bischöfe und Priester durften nur noch mit Billigung der italienischen Behörden ordiniert werden.

Bereits seit 1923 war ausschließlich Italienisch Amtssprache, unter de Vecchio wurde jeder griechische Schulunterricht verboten. Examina griechischer Universitäten wurden nicht mehr anerkannt: Sie mussten durch ein einjähriges Zusatzstudium an einem italienischen Lehrinstitut auf Rhodos und ein zweijähriges Zusatzstudium an der Universität von Pisa ergänzt werden. Jeder Grieche war verpflichtet, zweimal täglich die italienische Flagge zu grüßen; griechische Ladenschilder mussten gegen italienische ausgetauscht werden. Mischehen wurden durch Darlehen gefördert, wenn die griechische Frau zum römischen Katholizismus übertrat. Zudem erhielten alle Inseln und die meisten Dörfer italienische Namen: Léros blieb zwar Léros, aus dem Ortsnamen Lakkí aber wurde z. B. Porto Lago.

Alte Prägung im ›orientalisierenden Stil‹

Auch dem städtebaulichen Erscheinungsbild wollten die Italiener ihren Stempel aufdrücken. So dominiert am Ansatz des Fähranlegers von Lakkí der lang gestreckte, zweigeschossige und inzwischen aufwendig restaurierte Bau der **Marine-Kommandantur** die Uferfront. Zwischen Palmen blicken von Rundbögen überspannte, von Pilastern eingefasste Sprossenfenster aufs Meer, über denen die Wand im Obergeschoss von Spitzbögen gegliedert wird. Die ganze Front wirkt romantisch-verspielt und ähnelt der anderer repräsentativer Bauten der Italiener auf dem Dodekanes, insbesondere auf Rhodos und Kos. Dieser 1929 begonnene Bau ist noch ganz dem orientalisierenden Stil des italienischen Faschismus verpflichtet, der den Herrschaftsanspruch Italiens über außereuropäische Kulturkreise unterstreichen sollte, indem er deren Bausprache mit der Italiens verband.

Der »Internationale Stil«

Der Begriff wurde 1932 im Katalog zu einer Ausstellung über moderne Architektur im New Yorker Museum of Modern Arts geprägt. Er umfasst die verschiedensten Stilrichtungen wie Bauhaus und Deutscher Werkbund, zu seinen wichtigsten Vertretern zählen Le Corbusier, Walter Gropius und Mies van der Rohe. Berühmtestes Beispiel dieser Stilrichtung auf deutschem Boden ist die Weissenhof-Siedlung in Stuttgart.

Seine typischen Merkmale sind auch in Lakkí trotz des katastrophalen Zustands vieler Bauten klar auszumachen: Die Abkehr vom Historizismus, die radikale Vereinfachung der Form, die Ablehnung von Ornamentik, die Verwendung von Glas, Stahl und Beton sowie die Anpassung an die Erfordernisse industrieller Massenproduktion.

Eine ganze Stadt im »Internationalen Stil«

Die Italiener hatten mit Lakkí Großes vor. Sie wollten es zu einer Garnisonsstadt mit etwa 20 000 Bewohnern ausbauen. Sie planten großzügige, breite Straßen wie die Uferpromenade und alles, was zu einer richtigen Stadt gehört – inklusive Kino, Theater und Hotel. Für Bauten wie die Marine-Kommandantur war in den 1930er-Jahren kein Platz mehr.

Folgt man der breiten Uferstraße in Richtung innere Bucht, gelangt man nach etwa 300 m an ein Rondell, in dessen Mitte ein **Denkmal** für die griechischen Opfer des Zweiten Weltkriegs in Form eines Schiffsbugs steht. Hier fällt ein frisch gestrichener, zum Meer hin vorspringender, halbrunder Bau auf: das **Kino,** das zugleich als Theater diente. Im Theater traten italienische Laienschauspieler auf, im Kino lief der erste vollautomatische Projektor auf griechischem Boden. Seit 2008 wird der restaurierte Bau wieder als Kulturzentrum genutzt.

Zum Rondell hin grenzt ein Winkelbau mit leicht erhöhtem, rechteckigem Eckturm ans Kino, der verfallgefährdet der Restaurierung harrt: das ehemalige **Hotel Roma.** Bis in die 1980er-Jahre hinein wurde es noch als Herberge geführt, jetzt ist es Ruine. Ihm gegenüber liegt auf der anderen Straßenseite das äußerst ungepflegt wirkende **italienische Rathaus** mit seinen abgerundeten Ecken und einem zylinderförmigen Aufsatz. Alle drei Bauten sind Repräsentanten des »Internationalen Stils«, der in dieser Sonderform auch als Italienischer Rationalismus bezeichnet wird.

Friedenstaube und Kirchturm

Einige Schritte weiter steht an der Einmündung der Straße von Plátanos auf die Uferstraße das noch in gleicher Funktion genutzte italienische **Grundschulgebäude,** deutlich erkennbar an der (neu angebrachten) Friedenstaube an seiner Fassade. Es unterstreicht die Vorliebe der italienischen Architekten für eine Kombination von geraden Linien und Rundbögen, die den ansonsten streng gegliederten Bauten einen Hauch romanischer Verspieltheit schenken.

Ganz anders die ein paar Schritte Richtung Plátanos an der Hauptstraße gelegene, 1938 errichtete **Kirche.** Erst war sie San Francesco, heute ist sie als orthodoxes Gotteshaus Ágios Nikólaos geweiht. Als klarer Kubus steigt sie aus dem Boden, weist mit völlig nüchternem Glockenturm gen Himmel. Zu ihrer Zeit war diese Kirche sicherlich auch als Affront gegen die Kirche aufzufassen.

Rund neben eckig

Geht man nun durch die Parallelstraße zur Uferstraße in Richtung Fähranleger zurück, passiert man nach 100 m rechter Hand die kreisförmige **Markthalle** aus den Jahren 1934–36. Ihr von Säulen umstandener, runder Innenraum wird von einem dreistufigen Zylinder überdeckt, ihre vier Ausgänge führen in alle Himmelsrichtungen. Als formaler Kontrapunkt wird sie von einem mehrgeschossigen, rechteckigen Uhrturm überragt, in dem neben Büros der Stadtverwaltung auch ein Wassertank untergebracht waren.

Die Markthalle steht heute leer, die Uhr am Turm ist stehen geblieben. Es ist nur zu hoffen, dass Lakkí wenigstens einer ersten architekturwissenschaftlichen Beschreibung gewürdigt wird, bevor der Zahn der Zeit der Baudenkmäler mithilfe griechischen Schlendrians total zernagt hat und die Reste für die Nachwelt verloren sind.

Das Innere des Kapellchens Panagía Kavourádena, die recht einsam am Meer liegt

Übernachten

Mit Zeltvermietung – **Campingplatz Léros Camping:** Tel. 22 47 02 33 72. Schattiger Platz direkt an der Hauptstraße, kleine Taverne, Tauchzentrum. Es werden auch Zelte vermietet.

Fast wie privat – **Villa María:** Dort, wo die Straße den Strand erreicht, Tel. 22 47 02 28 27, Mai–Okt., DZ HS ca. 60 €, sonst ab 40 €. 5 geräumige Apartments mit Veranda in einem Haus mit schönem Garten.

Essen & Trinken

Große Auswahl – **Alóni:** Am Strand, April–Okt. tgl. ab 12 Uhr, Hauptgerichte ab 7 €. Ländliche Taverne in sehr ruhiger Lage mit Blick übers Meer nach Kálymnos, gute griechische Küche und frischer Fisch.

Schöne Lage – **Kýma:** An der Uferstraße Richtung Panagía Kavourádena, ganzjährig, Hauptgerichte ab 6 €. Einfache Ouzerí mit Tischen und Stühlen direkt am Meer.

Aktiv & Kreativ

Deep Blue Sea – **Panos Diving Club:** Tauchschule, Basisstation auf dem Campingplatz, Tel. 22 47 02 33 72, www.divingleros.com. Auch Schnorchelexkursionen. Als Tauchgebiete freigegeben sind um Léros nur das Areal von der Bucht von Xirókambos bis zur Bucht von Diapóri und das Gebiet zwischen Kap Soumári und Kap Mávros Kávos.

Lipsí

Auf Entdeckungstour

Jenseits der Idylle – Bürgeralltag auf Lipsí: Wie ist es auf einer kleinen Insel wie Lipsí um Schulen und medizinische Versorgung bestellt, wie sieht der Alltag aus? Auf einem kurzen Spaziergang erhält man einen kleinen Einblick auf das Leben der Lipsioten jenseits der touristischen Idylle. S. 248

Agathonísi

Arkí

Ägäisches Meer

Káto Kímesis

Jenseits der Idylle

Lipsí

Lipsí

Monodéndri

Kultur & Sehenswertes

Mltrópolis: In der Bischofskirche der Insel hat die heiligste Ikone von Lipsí für den größten Teil des Jahres eine sichere Bleibe gefunden. S. 244

Kapelle Káto Kímesis: Noch bis zum Jahr 2001 war die kleine Einsiedelei an einer einsamen Bucht im Nordwesten von einem Einsiedler bewohnt. S. 251

Aktiv & Kreativ

Wanderung nach Monodéndri: Eine Wanderung, die man auf jeden Fall unternehmen sollte, führt vom Hafenort Lípsi in etwa 70 Minuten über den Inselkamm nach Monodéndri hinüber, wo man im glasklaren Wasser gut schwimmen und sich auf glatten Felsplatten sonnen kann. Besonders schön ist die Tour im Mai, wenn die Wildblumen auf den aufgegebenen Feldern und die Zistrosen in der stacheligen Phrygana blühen. S. 245

Genießen & Atmosphäre

Platía Xanthoú von Lipsí: Vom alten Hauptplatz auf Lipsí ist das Meer nicht zu sehen. Hier fühlt man sich stärker als anderswo im Ort noch in einem richtigen traditionellen Dorf und kann den Tag genussvoll in Tavernen verbummeln. S. 243

Abends & Nachts

Meltémi Club: Die einfache Disco am Hafen hat auf der Insel keine Konkurrenz zu befürchten. Vor ein Uhr morgens erklingt meist internationale, danach dann überwiegend griechische Musik. S. 246

Badeinsel für Individualisten

Auf Lipsí wird man morgens noch von krähenden Hähnen, Ziegenglocken oder Schiffssirenen geweckt. Die Insel ist ein guter Tipp für gehfreudige Individualisten. Tagsüber ist man auf stillen Wanderpfaden allein, abends treffen sich alle wieder im einzigen Dorf mit seinen vielen Ufertavernen. Im Juli und August aber verwandeln griechische Urlauber das stille Eiland in einen quicklebendigen und auch recht lauten Jahrmarkt.

Lipsí (griechisch Lipsoí geschrieben) ist eine Insel der kleinen Entfernungen – bis zur entlegensten Bucht geht man vom Dorf aus nicht länger als 1,5 Stunden. Wege und Pfade bieten allerdings wenig Schatten; auf den niedrigen Hügeln mit sanften Hängen gedeihen nur stellenweise Öl- und Feigenbäume, wird ein wenig Getreide angebaut. Noch während der italienischen Besatzungszeit war Lipsí für seinen Wein berühmt, 300 Tonnen Trauben konnten jährlich geerntet werden. Danach kam der Weinanbau erst einmal zum Erliegen. Jetzt bauen wieder drei Winzer Trauben an und füllen ihn inzwischen sogar schon in Flaschen ab. Der Wein ist jedoch entweder recht süß oder kommt einem schlechten Essig nahe.

Viele Lipsioten leben im Ausland. Schon während der italienischen Besatzungszeit emigrierten sie nach Australien und in die USA. In den 1960er- und 1970er-Jahren gingen viele auch nach Deutschland, wo sie insbesondere in Bremen, Kiel und Hannover Arbeit fanden. Emigranten, die zu Wohlstand kamen, stifteten eine Vielzahl von Kapellen auf der Insel; viele erbauten sich auch Häuser, die sie nur während der Sommerferien bewohnen. Ein Lipsiote aus Bremen erzählte mir, sein in Deutschland lebender Vater baue für jeden seiner drei Söhne ein Haus auf der Insel – obwohl die sich längst als Bremer fühlen und um keinen Preis je wieder auf Lipsí leben wollen. Und damit sind sie augenscheinlich nicht die Einzigen: Auf Lipsí gemeldet sind heute nur noch 900 Bewohner.

Infobox

Internet
www.lipsi-island.com

Plus & Minus Lipsí
Lipsí ist bis Anfang Juli und ab Anfang September eine gute Urlaubsinsel für alle, die Strandstunden gern mit kleinen Wanderungen verbinden und die Intimität eines überschaubaren Urlaubsortes schätzen. Im Juli und August muss man jedoch Scharen von Italienern lieben, um sich hier wohlfühlen zu können. Sehenswürdigkeiten von überregionalem Rang gibt es nicht.

Verkehrsverbindungen
Linienschiffsverkehr: s. S. 22. Lokale Passagierbootverbindung Di, Do/Fr mit Agía Marína/Léros um 8 Uhr.
Ausflugsschiffe: Im Sommer tgl. Ausflugsboote nach Arkí und Maráthi, manchmal auch nach Agathonísi.
Inselbusse: Die drei Minibusse der Gemeinde fahren tagsüber ab 10 Uhr stündlich (teils häufiger) zum Strand von Platí Gialós, nach Katsádia und Chochlákoura, Fahrpreis ca. 1 €.
Taxis: Es gibt zwei Inseltaxis, die meist an der Minibushaltestelle zu finden sind, sonst unter Tel. 69 42 40 96 77 und 69 42 40 96 79 erreichbar.

Lipsí ist zwar vor allem ein Ziel für Individualurlauber, aber im Hochsommer verbringen auch zahlreiche britische, italienische, holländische und schwedische Pauschalreisende ihre Ferien hier. Man wohnt zumeist in Ferienhäusern oder Apartments.

Geschichte

In der Antike gehörte die Insel zum Einflussbereich von Milet und war bewohnt; mehr Erkenntnisse lassen Literatur und spärliche Bodenfunde nicht zu. Schriftliche Zeugnisse aus der Inselgeschichte gibt es erst aus dem 13. Jh., als Lipsí mit Léros, Arkí und Agathonísi zum Besitz des Johannesklosters auf Pátmos gehörte. Weder Johanniter noch Türken hinterließen hier Spuren. Die heutige Siedlung wurde erst nach 1669 gegründet, als nach der Eroberung Kretas durch die Türken kretische Flüchtlinge auf Lipsí siedelten.

Weit verbreitet ist unter Lipsioten die Überzeugung, ihr Eiland sei das von Homer beschriebene Ogygia aus der »Odyssee«, also die Heimatinsel der Nymphe Kalypso. Die Lipsioten leiten ihren Anspruch dabei schlicht vom Inselnamen (Ka-Lypso) ab, haben aber viel Konkurrenz; besonders die Insel Gozo vor Malta gilt als Heimstatt der verliebten Nymphe.

Das Dorf Lipsí ▸ E 4

Schon bei der Einfahrt in die Hafenbucht ist das Dorfzentrum deutlich zu erkennen. Es wird durch die blaue Kuppel und die beiden Glockentürme der Mitrópolis markiert, die auf einer leichten Erhebung über dem Ufer steht. Sie grenzt an die **Platía Xanthoú,** den Hauptplatz des Ortes mit Kaffeehäusern, Post und Museum. Der Weg zu dieser Binnenplatía führt über die Uferstraße, vorbei am Internetcafé und einem der beiden Mopedvermieter der Insel, sowie an Tavernen und Bars. Man passiert die Taxi- und Minibushaltestelle und geht den neben der Hafenpolizei beginnenden Weg nach oben auf die Kirche zu.

Im Hafen von Lipsí geht es bei den Fischern gemächlich zu

Mitrópolis

An der Binnenplatía, tgl. 10–12 Uhr, Eintritt frei

Die Mitrópolis von Lipsí ist Johannes dem Theologen geweiht. Sie wurde 1931 fertiggestellt; die zu ihrer Errichtung notwendigen 35 000 Dollar spendeten nach Amerika ausgewanderte Lipsioten. Die Kirche wird von den Einheimischen wegen ihrer Hauptikone auch **Panagía ti Mávri** genannt. Die ›Schwarze Allheilige‹ stammt aus der Zeit um 1500; ihr Name leitet sich von den dunklen Tönen ab, in denen die Gesichter Mariens und des Jesuskindes gehalten sind. Der Rest der Malerei ist heute nicht mehr zu erkennen, da er unter reich verzierten Oklad verborgen liegt.

Eine zweite, für die Gläubigen noch bedeutendere Ikone ist in dieser Kirche aus Sicherheitsgründen zu Gast: die **Panagía tou Charoú** (›Allheilige des Todes‹). Die an westlichen Vorbildern orientierte Darstellung ist äußerst ungewöhnlich: Maria hält ein Kruzifix in den Händen, als Symbol des ans Kreuz geschlagenen Christus. Die Ikone gehört eigentlich in die gleichnamige Kirche außerhalb des Dorfes, kehrt jetzt aber nur noch zu ihrem Kirchweihfest dorthin zurück, weil sie in der Hauptkirche besser vor Langfingern geschützt ist. Der künstlerische Wert des erst 1905 gemalten Bildes ist zwar gering, aber seit 1943 wirkt die Ikone Wunder. Im April jenes Kriegsjahres hatte jemand blühende weiße Lilien unter das Glas gelegt, das sie bedeckt. Im Laufe der Wochen vertrockneten die Blumen, doch im Juli begannen sie plötzlich erneut zu knospen. Zum Festtag der Ikone am 23. August erblühten sie schließlich wieder in voller Pracht. Dieses Wunder wiederholt sich seitdem alljährlich, wie die Gläubigen versichern. So pilgern Tausende orthodoxe Christen am 22. und 23. August nach Lipsí und feiern hier im Anschluss an den Vespergottesdienst zugleich das größte Kirchweihfest des nördlichen Dodekanes.

Inselmuseum

An der Binnenplatía, tgl. 10–12 Uhr, unregelmäßige Öffnungszeiten, Eintritt frei

Nur wenige Schritte von der Mitrópolis entfernt steht das kleine Inselmuseum mit einer sehr bescheidenen Sammlung von Ikonen aus dem 16. und 17. Jh. sowie archäologischen und volkskundlichen Objekten. Ein kleines, hölzernes Kreuz aus dem 17. Jh. stammt aus einer Einsiedelei am Kímissi-Strand. Die dazugehörige typisch griechische Perlenkette, *kombolói* genannt, besteht aus 33 Holzperlen, eine für jedes irdische Lebensjahr Christi.

Liendoú Beach

Weitere Sehenswürdigkeiten hat Lipsí nicht vorzuweisen, man kann sich also gutem Gewissens ganz dem süßen Nichtstun, dem Wandern oder auch dem Baden widmen. Der Ortsstrand **Liendoú Beach** ist nur drei Gehminuten vom Hafen entfernt. Er ist etwa 150 Meter lang und besteht aus Sand und Kies.

Übernachten

Ab etwa Mitte Juli bis Ende August herrscht viel Betrieb auf Lipsí. Man bucht für diese Zeit besser ein Zimmer im Voraus (z. B. auf www.lipsihotels. gr). In der übrigen Zeit ist ein Zimmer jedoch immer leicht zu bekommen. Manche Vermieter stehen bei Schiffsankünften am Hafen und bieten ihre freien Domizile an. Sie übernehmen meist auch direkt den Gepäcktransport dorthin.

Mein Tipp

Wanderung nach Monodéndri ▶ E 4 – F 4
Die Wanderung beginnt am Kindergarten. Man geht am Sportplatz vorbei und folgt an der T-förmigen Straßengabelung dem Wegweiser. Auf der Kammhöhe geht man nach Passieren der Kapelle auf der Asphaltstraße nach rechts weiter und lässt kurz darauf eine mit Kieselsteinen gefüllte Senke, die eigentlich zu einer modernen Müllverwertungsanlage ausgebaut werden sollte, links liegen. Man passiert einen kleinen Steinbruch (rechts) und eine moderne Kapelle ihm gegenüber. Der Blick auf die Inseln von Ikaría ganz links bis Léros ganz rechts ist fantastisch, die einsame Landschaft unverbaut. Der Feldweg endet vor einem Eisengeflechtzaun mit Wegweiser nach Monodéndri. Der Name bedeutet »Nur ein Baum« – und genau dieser trotzt auf einer kleinen, felsigen Landzunge ganz einsam Wind und Wetter. Auf glatten Felsschollen kann man sich hier am Wasser sonnen, zum Baden sind Schwimmschuhe angebracht.

Sehr zentral – **Kálymnos Studios:** Tel. 22 47 04 11 02, Fax 22 47 04 13 43, http://studios-kalymnos.lipsi-island.gr, nur Juni–10. Sept. geöffnet, DZ ca. 40–80 €. Für 2–4 Personen, Garten mit Grill, 10 Min. vom Hafen und Strand, 2 Min. vom Zentrum entfernt.

Das Beste im Ort – **Aphrodíte:** Am Liendoú Beach, etwa 150 m vom Fähranleger entfernt, Tel. 22 47 04 10 01, Fax 22 47 04 10 00, www.hotel-aphroditi.gr, Mai–Nov., DZ HS ca. 70 €, sonst ab ca. 35 €. 20 Studios und 10 Apartments in 5 zweistöckigen Gebäuden. Näher am Strand kann man auf Lipsí nicht wohnen.

Traditionsherberge – **Hotel Calýpso:** Im Zentrum der Uferstraße, Tel./Fax 22 47 04 14 20, www.lipsihotels.gr, DZ Mai/ Okt. 30, Juni/Sept. 35 €, Juli 40, Aug. 55 €. Die älteste Herberge der Insel ist ideal für alle, die ganz zentral wohnen wollen. Die 10 Studios im zweigeschossigen, blau-weißen Bau sind einfach, aber ordentlich eingerichtet, viele verfügen über Hafenblick. Nicht ganz leise!

Ländliches Flair – **Calýpso Apartments:** Am Dorfrand (die Inhaber holen ihre Gäste ab). Tel./Fax 22 47 04 12 42, www.lipsihotels.gr, Preise wie Hotel Calýpso. Einfach möblierte Studios mit Blick ins Grüne, 500 m vom Hafen entfernt.

Beim Fischer wohnen – **Galíni:** Unmittelbar am Fähranleger, Tel. 22 47 04 12 12, Fax 22 47 04 10 12, www.greek lodgings.gr, ganzjährig, DZ HS ca. 50 €, sonst ab ca. 30 €. 5 Apartments im Haus einer Fischerfamilie, die sich herzlich um ihre Gäste kümmert. Wer ein paar Tage bleibt, hat eventuell die Möglichkeit mit Níkos zum Fischen hinausfahren.

Schöner Hafenblick – **Poseidon:** An der Uferstraße zwischen Fähranleger und Hafen-Platía, Tel./Fax 22 47 04 11 30, www.lipsi-poseidon.gr, DZ HS 50–65, sonst 40 €. 5 moderne Studios für 2–4 Personen, alle mit Balkon und Hafenblick ausgestattet. Zwischen Nov. und Mai gibt es zu jedem Zimmer kostenlos noch eine Vespa für die Urlaubszeit dazu.

Mein Tipp

Leckereien vom Bäcker

Riesige, mit etwas Zimt und Zuckersirup oder Honig gefüllte Waffeln sind die Spezialität von Lipsí. Sie werden *xerotígano* oder auch *díples* genannt. Man erhält sie in vielen Tavernen; besonders lecker sind sie aber, wenn man sie sich frisch von einem der beiden Dorfbäcker holt.

In Panoramalage – **Villa Nereide:** An der Kammstraße, Tel./Fax 22 47 04 10 32, DZ HS 50, sonst 40 €. Die Schweizerin Barbara Schöb vermietet in ihrer Privatvilla auf dem Hügelkamm am obersten Ortsrand von Lipsí modern eingerichtete Zimmer an Gäste, die mindestens drei Nächte bleiben. Die Lage der Villa ist fantastisch, von der Terrasse aus sieht man auf zwei Seiten das Meer.

Ländlich-familiär – **Mira Mare:** 200 m vom Ufer entfernt abseits der Straße nach Katsádia (Abholung vom Hafen mit Pkw), Tel. 22 47 04 10 22, ganzjährig, DZ HS ca. 45 €, sonst ca. 30 €. 5 Zimmer und Studios in einem Haus, in dem auch die sehr gastfreundliche Wirtin Taxiarchía Gríli mit Familie wohnt.

Essen & Trinken

Gut für Meeresfrüchte zum Ouzo – **The Rock:** An der Uferstraße, tgl. ab 18 Uhr. Ouzerí mit kleiner Terrasse über der Uferstraße, Meeresfrüchte wie z. B. Seeigelsalat zu Ouzo und Wein. Typisches *mezédes*-Essen mit diversen Salaten und Meeresfrüchten sowie 0,1 l Ouzo/Person ca. 8–10 €.

Am stilvollsten – **John/O Yiánnis:** An der Uferstraße zwischen Anleger und Zentrum, Tel. 22 47 04 13 95, Zicklein-Gerichte ab 7 €, griechischer Salat 5 €. Taverne mit freundlichem Service auf schöner Terrasse mit Meerblick, gute Gerichte mit Zicklein. Im Haus gleich nebenan vermieten die Inhaber auch einfache Studios (3-Bett-Studio im Juni 30 €, im August 50 €).

Preiswert satt werden – **Porto:** An der Uferstraße zwischen Fähranleger und Hafen-Platía, Gyros auf die Hand 2,50 €, Fleischspießchen 2,50 €, griechischer Salat 5,50 €, Oktopus-Stifádo 7,50 €. Schlichte Taverne, zugleich auch Grillstube und Imbiss, schöne Terrasse mit Meerblick. Hier kann man auch offenen Lípsi-Wein probieren (10 €/l).

Wie in alten Zeiten – **Café du Moulin:** Am Dorfplatz, tgl. ab 7 Uhr, Hauptgerichte ab 6 €, griechischer Salat 5 €. Einfache, ganzjährig geöffnete Taverne, auch gekochte Gerichte.

Café für die Inseljugend – **Kávos:** Zwischen Fähranleger und Minibushaltestelle an der Uferstraße, außerhalb der Hochsaison erst ab 19 Uhr geöffnet, kleine Flasche Bier 2,50 €. Das Internet- und Billardcafé der Insel. Hier kann man auch Trivial Pursuit und Scrabble auf Griechisch spielen.

Abends & Nachts

Konkurrenzlos – **Meltémi Club:** An der Uferstraße, am dem Fähranleger entgegengesetzten Ende. Die Disco auf Lipsí für Gäste jeden Alters, internationale wie auch griechische Musik.

Infos & Termine

Infos

Es gibt keine offizielle Touristeninformation und keine privaten Reisebüros.

Bootsausflüge bucht man direkt auf den Booten, Termine dafür werden überall durch Aushänge bekannt gemacht. Für Schiffsauskünfte ist das Büro im Hafencafé direkt auf dem Anleger zuständig, das jeweils eine Stunde vor Schiffsankünften öffnet.

Hafenpolizei: An der Minibushaltestelle, Tel. 22 47 04 11 33.

Termine

Weinfeste (Juni, Juli, Aug.): Jeweils an einem Wochenende in jedem dieser Monate gibt es ein Weinfest im kleinen Park auf der Hafen-Platía. Wein aus Sámos, so viel man mag, zum Pauschalpreis; dazu Folklore, Tanz und gegrillte Fleischspießchen.

Kirchweihfest (23. Aug.): mit bis zu 7000 Besuchern an der Kirche Panagía tou Charoú, gefeiert wird am Vorabend mit einem Vespergottesdienst in der Kirche und großem Volksfest im ganzen Dorf.

Der Inselwesten

Platí Gialós ► E 3

Vom Dorf führt eine Asphaltstraße vorbei am Ortsstrand Liendoú Beach und dem benachbarten Kámbos Beach inseleinwärts, um dann an der Nordküste entlang zur schönsten Sandbucht der Insel **Platí Gialós** zu führen (Platí Jalós gesprochen; zu Fuß ab Hafen ca. eine Stunde). Das klare Wasser schimmert in zahllosen Blau- und Türkistönen, das Ufer fällt extrem flach ab, sodass man im Wasser gut Ball spielen kann. In der schmalen Küstenebene hinter dem Strand spenden junge Olivenbäume willkommenen Schatten. Die 1970 erbaute Kapelle **Ágios Konstantínos** im Olivenhain ist Privatbesitz der Familie des Wirts, der die ausgezeichnete Strandtaverne betreibt.

Das Wasser in der Bucht von Platí Gialós schimmert in allen möglichen Blautönen

Auf Entdeckungstour

Jenseits der Idylle – Bürgeralltag auf Lipsí

Auch eine Inselgemeinschaft mit nur 900 Einwohnern stellt Ansprüche an medizinische Versorgung und Infrastruktur. Sie zu erfüllen, ist teuer und nicht immer möglich. Ein kleiner Rundgang durch den Ort führt an die Plätze, die im Alltag der Bürger von Lipsí wichtig sind – und macht deutlich, worauf sie verzichten müssen.

Dauer: ca. 30–40 Min.

Beginn und Ende: Start an der kleinen Binnen-Platía, Ende am Schulzentrum

Mögliche Erweiterung: Wer den Spaziergang unternimmt, hat schon etwa 15 % des Weges nach Monodéndri (S. 245) zurückgelegt.

Die richtige Adresse

Auf Anhieb als solches zu erkennen ist das kleine **Postamt** an der Binnen-Platía. Darin versieht Michális seit vielen Jahren seinen Dienst. Er verdient zwar nicht viel, aber erwirbt mit seiner Arbeit immerhin Rentenansprüche. Das ist für viele Hellenen der Hauptgrund, eine Anstellung im Staatsdienst zu suchen. So erreicht man eine Grundsicherung; richtig Geld kann man ja nebenbei verdienen. Michális ist nicht nur für den Dienst im Amt zuständig, sondern trägt morgens vor Öffnung der Post auch die Briefe aus. Allerdings führt ihn seine Runde nur in den alten Kern des Dorfes. Die Lipsioten, die nicht in diesem Bereich wohnen oder irgendwo neu gebaut haben, müssen sich ihre Post selbst auf dem Postamt abholen – ein täglicher Gang für viele.

Der wichtigste Mann im Dorf

Direkt über der Post liegen die Räumlichkeiten des **Rathauses.** Darin residiert seit über 25 Jahren der gleiche Bürgermeister. Hier auf Lipsí gehört er der sozialdemokratischen PASOK an, anderswo regiert die konservative Néa Dimokratía. Für den typischen griechischen Regierungsstil des Bürgermeisters macht das aber keinen Unterschied: Der Bürgermeister hat zwar viele Kritiker und Gegner, gewählt wird er dennoch immer wieder.

Er ist es, der auf der Insel die öffentlichen Aufträge verteilt und die Gemeindemitarbeiter einstellt, entscheidet, welche öffentlichen Projekte wo in Angriff genommen werden und wo nicht. Wer hier lebt, stellt sich also besser gut mit ihm. Hier auf Lipsí gehört sogar die einzige Tankstelle der Insel der Gemeinde. Die hat sehr knappe Öffnungszeiten und ist manchmal tagelang geschlossen. Manche sagen, Benzin oder Diesel bekommt außerhalb der Öffnungszeiten selbst in Notfällen nur, wer gut Freund mit dem Bürgermeister ist. Filz gehört zu beiden großen griechischen Parteien mehr noch als anderswo dazu. Ein parteiunabhängiger Kandidat hätte gegen einen Bürgermeister aus den beiden großen Lagern keine Chance. Ihm würde es nie gelingen, mit Athener Hilfe Geld aus den Regionalförderungsmitteln der EU zu beschaffen – und denen ist schließlich fast jede Baumaßnahme auf der Insel zu verdanken.

Gut beraten

Kommt man vom Hafen aus auf die Binnen-Platía, liegt gleich rechts ein **Bürgerberatungsbüro** – eine typische Institution, die auf fast jeder Insel zu finden ist. Aufgabe seiner Mitarbeiter ist es, den Bürgern auf ihren Wegen durch den Dschungel der griechischen Bürokratie beizustehen. Hier erhält man alle wichtigen Formulare, hier erfährt man, wen man wo anrufen muss, wenn man Fragen hat oder einen Gesprächstermin braucht. Noch wichtiger ist eine andere Aufgabe des Bürgerberatungsbüros: Es hilft dabei, für privatwirtschaftliche Projekte EU-Fördermittel zu beantragen, sei es für eine neue Pension oder die Abwrackung eines Fischerboots.

Die Kleinsten von Lipsí

Geht man die am Postamt ansetzende Gasse nach links und folgt ihr nach rechts abwärts, stößt man bei einer Bäckerei auf die Inselhauptstraße. Wenige Schritte weiter links steht an der Abzweigung der Straße zum Katsádia Beach deutlich erkennbar der staatliche **Kindergarten.** Er ist fester Bestandteil des viergliedrigen griechischen Schulsystems und wird von allen griechischen Kindern im Jahr vor der Einschulung besucht.

Bolzen auf dem Kunstrasen

Die Straße inseleinwärts bringt Sie zu einem modernen, erst 2004, also im Jahr der Olympischen Spiele in Athen eingeweihten **Sportplatz,** gleich links am Straßenrand. Hier können die Lipsioten auf einem Kunstrasen Fußball spielen. Wer Glück hat und Spieler auf dem Feld sieht, wird höchstwahrscheinlich einige von ihnen im rot-weißen Trikot der griechischen Spitzenmannschaft Olympiakós Piräus auflaufen sehen. Dieses Team hat auf nahezu allen griechischen Inseln die meisten Anhänger, ist Piräus doch für Insulaner das **traditionelle Bindeglied** zum griechischen Festland. Die Anhänger von Olympiakós haben übrigens einen ganz maritimen Spitznamen. Man nennt sie die *gávri* nach einer sardinenartigen Fischart, die auch in den vielen Tavernen günstig serviert wird.

Helfer mit weißer Weste

Erst im April 2009 hat Lipsí ein kleines **Krankenhaus** erhalten, das eigentlich kaum mehr als ein kleines Ärztezentrum mit ein paar Krankenzimmern ist. Dennoch ist es im Alltag der Lipsioten natürlich enorm wichtig. Bisher waren auf Lipsí drei Ärzte in verschiedenen Praxen tätig, jetzt können sie hier alle unter einem Dach praktizieren. Finanziert wurde das 590 000 € teure Gebäude zu 75 % mit EU-Mitteln. Eine Krankenschwester war bei Redaktionsschluss noch nicht eingestellt: Sie müsste vom griechischen Staat allein bezahlt werden. Ob je eine kommt, ist daher fraglich.

Zusätzlich zu den auf Lipsí praktizierenden Ärzten besuchen einige Male im Jahr **Fachärzte** diverser Disziplinen die Insel, die ihre Untersuchungen nun im neuen Krankenhaus durchführen können. Für die augenärztliche Versorgung des nördlichen Dodekanes sorgt zusätzlich eine freiwillige Hilfsorganisation mit Augenärzten und -klinik an Bord eines Tragflügelbootes, das mindestens zweimal jährlich auf Lipsí Halt macht.

Zur Durchführung von **Operationen** ist das kleine neue Krankenhaus nicht geeignet. Für Operationen suchen die meisten Insulaner aber ohnehin lieber eins der gut ausgestatteten Krankenhäuser in Athen auf. Nur wenige nehmen das moderne Krankenhaus auf Rhodos in Anspruch und nur die Ärmsten lassen sich notgedrungen auf die veralteten Krankenhäuser auf Léros und Kos ein. Aber selbst in Athen lässt sich kaum ein griechischer Pflichtversicherter auf Kosten der Krankenkasse behandeln. Man zahlt die Kosten lieber privat – Schmiergelder an die Ärzte zwecks schnellerer Terminbeschaffung und größerer Aufmerksamkeit bei Behandlung und Operation inklusive. Der *fakelláki*, der Briefumschlag mit Geldscheinen darin, ist aus dem griechischen Gesundheitswesen nicht wegzudenken.

Abitur auf Lipsí

Geht man die Straße weiter und folgt dem Wegweiser nach Monodéndri, liegt gleich links oberhalb der Straße das moderne **Schulzentrum** der Insel. Es umfasst alle drei Klassen der Sekundarstufe I, *gymnásio* genannt, und alle drei Klassen der Sekundarstufe II, dem *lýkio*. Insgesamt besuchen etwa 50 Schüler die sechs Klassen und können auf dem kleinen Inselchen ihr Abitur ablegen. Zu verdanken haben sie das auch ein wenig der EU und dem Tourismus: Ohne Fremdenverkehr wäre die Einwohnerzahl der Insel, die jetzt sogar leicht ansteigt, weiter gesunken, hätte wahrscheinlich Sie Schließung der Schule bedeutet. Jetzt aber geht es mit Lipsí wieder bergauf.

Essen & Trinken

Die einzige an diesem Strand – **Platýs Gialós:** 15 m oberhalb des gleichnamigen Strandes, Mai–20. Sept. tgl. ab 9 Uhr, Hauptgerichte ab 6 €. Taverne mit schattiger Terrasse und ausgezeichneter Küche, große Portionen.

Infos

Minibusverbindung mit dem Dorf s. S. 242.

Órmos Moschatoú ▶ E 3

Von Platí Gialós führt eine Straße weiter zur um 1650 von patmischen Mönchen erbauten Kapelle **Ágios Theológos tou Moschátou,** von der aus man zur meist menschenleeren Bucht **Órmos Moschátou** mit kleinem Kiesstrand hinabsteigen kann (ca. 90 Min. zu Fuß vom Hafen).

Foundána ▶ E 4

Zwischen dem Dorf und Platí Gialós zweigt eine Straße nach links in die Berge ab, die dann durch eine Geröllschlucht zum hellen Kieselsteinstrand in der **Foundána-Bucht** an der Südküste hinabführt. Nach Osten begrenzt den Strand die 1770 von patmischen Mönchen erbaute Kapelle Evangelismós, landläufig auch als **Káto Kímisis** bezeichnet.

Hier lebte von 1979–2001 einer der letzten Eremiten der Ägäis, der um 1910 geborene Philippos. Seine Zelle war ein einfacher Raum mit direktem Durchgang zum Gotteshaus. Katzen und Hühner waren seine einzige Gesellschaft, mit Trinkwasser versorgte ihn eine nahe Quelle.

Ein gepflasterter Weg führt von der einfachen Eremitage in etwa 20 Minuten hinauf zur älteren, bereits um 1600 von patmischen Mönchen gegründeten Einsiedelei **Páno Kímisis,** in der Philippos bis 1979 ausgeharrt hatte. Um den Ausblick, den er in dieser wilden Felslandschaft hoch über dem Meer hatte, war er sicher zu beneiden.

Strände an der Südküste ▶ E4 – F4

Katsádia Beach

Sandig ist der etwa 200 m lange **Katsádia-Strand** mit der Taverne Dilaila und Baumschatten.

Papandría Beach

Ein mageres Spalier aus dem bambusähnlichen Spanisch-Rohr säumt den ebenfalls sandigen, etwa 80 m langen Papandría-Strand.

Chochlákoura Beach

Wer allerdings lieber auf schönen weißen Kieselsteinen liegt, schlägt den Pfad zum Chochlákoura-Strand ein. Auf dem Weg dorthin passiert man die in der Zeit um 1600 erbaute Kirche der **Panagía tou Charoú.** Sie steht leicht erhöht über ein paar Weingärten, aus denen fotogen zwei Palmen aufragen. Im weitgehend schmucklosen Inneren hängt eine Kopie der wundertätigen Ikone, die in der Mitrópolis im Dorf verwahrt wird.

Essen & Trinken

Echte Strandtaverne – **Dilaila:** Am Katsádia-Strand, Hauptgerichte ab 6 €. Taverne mit großen Terrassen direkt am Strand, typisch griechische Tavernenkost.

Pátmos

Highlight !

Chóra und Johanneskloster: Das fast 1000-jährige Kloster des hl. Johannes ragt wie eine trutzige Burg aus dem weißen Häuserring der mittelalterlichen Inselhauptstadt Chóra mit ihren stattlichen, weißen Villen weithin sichtbar auf. Weitere Klöster verbergen sich an den autofreien Gassen, die der Trubel des Kreuzfahrttourismus kaum erreicht. S. 269 und 264

Auf Entdeckungstour

Die Schatzkammer Gottes: In der klimatisierten Schatzkammer des Johannesklosters werden die wertvollsten Handschriften, Bücher, Ikonen, liturgisches Gerät und andere Kostbarkeiten aus dem Klosterbesitz effektvoll beleuchtet dem Besucher präsentiert. Mit geübtem Auge erkennt man auch hier Kernaussagen orthodoxer Theologie sogar in kleinsten Details. S. 266

Pátmos

Lámbi

Skála

Moní Evangelismoú

Grotte der Apokalypse

Schatzkammer Gottes
Chóra und Johanneskloster

Gríkos

Psilí Ámmos

Kultur & Sehenswertes

Grotte der Apokalypse: In einer Felsenhöhle, die heute Teil des Klosters der Apokalypse ist, empfing Johannes vor über 1900 Jahren die Vision der Apokalypse. S. 263

Kloster Moní Evangelismoú: Im modernen Nonnenkloster am Ortsrand von Chóra wurde die Klosterkirche vollständig von einer der Schwestern kunstvoll ausgemalt. S. 276

Aktiv & Kreativ

Spaziergang von Chóra nach Gríkos: Nur etwa eine halbe Stunde geht man von der Chóra durch ein sehr ländlich geprägtes Pátmos hinunter zum Badestrand von Gríkos. S. 271

Wanderung zum Strand Psilí Ámmos: Fernab aller Klöster führt ein Fußweg zum schönsten Inselstrand. Feiner Sand säumt eine geschwungene Bucht, Tamarisken spenden Schatten. Von Skála fährt auch ein Badeboot hin. S. 277

Genießen & Atmosphäre

Restaurant Benetos bei Skála: Das Edelrestaurant gilt als eins der besten der ganzen Ägäis. Langusten und Fisch-Carpaccio sind ein Genuss! S. 259.

Taverne Lambí am Lambí Beach: Tische und Stühle stehen auf bunten Kieselsteinen, der Blick schweift übers Meer in die Ferne. S. 274

Abends & Nachts

Árion in Skála: Bei Jazz und Rock kann man davon träumen, wie es wohl früher in solch einem historischen Lagerhaus zuging. S. 260

Art Café in Skála: Eine Floristin aus Deutschland ist die Seele der kleinen Bar, die zum Treff der ausländischen Community von Pátmos wurde. S. 260

Alóni bei Chóra: Eine gute Chance, griechische Folklore zu erleben, bietet die ländliche Taverne am Ortsrand der Chóra. S. 272

Heilige Insel mit herrlichen Stränden

Das griechische Parlament hat Pátmos 1983 per Gesetz zur Heiligen Insel erklärt, die UNESCO nahm das patmische Johanneskloster und den Ort Chóra, der um das Kloster herum entstand, 2006 in die Liste des Weltkulturerbes auf. Hier wurde einem gewissen Johannes vor über 1900 Jahren das letzte Buch der Bibel offenbart: die Apokalypse. Seit über 900 Jahren leben Mönche im Johanneskloster, einem Hort orthodoxer Traditionen und Kultur. Doch der moderne Massentourismus rüttelt an seinen Grundfesten.

An den Stränden von Pátmos verbieten Schilder mit Hinweis auf die Heiligkeit der Insel das Nackt- und Oben-ohne-Baden. Einige Meter wei-

Infobox

Infos
Internet: www.patmos.gr (offizielle Website der Gemeinde, Infos zu Fahrplänen, Unterkunft und mehr)
Infokasten am Orthodoxen Kultur- und Informationszentrum in Skála: An der Uferstraße an der Abzweigung nach Chóra (vom Anleger kommend links). Hier hängen die Öffnungszeiten der Klöster und Busfahrpläne aus. Schiffsfahrpläne vor und im Reisebüro Astoria Travel gegenüber vom Anleger (vom Schiff kommend rechts), Tel. 22 47 03 12 05, astoria@12net.gr.
Hafenpolizei: Im Gebäude des Hafencafés, auf dem Anleger, Tel. 22 47 03 12 31.

Plus & Minus Pátmos
Die einzigen bedeutsamen Sehenswürdigkeiten der Insel sind die Chóra als idyllisches Dorf und die Inselklöster. In zwei Tagen hat man alles Bedeutende gesehen. Dennoch lohnt ein Besuch auf Pátmos, wenn man auf einer Insel des Dodekanes Urlaub macht. Wer Spaziergänge und Strände liebt, gern in Cafés und Tavernen sitzt, für

den kommt durchaus auch ein längerer Aufenthalt infrage. Wer einen Badeurlaub all-inclusive sucht, ist hier fehl am Platz; auch der lange Schiffstransfer von Sámos oder Kos aus mag manche Urlauber stören. Der Hafenort Skála und die Chóra rund ums Johanneskloster sind das touristische Herz der Insel. Unternehmungslustige wohnen am besten in Skála, gute Hotels an einem akzeptablen Strand sind in Grίkos zu finden.

Verkehrsverbindungen
Schiffsverbindungen: Linienverkehr s. S. 22. Ausflugsboote von Skála u. a. nach Lipsí.
Linienbusse: Der einzige Linienbus der Insel verbindet Skála mehrmals tgl. mit der Chóra, Grίkos und Kámbos.
Taxis: Standplatz der zwölf Inseltaxis ist der Anleger in Skála. Wenn Kreuzfahrtschiffe da sind, ist es aber fast unmöglich, ein Taxi zu bekommen – darum für Transfers vom Hotel zum Hafen unbedingt rechtzeitig ein Taxi über den Vermieter vorbestellen!

ter liegen griechische und ausländische Urlauber in der Sonne und outen sich als Analphabeten. Pilger, die Kerzen entzünden, Gebete sprechen und Ikonen küssen wollen, müssen sich gedulden, bis Kreuzfahrttouristen und Ausflügler die Kirchen wieder frei machen. Wenn die Mönche an hohen Feiertagen in feierlicher Prozession mit einer Ikone durchs Dorf ziehen und auf den kleinen Plätzen liturgische Gesänge anstimmen, klicken die Kameras wie beim Bundespresseball.

Fromme Pilger sind auf Pátmos nur noch eine Minderheit. Tagesbesucher und Badeurlauber prägen im Sommer das Bild. Die Mönche mussten dem Druck der Einheimischen, die am Tourismus verdienen, immer mehr nachgeben. Noch Ende der 1980er-Jahre waren Discos auf der Insel verpönt, jetzt werden sie geduldet. Das Kloster, in dem noch etwa zwölf Mönche und einige Novizen leben, ist bei Publikumsverkehr zum reinen Museum degradiert, das der Besucher nur auf genau vorgeschriebenen Wegen beschreiten darf. Längst sind die Dachterrassen für Fremde gesperrt, nachdem sich dort mehrmals gedankenlose Urlauberinnen direkt über den Mönchszellen in der Sonne aalten.

Die Beliebtheit von Pátmos bei Urlaubern ist aber auch verständlich. Die Einfahrt in die Hafenbucht von Skála gehört zu den schönsten Erlebnissen jeder Ägäis-Reise. Schon von Weitem erkennt man das Johanneskloster, das wie eine mächtige Kreuzritterburg trutzig aus dem kykladisch weißen Häusergürtel der Chóra herausragt. Terrassenfelder und kleine Kiefernwälder bedecken den Hang zwischen der Chóra und dem Hafenort Skála, an dem bei näherem Hinsehen dann auch das Kloster der Apokalypse auszumachen ist. Die Entfernungen auf der mehrfach von Buchten eingeschnürten

Insel sind gering, täglich stehen andere, leicht zu erreichende Strände zur Auswahl. Zu vielen gelangt man bequem zu Fuß. Cafés und Bars haben teilweise hohes Niveau; eine zahlungskräftige Athener und internationale Stammkundschaft mit Hausbesitz auf der Insel sorgt für die Überlebensfähigkeit zwar teurer, aber auch exzellenter Restaurants.

Geschichte

Archäologische Befunde beweisen, dass Pátmos schon in der Antike besiedelt war. Die Polis lag auf dem Hügel Kastélli oberhalb des heutigen Skála und stand meist unter dem Einfluss des kleinasiatischen Stadtstaats Milet. Folgenreichstes Ereignis in der antiken Inselgeschichte war die Verbannung eines gewissen Johannes nach Pátmos, die in die Jahre 95/96 n. Chr. datiert wird. Für die orthodoxe Kirche steht damit fest, dass dieser Johannes, der die Vision der Apokalypse empfing und sie seinem Schüler Próchoros diktierte, mit dem Autor des Johannes-Evangeliums identisch ist.

Das Wissen um Pátmos als Insel der apokalyptischen Vision blieb das erste Jahrtausend über wach. Aber erst durch Christódoulos, Abt eines Klosters am kleinasiatischen Latmos-Berg, erlangte sie den Ruf einer heiligen Insel. Er erbat 1088 vom byzantinischen Kaiser das Recht, auf dem unbewohnten Pátmos ein Kloster gründen zu dürfen. Aléxios Komnénos I. gewährte es ihm und stattete das Kloster mit großem Landbesitz aus. Ganz Pátmos, die kleinen Nachbarinseln Lipsí, Arkí und Agathonísi sowie ein Teil von Léros wurden dem Kloster geschenkt. Die Klostergründung war dem Kaiser nicht nur aus religiösen Gründen genehm: Kleinasien wurde von den türkischen Seldschukenheeren bedroht und verwüstet; viele Christen waren an die Küste

Chóra mit dem über der Stadt thronenden Johanneskloster: seit 2006 Weltkulturerbe

und auf die ägäischen Inseln geflohen. Durch die Gründung befestigter Klöster konnten Inseln nicht nur wiederbelebt, sondern auch zu Bollwerken ausgebaut werden.

Noch während der Bauarbeiten mussten Christódoulos und seine Mönche im Winter 1092/93 die Insel Pátmos wegen eines Seldschukenüberfalls verlassen. Sie zogen sich auf die Insel Evía (Euböa) vor der Küste Attikas zurück, wo der Abt am 16. März 1093 starb. Kurz darauf erfüllten ihm seine Brüder den letzten Wunsch, überführten nach Abzug der Seldschuken seine Gebeine zurück nach Pátmos und fuhren mit dem Klosterbau fort. Arbeiter und Soldaten, die anfangs noch weit entfernt von den Mönchen siedeln mussten, durften 1132 die als Schutzgürtel für das Kloster dienende Chóra gründen. Pilger, deren Gebete nach einer Wallfahrt erhört worden waren, schenkten in der Folgezeit dem Kloster Ländereien in Kleinasien und Russland, auf Kreta, Sámos und vielen anderen Inseln.

Sein Ruf als Ort göttlicher Offenbarung bewahrte Pátmos nach 1204 vor der Eroberung durch Venedig oder fränkische Ritter und hinderte ein Jahrhundert später auch die seit 1309 auf Rhodos ansässigen Johanniter daran, Pátmos ebenso wie die übrigen Inseln des Dodekanes zu besetzen. Als 1453 Konstantinopel fiel und Byzanz unterging, wurde Pátmos dem Osmanischen Reich zwar eingegliedert, blieb aber frei von türkischer Besiedlung. Über all die Jahrhunderte hinweg sicherte geschickte Diplomatie dem Kloster das Recht auf freien Handel, den es eifrig zur Mehrung seines Reichtums nutzte.

Die relative Freiheit und Sicherheit der Insel lockte wohlhabende Flüchtlinge an. Die Ersten kamen aus Konstantinopel, wo es auch nach 1453 noch eine große griechische Gemeinde gab. Weitere folgten, als Rhodos 1522 und Kreta 1669 türkisch wurden. Damit entstand auf der Insel aber auch eine laizistische Opposition, die den Mönchen das alleinige Recht auf Handel und Landbesitz streitig machte. 1722 kam es endlich zu einer Teilung des Bodens zwischen Kloster und sonstigen Inselbewohnern. Während des griechischen Freiheitskampfes verhielten sich die Patmier weitgehend ruhig, um ihre Privilegien nicht zu verlieren. Mit der Gründung des neugriechischen Staates, der Herausbildung der neuen Zentren Sýros und Athen sowie dem Aufkommen der Dampfschifffahrt begann der wirtschaftliche Niedergang, den erst der Tourismus stoppte.

Seit einigen Jahren kommen nun wieder Flüchtlinge nach Pátmos: Asyl suchende Schwarzafrikaner, Iraker und andere Asiaten, die von türkischen Schleusern mit dem Schiff zu den vorgelagerten kleinen Inseln wie Agathonísi gebracht oder schon von der Küstenwache auf hoher See als Schiffbrüchige aufgelesen werden. Ihr erster Aufenthaltsort ist meist das Dach der Hafenpolizei direkt am Anleger, von dem aus sie erstmals das Urlaubsleben der Europäer und Amerikaner betrachten dürfen. Meist werden sie dann nach einigen Tagen mit Linienfähren in Auffanglager bei Athen gebracht.

Skála ► B/C 3

Über Jahrhunderte hinweg war Skála nur der Handelshafen der Insel mit kleinen Werften, Bootsschuppen und Lagerhallen. Erst zu Beginn des 19. Jh. baute man erste Wohnhäuser. Heute ist Skála der lebhafteste Ort und das Touristenzentrum von Pátmos. Am Kai vor dem Café Árion, das den ansprechend restaurierten Innenraum eines Lager- und Kontorhauses aus dem 19. Jh. einnimmt, drängen sich kleine Ausflugsboote, die jeden Morgen voll beladen die verschiedensten Inselstrände ansteuern. Ein paar Schritte weiter warten vor dem Hafengebäude aus

italienischer Besatzungszeit mit seinem markanten, viereckigen Turm die Taxis, machen am Anleger Autofähren, Katamarane und große Kreuzfahrtschiffe fest. Am Nordufer liegen Segeljachten in der Marina.

Kapelle Agía Paraskeví

Geht man vom Hafengebäude aus in Richtung Buchtausgang, passiert man die Mole der Fischerboote, auf der meist Männer und Frauen sitzen, um Netze zu flicken. Hier biegt man nach rechts in die Gasse ab, an der das ausgeschilderte Hotel Byzance liegt, und kommt durch ein kykladisch anmutendes Wohnviertel zur kleinen Kapelle der **Agía Paraskeví** aus dem 17. Jh. hinauf, die einen niedrigen Felsen unmittelbar über dem Fischerhafen krönt. Sie wurde an der Stelle eines antiken Tempels errichtet.

Von der Kapelle aus ist der Blick auf Skála, das leicht hügelige Hinterland und die untergehende Sonne besonders schön.

Johannesfelsen

Folgt man hingegen der Uferstraße in Richtung inneres Buchtende, findet man landseitig einen kleinen, von einem schmiedeeisernen Gitter umgebenen Felsbrocken, auf dem der hl. Johannes mehrere Patmier getauft haben soll. Die dazu gehörige Kapelle ist nur einmal jährlich am Morgen des 8. Mai geöffnet, wenn hier ein Gottesdienst gefeiert wird.

Kastélli-Hügel

Eine schöne, etwa 30-minütige Wanderung führt von Skála auf den 144 m hohen **Kastélli-Hügel** mit den teilweise gut erhaltenen Stadtmauern einer antiken Siedlung. Der Weg hinauf beginnt am Laden Newspapers von Isabella Roússou Grílli und führt zunächst auf das Hotel Rodon zu. Dort geht man die schmale Gasse links am Hotel entlang, dann die breiten Stufen hoch und wendet sich an deren Ende nach rechts. Am nächsten Telegrafenmast geht man dann nach links hinauf, dem braunen Wegweiser mit der Aufschrift ›Kastélli‹ folgend. Der Zementweg geht am vorletzten Haus des Ortes in einen Pfad über und führt über verwildernde Felder an der weißen Doppelkapelle des hl. Georg und des hl. Nikolaus vorbei. Hier steht ein ausgebliebener Wegweiser mit der Aufschrift ›Ruines Antiques‹. Man geht nun unterhalb eines ummauerten Wäldchens entlang, durchschreitet zwei Mauerdurchbrüche und sieht jetzt bereits links oben am Hang die ersten Teile der antiken Stadtmauer.

Skála ist aus dem Blickfeld verschwunden, die Umgebung ist ganz wildromantisch-ländlich, aus der Ferne grüßt die Nachbarinsel Ikaría herüber, an sehr klaren Tagen sind auch die Inseln Amorgós, Náxos und Mýkonos sowie Sámos und die Türkei zu sehen. Antikes gibt es nur sehr wenig zu bestaunen, überall im ehemaligen Stadtgebiet liegen jedoch Tonscherben herum; systematische Ausgrabungen haben hier oben noch nicht stattgefunden. Zwischen etwa 1600 und 800 v. Chr. sollen hier oben etwa 12 000 Menschen gelebt haben; die wenigen sichtbaren Mauerreste stammen wahrscheinlich aus dem 4. Jh. v. Chr.

Übernachten

Steht man bis kurz vor dem Anlegen seines Schiffes an Deck, kann man die Lage vieler der folgenden Hotels schon erkennen, weil die meisten von ihnen mit Schriftzügen auf dem Dach oder am oberen Teil der Fassade auf sich aufmerksam machen.

Am Ortsrand mit Meerblick – **Blue Bay:** Am Ortsausgang an der Straße nach Gríkos, Tel. 22 47 03 11 65, Fax 22 47 03 23 03, www.bluebaypatmos.gr, Mai–Mitte Okt., DZ HS ca. 115 €, sonst ab ca. 95 €. 27 Zimmer mit Meerblick direkt an der Straße. Internetcafé im Haus.
Ruhig und doch zentral – **Skála:** Etwas zurückversetzt von der Uferstraße, ca.

Entspanntes Tavernenleben in Skála

150 m vom Anleger, Tel. 22 47 03 13 43, Fax 22 47 03 17 47, www.skalahotel.gr, April–Okt., DZ HS ab 85 €, sonst ab ca. 65 €. Zentrumsnahes, aber relativ ruhig gelegenes Hotel mit 45 Zimmern, großen Pool und schönem Garten. Wireless Internet kostenlos.

Guter Preis – **Galíni:** 150 m vom Anleger. Vom Schiff nach links gehen, dann in die schmale Gasse unmittelbar vor der Hauptstraße nach Chóra hinein. Tel. 22 47 03 12 40, Fax 22 47 03 17 05, www.360.gr/gralinipatmos, April–Okt., DZ HS ca. 65 €, sonst ab ca. 45 €. Das an einer kleinen Gasse abseits der Hauptverkehrsstraßen gelegene, familiär geführte Hotel hat nur 11 Zimmer mit geräumigen Bädern und Balkon, gutes Preis-Leistungs-Verhältnis.

Mitten im alten Wohnviertel – **Byzance:** Nahe der Fischermole, Tel. 22 47 03 10 52, Fax 22 47 03 16 63, www.byzance hotel.gr, April–Okt., DZ HS ab 40 €, sonst ab ca. 35 €. Zwei benachbarte, relativ ruhig gelegene Häuser mit schöner Dachterrasse sowie 25 Zimmern und Studios.

Schöner Blick – **Castéli:** Nahe dem inneren Buchtende. Vom Anleger nach rechts gehen, dann hinter dem großen Parkplatz vor dem Restaurant Old Harbour in die Gasse nach links abbiegen. Tel. 22 47 03 13 61, Fax 22 47 03 16 56, www.casteli.gr, ganzjährig, DZ HS ca. 55 €, sonst ab ca. 40 €. Ruhig gelegen, viele der 45 Zimmer mit schönem Blick auf die Bucht. Mit kleinem Swimmingpool; Kühlschrank, Safe und Klimaanlage in allen Zimmern.

In Hanglage – **Effie:** Neben Hotel Castéli (s. o.), Tel. 22 47 03 25 00, Fax 22 47 03 27 00, www.effiehotel.gr, ganzjährig, DZ HS ca. 50 €, sonst ab ca. 40 €. 36 Zimmer in zwei Gebäuden, alle mit Kühlschrank und Veranda.

Außerhalb – **Astéri:** Etwa 800 m vom Anleger entfernt nahe der Westküste, Abholung vom Anleger kostenlos. Tel.

22 47 03 24 65 (Saison), 22 47 03 13 47 (Winter), Fax 22 47 03 13 47, www.asteripatmos.gr, April–Okt., DZ HS 65–80 €, sonst ca. 50–60 €. Unter Verwendung von Naturstein, Holz und Marmor 1995 erbautes Hotel mit 37 Zimmern, Garten und schöner Liegewiese. Es ist sehr ruhig nahe einem winzigen Kiesstrand gelegen. WLAN in Teilen des Hotels. Zum Frühstück gibt es Honig von den Bienen der Besitzerfamilie.

Essen & Trinken

Edel und teuer – **Benetos:** Sápsila, an der Straße von Skála nach Gríkos, Tel. 22 47 03 30 89, www.benetosrestau rant.com, Di–So ab 19.30 Uhr, dreigängiges Menü ca. 22–60 €. Vielen Griechen gilt das Edelrestaurant der Amerikanerin Susan und ihres patmischen Mannes Beneto als bestes der Insel. Man sitzt nahe dem Meer, genießt diverse Fisch-Carpaccios, frischen Fisch und gern auch Spaghetti mit Langustenfleisch. Eine telefonische Tischreservierung ist dringend ratsam!

Fast wie beim Fischer – **Chiliomódi:** Im Ortskern an der Straße zur Chóra, ca. 100 m von der Uferstraße, ganzjährig, typisches *mezédes*-Essen mit offenem Wein ca. 15–20 €. Einfache Ouzerí mit großer Auswahl an kleinen Fischen und Meeresfrüchten, auch bei Insulanern sehr beliebt. Sitzplätze im Garten, auf einer schmalen Gasse und auf einer Terrasse im Obergeschoss.

Manchmal mit Livemusik – **Tsivaéri:** An der Uferstraße hinter dem großen Parkplatz, Tel. 22 47 03 11 70, tgl. ab 18.30 Uhr. Stilvolle Ouzerí, schöne Terrasse mit Hafenblick. Eine leckere, selten zu findende Spezialität ist *apáki,* Scheiben in Kräuteraromen geräucherten Schweinefleisches (5,50 €). Besonders gut ist auch das hier warm servierte Platterbsenpüree *fáva* (5 €). Auf der Karte stehen auch die kleinen Krabben von der Insel Sími, *simiakó garidáki* (10,50 €). An manchen Abenden wird zudem griechische oder kretische Livemusik geboten.

Klasse Soßen – **Remézzo:** An der Straße nach Melói, tgl. ab 18 Uhr, Hauptgerichte ab 8 €. Wirt Vláchos hat seine Taverne inklusive vieler Möbel selbst gebaut und regiert auch in der Küche. Zu seinen Spezialitäten gehören Hühnchen-*souvláki* mit Speck und Zaziki sowie Huhn in Pflaumen- und Orangensoße. Man sitzt nahe dem Meer und blickt auf Skála und Chóra.

Preiswert und viel – **Kýpos:** An der Gasse von der Platía landeinwärts, nahe dem Telegrafenamt OTE, tgl. ab 18 Uhr, 0,5l-Flasche Retsína 3 €, Oktopus 7 €, Bauernsalat 5 €, Schweinekotelett 7 €. Einfache Grilltaverne mit kleinem Garten; Gemüse und Obst vorwiegend aus eigenen Gärten. Vier Retsina-Marken zur Auswahl. Tipp: Probieren Sie den Retsína Georgiádi aus Nordgriechenland!

Gehobener Italiener – **Cactus:** Am Chochlákas Beach am Westufer von Skála, Mitte Mai–Mitte Okt., tgl. ab 18 Uhr, Hauptgerichte ab 8 €. Gehobenes italienisches Restaurant mit schönem Sonnenuntergangsblick. Besonders gelobt werden die stets frischen hausgemachten Nudeln, das Risotto, der Parmesan und das Pannacotta.

Fels in der Brandung der Moderne – **Pantélis:** An der Parallelgasse zur Uferstraße schräg gegenüber vom Café Aríon, ganzjährig, Zicklein 7,50 €, Bauernsalat 5 €, 0,5l-Flasche Retsína 4 €. Schon 1950 gegründete Taverne alten Stils mit großer Auswahl auch an gekochten Gerichten und Angeboten für Vegetarier. Die sonst meist nur auf Vorbestellung angebotene Fischsuppe *kakaviá* steht hier täglich auf der Karte (12 €), im Sommer werden auch Seeigel (*achinoí*, 7 €) serviert.

Wo Mama kocht – **Gorgónes/Mermaids:** An der Uferstraße nahe dem Ortsende Richtung Aríkou, tgl. 12–15 und ab 18 Uhr, Hauptgerichte ab 7 €. Wirt Theológos kümmert sich um den Service, seine Mutter Déspina steht in der Küche und bereitet u. a. lecker gebratene Zucchinischeiben mit dem Knoblauchpüree *skordaljá* zu oder überbäckt Scampi im Ofen mit *saganáki*-Käse.

Abends & Nachts

Im alten Lagerhaus – **Aríon:** An der Uferstraße gegenüber vom Anleger, Cocktails ab 6 €, 0,5-l-Bier 3,50 €. Café-Bar in einem stilvoll umgebauten alten Lagerhaus; meist recht laute griechische und internationale Musik.

Sehr blumig und nett – **Art Café:** In der ersten Etage eines Hauses an der Uferstraße hinter der Polizeistation, tgl. ab 18.30 Uhr, Longdrinks ca. 5 €. Floristin Katharina aus dem Harz agiert hier nicht nur als Wirtin, sondern zeigt auch ihre originellen Kleinkunstwerke – und präsentiert ihre selbst gebackenen Kuchen. Sanfte Musik je nach Stimmungslage der Gäste, gepflegte Gespräche und der diskrete Charme der Wirtin haben das Lokal zum Treff einer niveauvollen Klientel gemacht. Besonders schön sitzt man im Sommer auf der Terrasse mit Hafen- und Klosterblick im zweiten Stock.

Der Nightspot der Insel – **Dopo Club:** An einer schmalen Gasse zwischen der Straße nach Chóra und der an der Platía beginnenden, landeinwärts führenden Haupteinkaufsgasse, tgl. ab 23 Uhr, Happy Hour 23–24 Uhr, Longdrinks und Cocktails ab 7 €. Stilvolle Lounge-Bar und Disco in altem Gemäuer, Musik erst internatinal, am frühen Morgen dann überwiegend griechisch.

Einkaufen

Allerlei Schönes – **Art Spot:** An der Straße zum Chochlákas Beach. Ránia Abátzi-Kodóna aus dem thrakischen Alexandroúpoli fertigt Schmuck, Keramik und Collagen, verkauft aber auch Werke befreundeter Künstler und Kunsthandwerker.

Himmel und Erde – **María:** An der Straße nach Kámbos, gleich hinter der Tankstelle links, meist erst spätnachmittags und abends geöffnet. Die sehr vitale María Eftratioú aus Kavála im nordgriechischen Makedonien malt Ikonen und weltliche Motive in einem eigenwilligen, recht expressiven und manchmal auch naiven Stil auf verschiedenste Untergründe und in ausgefallenen Formaten. Sie sind nicht für Kirchen bestimmt, sondern zur Wohnraumdeko.

Kleidsam und schick – **Tará:** Platía Agíou Ioánnou (an der Hauptgasse von der Platía dorfeinwärts). Inhaberin Tánia aus dem nordwestgriechischen Ioánnina hat einige der sommerlichleichten, eleganten Kleider aus Seide und Baumwolle selbst entworfen, führt aber auch Kreationen anderer griechischer Modedesigner und ausgefallene Handtaschen-Unikate.

Schmucke Unikate – **Thános:** Platía Agíou Ioánnou (an der Hauptgasse von der Platía dorfeinwärts). Der gelernte Goldschmied hat sich als Schmuckdesigner in ganz Griechenland einen Namen gemacht. All seine Kreationen sind Unikate, die er im Winterhalbjahr in seinem Athener Atelier fertigt.

Infos & Termine

Infos
Orthodoxes Kultur- und Informationszentrum: An der Uferstraße Richtung Gríkos gleich nach dem kleinen Kreis-

Mein Tipp

Tagestörn fast ganz privat
Wer es sich leisten kann, sollte von Pátmos aus einen Tagestörn mit einem gecharterten Motorsegler zu den bewohnten und unbewohnten Inseln östlich von Pátmos wie Lipsí und Arkí unternehmen. Ideal dafür ist die in Bodrum in der Türkei gebaute, bildschöne Gulet M/S Tinaztepe des deutschen Ehepaars Barbara und Alexander Gies, die als Skipper mit an Bord sind. Bei Tagestörns nehmen sie bis zu zehn Passagiere mit, auf Mehrtagestörns bis zu acht Gäste in vier Kabinen. Einzelbuchungen sind nicht möglich, das Boot muss insgesamt für 500–600 € gemietet werden.
Infos: Tel. 69 79 47 26 29 und 69 78 88 09 61 (nur April–Okt.), www.sundeckseatours.de.

verkehr rechts, erkennbar an vielen Plakaten. 15.5.–30.9. tgl. 9–13 und 17–21 Uhr, Tel. 22 47 03 33 16. Hier erfährt man nicht nur als zuverlässiger Quelle die Öffnungszeiten der Klöster, sondern kann sich, wenn man wirklich viel Interesse hat und auch Muße mitbringt, in Gespräche über das Kloster, das geistige Leben auf Pátmos und die Orthodoxie im Allgemeinen informieren.

Termine
Festival der religiösen Musik (erste Septemberhälfte): Das Festival of Sacred Music wird seit 2001 alljährlich in einem modernen Freilufttheater am Kloster der Apokalypse veranstaltet. Der Eintritt ist frei, Veranstaltungsbeginn meist 20.30 Uhr.

Méloi ► C 3

Um das innere Ende der Bucht von Skála herum führt die Uferstraße an einem kurzen, gut besuchten Sand-Kies-Strand vorbei zum 2 km entfernten **Méloi** (sprich: Meläu) mit seinem etwa 250 m langen Grobsandstrand, der auch ein wenig Tamariskenschatten bietet.

Vorher zweigt an einer Doppelkapelle eine kurze Stichstraße zum **Kloster Koumána** ab. Bis 2007 lebte hier der höchst eigenwillige Priestermönch Gerássimos in einem von ihm seit 1980 geschaffenen Paradiesgarten mit zahlreichen Volieren voller Papageien und Wellensittichen in einem üppig blühenden Garten. Das Holzkreuz, das er mit Neonröhren bestückte und weithin sichtbar abends violett glühen ließ, war eine Landmarke von Pátmos.

Dann fiel Gerássimos bei seinen Kirchenoberen vorübergehend wegen zwielichtiger Grundstücksgeschäfte und Gerüchten über anderes Fehlverhalten in Ungnade. Er musste Koumána verlassen, kämpfte sich aber dank guter Beziehungen in die kirchliche Hierarchie zurück. Er ist jetzt sogar Bischof einer orthodoxen Sekte geworden und fährt im Dienst-Mercedes mit Bischofskennzeichen über die Insel. Das Kloster hat bisher keinen neuen ständigen Bewohner gefunden, es ist daher nur sporadisch geöffnet.

Übernachten

Sehr leger nahe am Meer – **Campingplatz Pátmos Flower:** Direkt hinterm Strand, Tel. 22 47 03 18 21, Mai–Okt., Übernachtung mit Zelt ca. 5 €/Pers. Die Stellplätze werden durch hohe Rohrhecken getrennt und sind teilweise beschattet. Es gibt einen kleinen Laden, eine sehr gute und preiswerte Taverne und eine Gemeinschaftsküche mit Kühlschrank. Der Bus des Campingplatzes wartet bei den meisten Schiffsankünften am Hafen.

Günstig – **Fotiní:** Abseits der Zufahrtsstraße zum Strand, ca. 80 m vom Strand entfernt, Tel. 22 47 03 12 47, Mobiltel. 69 77 14 76 66, DZ HS ca. 40 €, sonst ab ca. 25 €. 6 Studios in ruhiger, unverbauter Lage zwischen Feldern.

Essen & Trinken

Auf Vegetarier eingestellt – **To Mélloi:** Direkt am Strand, April–Okt., ab 11 Uhr, Hauptgerichte ab 6 €. Große, auch von Einheimischen sehr geschätzte Taverne mit besonders guter Auswahl auch an Schmorgerichten, vielen Spezialitäten für Vegetarier und ausgezeichneten gefüllten Kartoffeln.

Termin

Volksfest (Sonntag nach Pfingsten): Ab etwa 10 Uhr Volkfest mit gemeinsamen Essen und Volkstanz im Kloster Panagía Koumána.

Kloster der Apokalypse ► C 3

So, Di, Do 8–13.30 und 16–18 Uhr, Mo, Mi, Fr, Sa 8–13.30 Uhr, Eintritt frei, Kleidung: lange Hosen für Männer, Röcke für Frauen
Von Skála führen eine kurvenreiche Asphaltstraße und der größtenteils schattige und gepflasterte Fußweg nach Chóra hinauf. Beide passieren auf halbem Weg das Offenbarungskloster **Moní tis Apokálipsis** aus dem 17. Jh. Mit seinen verschachtelten, blendend

Ein mystischer Ort – die Grotte der Apokalypse

weiß gekalkten Bauten wirkt es wie ein Kykladendorf en miniature. In vergangenen Jahrhunderten lebten hier bis zu 30 Mönche, heute sind es nur noch zwei.

Stufen führen hinunter zur **Grotte Spíleo Apokalípsi**, in der Johannes seinem Schüler Próchoros seine Vision der Apokalypse diktiert haben soll. Die Grotte ist heute in eine kleine Doppelkirche integriert, deren linkes Schiff der hl. Anna und deren rechtes Schiff Johannes geweiht ist.

An der Decke der Grotte bemerkt man im Fels einen Riss, einem Mercedes-Stern ähnlich. Er soll während eines Erdbebens entstanden sein, das mit der Offenbarung einherging, und wird als Symbol der Heiligen Dreifaltigkeit gedeutet. Zwei Nischen in der rechten Felswand gleich neben der Ikonostase, mit Silber umrahmt, kennzeichnen die Stellen, auf die Johannes bei Müdigkeit sein Haupt bettete und auf die er seine Hand beim Diktieren abstützte. Auf dem natürlichen Fels-

pult daneben, das jetzt mit einem Altartuch bedeckt ist, soll Próchoros den Text der Apokalypse auf Pergament geschrieben haben.

Zwei Ikonen an der Ikonostase zeigen, wie Johannes dem Próchoros diktiert. Eine dritte Ikone stellt Maria mit dem Kind und die heilige Wurzel Jesse dar: Jesse entstammte einer jüdischen Sippe in Bethlehem, aus der gemäß einem Wort des Propheten Jesaja als »Reis aus der Wurzel Jesse« der Messias erstehen sollte. Die größte und bedeutendste Ikone an der Ikonostase entstand Ende des 16. Jh. und ist von Thomás Vathás signiert, der einer kretischen Malerfamilie entstammte und 1599 in Venedig starb. Diese Ikone gibt die Schilderung des ersten Kapitels der Offenbarung wieder.

Infos

Der Bus zur Chóra hält auch direkt am Kloster.

263

Johanneskloster!

▶ C 3

So, Di, Do 8–13.30 und 16–18 Uhr,
Mo, Mi, Fr, Sa 8–13.30 Uhr; Eintritt
zum Kloster frei, Eintritt zur Schatz-
kammer 6 €, Studenten 3 €, Jugend-
liche unter 18 Jahren frei

Das Kloster **Ágios Ioánnis Theológos** in der Chóra ist die Hauptsehenswürdigkeit der Insel. Seine zinnenbekrönten Mauern sind im Wesentlichen ein Werk aus der Gründungszeit des Klosters; sie dürften noch zu Lebzeiten des Klostergründers Christódoulos vollendet worden sein. Innerhalb der Mauern galt es, Räume mit den verschiedensten Funktionen auf kleinstem Raum unterzubringen.

Im Laufe der Jahrhunderte kam es immer wieder zu Veränderungen, Um- und Anbauten; noch zwischen 1957 und 1961 wurden mehrere alte Bauelemente abgerissen und entweder aus neuen Materialien wieder errichtet oder durch andere Räume ersetzt. Als älteste Bauteile, die noch aus dem späten 11. Jh. stammen, gelten das Katholikon, die darunter liegende Zisterne, die Mönchszellen im Südflügel sowie Teile des Refektoriums. Aus dem 12. Jh. erhalten sind die ans Katholikon angebauten Kapellen der Panagía und des hl. Christódoulos, der Esonarthex und vielleicht auch der Exonarthex, der Hauptteil des Refektoriums datiert ebenfalls aus diesem Zeitraum.

Rundgang

Klostertor (1)

Der Eingang zum Kloster liegt auf der Nordseite. Das Klostertor mit seiner Pechnase, durch die Angreifer mit heißem Öl übergossen werden konnten, wird von zwei Türmen eingerahmt.

Durch einen gedeckten Gang gelangt man in den überraschend engen, mit Kieselsteinmustern ausgelegten **Klosterhof (2),** auf dem ein Zisternenschacht deutlich ins Auge fällt.

Exonarthex (3)

An der Ostseite flankiert der Exonarthex den Klosterhof, also die offene äußere Vorhalle der Haupt-Klosterkirche, des Katholikons. Er ist mit Fresken aus dem 17. bis 19. Jh. geschmückt. Ihre Motive sind überwiegend der apokryphen Lebensbeschreibung des Johannes entnommen.

Zu erkennen sind u. a. die Errettung eines Besatzungsmitglieds, das während der Überfahrt des Evangelisten von Ephesos nach Pátmos über Bord ging, sowie die Vernichtung eines bösen patmischen Zauberers durch Johannes.

Man achte auf die Säulen und die Balustrade des Exonarthex: Sämtliche Bauelemente stammen von antiken Gebäuden wie z. B. einer byzantinischen Basilika aus dem 4. Jh.

Esonarthex (4)

Der Esonarthex, also die in sich geschlossene innere Vorhalle des Katholikons, ist mit Fresken aus der Zeit um 1600 ausgemalt, die stilistisch von der Spätgotik und der Renaissance beeinflusst sind.

Eine Hälfte der Westwand schmückt die grausame, auf Effekt bedachte Darstellung des Kindermordes zu Bethlehem, die sehr weit von der klassischen byzantinischen Malerei entfernt ist. Rechts davon sind die Begegnung Mariens mit Elisabeth, die Ermordung des Zacharias, die Anbetung und die Rückreise der Heiligen Drei Könige, Josephs zweiter Traum (in dem Gott ihm die Flucht nach Ägypten befiehlt) und die Flucht nach Ägypten zu sehen. Den unteren Teil der Nord-

Johannes-kloster

Sehenswert

1. Klostertor
2. Klosterhof
3. Exonarthex
4. Esonarthex
5. Kapelle des Ósios Christódoulos
6. Katholikon
7. Marienkapelle
8. Refektorium
9. Wirtschaftsräume
10. Schatzkammer

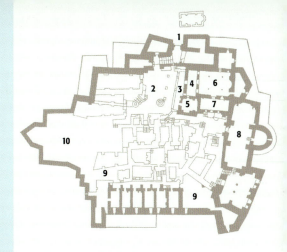

wand des Esonarthex schmückt das Gleichnis von den zehn Jungfrauen: Links vom thronenden Christus als Bräutigam schreiten würdevoll mit Kerzen in den Händen die fünf klugen Jungfrauen heran, rechts wehklagen die fünf törichten Jungfrauen, die vergessen hatten, sich rechtzeitig Öl für ihre Lampen zu besorgen. Die Ost- und Südwand werden durch Szenen vom Jüngsten Gericht eingenommen.

Kapelle des Ósios Christódoulos (5)

An der Südseite des Esonarthex führt eine kleine, kunstvoll geschnitzte Holztür, die ebenso wie die reich ornamentierte Türrahmung aus Marmor aus dem Jahre 1806 stammt und stilistisch dem türkischen Barock zugerechnet wird, in die Kapelle **Ágios Christódoulos,** des seligen Klostergründers. Falls sie geschlossen ist, wenden Sie sich an den Küster, der sich meistens im Esonarthex aufhält. Hier ruhen in einem hölzernen, mit getriebenem Silber überzogenen Sarg aus dem Jahre 1796, das auf einem älteren Marmorsarkophag aufliegt, seine Gebeine.

Auf dem Reliquiar dargestellt sind die Kreuzigung Christi und der Tod des Christódoulos in Anwesenheit des Evangelisten Johannes und dessen Schülers und Schreibers Próchoros. Christus steht hinter dem Sterbebett, um die Seele des Seligen in Empfang zu nehmen.

Katholikon (6)

Die um 1090 erbaute Hauptkirche des Klosters, das **Katholikon,** ist ein schlichter und im Vergleich zu anderen Klosterkirchen des späten 11. Jh. ärmlicher Bau. Die einzigen verzierten Bauteile sind Spolien aus spätantiker und frühchristlicher Zeit. Ganz offensichtlich war Christódoulos auf eine schnelle Fertigstellung des Gotteshauses bedacht. Der schöne **Marmorfußboden** der Kirche mit Einlegearbeiten ist denn auch erst ein Werk des 12. Jh. In jener Zeit wurde das Katholikon auch erstmals mit **Fresken** ausgeschmückt, die aber alle um das Jahr 1600 neu übermalt wurden.

Die Fresken: In der Kuppel ist Christus als ›Allherrscher‹, als Pantokrator, dargestellt. Darunter fol- ▷ S. 269

265

Auf Entdeckungstour

Die Schatzkammer Gottes

In der Schatzkammer des Johannes-klosters werden auf zwei Etagen die schönsten der über 1000 mittelalterli-chen Handschriften aus der Besuchern nicht zugänglichen Klosterbibliothek, sowie wertvolle Ikonen, liturgisches Gerät und Gewänder ausgestellt. Anhand einiger Ausstellungsstücke lassen sich Grundlagen orthodoxer Bildsprache und Theologie gut erkennen.

Reisekarte: ▶ C 3
Öffnungszeiten: wie Kloster (s. S. 264)

Eintritt: 6 €

Führungen: Über selten angebotene Führungen im Kloster, die eventuell auch Zutritt zur Bibliothek gewähren, informiert das Orthodoxe Kultur- und Informationszentrum in Skála (S. 261).

Buch Hiob – das Bild als Illustration

Das Buch Hiob ist die älteste illuminierte, das heißt mit gemalten Miniaturen geschmückte, Handschrift in Klosterbesitz (2. Vitrine links). Sie stammt aus dem 7./8. Jh., also aus der Zeit vor dem Bilderstreit (726–843), in dem es im Byzantinischen Reich während des Bürgerkriegs um die Frage der Rechtmäßigkeit der Ikonenverehrung gekommen war. Die groß geschriebenen Zeilen auf jeder Seite stammen aus dem Alten Testament, die übrigen Zeilen stellen einen Kommentar dar. Auf den aufgeschlagenen Seiten ist links eine Stadt zu sehen, aus deren Tor vier Jünglinge heraustreten. Auf der rechten Seite bewegen sie sich auf den nur kärglich bekleideten und mit Schwären übersäten Hiob zu, vor dem in vornehmen Kleidern dessen Frau steht. Sie will ihn verleiten, Gott abzusagen, aber Hiob bleibt seinem Glauben treu. Das hier dargestellte Thema ist in nachikonoklastischer Zeit als Sujet von Ikonen nicht mehr zu finden, denn infolge des Bilderstreits wurde die **Ikonentheologie** verbindlich entwickelt – Hiob fand darin keinen Platz. Hier im Buch ist die Darstellung noch frei von jeder theologischen Aussage, will einfach nur das Erzählte ins Bild setzen.

Einflüsse der Renaissance

Als Geórgios Klóntzas um 1596 dieses **Triptychon** (in freistehender kleiner Vitrine) malte, war der Bilderstreit schon seit über 750 Jahren vorbei. Die orthodoxe Bildertheologie, der jeder Ikonenmaler verpflichtet war, hatte sich längst vollständig herausgebildet. Aber der Maler stammte aus Kreta, so sich nach dem Fall Konstantinopels 1453 unter dem Einfluss der venezianischen Inselherren der Einflüsse der italienischen Renaissance aufnehmende

Kretische Stil herausgebildet hatte. Deren Vertreter nahmen alle theologischen Aufgaben in ihrer Malerei wahr, gestalteten die Figuren jedoch eine deutliche Nuance expressiver, die Szenen figurenreicher als in der klassischen byzantinischen Kunst. Das kann man auf den meisten der hier präsenten Szenen aus dem 12-Feste-Zyklus deutlich erkennen.

Im Mittelteil ist oben der thronende Christus zu sehen, der von den klassischen Symbolen der vier Evangelisten eingerahmt wird. Darunter links ist Christi Einzug in Jerusalem am Palmsonntag dargestellt, rechts Christi Verklärung auf dem Berg Tabor. Auf der für den Betrachter linken Innenseite des Triptychons ist ganz oben Mariä Verkündigung zu sehen. Im Mittelstreifen folgt links Jesu Geburt, rechts Jesu Darstellung im Tempel, darunter Jesu Taufe im Jordan und rechts die Erweckung des Lazarus von den Toten. Auf der anderen Innenseite des Triptychons erkennt man ganz oben die Kreuzigung, darunter links die Hadesfahrt Christi und rechts seine Himmelfahrt, darunter links die Aussendung des Heiligen Geistes an Pfingsten und rechts Mariä Entschlafung.

Klassisch byzantinische Prägung

Die **Mosaik-Ikone des hl. Nikolaus** (hinter dem Triptychon) aus dem 11. Jh. ist ein schönes Beispiel für die klassische byzantinische Kunst und zugleich ein in diesem Format seltenes Dokument einer künstlerischen Technik, die der orthodoxen Bildertheologie noch stärker gerecht werden kann als jedes gemalte Bild. Ikonen sollen eine geistige Wahrheit darstellen, keine irdische Wirklichkeit abbilden. Deswegen muss der Ikonenmaler auf die klassischen Mittel der Perspektivtechnik wie z. B. die Zentralperspektive verzichten.

Trotzdem erwecken alle Ikonen einen Hauch von Räumlichkeit, der mit der Mosaiktechnik sehr viel eher zu vermeiden geht. Zudem empfangen Mosaiksteinchen kein Licht, sondern reflektieren es, scheinen es auszustrahlen. So entsteht ein ›Sendelicht‹, das von der dargestellten heiligen Person ausgeht. Auch jede Illusion von Körperlichkeit wird vermieden. Jede Linie bleibt deutlich von der nächsten unterscheidbar, jedes Steinchen ist vom anderen durch eine Fuge getrennt.

Diese Nikolaus-Ikone ist nur 21,7 cm hoch und 18,5 cm breit; das Mosaik selbst misst sogar nur 14 mal 10 Zentimeter. Auf dieser kleinen Fläche sind Tausende von Mosaiksteinchen unterschiedlicher Größe und Farbe kunstvoll zusammengefügt. In der Mitte der Darstellung steht der Heilige. Die rechte Hand hat er segnend erhoben, die linke – leider zerstört – hielt wohl ursprünglich ein Evangelium. In den beiden oberen Bildecken bietet auf der linken Seite Christus dem Heiligen ein Evangelium dar, rechts reicht Maria ihm das Omorphorion. Das ist ein Bischöfen vorbehaltener Tuchstreifen, mit Kreuzen besetzt, der während der Feier der Liturgie getragen wird. Der Bischof schlingt ihn so über die Schulter, dass es vorn wie von hinten ein Gabelkreuz ergibt. So versinnbildlicht es das verlorene Schaf, das der Bischof als guter Hirte errettet. Der Heilige steht auf dunkelgrünem Boden, aus dem zwei Büsche hervorwachsen, an denen mehrere Blüten sitzen. Eingerahmt ist die ganze Darstellung von einem abgeschrägten Band, das Dreiecke und schematisierte Lebensbäume bildet – als Versprechen der Erlösung der Gläubigen vom Tod durch die Heilige Dreifaltigkeit

Die meisterliche Leistung des Mosaikkünstlers zeigt sich insbesondere in der Feinheit und Ausdruckskraft aller Gesichter, die aus besonders kleinen und im Ton fein abgestuften Steinchen komponiert sind. Auch die Herausarbeitung der Gewandfalten zeugt von großem Geschick des Künstlers, der wahrscheinlich in der Reichshauptstadt Konstantinopel wirkte.

Eine Ikone als Roman

Vitenikonen, die im großen Bildfeld einen Heiligen in klassisch-byzantinischer Manier und um ihn herum in kleinen Feldern Szenen aus dessen Leben zeigen, waren besonders in spätbyzantinischer Zeit beliebt. Sie stellen einen Kompromiss zwischen dem Anspruch der Theologen auf die Verkündung ewiger Wahrheit und dem Interesse des einfachen Volkes an der Darstellung spannender und unterhaltsamer Geschichten dar. Vitenikonen des hl. Nikolaus sind besonders zahlreich, war Nikolaus doch als Schutzheiliger der Seeleute und Kinder jedermann bekannt.

Die ausgestellte **Vitenikone des hl. Nikolaus** (diagonal gegenüber der Kasse) stammt aus dem 15. Jh. und zeichnet sich durch einen sehr narrativen, stark vereinfachenden Stil aus. Hat man alle Vitenfelder betrachtet, fühlt man sich, als habe man einen Roman gelesen oder einen Film gesehen. Links oben ist die Geburt des Heiligen zu sehen. Die weiteren Szenen zeigen (im Uhrzeigersinn): Der hochbegabte Knabe wird zu einem Lehrer gebracht; der Heilige schenkt drei armen Mädchen die Aussteuer, damit sie nicht länger der Prostitution nachgehen müssen; der Heilige wird Bischof; er heilt einen Besessenen, fällt den Baum der heidnischen Göttin Artemis, befreit drei zu Unrecht eingekerkerte Generäle, rettet ein Schiff aus Seenot, bewahrt Unschuldige vor dem Scharfrichter und erscheint Kaiser Konstantin im Traum.

gen das heilige Abendmahl, Engel und Propheten. Das Gewölbe über dem Kirchenschiff zeigt die Verklärung Christi, den Zwölfjährigen im Tempel, den verdorrten Feigenbaum, die Kreuzigung, die Jakobsleiter, den ›Alten der Tage‹, die Gottesgebärerin, die Gastfreundschaft Abrahams, die Heilung des Kranken und des Mondsüchtigen, den ungläubigen Thomas, das ›Noli me tangere‹ und das Gleichnis vom verlorenen Schaf. Rechts von der im Jahre 1829 geschnitzten Ikonostase ist der Evangelist Johannes zu sehen, der dem Próchoros hier nicht etwa wieder die Apokalypse, sondern sein Evangelium diktiert. Das kann man am Text, den Próchoros schreibt, erkennen: zu lesen sind nämlich die Anfangsworte des Johannes-Evangeliums: »Am Anfang war das Wort.«

Marienkapelle (7)

An die Hauptkirche schließt sich südlich eine Marienkapelle mit Wandmalereien aus dem 12. Jh. an. Sie wurden seit 1745 von neueren Malereien überdeckt, die nach einem Erdbeben 1956 im Rahmen von Restaurierungsarbeiten aber wieder abgenommen wurden. Der Altarraum wird durch eine sehr schöne holzgeschnitzte und vergoldete Ikonostase aus dem Jahr 1607 vom Kirchenraum abgegrenzt. Hinter ihr sind an der Ostwand eine besonders schöne Darstellung der Gastfreundschaft Abrahams und darunter die von den Erzengeln flankierte thronende Gottesmutter mit dem Kind zu sehen.

Refektorium (8) und Wirtschaftsräume (9)

Das **Refektorium** aus dem 11./12. Jh. ist für Besucher meist geschlossen. Geht man jedoch der Beschilderung folgend die Stufen zum Museum, also der Schatzkammer, hinauf, liegt vor dem Museumseingang links die **Backstube** aus der Zeit um 1100 mit ihrem Original-Backofen und einem etwa 3 m langem, aus einem einzigen Baumstamm gearbeiteten Backtrog. Er macht eindrucksvoll und anschaulich deutlich, dass damals zahlreiche Mönche im Kloster lebten.

Klostermuseum »Schatzkammer« (10)

s. auch Auf Entdeckungstour, S. 266

In der klimatisierten **Schatzkammer,** dem Klostermuseum, liegen auf zwei Etagen einige der über 1000 Handschriften und der über 3000 gedruckten Bücher aus dem Klosterbesitz aus. Auch die kaiserliche Stiftungsurkunde aus dem Jahr 1088 hängt im Untergeschoss an der Wand. Zu den weiteren Objekten in der Schatzkammer gehören Ikonen, liturgisches Gerät und Gewänder, Patriarchen- und Bischofsstäbe mit kostbaren Einlegearbeiten sowie Weihkreuze mit kunstvoll geschnitzten Miniaturdarstellungen biblischer Szenen. Besonders schön ist auch der Schmuck in der letzten Vitrine am vorgeschriebenen Rundgang: Prunkstücke sind zwei Ohrgehänge aus dem 17. Jh. in Gestalt patmischer Segelschiffe.

Chóra ❗ ▶ C 3

Die Chóra von Pátmos ist eines der schönsten ägäischen Inselstädtchen. Kein Neubau zwängt sich zwischen die jahrhundertealten Häuser, die meist ansprechend restauriert wurden. Souvenirgeschäfte sind auf die Gasse beschränkt, die von der Busstation zum Kloster führt; Tavernen und Cafés konzentrieren sich hier und an der Platía Lesviás, dem Hauptplatz des Ortes. Der überwiegende Teil des Dorfes wirkt ursprünglich und unverfälscht. Im Wes-

Chóra

Sehenswert
1 Dimarchío (Rathaus)
2 Simandíri-Haus
3 Kloster Zoodóchou Pigís
4 Panagía Diasósousan
5 Platía Lesviás
6 Archäologische Sammlung
7 Johanneskloster

Übernachten
1 Archontaríki

Essen & Trinken
1 Lóza
2 Balcony
3 Vangélis
4 Pántheon

Abends & Nachts
1 Alóni
2 Café 1673
3 Kafenío tou Thanási

ten des Klosters gibt es sich besonders ländlich; hier begegnen dem Spaziergänger noch immer Bauern auf Eseln, die ein paar Ziegen durch die Gassen treiben.

Rundgang

Für die Erkundung der Chóra geht man vom Kloster zunächst wieder ein paar Schritte Richtung Buswendeplatz zurück und folgt dann auf Höhe der Ta-verne Pántheon dem kleinen Wegweiser zum ›Fruit Market‹. Dieser führt an einem kleinen Marktgebäude vorbei zur Platía Lóza mit dem **Dimarchío**

1, dem klassizistischen Rathaus von 1884.

Hier folgt man dem Wegweiser mit der Aufschrift ›Zoodhos Pigi‹ (sic!) nach links durch einen vom Tourismus noch fast unberührten Teil des Ortes und gelangt zum 1625 erbauten **Simandíri-Haus** 2 (tgl. 9–13.30 und 17–19.30 Uhr, Eintritt 3 €). Hier sieht man, wie wohlhabende Patmier noch vor 90 Jahren lebten. Einer der Vorfahren der Familie, der in diesem Haus lebte, war Zahnarzt: Sein Bohrer mit Fußantrieb macht jeder Folterkammer Ehre.

Nur wenige Schritte vorher liegt an der nach links abzweigenden Gasse schon nach 6 m rechts der Zugang zum

Nonnenkloster Zoodóchou Pigís 3 (tgl. 9–12, So–Fr auch 17–19 Uhr). In dem 1607 gegründeten Konvent leben noch etwa zehn Schwestern. Wie das Johanneskloster ist es von hohen, hier weißen Mauern umschlossen. Die drei Kirchen des Klosters bergen keine Schätze, doch lohnt ein Besuch wegen des Blütenparadieses im Klosterhof. Ein kleines, von der EU finanziertes Museum zeigt seit 2007 einige alte Ikonen.

Nach dem Klosterbesuch geht man etwa 60 m auf dem Weg zurück, den man gekommen ist, und biegt in die zweite Gasse nach rechts ein, die anfangs von Häusern überbaut ist. Oberhalb der Gasse erhebt sich bald die 1956 erbaute, meist verschlossene Kreuzkuppelkirche **Panagía Diasósousan** 4 mit einer als wundertätig geltenden Marienikone. Ihr Kirchhof mit fünf Palmen, vielen Bänken und einem schönen Inselblick lohnt eine Rast.

Zwei Minuten später ist man dann auf der **Platía Lesviás** 5 mit ihrer Taverne, dem Mittelpunkt des Dorfes. Von hier aus geht es durch einen überwölbten Gang weiter. Geht man an der Abzweigung vor Haus Nr. 420 nach rechts, liegt nach 7 m links der Eingang zur kleinen **Archäologischen Sammlung** 6 im ehemaligen Wohnhaus der Familie Nikolaídis aus dem 18. Jh. mit einer kleinen Sammlung auf der Insel gefundener Altertümer (Di–So 11–14 Uhr, Eintritt frei).

An der Dorfbäckerei vorbei gelangt man schließlich wieder zum **Johanneskloster** 7 (s. S. 264), das sich schon durch eine Anhäufung von Souvenirgeschäften ankündigt.

Übernachten

Privat wohnen – Eine Liste der wenigen Privatzimmer in der Chóra ist in der Tourist Info in Skála erhältlich.

Mein Tipp

Kurze Wanderung von Chóra nach Gríkos

Der alte Fußweg von der Chóra hinunter an die Bucht von Gríkos beginnt an der Taverne Alóni dicht unterhalb der Straße von Chóra nach Gríkos, etwa 900 m vom Buswendeplatz entfernt. Man folgt der kurzen Zementstraße, die zwischen der Taverne und einer weißen Kapelle hindurchführt, überquert zwischen Feldmauern ein Feld und setzt seine Wanderung auf dem gepflasterten Weg fort. Schon nach 15 Minuten ist der Ortsrand von Gríkos erreicht. So hat man ein wenig patmische Natur erlebt und sich die Wartezeit auf Bus oder Taxi gespart.

Wohnen wie ein patmischer Kaufmann – **Archontaríki** 1: Nahe dem ausgeschilderten Simandíri-Haus, Tel. 22 47 02 93 68, www.archontariki-patmos.gr, DZ HS 200–300 €, sonst ab ca. 180 €. 1 Zimmer und 4 Suiten in einem jahrhundertealten Herrenhaus mitten in der Chóra.

Essen & Trinken

Allrounder mit Sonnenuntergangsblick – **Lóza** 1: Oberhalb des Buswendeplatzes am Weg zum Kloster, Hauptgerichte 10–19 €, englisches Frühstück 9 €, Eisbecher 5–7,50 €, Mokka freddo 2,80 €. Sofía kocht, ihr Partner Rígas lenkt den Service. Besonders lecker sind die Spinat- und Käsetaschen.

Direkt am Weg – **Balcony** 2: An der Souvenirgasse zum Johanneskloster, tgl. ab 11 Uhr, Hauptgerichte ab 8 €.

Schöne Aussichtsterrasse, aber nur durchschnittliches Essen.

Lange Tradition, Platía und lauschiger Garten – **Vangélis 3**: An der Platía Lesviás, Hauptgerichte 10–12 €. Traditionstaverne mit Tischen direkt auf der Platía und in einem paradiesischen Garten, viele patmische Spezialitäten.

Krake zum Ouzo – **Pántheon 4**: An der Souvenirgasse zum Johanneskloster, tgl. ab 11 Uhr, Hauptgerichte ab 8 €. Altes, gut restauriertes Kafenío mit kleinem Speiseangebot und schöner Aussicht. Fast immer gegrillter Oktopus zum Ouzo (9 €).

Abends & Nachts

Folklore live – **Alóni 1**: Außerhalb der Chóra an der Straße nach Gríkos, ca. 800 m vom Buswendeplatz, Mi, Sa, So ab 20 Uhr. Abendessen in ländlicher Umgebung zu griechischer Livemusik, ab 21 Uhr Volkstänze zum Zuschauen, danach zum Mittanzen. Abendessen inkl. Programm ca. 20 €.

Exklusiver Szene-Treff – **Café 1673 2**: Am Durchgang zur Platía Lesviás, Juni–Sept. ab 22 Uhr. Bar und Disco gehobenen Niveaus in einem über 300 Jahre alten Haus.

Einfach und herzlich – **Kafenío tou Thanási 3**: Am Durchgang zur Platía Lesviás, tgl. ab 17 Uhr. Café und Bar, überwiegend griechische Musik.

Infos & Termine

Verkehr

Mehrmals tgl. Linienbusverbindung mit Skála und Gríkos.

Termine

Das Besondere an den kirchlichen Festen der Insel sind der große Prunk der Gottesdienste und Prozessionen sowie die große Pilgerzahl. Musik und Tanz sind mit den Festen in der Chóra nicht verbunden.

Patronatsfest Ágios Christódoulos: Am 15. März Messe im Johanneskloster 19.30–2 Uhr, am 16. März 8–10 Uhr.

Patronatsfest Ágios Ioánnis: Gottesdienste im Johanneskloster und im Kloster der Apokalypse am 7. Mai 19–2 Uhr, am 8. Mai 8–10 Uhr.

Mariä Entschlafung (14. Aug.): ab 10.30 Uhr Prozession unter Führung des Abtes durch die Chóra.

Von Skála in den Inselnorden

Agriolívado ▶ C 3

Kámbos ist das dritte Inseldorf neben Skála und Chóra. Die Straße dorthin führt durch sanftes Hügelland; etwa auf halber Strecke zweigt eine Asphaltstraße zum langen Strand von **Agriolívado** ab. Er besteht aus Grobsand mit vielen Kieselsteinchen, ist im Wasser sandig und wird von vielen Tamarisken beschattet.

Für das leibliche Wohl sorgen zwei Tavernen, Sportliche können sich Tretboote und Kanus ausleihen, und wer es ganz entspannt mag, mietet sich an einem kleinen Strandabschnitt Liegestuhl und Sonnenschirm.

Essen & Trinken

Totaler Meerblick – **Gláros:** Am Strand von Agriolívado, tgl. ab 11 Uhr, Hauptgerichte ab 7 €. Einfache, bei Einheimischen beliebte Fischtaverne in ganz einsamer Lage etwas erhöht direkt am Meer. Der Name des Lokals bedeutet »Möwe«.

Pause an einem abgeschiedenen Strand in der Bucht von Kámbos

Órmos Léfkes ► B/C 3

Etwa 2 km weiter zweigt von der Hauptstraße nach links eine kleine Straße zum steinigen, völlig schattenlosen und oft durch Anschwemmungen leider unansehnlichen Strand von **Léfkes** ab. Hier gibt es eine der prächtigsten Villen der Insel zu bewundern, ein Märchenschloss, das ein in Ägypten zu Geld gekommener Patmier 1929 für seine junge Frau erbaute. Sie starb jedoch noch vor der Fertigstellung und ihr Gatte zog nie hier ein. Nach dem Zweiten Weltkrieg verfiel die Villa immer mehr; 1994 kaufte sie ein griechischer Kapitän und ließ sie noch prächtiger als seinen Sommersitz wieder herrichten.

Kámbos ► C 3

Kámbos gliedert sich in zwei Teile: Das Binnendorf **Páno Kámbos** und die kleine Strandsiedlung **Káto Kámbos.** An der Platía von Páno Kámbos stehen die Dorfkirche von 1937, zwei einfache, ursprünglich ländlich gebliebene Tavernen und ein Kafenío, darüber hinaus hat der Ort aber nichts zu bieten. In Káto Kámbos mit seinem viel besuchten Grobsandstrand findet man eine Wassersportstation und mehrere Tavernen.

Übernachten

Paradiesisch – **Patmos Paradise:** Am Hang rechts der Straße von Páno nach Káto Kámbos, etwa 200 m vom Strand, Tel. 22 47 03 26 24, Fax 22 47 03 27 40, www.patmosparadise.com, Mai–Mitte Okt, DZ HS 100 €, sonst ab ca. 60 €. 42 Zimmer mit Klimaanlage in einer amphitheaterhaften über dem Meer erbauten Anlage mit Pool, Tennis- und Squashplätzen.

Aktiv & Kreativ

Nur im Hochsommer – **Water Action:** Am Strand von Kámbos. Bescheidenes Angebot für Windsurfer, Paraglider und Kanufahrer.

Termine

Vorabend des Festes Christi Verklärung (5. Aug.): Kirchweihfest mit Musik und Tanz auf der Platía von Páno Kámbos. Musik und Folklore in den Tavernen von Káto Kámbos.
Mariä Entschlafung (15. Aug.): Wiederum Kirchweihfest mit Musik und Tanz auf der Platía von Páno Kámbos und am Strand von Káto Kámbos.

Lámbi ► C 3

Hinter Káto Kámbos teilt sich die Straße. Geradeaus geht es weiter zur **Bucht von Lámbi,** die wegen ihrer schön gefärbten, oft zart geäderten Kieselsteine gerühmt wird. Direkt am Strand steht eine Taverne; eine zweite liegt etwas oberhalb an der Zufahrtsstraße. Im Hinterland gedeihen viele Erdbeerbäume, die im November gleichzeitig erdbeerähnliche Früchte und ihre Blüten tragen.

Essen & Trinken

Urig direkt auf dem Strand – **Lambí:** Am gleichnamigen Strand., tgl. ab 9 Uhr, Hauptgerichte ab 8 €. Besonders freundliche Wirtsleute, die viel Gemüse und Salat aus dem eigenen Garten gleich hinterm Haus anbieten. Man sitzt unter Tamarisken und hat einen schönen Blick auf Sámos, Arkí und die Türkei. Unbedingt probieren, wenn angeboten: Die gefüllten, frühmorgens im eigenen Garten gepflückten Zucchiniblüten!
Aussichtsreich – **Leonídas:** An der Straße hinunter zum Lambí Beach, tgl. ab 13 Uhr, Hauptgerichte ab 8 €. Taverne mit Panoramaterrasse Richtung Norden, leckere Lammkoteletts, mit Weinbrand flambierter, gebackener Käse *saganáki.*

Infos

Linienbusverbindung: Von der Endhaltestelle der Linienbusse in Kámbos aus geht man etwa 20 Minuten zu Fuß bis Lambí.

Livádi Geranoú ► C 3

Biegt man hinter Káto Kámbos nach rechts ab, passiert man zunächst die Streusiedlung von Vágia mit langem Grobsandstrand und aussichtsreichem Café direkt an der Hauptstraße, und erreicht dann die Bucht von **Livádi Geranoú.** Der 400 m lange Sand-Kies-Streifen wird von alten Tamarisken beschattet, dem Strand gegenüber liegt das Felsinselchen Ágios Geórgios mit einer kleinen, dem heiligen Georg geweihten Kapelle.

Essen & Trinken

Einsam mit schönem Blick – **Livádi Geranoú:** Am Ende der Zufahrtsstraße zum Strand, Mitte Mai–Sept. tgl. ab ca. 12 Uhr, Hauptgerichte ab 7 €. Der Reiz der Taverne liegt in ihrer einsamen Lage und dem schönen Blick über den Strand, entlang der felsigen Küste und auf die vorgelagerten Inselchen.

Gríkos und der Inselsüden

Gríkos ► C 4

Gríkos war ursprünglich nur der Fischerhafen der Chóra (Altstadt). Heute ist es neben Skála der bedeutendste Urlaubsort der Insel. Entlang der weiten Bucht von Gríkos, die durch das vorgelagerte Inselchen Tragonísi weitgehend vom offenen Meer abgeschirmt wird, findet sich eine ganze Reihe langer Kies- und Kieselsteinstrände, die im Wasser zumeist steinig sind und teilweise von alten Tamarisken beschattet werden.

Am Hauptstrand direkt vor der Siedlung können Wasserski, Surfbretter, Kanus, Tretboote, Bootstaxis, Liegestühle und Sonnenschirme gemietet werden. Hier gibt es auch mehrere Tavernen. Ein Teil des Strandes darf sogar von Autos befahren werden, da die Nachbarbucht Órmos Pétras anders nicht zu erreichen wäre.

Übernachten

Exklusiv und teuer – **Nine Muses:** In der Gemarkung Loukákia zwischen Skála und Gríkos, Tel. 22 47 03 40 79, Fax 22 47 03 31 51, www.9muses-gr.com, April–Okt, DZ/ÜF HS ab ca. 130 €, sonst ab ca. 80 €. 9 luxuriöse Apartments in fantastischer Lage in einer dorfähnlichen Anlage an einem Hang über dem Meer. Pool und Whirlpool vorhanden, absolut ruhig gelegen, Internetanschluss in allen Apartments, üppiges Frühstück. Die Inhaberfamilie spricht etwas Deutsch.

Guter Preis, schöner Ausblick – **Flísvos:** Am Übergang vom Gríkos Beach zum Pétra Beach, Tel. 22 47 03 19 61, Fax 22 47 03 20 94, Mai–Anfang Okt., DZ HS 50 €, sonst ab ca. 35 €. 20 Studios nahe der gleichnamigen Taverne, alle mit Meerblick, Balkon und Platz für 3 Personen.

Essen & Trinken

Sonntags Zicklein – **Ktíma:** Am Strand von Ktíma südlich des Gríkou Beach, tgl. ab 12 Uhr, Hauptgerichte ab 7 €. Sonntags gibt's Zicklein vom Holzkohlengrill, stets lecker sind die *kolokithókeftedes,* die Zucchinibällchen also.

Mein Tipp

Hotel Golden Sun

Wer Pátmos eine ganze Urlaubswoche oder mehr widmen will, ist im 24-Zimmer-Hotel des Patmioten Stávros und seiner deutschen Lebenspartnerin Brigitte Hurdalek, die sich inzwischen lieber Annoúla nennt, bestens aufgehoben. Die geräumigen Terrassen aller Zimmer bieten einen prächtigen Blick über die Gríkos-Bucht, zum Strand geht man etwa fünf Minuten durch die Natur. Stavrós und Brigitte kümmern sich dezent-aufmerksam um ihre Gäste. Brigitte, die auch einen ganz persönlichen Pátmos-Reiseführer geschrieben hat, hält viele gute Tipps für Klosterbesuche und Wanderungen bereit, kann Kontakte zu auf Pátmos lebenden Künstlern vermitteln und weiß über Kreativ-Kurse, die von ihnen angeboten werden, Bescheid. Eine Linienbushaltestelle zur Fahrt nach Chóra oder Skála findet sich direkt vor der Haustür.

An der Straße zur Chóra, Tel. 22 47 03 23 18, Fax 22 47 03 40 19, www.hotel-golden-sun.com, April–Okt., DZ HS/ÜF 89 €, sonst ca. 59 €.

Mit den Füßen im Sand – **Oássis:** Sehr gepflegte, dennoch urige kleine Taverne mit Tischen und Stühlen direkt auf dem Strand, tgl. ab 9 Uhr, Hauptgerichte ab 6 €. Toll die Rote Bete mit Knoblauch-Kartoffel-Püree und das *bekrí mezé.* Legerer Service durch das junge Wirtspaar und dessen Freunde.

Kloster Evangelismós ▶ B 3

Sa–Do 9–11 Uhr, Eintritt frei. Kein Zutritt in Shorts, nur in langen Hosen, für Damen nur in Röcken!

Das Kloster Evangelismoú liegt unterhalb der Chóra nahe der Westküste und ist von der Chóra aus in etwa 20 Minuten auch gut zu Fuß zu erreichen (Wegweiser am Kloster Zoodóchos Pigís in der Chóra). Von der Straße in den Inselsüden führt aber auch eine Stichstraße hin.

Der große, wohlhabende Konvent liegt wie eine moderne Festung in ländlicher Umgebung mit Blick auf die Ägäis. Seine heutige Form erhielt er um 1937. Die etwa 40 Nonnen und Novizinnen fertigen liturgische Textilien in Handarbeit an, andere üben sich in der Ikonenmalkunst. Ihre Lehrerin war die in ganz Griechenland bekannte, aus Chaniá auf Kreta stammende, 2004 verstorbene Nonne Olympiás, die auch die Klosterkirche 1980–81 im traditionellen Stil ausgemalt hat. Die große Kirche vor dem Klostertor, die erst 2005 vollendet wurde, wird wohl als Nächstes ausgemalt.

Die Wandmalereien der Nonne Olympiás

Die Nonne Olympiás war eine im Wortsinn begnadete Hagiografin (= Heiliges Schreibende). Stilistische Anregungen bezog sie vor allem aus der Kretischen Schule (s. S. 267), aber auch aus Vorlagen aus Serbien und Bulgarien. Ihre Wandmalereien in der Klosterkirche Evangelismós sind aber nicht nur schön, sondern lassen viel deutlicher als manch teilweise verblichene oder verrußte alte Fresken erkennen, worauf es theologisch in der Ikonenmale-

Im Kloster Evangelismós kann man die Fresken der Olympiás bewundern

rei ankommt. Im Tonnengewölbe der Kirche beginnt der Zyklus der Darstellung links oben über der Bilderwand mit der Darstellung der Verkündigung. Gegenüber ist Christi Geburt angesiedelt. Dann geht es im Wechsel von links nach rechts weiter in Richtung Kirchenrückwand mit der Darstellung Jesu im Tempel, der Taufe Jesu, der Verklärung Jesu, der Erweckung des Lazarus, der Kreuzigung und der Hadesfahrt Christi. Wenn die den Besucher begleitende Nonne einen Blick hinter die Bilderwand gestattet, erkennen Sie über dem Altar die Beweinung Christi und das Pfingstwunder sowie in der Apsis oben die thronende Gottesmutter und weiter unten die frühchristlichen Kirchenväter.

An einigen wenigen Beispielen sei aufgezeigt, dass kaum ein Detail in diesen Darstellungen einen theologischen Hintergrund ist: In der Darstellung der Verkündigung und der Geburt trägt Maria ein rotes durchgehendes Gewand, das Kopf, Schultern und Körper umhüllt. Es gilt als Symbol der Verschlossenheit, das auf die Jungfräulichkeit Mariens ebenso hindeutet wie die sternförmigen Stickereien auf Stirn und Schultern, die den Namen eines Sterns aus dem Sternbild der Jungfrau tragen.

Ostkirchliche Darstellungen siedeln die Geburt Jesu immer in einer Höhle statt in einem Stall an. Bei der Taufe Jesu im Jordan wird gewöhnlich im Hintergrund eine Schlucht angedeutet. Bei der Kreuzigung tropft das Blut aus den Wunden Jesu auf einen unter dem Kreuz in einer Höhle liegenden Totenschädel. Höhle und Schlucht sind ebenso wie der Totenschädel Symbole des Todes, der durch Christi Geburt, Taufe und Kreuzigung überwunden wird. Bei der Erweckung des Lazarus ist im Hintergrund fast immer ein Mann zu sehen, der sich einen Teil seines Ge-

wandes vor die Nase hält. Damit wird dem Bibelwort getreu zum Ausdruck gebracht, dass Lazarus tatsächlich schon tot war und bereits zu stinken begonnen hatte.

Diakófti und Psíli Ámmos ▶ C 4

Die Straße in den Inselsüden führt durch einsame Karstlandschaft und senkt sich dann hinunter zur Landenge **Diakófti** zwischen den Buchten Órmos Pétras und Órmos Stavroú. Man passiert eine Bootswerft; die Asphaltstraße endet dann vor der Taverne Kóstas. Von hier führt ein Fußweg in etwa 35 Minuten zum schönsten Sandstrand der Insel, **Psíli Ámmos**. Alte Tamarisken spenden Schatten, eine Taverne sorgt fürs leibliche Wohl. Am anderen Ende darf auch offiziell nackt gebadet werden. Wer den ganzen Weg bis hierher gewandert ist (ca. 2 Std. ab Gríkos immer am Meer entlang), wird vielleicht froh sein, den Rückweg am Nachmittag per Badeboot zurücklegen zu können (Abfahrt ca. 15–16 Uhr).

Essen & Trinken

Besonders urig – **Taverna Kóstas:** Auf der Landenge am Weg nach Psíli Ámmos, preiswert, Juni–Anfang Okt. Einfache Taverne direkt am Ufer der Stavrós-Bucht. Spezialitäten des Wirts Kóstas Rilákis sind frische Seeigel und Muscheln. Manchmal bringen Einheimische ihre Instrumente mit, um zum eigenen Vergnügen zu musizieren.

Ein Lieblingsort – **Tarsanás Marine Club:** Auf dem Gelände der Bootswerft von Diakófti an der Stavroú-Bucht, Tel. 22 47 03 21 59, www.patmosmarine.gr, tgl. ab 10 Uhr, Hauptgerichte ab ca. 8 € (s. auch S. 278).

Taverne Tarsanas ▶ C 3

Ein schickes Restaurant auf einer
betriebsamen Bootswerft gibt es
auch in Griechenland nur einmal.
Die Gäste sitzen mit Blick auf für
Reparaturen an Land gezogene
Schiffe und Schiffsneubauten auf
ihren Helgen. Auf zwei Terrassen
aus Bootsplanken verteilen sich die
Glastische, in die teilweise Schiffs-
ruder eingelassen sind. Einige
Plätze finden sich auch auf einem
in die Terrasse verbauten, alten
Kaiki, in dessen bei Nacht beleuchteten Laderaum man hineinschauen kann. Tagsüber sind die
Arbeitsgeräusche der Werft deutlich zu hören, aber dennoch wird
das Fehlen jeder Hektik bei der
Arbeit deutlich spürbar. Ich mag
diesen Ort besonders, weil hier
Arbeits- und Freizeitwelt eine einzigartige Verbindung eingehen
(s. auch S. 277).

Sprachführer

Umschrift

Auch ohne griechische Sprachkenntnisse kommt man heute überall in Griechenland zurecht; die meisten Griechen sprechen zumindest etwas Englisch. Hinweisschilder sind in der Regel auch in lateinischen Buchstaben abgefasst. Dennoch empfiehlt es sich, ein wenig Griechisch zu lernen; man kommt schneller zurecht und wird häufig auch freundlicher behandelt. Jedoch muss man auf die richtige Betonung achten, die durch den Akzent angegeben wird.

Das griechische Alphabet

		Aussprache	Umschrift
A	α	a	a
B	β	w	v, w
Γ	γ	j vor e und i, sonst g	g, gh, j, y
Δ	δ	wie engl. th in ›the‹	d, dh
E	ε	ä	e
Z	ζ	s wie in ›Sahne‹	z, s
H	η	i	i, e, h
Θ	ϑ	wie engl. th in ›thief‹	th
I	ι	i, wie j vor Vokal	i, j
K	κ	k	k
Λ	λ	l	l
M	μ	m	m
N	ν	n	n
Ξ	ξ	ks, nach m oder n weicher: gs	x, ks
O	ο	o	o
Π	π	p	p
P	ρ	gerolltes r	r
Σ	σ	s wie in ›Tasse‹	ss, s
T	τ	t	t
Y	υ	i	i, y
Φ	φ	f	f, ph
X	χ	ch	ch, h, kh
Ψ	ψ	ps	ps
Ω	ω	offenes o	o

Buchstabenkombinationen

AI	αι	ä	e
ΓΓ	γγ	ng wie in ›lang‹	ng, gg
EI	ει	i wie in ›lieb‹	i
EY	ευ	ef wie in ›heftig‹	ef, ev
ΜΠ	μπ	b im Anlaut, mb im Wort	B mp, mb
NT	ντ	d im Anlaut nd im Wort	D nd, nt
OI	οι	i wie in ›Liebe‹	i
OY	ου	langes u	ou, u

Begrüßung und Höflichkeit

Guten Tag	kali méra
Guten Abend	kali spéra
Gute Nacht	kali níchta
Hallo, Tschüss (Du-Form / Sie-Form)	jassú / jassás
Auf Wiedersehen	adío (adíosas)
Gute Reise	kaló taxídi
Bitte	parakaló
Danke (vielmals)	efcharistó (polí)
Ja	ne *(sprich: nä)*
Jawohl	málista
Nein	óchi
Nichts, keine Ursache	típota
Entschuldigung	singnómi
Macht nichts	den pirási
In Ordnung, okay	endáxi

Reisen

Straße / Platz	odós / platía
Hafen	limáni
Schiff	karávi
Bahnhof / Busstation	stathmós
Bus	leoforío
Haltestelle	stásis
Flughafen	aerodrómio
Flugzeug	aeropláno
Fahrkarte	issitírio
Motorrad	motosiklétta
Fahrrad	podílato
Auto	aftokínito
rechts / links	deksjá / aristerá
geradeaus	efthían
hinter, zurück	píso
weit / nah	makriá / kondá

Bank, Post, Arzt, Notfall

Bank/Geldwechsel	trápesa/sinállagma
Quittung, Beleg	apódixi
Postamt	tachidromío
Briefmarken	grammatóssima
Arzt/Arztpraxis	jatrós/jatrío
Krankenhaus	nossokomío
Hilfe!	voíthia
Polizei	astinomía
Unfall / Panne	átichima / pánna

Einkaufen

Kiosk	períptero
Laden	magasí
Bäckerei	foúrnos
Fleisch / Fisch	kréas / psári
Käse / Eier	tirí / avgá
mit / ohne	me / chorís
Milch / Zucker	gála / sáchari
Brot	psomí
Gemüse	lachaniká
Wasser	neró
– mit Kohlensäure	sóda
Bier	bíra (Pl. bíres)
Wein	krássi
eine Portion	mía merída
zwei Portionen	dío merídes

Speisekarte	katálogos
Die Rechnung, bitte!	ton logarjasmó parakalón!

Adjektive

gut / schlecht	kalós / kakós
groß / klein	megálos / mikrós
neu / alt	néos / paljós
heiß / kalt	sésto / krío

Zahlen

1	éna (m), mía (f)	40	saránda
2	dío (sprich: sio)	50	pennínda
3	tría, trís	60	exínda
4	téssera, tésseris	70	evdomínda
5	pénde	80	októnda
6	éxi	90	enenínda
7	eftá	100	ekató
8	októ	200	diakósja
9	enéa	300	triakósja
10	déka (seka)	400	tetrakósja
11	éndeka	500	pendakósja
12	dodéka	600	exakósja
13	dekatría, usw.	700	eptakósja
20	íkossi	800	oktakósja
21	íkossi éna, usw.	900	enjakósja
30	triánda	1000	chílja

Die wichtigsten Sätze

Allgemeines

Wie geht es dir?	Ti kánis?
Ich verstehe nicht.	Den katalavéno.
Woher kommst Du?	Apo poú ísse?
Wie spät ist es?	Ti óra íne?
Ich habe es eilig!	Viássome!
Prost!	Jámmas!

Unterwegs

Wo ist ...?	Poú íne ...?
Wo fährt der Bus nach ... ab?	Poú févji to leoforío ja ...?
Wann fährt er/sie/es?	Póte févji?
Wann kommt er/sie/es an?	Póte ftáni?

Wie viele Kilometer sind es bis ...?	Póssa chiljómetra sto ...?

Notfall

Ich möchte telefonieren.	Thélo ná tilefonísso.
Ich suche eine Apotheke.	Thélo ná vró éna farmakío.

Einkaufen

Was wünschen Sie?	Tí thélete?
Bitte, ich möchte ...	Parakaló, thélo ...
Was kostet das?	Pósso káni afto?
Ich nehme es!	To pérno!
Das ist teuer!	Íne akrivó!
Es gefällt mir (nicht).	(Den) m'aréssi.

Kulinarisches Lexikon

Frühstück

avgá mátja	Spiegeleier
avgá me béikon	Eier mit Speck
voútiro	Butter
chimó portokáli	Orangensaft
giaoúrti (yaoúrti)	Joghurt
... me karídia	... mit Walnüssen
... me méli	... mit Honig
kafé me gála	Kaffee mit Milch
louchániko	Wurst
marmeláda	Konfitüre
méli	Honig
psomáki	Brötchen
sambón	Schinken
tirí	Käse
tsái	Tee

Suppen

fassoláda	Bohnensuppe
kakavjá	Fischbrühe, dazu
(auch: psarósoupa)	ein Fisch nach Wahl
kreatósoupa	trübe Fleischbrühe
patsá	deftige Kuttelsuppe mit Innereien
tomatósoupa	Tomatensuppe

Salate und Pürees

angoúro saláta	Gurkensalat
choriátiki saláta	›Griechischer Salat‹
chórta saláta	Mangoldsalat
gígantes (jígandes)	große weiße Bohnen in Tomatensauce
láchano saláta	Krautsalat
maroúli saláta	Blattsalat
melindsáno saláta	Auberginenpüree
skordaliá	Kartoffelpaste mit Knoblauch
taramá	Fischrogen-Püree
tomáto saláta	Tomatensalat
tónno saláta	Tunfischsalat
tzatzíki (dsadsíki)	Joghurt mit Gurken und Knoblauch

Fisch und Meeresfrüchte

astakós	Languste

barboúnja	Rotbarbe
fángri	Zahnbrasse
garídes	Scampi
glóssa	Scholle oder Seezunge
kalamarákja	Calamares
ksifías	Schwertfisch
lavráki	Barsch
mídja	Muscheln
oktapódi	Krake
solomós	Lachs
soupjés	Sepia (Tintenfisch)
stríthja	Austern
tsipoúra	Dorade (Goldbrasse)

Fleischgerichte

arnáki, arní	Lammfleisch
pansétta	Schweinerippchen
békri mezé	eine Art Gulasch mit Kartoffeln, scharf
biftéki	Frikadelle mit Käse
brizóla	Kotelett
chirinó	Schweinefleisch
gída	Ziege
gourounópoulo	Spanferkel
gouvarlákja	Hackfleischbällchen in Zitronensauce
gemistes (jemistés)	gefüllte Tomaten oder Paprikaschoten
giouvétsi (juvétsi)	Kalbfleisch mit Reisnudeln in Tomatensauce
katsíki	Zicklein
keftédes	Hackfleischbällchen in Tomatensauce
kokkinistó	Rindfleisch in Rotweinsauce
kokorétsi	Innereien, gegrillt
kotópoulo	Hühnchen
kounélli	Kaninchen
kreatópitta	Blätterteigtasche mit Fleischfüllung
láchano dolmádes	gefüllte Kohlblätter
loukaniká	Landwürstchen
makarónja me kimá	Spaghetti mit Hackfleischsoße

mialá	Hirn	karpoúsi	Wassermelone
mouskári	Rindfleisch	kerássja	Kirschen
moussaká	Auberginenauflauf	lemóni	Zitrone
païdákja	Lammkoteletts	mílo	Apfel
papoutsákja	gefüllte Auberginen	peppóni	Honigmelone
pastítsjo	Nudelauflauf mit	portokáli	Orange
	Hackfleisch	rodákino	Pfirsich
psitó	Braten	síka	Feige
sikóti	gebratene Leber	staffílja	Weintrauben
stifádo	Fleisch mit Zwiebeln		
	in Tomaten-Zimt-		
	Sauce		

Desserts

froútto saláta	Obstsalat
karidópitta	Walnusskuchen
milópitta	Apfelkuchen
pagotó	Eiscreme
risógalo	Reispudding
tirópitta	Blätterteig mit Käse

soutzoukákia	Hackfleischrollen in
(sudsukakja)	Tomatensauce mit
	Kreuzkümmel
souvláki	Fleischspieß (Rind
	oder Schwein)
tourloú	Gemüseeintopf

Getränke

bíra	Bier
chimós	Saft
gála	Milch
kanelláda	Zimt-Limonade
kafés ellinikós	griechischer Kaffee
kafés fíltro	Filterkaffee
krassí	Wein
lemonáda	Limonade
neró	Wasser
portokaláda	Orangeade
soumáda	Mandelmilch
tsái	Tee
tsípouro	Tresterschnaps

Gemüse

briam	Gemüseauflauf mit
	Schafskäse
bámjes	Okraschoten
eljés	Oliven
fassólja	grüne Bohnen
kolokithákja	Zucchini
melindsánes	Auberginen
spanáki	Spinat

Obst

achládi	Birne
fráules	Erdbeeren

Im Restaurant

Die Speisekarte, bitte.	To katálogo,	Salz / Pfeffer	aláti / pipéri
	parakaló	Tasse	flidzáni
Was empfehlen Sie?	Tí sistínete?	Teelöffel	koutaláki
Die Rechnung, bitte.	To logarjasmó,	Löffel	koutáli
	parakaló	Messer	machéri
Guten Appetit!	Kalí orexi!	Gabel	piroúni
Prost!	Jammás!	Glas	potíri
kírie, kiría	Herr, Dame (gängige	Teller	piátto
	Anrede für Kellner	Zahnstocher	odondoglifídes
	und Kellnerin)	Serviette	petsétta (serviétta =
			Damenbinde!)

283

Register

Register

Das Klima im Blick

atmosfair

Reisen bereichert und verbindet Menschen und Kulturen. Wer reist, erzeugt auch CO_2. Der Flugverkehr trägt mit einem Anteil von bis zu 10 % zur globalen Erwärmung bei. Wer das Klima schützen will, sollte sich für eine schonendere Reiseform (z. B. die Bahn) entscheiden – oder die Projekte von *atmosfair* unterstützen. *Atmosfair* ist eine gemeinnützige Klimaschutzorganisation. Die Idee: Flugpassagiere spenden einen kilometerabhängigen Beitrag für die von ihnen verursachten Emissionen und finanzieren damit Projekte in Entwicklungsländern, die dort den Ausstoß von Klimagasen verringern helfen. Dazu berechnet man mit dem Emissionsrechner auf *www.atmosfair.de,* wie viel CO_2 der Flug produziert und was es kostet, eine vergleichbare Menge Klimagase einzusparen (z. B. Berlin – London – Berlin 13 €). *Atmosfair* garantiert die sorgfältige Verwendung Ihres Beitrags. Klar – auch der DuMont Reiseverlag fliegt mit *atmosfair!*

Abbildungsnachweis/Impressum

Abbildungsnachweis

Klaus und Christiane Bötig, Bremen:
S. 8, 10 re. u., 11 re. o., 11 re. u.,
23, 52/53, 61, 116 li., 142, 156,
166/167, 170/171, 172, 215,
216/217, 278/279

Bildagentur Huber, Garmisch-Parten-
kirchen: S. 11 li. o., 82/83, 116 re.,
131, 152/153, Umschlagrückseite
(Schmid); 72 (Müller-St.); 218 li.,
239 (Aldo); 266 (Kaos01)

dpa/picture-alliance Frankfurt a. M.:
S. 62 (Zimmermann)

Rainer Hackenberg, Köln: S. 9, 10 re.
o., 15, 66, 68, 74, 86 re., 98, 124, 138/
139, 146/147, 176, 160 li., 180/181,
188, 218 re., 230, 236, 240 re., 243

DuMont Bildarchiv, Ostfildern: S. 219
li., 224, 252 li., 256 (Kiedrowski)

Hotel Aktí Kos, Kos: S. 10 li. o., 106/107

laif, Köln: S. 42/43, 81, 84/85 (IML);
Titelbild, 10 li. u.,12/13, 79, 183 li.,
197, 206/207, 263, 276 (Gonzalez);
76 (Harscher); 161 li., 162,
(Hemispheres); 240 li., 247 (hemis);
191, 241 li., 248, 253 li., 73 (Amme)

Hans E. Latzke, Bielefeld: S. 94

Look, München: S. 59 (Jorda); 70
(Leue); Umschlagklappe vorn, 87
li., 102, 110, 112/113 (Pompe); 155
(Age Fotostock); 182 li., 200 (van
Dierendonck)

Mautirius Images, Mittenwald: S. 49
(Plant); 86 li., 93, 117 li., 119 (Laue);
133 (Buss); 208 (Torino); 222/223
(Mehlig)

Bastian Parschau, Heraklion: S. 11 li
u., 109, 226/227

Marion Steinhoff, Krefeld: S. 27, 182
re., 192, 204, 252 re., 258

Benny Trapp, Wuppertal: S. 54, 56

Ernst Wrba, Sulzbach A. T.: S. 30, 160
re., 178

Zeichnung S. 126/127 aus: R. Herzog,
Ergebnisse der deutschen Ausgrabungen, Berlin 1932

Kartografie

DuMont Reisekartografie,
Fürstenfeldbruck
© DuMont Reiseverlag, Ostfildern

Umschlagfotos

Titelbild: Kloster Ágios Pandelímonas auf Kálymnos
Umschlagklappe vorn: Ausflugsboot vor Anker in einer Bucht von Kálymnos

Danksagung: Der Dank des Autors für wertvolle Tipps geht an Christiane Bötig,
Brigitte Hurdalek und Tobias Schorr.

Hinweis: Autor und Verlag haben alle Informationen mit größtmöglicher Sorgfalt geprüft. Gleichwohl sind Fehler nicht vollständig auszuschließen. Alle Angaben erfolgen ohne Gewähr. Bitte schreiben Sie uns! Über Ihre Rückmeldung
zum Buch und über Verbesserungsvorschläge freuen sich Autor und Verlag:
DuMont Reiseverlag, Postfach 3151, 73751 Ostfildern,
info@dumontreise.de, www.dumontreise.de

2., aktualisierte Auflage 2013
© DuMont Reiseverlag, Ostfildern
Alle Rechte vorbehalten
Redaktion/Lektorat: D. Reeck, H.-J. Schneider, S. Pütz
Grafisches Konzept: Groschwitz/Blachnierek, Hamburg
Printed in China